廖世承校长与光华大学

汤涛 主编

华东师大"丽娃档案"丛书

编委会主任 童世骏 钱旭红

<u>丛书总序</u>

很少有一条小河那么有名,很少有一条名河那么小巧。华东师范大学的这条校河,虽然在上海市中心中山北路校区的地图以外难见踪影,却在遍布全球的师大校友的心里,时时激起浪花。

站在丽虹桥上望着丽娃河,那绿树鲜花簇拥着的、蓝天白云倒映着的清澈水面,也许有人会认为她过于清纯精致不够豪放,而与师大结缘于郊外新校区的老师和同学们,会觉得她与闵行新校区的樱桃河其实各有千秋。但是,一年又一年,一代又一代,有多少人,一提起她的名字,有说不完的话,却又常常不知从何说起……

华东师范大学成立于 1951 年 10 月 16 日,成立大会的地点就在离丽娃河不远的思群堂。华东师大的基础是成立于 1924 年的大夏大学和成立于 1925 年的光华大学,以及其他一些高校的部分系科,其中包括成立于 1879 年的上海圣约翰大学分解以后的理学院(数学系、物理系、化学系、生物系)和教育系,以及圣约翰的 11 万余册藏书。尽管按惯例我们可以把建校日确定在 20 世纪 20 年代,甚至还可以追溯到中国土地上第一所现代大学诞生的一百三十多年前,但我们更珍惜"新中国第一所师范大学"的荣誉,更珍惜曾经是中共中央指定的全国十六所重点高校之一的责任,也因此而更珍惜与这种荣誉和责任有独特缘分的那个校园,那条小河。

因此,"丽娃"是一种象征,象征着华东师大的荣誉,象征着华东师大的责任。编撰以"丽娃"命名的这套丛书,是为了表达我们对学校的荣誉和责任的珍惜,表达我们对获得这种荣誉和履行这种责任的前辈和学长们的怀念和景仰,也表达我们对不同时期支持学校战胜挑战、追求卓越的历届校友和各界人士们的由衷感激。

这套丛书,应该忠实记载华东师大百余年的文脉传承和一甲子的办学历程,全面解读"平常时节自信而低调、进取而从容,关键时刻却挺身而出,义无反顾"的师大人气质,充分展现华东师大精神传统的各个侧面和形成过程。

这套丛书,应该生动讲述历代校友的精彩故事和不同时期的奋斗历程,让我们和我们的后代们知道,华东师大的前辈们是怎样用文化的传承来抵抗野蛮和苦难的,是怎样用知识的创造来追求光明和尊严的,又是怎样努力用卓越的学术追求与和谐的团体生活,来培养德智体美全面发展的社会主义建设者和接班人的。

这套丛书,更应该激励我们和我们的后代,永远继承"自强不息"、"格致诚正"的精神,发扬学思结合、中外汇通的传统,不断追求"智慧的创获,品性的陶熔,民族和社会的发展"的大学理想,忠实履行"求实创造,为人师表"的师生准则。

这样一套丛书,将不仅成为华东师大这个特定学术共同体的自我认识和集体记忆,而且也将成为人们了解现代中国高等教育曲折发展脉络、研究中华民族科教兴国艰苦历程的资料来源和研究参考。

从这个角度来看,编撰出版这样一套丛书,是以一种特殊方式续写着华东师大的历史,更新着华东师大的传统,丰富着华东师大的精神。

因此,我们有多种理由对丛书的诞生和成长充满期待,祝愿"丽娃档案"丛书编辑工作取得圆满成功。

华东师范大学党委书记

童世骏

编辑说明

一、本书辑录内容主要为廖世承担任光华大学校长期间形成的各种档案文献。所选材料来源于华东师范大学档案馆馆藏,其他来源的均注明出处。

二、本书主要按照专题汇总材料,在专题内根据时间顺序进行编辑,同一事件的材料相对集中。

三、本书所选材料,除繁体字全部转化为简体外,为保持原貌,其他如国名、地名、人名、纪年表述、数字书写、表格内容、文字用法及标点运用,均原文照录。材料标题均按当代习惯重新拟写;原文无标点、不分段者,编者均做分段、加标点;若有删改,均注明。

四、本书所选档案史料,凡需更正原文中的显著错、别、衍字,及增补明显漏字,以[　]标明;字迹模糊、漏缺难以辨认及无法补正者,均以□代之;对原文中需要说明的问题,以注释[1][2]……标明。

校訓

格致誠正

廖世承 題

目 录

三、教职员管理··· 245

一、教育思想

游东杂感^[1]

去春因事赴日、鲜,逗留四十日。归国后人事匆匆,所枨触于心者,已淡焉若忘。兹以《光华期刊》索稿甚亟,爰书所忆以志鸿爪。

一、日本之特点

1. 社会的刺激　朴实强毅,忍苦耐劳,视国事如家事,为日人之特性。此特性之养成,社会与教育之力居多。忆余赴日本时,适当樱花盛开之候。樱花为日本国花,取其花开易谢,有类太和魂之视死如归。余抵东京后,曾至飞鸟山及小金井看樱。时则夹道樱花,绵延十里。乡村少年多穿红绿衣,戴鬼脸,歌唱饮酒。其乐虽南面王无以易。盖中下社会藉以娱乐身心,发扬其爱乡爱国之精神,故当局对之,弗加禁止。

东京有军人数万,然平时街上,不见一兵踪迹。只有星期及令节日军人得出外游散。国家对于军人乘车观剧等,均特别优待,只取半价。军人亦自知爱惜名誉,对普通商民,绝无强暴行为。故军民之情好弥笃,尚武之精神,于以不显。为国死难之烈士,则有如靖国神社者,配享忠魂。每逢大祭,居民咸来致敬。社中搜集武器甚多,有日本自古迄今之各种甲胄、弓矢、武士铜像、油画图形、御用宝刀、各式枪炮及中国古代之武器,阅之均足令人兴尚武之思。又中日及日俄战争之胜利品,亦陈列在内。彼民对之固欢腾鼓舞,而我则渐痛不忍视。

日人性喜野外生活,湖山之胜,时足以兴其爱国之思。余抵京都后,曾至比睿山游览。坐登山电车时,在车站外鹄立以候者踵相接。游人扶老携幼,争先恐后。有年届古稀之老妇,策杖登山,其子女左右扶持,直上山巅,其精神殊为罕见。与比睿山相近者有岚山,山有湖,在湖中坐小艇,大者可容十人。逆流而上,两岸均崇山峭壁,山上满植树

木,弥望青翠,红楼一角,掩映其间,风景殆较西湖为胜。男女学生均坐小艇,自行荡桨,风吹衣袂,羽化欲仙。少年活泼精神,于此养成不少。如此景界,余亦流连不忍去。彼朝斯夕斯者,能不兴爱好河山之想?

再以剧场而论,亦富于良好刺激。余曾至帝国剧场,午后四时开幕,演至十时半,每演一剧,休息十五分钟,任看客在场内游息小食或购物。场中甚肃静,无一高声谈笑者。所演各剧,均为忠孝节义之作,哀感动人。演至紧凑处,全场男女多以手巾拭泪。余虽不谙日语,亦觉惨然心动。此与公众道德极有关系。日人之赴国难家难所以能视死如归者,此种陶冶与有力也。返观吾国则何如? 我人动言"中学为体,西学为用",然未见有能实行此八字者。日人随时吸收西洋之物质文明、精神文明,同时又发挥其固有精神,保存自中国传来之礼教,此其所以能独标一格也。

友人谓我日本法律谨严,凡有受贿及作弊行为者,不论职务大小,均处以严罚,犯者几至在社会不能立足。是以人人均廉隅自矢。我国则上自官吏,下逮仆役,不善作弊者,目为不识时务。人心如此,国家安得而不弱?

2. 科学的进步　昔年日本对于复杂精密之机器,均购自外洋,今则大都能自构造。工程师以前亦多客卿,今则均易以本国专家。科学上之猛晋,殊令人惊畏。余在东京时,曾至理化研究所参观,内分研究室多种,每一研究室,有主任一人,指导各研究员。对于科学有特别兴趣者,均可至所研究。所中设工场一,试验研究所得之结果,能否应用。是所为私立,政府每年津贴一百余万元。各实验室之发明甚多;有在研究一种传热不传电之铝,推行后电学原理将根本动摇;有代某株式会社分解一种铝燐质,成功后可增加大宗收入;有在制造各种物理仪器;有在试验稀有原素,现已发明一种;有在试验水银化成金子(主持者为国际著名之物理学家长冈半太郎)。综观各处,觉日人之研究精神,实堪惊佩。我国青年日日高呼打倒帝国主义,而彼邦人士殚精竭力于切实工作,可叹也。又尝游电气博览会,目迷五色,更叹观止。

3. 学校的陶冶　日本教育富于保守精神,如现下流行之设计教学法、道尔顿制等,均未见采用。中学课程亦固定无伸缩。律以现今之新学说,觉日本学校陈旧无进步。然细察之,自有其特殊之精神在。所参观者中学为多,今试就中学分别言之:(一)注重科学及实习　日本学生在教室内虽少活动气象,然实验室大都设备完密,试验时不肯丝毫苟且。课外调查及研究,亦能实事求是,不蹈空虚。(二)注重体育日本中学对于体育之注重,各国罕有其匹。各校每级体操五小时:一年级军操一小时,柔软操三小时,武术一小时;二三年级军操二小时,柔软操二小时,武术一小时;四五年级军操三小时,柔软操一小时,武术一小时。各班上课时,均在操场排队,由班长喊口令,整齐严肃,得未曾有。上柔软操时,无一学生不用力,无一级学生步伐不整齐。军操一二年级不用枪,三年级始用枪,有野外实习。军操之结果,能使全体学生可充战时预备军。某军官任府一中教练员,告我在明治三十余年士官学校毕业,今依然任一中尉,而当时之中国同学,现均阔乎其阔。表面虽若慨叹,言下实无一毫羡慕之意。盖政治纪纲之坏,莫先于仕途冗滥。人怀幸进之心,士无高洁之志,于是桀骜之徒,稍不得意,即思蠢动,国事遂不可问矣。彼邦武术分二种,一为击剑,一为相扑。任何中学,均设有柔道场、剑道场,以备学生练习。各个人筋肉之发达,令人羡慕不自禁。(三)注重礼貌　日本社会对于礼貌,本极注重,在学校尤甚。每至一校参观,时见学生鱼贯而过,遇师长则脱帽鞠躬,深深致敬。师道虽严,情感仍笃。回思我国学子在教室尚能恪守校规,一至室外,则觍面若不相识,师道亦云苦矣。或者谓过重礼貌,偏于形式,亦无足称。不知形式云亡,精神何有。(四)注重旅行参观　日本学生时至校外参观,藉以增加体验,并周知各地之风土人情。故日本内地及满鲜[1]一带,时有中学生踪迹。归后作调查报告。有时作苦旅行,藉以锻炼身体。盖"质实刚健",为日本中学之普通校训。平居在校,亦习劳动。寝室布置,均极简陋。总之学校当局无时无地不在准备学生离校后为国服务之基础也。

在日伴余等游览者,有日华学会中川先生。中川君照料余等极为周到。三旬内任劳任怨,毫不形于辞色。其办事精神,吾辈殊望尘勿及。我国人丝毫意见,不肯牺牲,日人则处处顾全团体生活。国势之强弱,于此可判。

二、朝鲜之一瞥

初抵鲜境,见鲜人均穿白衣冠,觉萧索可怜。京城气象,视东京无逊色,各种事业,均由日人经营。说者谓鲜人自隶日本后,物质生活反觉视前为优。然禾黍之悲,固未尝一日去怀也。朝鲜学制与日本相同,惟名称略异。日鲜儿童,大都分校教授。小学各教室中遍悬"我等是日本国民"之校训。教授时常用日语,间用标准之朝鲜语。中学校日语每周六小时,朝鲜语仅三小时。凡日本中学所有之特点,在朝鲜中学内殊罕见。余曾参观第一高等普通学校,是校在韩国时设立,成立已三十年,为朝鲜最早之中学校。教师日人占多数。学生精神,似不如日中学之整齐严肃。校中设备简陋,图书馆、理化实验室、柔道场、剑道场、军械室,均付缺如。询导引者何以鲜校无军操,则以日本宪法上鲜人无当兵义务对。噫,我国学子多以严格训练为专制,不知亡国之后,虽欲求严格训练而不可得。驻鲜副领事陈君告我,朝鲜亡国之根本原因,为一"懒"字。其次则为无计划,无预算,不知节蓄。设有鲜人,仅有五元在身,至支那料理店就餐,途遇友人,便邀请

---

[1]　满鲜:"满"即"满洲",指今中国东北三省和内蒙古地区;"鲜"指"朝鲜"。

同往，至则征妓侑酒，一餐之费，超出预算无数，则相率托故出门，最后一人不得出，则留衣服及其他信物为抵押品，不以为耻。一工人每日得资三角可以度日，苟今日得资六角，明日即酣睡不事事。负贩之人，随地睡觉，流汗竟体，警察不加干涉。在日人管理以前，街道污秽，狼藉不堪。政治则贿赂公行，百废不举。昔人谓"亡六国者，六国也，非秦也"。可为朝鲜诵。吾人对之，其能憬然觉悟乎？

三、满洲旅大之回顾

余自鲜返国，道经满洲旅大。昔时鸭绿江为中鲜之分界，今则此天然之界已打破，以安东为交界区。得步进步，可胜浩叹！南满铁道各站均有日兵保护，站上执事人役泰半为日人，铁道附近为日本附属地，盖满洲之名存实亡久矣！日人侵略满蒙之机关，为南满铁道社，社设奉天，仿英人东印度公司之故智。日政府年费巨金，津贴此社，凡森林、路矿、教育、卫生等事业，无不染指，其势力至为雄厚。

奉天之教育，视内地为尤苦。余尝参观省立第一师范，是校共有十班，常年经费为三万九千一百八十元奉票。教师每周授课二十小时，平均薪金为一百元奉票大洋（合票小洋一百二十元，现大洋约三十六七元）。除薪金外，常年办公费仅有一万三千一百六十四元奉票，又须除去学生伙食九千元及房租七百元。学生伙食每人每月九元奉票，公家津贴三元。中膳六人一桌，每人一青菜豆腐，饭用高粱。早餐六人合食一青菜豆腐。宿舍简陋异常，大炕上容十余人。房屋坍毁无钱修理时，则以绳索扎缚，勉强支持。是校并办有理化专修科，化学实验共有十六个，物理旧有仪器不足，则向东北大学商借。惟成绩尚好，学生亦安静守规，体格强健。诚使各大军阀略节枪弹之靡费，供给是种学校，成绩精神，何遽不若日本？诚哉教育机会均等之难能可贵也。

自奉天乘车至大连。大连街道广阔，日人不惜所费，经营此地，其气象较之日本国内各地，尚胜一筹。全市有电车可通，车路成圆周式。长途电车可直达旅顺，除电车路外，日人另筑一汽车路，长三十九英里，约费一百余万。沿途各山，遍植树木，形势极雄壮。车中见本国人民，朴野异常。与日人较，不知相差几世纪。一老人衣敝衣，手大烟筒，坐路旁，夷然自若。大好河山，拱手让人，人民均漠然罔觉，哀哉！在旅顺游览时，曾参观大炮台，为日俄大战争之所。巨石破裂，炮台坍毁，想见当日死伤之惨。闻日本攻旅顺炮台共死二万人；日俄之战，共死十万人。费如此代价，而欲空言收回旅大，谈何容易。

旅顺为一极新式之都市，惟旧市街中国土娼林立，日人故意保存，使外人游览者，相形之下轻视华人。噫，日人之用心亦狡矣！旅顺风景虽佳，然随处触目惊心，不愿盘桓。语云"良药苦口利于病"，是种刺激，亦正有裨于我。我甚愿国人时至此等处游览，奋发其爱国之精神，并一洗其对内纷争之意气，是则作者所以陈述此篇之意也。

《教育学报（上海）》序言[1]

　　光华成立未久，诸事草创，然出版物品，尚属发达。传布消息，则有学生会编辑之周刊；讨论学术，则有师生合作之期刊；临别赠言，则有毕业班发行之年刊。至本学期而各学会先后成立，除敦请名人演讲，分别研究外，又各出不定期刊物一种，颜曰学报，联镳竞秀，千汇万状，惟教育学会同人才二十余，平居所习学程，大都无深造之研究，发为言论，自无足观。但学必致用而始贵，艺必练习而后成，兹篇之作，意或在斯，当世君子，幸勿以谫陋而目笑之。

民国十八年五月廖世承

---

［1］　原载《教育学报（上海）》1929 年第 1 期。

大学教育漫谈[1]

大学的意义：

美国的"College"或"University"，我国统称为大学。原来"College"的意义，指点大学的一种分科，或在毕业院以下的一种组织。"College"大都偏重文雅的课程。A "liberal" or a "cultural" curriculum，不重职业的训练。"University"包含各分科或各学院 distinct divisions or schools，注重专业的训练 professional training。在欧洲各国，"University"一字，大都指高深的专门研究 professional and graduate study，美国原来的意义，也是如此，不过现时用得太滥了；因此有人觉得美国大学的组织，不合"University"的性质。大学前二年的功课，应属于中等教育；大学应自第三年级起。这个主张，引起了大学 The Junior College 的运动。赞成这个运动的，说初级大学有下列四种优点：

（一）民众化高等教育，使求学的人不必跋涉异地。学生受家庭的影响较长，个别的需要较易顾及。

（二）便利学制的改组，使大学得充分尽其职能。

（三）如学生在高中毕业后，愿继续求学，可多读二年，一方可升大学本科，一方可预备高等职业。

（四）供给介乎大学的专门职业与中学的普通职业之间的一种职业 semi-professional training。

反对初级大学的，也提出数种理由：

（一）高等教育的标准恐因之降低。

（二）扰乱四年大学的课程。

（三）有数州不易设立高等教育机关。

实际上，自一九一二年来，美国初级大学已成立的，约有二百所，大都设在中美、西

---

[1]　原载《中国学生》（上海）1930 年第 2 卷第 1 期。

美和南方(文化先进的东美,保守性较重,此种新组织,尚不多见)。南方各州的初级大学多私立的,中美、西美多公立的。在一九二二年,美国共有一万六千个初级大学学生。

初级大学发达的缘由有两种:(一)自一八九〇年至一九二四年,美国户口数增加百分之七十八,大学生数增加百分之四百四十五。学生人数的激增,引起了大学行政上的问题。有的大学无力加增班数,一班有数百人上课。此种拥挤现象,惟初级大学可以救济。(二)大学的宗旨在研究学术(foster research),在施以专门的职业训练(give professional training),在散播知识(spread knowledge)。照美国现行的学制,专业的研究,应从大学第三年起,第一、第二年的课程,恰巧可归入初级大学。在一九二五年,John Hopkins University 的校长 Goodnow 就提出这个意见。他主张中学性质的 Freshman 和 Sophomore 学程,不必存在大学。大学当重专门的研究,接收初级大学的毕业生,或相当 Junior 程度的学生。大学不给学士学位,学生在校专攻三四年,可获得硕士学位。如此,大学的程度,可以提高了。

中美大学生人数的比较:

如上述,美国大学的程度,尚嫌不足,不能符合"University"的性质。我国的大学,更不必论。今姑退一步说,假定我国所有的大学,个个可与欧美著名的大学相比,而学生人数,亦瞠乎其后。兹就中华教育改进社民国十四年至十五年的调查统计表如下:

全国大学及专门学校学生人数及经费数表

学校种类	男　生	女　生	学生总数	全年支出学费总数
国立	13 763	917	14 680	8 189 187
省区立	7 330	103	7 433	2 896 069
私立	16 421	718	17 139	3 081 242
教会及外人立	3 512	397	3 909	5 044 963
共计	41 026	2 135	43 161	19 211 461

照上表,全国专门学校以上学生共四万三千一百六十一人。以人口来比例,差不多每一万人中仅得大学生一人。女生人数更少,差不多每十万人中仅得大学女生一人。兹再看美国一九二四年的全国大学生统计:

美国各部分的大学生比例数

种　类	男　生		女　生		学生总数	
	人数	百分比	人数	百分比	人数	百分比
预科	45 782	11	21 867	10	67 649	10
本科	254 514	62	160 292	71	414 806	65

(续表)

种　类	男　生		女　生		学生总数	
	人数	百分比	人数	百分比	人数	百分比
毕业院	15 046	4	7 970	4	23 016	4
专门职业科	70 618	17	5 064	2	75 682	12
未归类或特别生	26 496	6	29 453	13	55 949	9
总数	412 456	100	224 646	100	637 102	100

注：此外暑校有 148 063 个学生，补习学校与函授学校有 114 444 个学生，寒校有 5 264 个学生。

美国的人口只及吾们四分之一，而他们的大学生总数有六十三万七千一百零二人，差不多比我们大十五倍。女生人数更发达，比我们女生数约大一百零五倍。此只就量的上说，质的上，更不知相差多少？

大学的基金：

讲到质的方面，当然要顾到教授的选择、课程的编制，以及其他一切设施。但我觉得经济是一校的命脉。有钱的大学，未必个个都能办得十分满意，但没有钱的大学，决无希望达到理想的标准。我国的私立大学，规模狭隘，苟延残喘，暂置勿论。即国立大学，经济也毫无准备。政局偶有变动，经费即行停顿，甚且整个的学校，亦随之动摇。什么远大计划，都成泡影。试看美国几个大学的基金数目，就可知道彼邦大学所以能绵延数百年，校誉继长增高者，固自有在。

（一）私立大学　基金数

哥伦比亚大学　98 204 633.43 美金

哈佛大学　　　76 000 000.00 美金

（二）公立大学

加利福尼亚大学　12 233 712.76 美金

密尼沙达大学　7 412 360.38 美金

上边不过举了几个例子，哥伦比亚大学的基金，有九千八百二十万四千六百三十三元四角三分美金，哈佛大学有七千六百万美金。除了基金以外，还有公家的补助，学费的收入，以及社会上源源不绝的捐款，无怪他们的大学，规模一天宏大一天，事业一天发达一天。我国的大学，不要说有几千万基金，就是有数百万基金的，也轻易找不出一个，有十万二十万基金的，也寥寥可数。我国有几千万家财的人尽多，但要叫他们捐助几百万元，难若登天。最近张学良捐助教育基金五百万，补助辽省公立中小学，这可算是破天荒的举动了。

美国公私立大学的基本金，数目固然可观，各校全年的开支费，却也不小。哥伦比亚大学全年用费为一千零二十九万美金,哈佛大学为八百十五万三千美金。加利福尼亚大学为一千二百二十三万三千七百十六元七角六分美金,密歇根大学为九百万八千零七十一元美金。我国除中央大学、中山大学外,国立大学全年经费,总不过数十万,私立大学更省了。

美国大学用费所以如此大,因为学生众,事业广,故社会人士并不觉得大学的浪费。据密歇根一州的统计,人民对于大学的负担,较消耗在奢侈品上小得多。在一九二二年密歇根州平均每人担负大学经费八角二分(指维持该州的大学经费),每人消耗在糖食上三元四角,"冰其淋"、汽水等二元九角,珍宝三元四角半,新剧影戏六元八角,卷烟十四元二角八分。只须每人少看六分之一电影,或少吸十四分之一卷烟,大学经费就可增加不止一倍。

物质上的设备,图书最为重要。哈佛大学藏书有二百四十九万七千二百册,芝加哥大学有一百万册,耶鲁大学有一百七十万册。有数十万册的图书馆,在外国并不算什么一回事,在吾国,却找不到一个。设备缺乏的大学,连数万册图书都没有,再加学生根底浅薄,教课放任,怎样能符合"University"的意义,配称高等学府呢?

关系教学法的两个问题[1]

（一）学习人的过去经验与活动,对于现在的学习,有什么影响? (a) 没有适当的经验,对于新学习,发生困难。我可以举一个例子来证明它：从前有一位先生,看"富人难进天国"的故事,其中有两句话,说"富人要进天国,比骆驼穿过针的眼还难",他看了不懂。后来读别的书籍,知道东方的国家在薄暮时候,把城门关闭起来,只留一小门出入。那个小门,就叫做"针眼"。悬想骆驼在"针眼"中挣扎的情景,就知道那句话的意义了。(b) 不过有了经验,错误的应用,也可阻止学习的进行。举一个例子：某小学生算术的能力很好,有一次教师出了一个题目,问倘使我们分给每个学生三根橹子,那么 267 根橹子,可以分给多少学生? 那个学生思索了半天,做不出来,教师很奇怪,解释给他听。他说我不明白学生怎么会有橹子的? 这可见并不是做不出来算学,他的思想转移到别方面去,致正当的学习,反受阻碍。这两个例子证明引导儿童学习,必须根据统觉的原理。儿童过去的经验,各各不同。家庭的状况,邻里的交接,以前的学历,游觉的见闻,都不一样。教师应知道学生所有知识的范围,相机指导。

（二）须要注意整个的学习——通常的学习可分三种: (1) 正学习;(2) 副学习;(3) 附学习。什么叫正学习呢? 就是指着所上的一种课程而言,例如上国语课时学习国语,就是正学习。什么叫副学习呢? 譬如上国语课时,学生同时得到各种常识,与国语有连带关系的。这一类的学习是附属于正学习的,所以叫做副学习。什么叫做附学习呢? 就是学习国语的时候,知道语言文字要准确,写作练习要整洁,这个整洁和准确的理想,一经养成,可以应用到生活的各方面。这种理想,于国语的直接关系虽少,效用却很大,所以叫做附学习。教师教书,须顾到各方面,发展学生整个的人格,不要专以教书为能事。在一个国文班上,学生很高兴地讨论到飞机的问题。学生发了这个问句,又发那个问句。最后有一个学生问飞机的轮子一分钟内旋转多少次? 教师听了这句话回答不出,说,现在我们上国文课,不上飞机课。倘使教师不这样回答,老实地告诉他自己

---

[1] 原载《中华基督教教育年刊》1931 年第 7 卷第 3 期。

不知道,或从什么地方可以找求答案,可以使得学生知道虚心、诚实,学问无穷。教师这样说了,反使学生失望、怀疑,养成不信任教师的态度。所以任你学习有多方面的反应,教师怎样教各学程,能随时顾到本问题以外的反应,注意整个的学习,是现今教学上一个重要问题。

辛未年刊序^[1]

溯光华之成立,于今六年矣。由革命而成功,由破坏而建设,由筚路蓝缕而高堂华厦,其间不知费若干人之心思才力,始克奠此基础。西谚有之,"善始者功半竣"。光华善其始矣,其亦努力以竟全功乎?

我闻大学之主旨,在研讨高深学术。现时学术荒落之象,殆无可讳言。从政者簿书鞅掌,不遑言学;业商者贸迁有无,志不在学;从事工商者胼手胝足,更不足与言学。研讨学术之责,舍大学生其谁? 然今之大学生,果足以副此期望耶? 下焉者沉迷歌舞,不知天地为何物;上焉者随堂上课。惟学分之是求。真能沈潜学问,宠辱皆忘,偶有所得,不知手之舞之足之蹈之者,我见亦罕矣。我人平日讥留学生,辄曰贩卖外洋知识。由今之道,无变今之习,恐日后真能贩卖知识之人才,亦渺不可得;是诚吾国民族之大耻。光华为反对外人压迫而革命之学府,其必有以雪此耻,为民族争荣誉也。

我又闻大学第二宗旨,在养成专门人才。所谓专门人才,在求致用而已。致用之道无他,在研究,在实习,在熟练。今之学府徒以灌输知识为能事,而不顾及实用之效率。因是研究之结果,仅为强记空洞之教材,获得知识之符号。平居既鲜实习工作,出校又无熟练机会。习农者不能下田操作,习工者不能指导工人。坐视外人机器事业之突飞猛晋而莫可如何。勉力仿效,犹恐蹦其趾。此又吾国民族之大耻,希望我光华同学急起直追也。

抑又闻之,大学者,不仅以学术相标榜也;必有其卓然树立之学风,足以潜移社会,默化风俗而有余。今之社会是非不明,黑白倒置,为善者无以劝,为恶者无以儆。是诚民族之隐忧,而有赖于多数学者之团结,为疾风之劲草也。

余滥竽光华,四年有奇,学不足以济其才,才不足以达其志,心余力拙,有负同学多矣。乃承眷顾,以本届年刊贡献于余,且属书数言以弁其端。爰不辞迂腐,不惮词费,有诸同学熟闻之语,强聒不舍,俾我光华得成为华实并茂之学府焉!

民国二十年六月三日廖世承谨序。

---

[1] 原载 1931 年《光华年刊》。

教学法上几个问题[1]

当今之世，凡百事业，莫不注意于效率之大小，但效率之大小，又全视乎方法之良窳以为断。因此为业者有农业的方法，做工的有工业之方法，商人有商业的方法，甚且跳高、赛跑，等等，皆各有其方法。教书当然也要有教书的方法，这是大家所知道的。事实上虽然有用好的方法教书而得不到大的效率的，或是教书的方法并不好而效率又不错；须知道是别的问题，而非教学法本身的问题。例如一个中学生去教他的妹妹读书，和一个有学问经验又有方法的教师去教学生，二者有很大的不同，前者不知道教学的目的，不知道用什么法子可以达到教育的目的；后者则一一知之，那么日后的结果，自然是两样了。我们做教师的人，最紧要的是了解教学的原则，把原则与实施打成一片。

教学法的原则是什么呢？欲解答这个问题，当先知教学法的意义。所谓教学法，有人说是实现教育的目的的一种工具；又有人说，教学法是使学生练习任何教材的精神活动；总而言之，教学法即是学习法，而非教授法。因为教授法是因时、因地、因材料的种种不同而异，中学有中学的教授法，历史地理有历史地理的教授法，英文又有英文的教授法，而教学法则不然，它有一定的原则，此种原则是普遍的。

教师之对象是学生，是以教学之目的，在变更学生的经验与行为，使学生立身处世、接物遇人的方法有所改正。例如小学教师教小学生的乘法，七乘九等于多少，学生已知道了等于六十三；可是这个学生，若是一朝去买橘子，每只适巧是九枚铜元，他不能一次即给卖橘子者六十三枚铜元，他却分七次给他。这样的乘法，教师虽教过，学生虽学过，其实与不教不学一样，因为学生没有能变更行为，没有能应用于实际方面去，在困难的期间，没有能得到解决的方法，教学的目的，实未达到。美国哥伦比亚大学教授克伯屈（William Hears Kilpatrick）于其所著《教学方法原论》（*Foundations of Methods*）书中曾云，"教比学，等于卖比买"，这句话是很有意义的。一个商人，虽然他的售货术非常高明，说得天花乱坠、异常动听，或者广告术非常之精，足以招来雇客，结果如没有人向他买货

---

[1]　原载《浙江教育行政周刊》1931年第2卷第28期。

物,他仍是失败的。教书亦复如此,不特要使学生学到,而且使学生能应用他所学的于日常生活上。

说得这里,不能不回想到科举时代之私塾;在现在人总认为学校好,私塾不良,其实私塾也有种种的好处,是现在的学校未能做到的,姑分述于下:

1. 教师教得不多,学生却得到多。因为私塾的教学方法,先生教一章书或读一段书的大意,必定要学生熟读,不教新的材料。以致于有时先生仅说大意,而不讲明,学生也能明白。这种熟读,反复练习的方法,非常之好。

2. 私塾的教学,视学生程度如何而予以不同的材料,能力好的,多教一点,差的少教一点,这种个别指导方法,亦复异常的优良。

3. 往昔在私塾里读书的学生,只靠各个人自家的本领,不论资格——读过五年书或十年书,读完几经或几子——教师只看学生本领怎样,社会上的人也只看学生的本领怎样,都不注意学生的资格。有什么方法,在什么时候可以知道学生的本领呢? 就在每逢考试时候的结果如何;虽然在科举时代的考试,有许多有本领的人不能入学,没本领的反能入学,究竟是比较的少数。这种重本领的观念,值得我们赞许的。

打开两眼来看看现在的学校,所有的现象,恰和以上所述相反。这一种现象,很值得我们注意,要仔细的谋补救的方法。

1. 学校里因为设备及经济上种种的关系,有班制教授的方法。每班人数至少三十人,多则六七十人不等,教师以同一的方法教这一班,实则这一班学生的心理生理两方面,各各不同,一万人有一万人的智力兴趣,没有两个是同样的。因此班制教学发生了问题了。逢到升班的时候,困难丛生:使学生留级,则学生不愿,或且更形自暴自弃;学生的家长,假使遇到他的子弟不能升级的时候,不是心中不乐,即是诅咒学校的教学无方;结果学生不论好坏,一概升级。

数年前,我曾在南京上海等各中学校测验学生的英文、数学、国文等科的成绩。结果有许多出人意料以外的:高三学生的成绩,不及初一的学生,国文一科犹可说,或者入学校以前各人固有的训练不同,根基有深浅之别;然而英文数学,高三又何以不及初一的呢? 初一英文只读点初级读本,如 *Model English Reader* 第一册第二册,高三学生读的是 *Wanser Book* (古史钩奇录)、Shakespeare (莎氏乐府本事),一个是读多少,记多少;一个是读得虽多,却一点记不得,所以发现了如此结果,这是班级制所形成的现象。

2. 学校教课,因为人数太多,教学异常困难。教师在未教之前,并未能明白学的程度如何,该用什么材料,只凭个人主观的理想,选各科教材,传授学生,未教之前已如此,在教的时候,又因为人多的原因,往往只有一部分的学生了解,大部分的学生半解了,另一部分的学生全不了解。在了解的学生自然海阔天空,心安意得,不再去请教先生,有时且觉得先生教课过精细;半了解的学生,他们往往以为"能如是,是亦足矣",不去再问先生;全不了解的学生,也不问先生,先生有时也不能知道他们究竟懂得否;如此日积一日,不懂加不懂等于更不懂。以致于每逢考试时脱不了几个现象,不是要求先生给考试的范围,即是舞弊,或者开夜车(夜里不睡之谓),死读先生所说的范围。先生看试卷,也马马虎虎地给他一个及格分数,自己虽想凭真成绩批分数,但恐不及格的学生太多,有碍于情面。这种现象,差不多已成为学校的流行病了。

3. 学校的第三个谬误,即是教学目的之谬误。学生家长只顾子弟在学校里考试的分数及格与否,名次之为高为低,学生本人,也只注意分数之多少,名次之高低;社会上一般人的眼光,也有免不了如此的谬误;教师们有时也凭分数名次去判别学生。这样的大考结果只顾资格,委实不应该的。我们常知道:分数是靠不大住的,无甚标准的,教师批分数,各人态度不同,例如某学生平日成绩素不优良,这次考得不错,特别多加几分,鼓励他的努力;这种分数,是否可以代表学生的真正成绩? 又如某学生平日成绩本甚优良,这次考得不好,特别多扣几分,刺激他要努力;这种分数是否可以代表学生的真正成绩? 某大学生英文成绩甚差,教师屡加以告诫;此学生谓彼在中学校时,英文皆列甲等,此种例子,随处可以找到,毋庸细说。

基本的学科,如英文、国文、数学等科,如不能早具根基,何以学习其他的学科呢? 即是自然科学,如物理化学等,许多学生,在学校内考得很好,如一一询之,电话机的构造如何,电信的传递方法怎样,种种日常生活的知识,恒瞠目不能答,而谓考试已过,不免遗忘;这样的结果,使人灰心,大学说中学办得不行,中学说小学办得不行,以致社会上有识的人士,已觉学校的弊病,层出不穷,心中早不愿送他的子弟入学校求学了。我们要知道;真学习须达到成熟的地位,否则不能算是学习。例如我自上海往无锡民众教育院演讲,至苏州已有了三分之二,我就回去,而谓走了大半路程,可算到了。试问我由苏州折回,而谓已可算到了无锡,是否对呢? 因此真学习是有永久性的,能把所学的材料,应用到日常生活方面上;真学习的方法,是从经验中去学习,不是学人家的经验,善于游泳的人,虽然把他游泳的经验告诉了你,你如只能记了人家的经验,依别人游泳的经验去学游泳,依然不会好的;你非自己跃下河吃几口水,自己得点经验不可。今之学校教师,往往把经验教学生;学生也只会学人家的经验,不用自己的经验去学习;这是应该改正的一点。至于分数,很足以惹起学生苟且的观念,以为得到 Passing Mark,已属了事,不必再努力;外国学生也有这样的观念。分数不特足以引起学生苟且观念,而且使学生有妒嫉、忿恨、虚荣心,种种错误的表现。这一点也是应该设法改正的。

我们是否有方法补救以上所说的种种缺点呢? 有,有。待我简明扼要地说一说。教师当把教材精细地分为许多学习单位,在未教之前,先详细地用测验的方法,试验学生固有的智能,然后施以教学的材料;学生如能个个学到成熟的地位,方可休止,换新的材料,材料若是过深,当换浅的材料,切不可厌弃忙烦,敷衍了事。此犹医生之治病,未诊视之前,当详询病源,病后经过;而后处方;所处之方,病人若能因之而有起色则可,否则必须再处别方,以求有济。医生不善处方,乱投药物,病人不免死于非命;教师不先谙学生之智能,随意地教学生,结果学生虽不致丧身,然为害实已不浅。

最后,我有一故事,作本文之结束。昔有某校,欲请一教员,有人介绍 X 教员往,介绍者云:"X 君学问优良,经验丰富,良教师也。"他日某校校长请 X 君赴校,与之谈曰:"我校拟请先生担任国文。"曰:"吾不能也。""然则请先生教英文,可乎?"曰:"吾不能也。""先生不教国文、英文,可否教理化?"应之曰:"仍不能也。""教史地乎?"曰:"亦不能也。"校长私心疑介绍者言之不诚,无以决。X 君语校长曰:"我不教科目,但教学生;我不教整个的班,但教学生张某李某;我不教数目(指考试时学生分数),但教千变万化之活人。"X 君所云教活人,殊足令吾人玩味。读者诸君,或从事教育行政,或为人师,当知所从矣!

毕业会考究有什么价值[1]

有人问我:"会考的制度好不好?"我说:"好。""会不会发生流弊?"我说:"会。"我这样回答,并不是故意开玩笑,学骑墙派的行为。制度的好坏,总是相对的,不是绝对的。科举的制度,何尝没有特殊的优点,但一般人以为不合时代的潮流,便毅然把它废止了。一个制度应当采用与否,保存与否,只有一个标准可以定夺,就是它所给我们的效果怎样。效果好,我们就拥护它;效果不好,就应该放弃它。会考的制度试行不过一二年,但就各地所得的教训,很够指示我们一条途径,究竟这个制度要得要不得。

原来毕业会考的主旨在:(一)促进教学效率;(二)铨叙真材;(三)提高文化。这三种目的综合起来,只有两点,就是提高程度和铨叙真材。要达到这个目的,会考的标准应该比一般学校的程度来得高。但事实上办不到,因为太高了,多数学生要不及格,不能毕业,行政上立刻发生困难。结果怎样呢? 只有迁就水平线程度以下的学校,使得坏的学校,也有一部分学生有毕业的希望。这样一来,非特会考的目的不能达到,并且无形之间把毕业标准一天一天地降低。倘使我们不举行毕业会考,举行一种如英国所施行的普通的竞争考试,以个人为单位,而不以学校为单位。成绩优异的儿童,可在中等学校得着奖金,至某年龄为止。这样,上述的困难,可以免掉,而铨叙真材的目的,也可达到。

从这一点,我们可以说,不是会考的制度不好,是会考不应在毕业时候举行。毕业会考,于个人的前途、学校的名誉,关系太大了,因此遂生了无限的障碍,发现了无数的流弊。我们试把毕业会考所发生的流弊分别地说一说:

一、叠床架屋自堕信用

假使有一个外国人办的学校要在中国立案,教育当局为郑重起见,举行一次考试,

---

[1] 原载《中华教育界》1933 年第 21 卷第 5 期。

看看他们学生的程度怎样,这是合理的。假使全国中等以上的毕业生无相当出路,政府为铨叙真材起见,由考试院举行一种严格试验,优秀的分别授职,这也是合理的。现在的情形,大不相同。主持毕业考试的是学校当局,主持毕业会考的是教育当局,而学校当局就是教育当局所任命认为合格的人。那么有了毕业考试,何以又要有毕业会考?不是叠床架屋吗? 要是教育当局信任学校当局的话,何以对于最后一次的毕业考试,表示不信任起来? 要是不信任的话,何以平时不认真改革,而把数十万数百万中小学生的教育,委托不信任的人去办理? 这个理由,实在百思不得其解。学生方面也弄得莫名其妙。他们时常问:"假使学校方面有一科或二科不及格,而毕业会考及格,是否可以毕业? 假使毕业考试各科及格,而会考有一科不及格,是否照常毕业?"作者回答这一类问题,实在觉得异常苦窘。学生也不知道信任了哪一方面好。

二、妨碍功课进行并养成学生幸进的心理

现时中小学的功课,太嫌繁重,学生往往如入山阴道上,应接不暇。因之预定教材,每不能于学期结束时授毕。自举行毕业会考后,学校当局及学生的皇皇然不能自安,或加紧教学,生吞活剥,不问学生能容受与否;或变更课表,将教学时间集中于少数主要学科;甚或停止上课,专请教师讲解"会考指南"一类书籍,以为准备。此中变态,难以尽言。在学生方面,更有一种坏影响。他们所日夕关心的,究竟会考出哪一类题目;一方揣摩趋向,一方强记背诵。只求临时能侥幸及格,什么学问品性,一切都不理会。

三、太注重死知识不合教育原理

学校不仅是传授知识的场所。这儿所谓知识,是指活的知识。所谓活的知识,须能应用于实际问题,须能适应个人的需要。有了活的知识,不一定能保证一个人不做坏事。目前中国教育上最大的困难,不是知识低下的问题,乃是训练品性毫无成效的问题。但看社会上的情形,便明白了。不守秩序,不服指挥,欺骗作恶,贪污营私,哪一件不是品性的问题? 我国受过教育的人,品格是否比一般人来得高,作恶的程度是否比一般人来得低,我很怀疑。教育当局果真有促进教学效率,提高文化的决心,应当于此等处着眼,使全国人民晓然于中小学的目标,第一在训练精神,养成儿童及青年良好的行为;第二在增进知识,能应用于实际生活的知识。就现在的教育情形看,不单是品性的训练毫无成效,就是知识的增进,也很渺茫。教材既不能精选,教法又多采用被动的灌

输,而平时的考查方法,又欠严密。因此学生只得些机械的知识,不能融会贯通,发挥一己创造的能力和独立的人格。我们正盼教育当局来一个彻底的改造,乃不料风行全国的毕业会考,使学生从事于强记背诵,追求死的知识,而轻视平日的成绩。就吾国需要及教育原理上看,是多么的失望!

四、会考缺乏客观性不易得准确的结果

聚数千个学生于一地,考试各种不同样的科目,要知道他们真实的能力,确非一件容易的事情。受试的学生,大都来自各校,平日所用的课本,既不一致,所受的训练,也不相同。现在请了一批不相干的先生来考他们,这般先生对于各样的情形,是否熟悉,是一个问题。他们所出的试题,是否能不偏不倚,适合各样的程度,又是一个问题。题目偏于某方面,某数校的学生,对于这部分的教材熟悉些占了便宜;某数校的学生对于这部分的教材不大熟悉,便吃了亏。题目出得太难,不及格的学生过多,势必降低及格标准,那么会考的宗旨又失掉了。题目出得太容易,大家一榜及第,真才实学又无所显其能。再就阅卷的标准论,也大有斟酌。因会考的人数过多,每科试卷势必由数人分阅。各人负责的态度是否相同?评阅时是否同样的细心?计分有否客观的标准?这里边大有研究余地。学校里边的计分,也始终得不到一个客观的方法,但因为学生人数少,教材固定,考试的机会多,教师对于学生比较的熟悉,所以尚不致有大上落。会考便不同了。结果如何呢?平日成绩不甚好的学校,或反名列前茅;优良的学校,或反被埋没。

五、会考易生弊端太苦了主持的人

会考不特缺乏客观性,并且手续繁多,不易控制。试题的汇集,试卷的印刷,号数的弥封,试场的监视,分数的统计,一层一节,都须谨慎将事,稍不措意,便生问题。所以主持会考的人,必须对于考试方法有专门的研究,有相当的经验,自己有充分时间来全神贯注应付这个问题。事实上主持会考的人,恐怕不能抛弃本身的职务,专心来办这件事。并且数千学生,萃集一地;学生的父兄,教师的亲友,与当地人士认识的很多,难免不与教育机关的办事人员有深切的关系。而主持会考的人,办事一切又不能不假手他人。因此肘腋之间,悉成敌国;有隙即乘,变故百出。这不是当局的疏忽,实在四围的环境,太不相谅了。要知道在前清科举时代,法令何等森严,考场里面尚且有枪替及通关

节的事情,何况现在! 但看各地会考的纠纷,就可知道一切。

六、迁就一般程度使投机性质的学校多得一重保障

会考的主旨,在使办理不认真的学校不能立足,但结果适得其反。因为一般学生怕考数理,反对会考,当局为缓和空气起见,于是将数理的题目出得十分容易;因为多数学生有一门或二门功课不及格,于是将及格标准自六十分降至四十分或三十分。这样一来,平日读书马马虎虎的学生,也可毕业了,文凭上也可盖"会考及格"的官印了,投机性质的学校也可向社会宣传,我们的学校有多少学生已经会考及格了。把平日只知敛钱不顾戕贼青年的罪恶,假了会考之名掩盖过去。昔人有言:"自由,自由,天下几多罪恶,假汝之名以行!"会考亦云。

七、于学生的时间经济和健康方面似少注意

中学生最怕的是毕业考试。他们在毕业考试的时期,往往废寝忘食,昼夜用功。体格健康的尚不觉得什么,柔弱的即使不生病,也面黄肌瘦,露出憔悴的神情。现在毕业考试甫了,又要参加毕业会考,而会考所要预备的教材,不一定与毕业考试相同,身心未免太苦。程度较差的学生,加以无谓的忧虑,精神上更为痛苦。此尚就一般青年而言,就小学儿童,论会考于健康方面妨碍更多。费了许多钱许多力,所得的效果,仅增加了儿童精神紧张的状态,似乎得不偿失。

八、徒事粉饰增加虚伪的风气

预想的结果往往与事实不符。在举行会考的时候,教育当局未尝不感到各种困难,但为顾全法令起见,不得不粉饰表面,迁就事实。会考的使命何在,意义何在,反置诸不问。教育当局以此暗示学校当局,学校当局以此暗示学生。如此上下相蒙,尚有什么教育可言。教育最伟大的力量,在训练精神;训练精神最重要的点,在以诚相见。现今的教育界,充满了虚伪的空气,谈不到什么人格教育。不打破虚伪的情势,教育永没有向上的希望。法令我们固然要遵守,但如果法令不利于教育,应设法改革,不应当不顾青年的利益,儿童的幸福,只以维持法令为口实。

我很不愿谈毕业会考问题,但终于谈了。一人的见解,固然有限。但使此见解系根据一般事实,为一般人心中所欲言而未言者,则社会似不容忽视。不论毕业会考后此继续与否,我甚愿主持会考之教育当局,平心静气,观察事实,采集舆论,估计会考的价值,决定改进的方针,以国利民福为前提,而不以少数人之意见为判断。

评国联教育考察团报告^[1]

一九三一年五月"国际联盟行政院"开会时,应中国政府的请求,决议由国际文化合作社,委派一专家考察团,来华调查教育。考察团中的主要人员为柏林大学教授、前普鲁士教育部长裴克(C.H. Becker),波兰教育部初等教育司长法尔斯基(M. Falski),法兰西大学教授郎吉梵(P. Langevin),伦敦大学政治经济学院教授陶内(R.H. Tawney),他们于一九三一年九月三十日到上海,留华约三个月,由上海而南京而天津而北平而定县,复折而南行至上海,嗣至杭州、苏州、无锡、镇江一带考察,最后乃在南京与各方接洽,预备报告的基础。团员中有一人曾至广州观察。报告书(*The Reorganisation of Education in China*)于去年出版,由国立编译馆译成中文,名曰《中国教育之改进》。

全书共二百页,涉及中国各方面的教育问题甚多,其中不乏有价值的批评和建议,但前后矛盾的地方也不少。我读后最感觉怀疑的有两点:

(一) 报告书中竭力主张中国的教育应建筑在中国固有的文化基础上,对于外来的影响,特别是美国的,抨击甚力:

> 现代中国最显著的特征,即为一群人所造成的某种外国文化的特殊趋势,不论此趋势来自美国、法国、德国或其他国家,影响最重大的,要推美国。中国有许多青年知识分子,只晓得摹仿美国生活的外表,而不了解美国主义系产生于美国所特有的情状,与中国的迥不相同。同时,我们又看到一点,中国生活欲求适合近代,又不得不摹仿外国。因此中国新时代的知识分子,自革命以来,处处依照舶来品的思想,以改造中国的教育制度,而中国几千年来的传统文化,则认为不合时宜。(原书24页)

报告书又说:

---

[1] 原载《中华教育界》1933 年第 20 卷第 11 期。

美国文化的进步,在物质方面的表现,最为显著,因此最初与美国接触的中国教育家,思介绍此物质文明于中国。其结果,所带回的观念,乃为美国物质文明所由建造的基础,就是美国教育制度的本身。但是他们忽略了一件事实,美国文化所表现的特殊形式,其效率实在能适应美国的生活情状;并且美国人民对于本国文化所表示的热忱,华人不能据以为充分的理由,谓可移植于生活情状迥不相同的中国。中国为一文化久长的国家。如一个国家而牺牲它历史上整个的文化,未有不蒙着重大的祸害。并且中国并非一种正在形成新种族,而为具有千百年历史的人民,其生活的方法,至今没有变更,即现在的经济情状,在某种限度的,与数千年前无甚差异。只须考虑这些事实,已足表示究竟以无限的信仰与热忱所输入的美国教育制度,是否能适合中国人民的真实需要。(原书 26 页)

从上边两段议论,我们有两个小问题要问:(1) 什么是中国传统的文化? 以后中国教育趋向,应该往前看,还是往后看? (2) 怎样的摹仿,才算是合理的摹仿?

在前清新教育萌芽的时代,就有"中学为体,西学为用"的口号。日本就是实行这个口号的一个国家。我国人在文字上、口头上,这个口号用得也很多,可是实际上并没有收到什么效果。所以考察团这个建议,并不新颖。

说中国的教育,必须适合本国的情状,这句话谁也不肯否认。要说中国的教育,须建筑在传统的文化上,就有争执了。什么是我们传统的文化? 仁者见仁,智者见智,各人的见解决不会相同。并且传统的思想、学术、习尚、文献,必须以现代的目光,现代的需要来重行估定价值。笼统地说,保持固有的文化,太嫌空虚。

时代是迈进的,中国的教育方向,还须往后退吗? 我知道大多数人要回答"不"字。就是考察团在成人教育一章内,也大声疾呼地提醒一般教育家目光须得往前看。可是在报告书前数章内又一再劝中国人追寻数千年来的固有文化。这个矛盾,不知怎样解释:

然而鉴于中国社会经济状况急需近代的迫切要求,民众教育的主要目的在指示如何达到此近代文化的途径。所以现在用过去的事物解释一切,甚为不妥,应当像俄国人的直观教学法,注重将来的需要,方为有益。中国儿童教育及成人教育,都不能注意未来。这或者因为中国人的历史观念特别发达;不过,要使中国迅速地近代化,人民必须往前看,不要再往后看。(原书 192 页)

那么,我们究竟应该迈步前进呢,还是追溯既往,还是徘徊于二者之间?

摹仿是人类的天性,也是进化历程不可少的现象。考察团自己也说,"学问不应有民族及地域的偏见"(原书 165 页)。现代的国家,哪一国的典章文物,不受他国的影响。小小一个发明,隔了不久,就传遍世界。没有摹仿,人类的思想、习惯会如此接近吗? 干脆地说,新教育制度,根本就不是中国的产物。要不摹仿,教育制度就得全部推翻。除了教育以外,其他方面,也有类似的情形。

现在的问题,不是应否摹仿的问题,是摹仿的效率问题。有效用的摹仿,就是合理的摹仿。英法可以摹仿,俄国、意大利何尝不可以摹仿。没有效用的摹仿,就是不合理的摹仿。美化固然有害,欧化就有益吗? 所以我们只能就事论事,不应该作概括的批评。概括地说不应该摹仿某国,未免就有人我之见了。因为考察团的批评态度,不能客观,所以就随处发现矛盾的现象。第二章结论有一段话:

> 今本团四人,代表欧洲文化四种不同的源泉,已经得到一种结论:就是欧洲文化的情形,比较美国的情形来得适合中国的需要。其故因美国文明的发展,并不靠托本土的遗风余俗,而欧洲的文明,则与中国相似,常须顾及流传数千年的传统文化。但这儿不要误会,我们并不要把欧洲的教育方法,来替代由美国输入的方法。(原书 26 页)

在这一段议论内,考察团的本怀显露得很明白。他们反对中国摹仿美国。他们愿意中国效法欧洲,不是整个的欧洲,是他们所代表的欧洲一部分。他们一方暗送秋波,一方又怕招物议,因此又吞吐夷犹地加上末了两句话。在第五章他们又说:

> 我们以为中国教育行政的进步,实不如学校教学的进步,因为学校教学受外国的影响来得大,革新的地方也比较的多。(原书 46 页)

这几句话,不是自相矛盾吗? 何以有此矛盾,看了本章的建议就明白。他们主张是中国政府应派遣行政官吏亲赴外国考察教育(原书 46 页)。

考察团的诸位先生,随处暗示着中国应该摹仿欧洲的教育制度。所以讨论到教育行政问题,他们就建议采用中央集权,并且主张各级学校的教员,都由官厅委任(参考原书 57 页)。不过他们忘记了一点,中国的版图辽阔,各地情形互异,不能与德法相提并论。中国的教育行政,是不适宜绝对的中央集权的。至于各级教员由官厅委任,在中国施行,亦难得优良效果。他们所以要如此主张,因恐校长选择教员困难,难免任用私人。但在现实的情状之下,我们又保得住行政官吏都廉洁自好吗? 不任用私人吗? 校长大权独揽,对于教员尚且难于应付,主张往往不能贯彻,计划不能推行。倘使教员由官厅委任,动受牵制,学校的进步,恐怕要一落千丈了。

（二）报告书中对于教育研究和教育方法诋斥甚力。这是中国目前教育上一个大问题。引用"中等教育"章里边一段话:

> 在美国,教育学看作极重要的一种学问,因此教育成为一种独立的课程,事实上成为一种科学,里边包含心理学、社会学、教学法、学校管理、卫生,等等。从大学校出来的教育家一天多一天,这批中学教师,对于教育学中所包含的学问都很熟谙,而对于课程表中所列的科目,无一专长。不说过分的话,这般人中大多数"知道如何教他们自己所不知道的科目"(know how to teach what they do not know themselves),这不是说笑话,实在是师资训练上一个大问题。(原书11页)

这一番话,对于从事研究教育的人,可说是挖苦得淋漓尽致。吾国近来颇有一般人,对于教育没有多少研究,但是专喜欢批评教育,甚且骂研究教育的人是"低能儿"。他们有了这番话,当然举起双手来赞成。我不知考察团的团员对于教育,是否有深切的研究,但是他们对于中国的情形,似乎太隔膜了。在中国学校内,老师最不注意的是教学方法。不要谈什么高深原理,极显而易见的事实都会忽略。有的教师学问很好,但是他们只晓得讲他的书,学生的神情态度一概不理会。因此有的学生在墙壁上画图,有的在偷看小说。这样哪里会有什么效果呢!有的教师,要引起学生活动,想了几个问题来问学生。但是他不知道先发问句,等一会儿,让各人思索一下,然后再指定一人回答。那么,大家都有思想的机会,不致使一个人受窘。他先指定人,再从容发问,这样一来,被指定的人,固然惶急莫名,而其他的学生,可以不负责任地行所无事了。有的教师慕新法考试的方法较为进步,用了测验的方式命题。试后知照各生把试卷彼此调换,他自己把各组答案迅速地念出来,令他们做正负记号。这样学生做了他的临时书记,只有机械的行动,而无思考的机会。新法考试的精神,完全失掉。又有一个教师同样的举行新法考试,试后也教各生调换试卷。但是他自己不报告,指定一个学生诵读一个试题的答案,并发表他个人是否赞同的意见,然后大家讨论,认为准确的答案应当如何。如此一题一题的讨论下去,各人都有深切的了解。所以同一教学,只须方法上略有变更,效率的相差,便不可以道里计。

较好的教学法未尝没有,但不易碰到。有一次我参观初中一年级的国文教学,教材是陈衡哲写的《运河与扬子江》。那位先生预备得很周密,他的教学步骤大致如下:(1)讲解题义;(2)介绍作者;(3)诠释字句及内容研究。教师把全篇的用意说出来,令学生笔记;较难的字句,教师把它写在黑板上。记完后,令学生读出以便全班同学纠正他的错误;(4) 诵读,令学生二人分别代表运河与扬子江,作对话的方式;(5) 形式研究,提出文法上的难句;(6) 鉴赏艺术,教师诵读篇末一首歌,引起学生鉴赏。这课书教得很有生气,学生的活动也很多。课后,我问那位教师说,"这里边还有两点须注意:第一点,须令学生向全班对话,格外可以引起注意。第二点在明日上课时,还得提出数分钟温习,令学生复述全篇的用意,否则留存的印象恐怕不深"。翌日试问学生,果然记得很少,一人只说得出十分之三四,一人只说得出十分之一二。

教学真不是容易的事情。通常的中学教师,不特没有受过教学的训练,并且不了解教法的重要。中学教育效率的低微,这是一个大原因。(这儿所说的教学,指实地的研究,不是空虚的理论。)

事实绝不是情感可以抹煞的。考察团对于教学方法,虽多怀疑与批评,可是一考查事实,又知道方法太不讲究了。因此又供给不少矛盾的资料:

> 学校中用得最普通的教学法,就是演讲法。教师一味把知识灌输全级儿童,学生只有被动地接受。在中国的学校内,先生不大问学生,学生也没有什么独立的工作可做。用这种方法,只养成学生对于四围环境起一种沉思的态度,不会供给创造和活动的动机。此创造和活动的能力,实为改造社会状况万不可少的因素。(原书95页)

这番话很切实情。书中对于科学教学的批评,更是针针见血。但是这些都是方法问题,也是研究教育的人认为最要努力改良的。考察团说这话,不是前后自相矛盾吗?矛盾的话,还不止此:

> 多数中学的教学法,当彻底的改革。以讲演为惟一的或最好的教学方法,我等述及小学教育时已讨论过,在中学此观念流毒更甚。……须知在一切学校中,教师的重大职务,不在灌输知识,而在引起学生的好奇心,并指示他们如何满足他们的兴趣。在一切学校中,各个儿童或各组儿童应有比今日更多的工作,应在教师辅导之下,解决教师所指定的问题。在一切学校中,应使学生除阅览印板书及静听刻板的讲演外,更有意义的运用他们的耳目;应鼓励学生观察自然界及人类的生活;搜集化石、昆虫、卵类;游览邻近名胜,并作简单笔记;年龄较大的,应使他们了解衣食的来源,并使他们读书不抱尽信书的态度。(原书111页)

我们对这番话,十分十二分的表同情,举起双手来赞成。不过就报告书方面说,不是又成为一个矛盾的证据吗？不独小学中学的教学方法不适当，就是大学的教学法，从考察团的眼光看来，也很坏：

> 上边情形，仍属例外，有一般教授专以讲演为能事，有一般学生专以听讲为能事，并不是他们不能采用好的方法，因为他们认错了大学的职能，不知道采用好方法的重要。大学校的职能，不在学生可以消化的知识，而在培养学生探讨、批评和反省的精神，指示他们自行获得知识，忽视此等要点的教育，可在大学校内实施，但此决非大学教育。（原书161页）

要不是前后矛盾的话，这一段批评又是非常中肯的。矛盾的证据，不独在本书中屡见不鲜，就是在考察团员所著的其他书中，也有很巧妙的矛盾。陶内先生最近曾出版一本书，名曰《中国的农工》(*Land and Labour in China*)，书末讨论"中国的政治和教育"有一段话：

> 文学在中国享受了好几百年的权威。一般人对文学的尊重，虽然很可佩服，但此尊重不幸使中国人不能认清政治的性质。相信纸上写了字，就是作了一件事，已成为牢不可破的习惯。结果中国的政治以发表宣言为始，亦以发表宣言为终。在西洋，人们有时只讲办法，不讲目的，中国人则只讲目的，不讲办法。中国人会议了又会议，起草了计划以后还得起草计划，报告以后还是报告。纸张堆积如山，但全无办事的力量和机械。好像一个机器出了毛病，大家不去修理，反坐下写一篇机器出毛病论，并通过一个议案，要机器明天行走。这就是中国的文学政治。（蒋廷黻译，《独立评论》第三十六号）

这种深刻的批评，确非无的放矢。我国人喜谈原理，喜谈主义，喜欢发宣言，喜欢提方案。对于研究方法和实地工作的人，不訾为钻牛角尖，便讥笑他们做枝枝节节的工作。因此脚踏实地的人，便愈来愈少了。我不是说原理和主义不重要，我也不是说做教师的人不应当重视专门知识，但是我很相信只有原理和主义而没有切实办法和实施的人是没有用的；只有专门知识而不研究教学方法是收不到实际效果的。考察团的诸位先生，哪里会看不到这一点，但因为他们稍存入主出奴的见解，便不能自圆其说。不就事论事，而作概括的批评，不特为教育家所不取，抑亦非科学家所应有的态度。

教育改造中的一个重要问题[1]

　　我时常这样想,为什么好好一种制度,在中国施行起来,总是效果稀少。是否因为我们传统的观念太深,不易吸收他人的长处? 那么我们固有的文化,又到了什么地方去了。日本人是长于摹仿的一个民族。他们能采取我国的精华,效法欧美的长处,他们的学校,并不炫新好异,但很切实。记得有一次参观他们的一个特殊学校,这是一个女子中学,成立不过五六年,内部的设施完全在实验杜威的教育思想。大部分的事务,都由学生负责,自己煮饭,自己定课程表,自己划生活线,一切井井有条,成绩斐然。参观后,我发生极大的感想,对同行的人说,为什么日本人学一样像一样,我国人学一样得不到一样的好处。我国的教育,曾抄袭过日本,也效法过美国,也摹仿过法国,最近又想追踪苏联意大利了。筋斗翻了好几个,总跳不出故我的圈子,这是什么缘故?

　　近来有许多先生,对于这个问题贡献意见,并且提了不少改造的方案,如陆费逵氏的三轨制教育,主张恢复旧时的书院制;舒新城氏的三馆制,主张原有学校听其继续存在外,在乡村及都市增设图书馆、科学馆、体育馆,延请指导员指导不能入学的儿童与青年;庄泽宣氏的三段教育,主张取消现行的普通中学,教育系统分为基本教育、扩充教育及学术教育三段;徐旭生氏的二级制,主张全国教育农业化;陈果夫氏的教育政策,主张特别提倡农工医三科,暂时停止造就文化艺术等科人才,各中学一律加重与农工医科有关系的基本科学;种天放氏的三级制,主张初级教育依地方经济情形,分别设立六年的国民小学,或四年的乡村小学,中级及高级教育注重生产、师资和人才三项。其他如陶行知氏,梁漱溟氏,江问渔氏,及国联教育调查团,都有很深刻的改造教育言论。他们的主张,都有理由,但是他们所提的方案,能否实行,实行后是否有效,尚是问题。

　　个人深觉得中国的病象,不在制度,而在社会的本身。制度的好坏,是一个问题,有了好制度,能否收到好效果,又是一个问题。中国的现社会,病态已很深了。随便举几个例子,可证实我这句话。最近的全国运动大会,何等庄严灿烂,钱也花得很多,"然而

---

[1]　原载《教育益文录》1934年第6卷第1/2期。

在大会中所表现的事实,却充满着私与乱"(《华年》第二卷第四十二期举了很多事实)。不守秩序,不负责任,自私自利,行动腐化,已成了国人的通病。

我敢说中国教育力量的薄弱,并不是制度的问题,也不仅是知识的问题——知识能普遍提高,民族的病态心理当然可减少一部分——实在是人不人的问题。有能尽人的本分的人,才有人的事业,才可转移民族的心。没有能尽人的本分的人,人的事业永远不会发展,民族的病态心理永远不能消灭。顾维钧氏在去欧途中曾说过一番沉痛的话。他说:

> 科学万能,自为确论。然东北兵工厂为国内最大而最新者,又如东北种种科学上之设备,如无线电台等等,亦非常完美,何以不能保我国土? ……或谓中国地大物博人众,绝不会亡。然观东北三千万民众,今受制于六七万之日本军人。又如我人所过之新加坡,有人口四十万,华人占十分之八而强,而英人不过五千,管理得井井有序。又如朝鲜印度,亦可谓地大物博民众,今又如何?

可见事在人为,有了人,就有办法。新近贝克夫人(Pearls Buck)在世界学院讲新爱国主义,演词里着实有几句中肯的话。她说:

> 过分的假爱国者不肯承认他的国中有什么错处。他企图将他所晓得的缺点掩蔽起来,却完全不想改革这些错误的情形。他不许外国人拍一张污秽的街路的照片,怕给外人有一种恶劣的印象,但是他对于这条污秽街路,并不想加以改革,他甚至就住在这条街上。他的同胞,数千数万在饥荒中变成饿莩,他对于这事实竭力掩蔽,同时却又袖手旁观,完全不肯加以援助。他高谈爱国,到处奔走煽动,打倒这个,打倒那个,但是他自己对于同胞们,什么事也没干出来。

她又说:

> 我们不能够人人都干国家大事——然而最细小的事,实在仍是国家大事。救了一个穷人,教导了一个愚朦的人,改革了一个不卫生的地方,这都是国家大事。在中国这个伟大的时代中,没有一桩事是太小,是不关重要的。

她以为新爱国主义者,应抱下列的信条:

我相信我的国家。我相信国家过去的伟大,在转变中的现代的价值,以及一定会有一个伟大的将来。……我要献身建造我的国家,正如一块石头建造一座大厦。我不盼望得人家的认识,或是得到财富,我只要晓得有一位同胞,一条街,一个农村,一个社团,曾因我的存在,而有今日之改良,这便是我所要找的酬报了。现在的中国,不需要那种只会说不怕为国而死的爱国者,却需要不怕为国而活的爱国者。(林疑今译,《新爱国主义》,《论语》第二十七期)

中国不是没有真正的爱国者,不过社会上不大注意罢了! 有一次我在友人席上,碰巧遇到一位前辈,那就是丁文江氏在独立评论上介绍过的朱子桥将军。丁氏说:

他是民国以来第一位廉能的疆吏。他在黑龙江和广东的政绩,我并不知其详。我只晓得凡是广东黑龙江两省的人提起朱将军,没有不肃然起敬的。赈灾的捐款,华侨是大宗的来源。他们捐款的条件,往往是要朱将军个人的收条。民国十七年我在澳门去参观赌场,遇见一个侍者告诉我:"现在澳门的生意远不如从前了,因为省城河南地方已经开了赌,省城的人就很少到澳门来了。"他又说:"先生你是外江人,不知道赌是广东最好的买卖,做官的没有不靠这个发财的,只有朱将军不肯要这笔钱,其余的哪一个不弄几十万!"……他自己穿布,但是他并不怪大家穿绸着缎;他自己吃素,但是他并不厌恶人家吃荤。他的刻苦是他的天性,他并不因为如此而不近人情。……他三十八岁做统领,四十二岁做将军,四十四岁做巡按使,今年他整整六十岁。头发也白了,脸上皱纹也多了。但是他这几根白发,几条皱纹,救活了百十万灾民,组织了十五万义勇军,为中华民国争了几分人格! (《国立评论》第三十九号)

不要说前辈,青年中也不少杰出的人才。我校有一毕业同学,鉴于附近失学的青年儿童太多,自愿为他们服务,起初招了一二个小孩子在房间内补习,后来人数渐渐增加。经他继续不断的努力,感动了许多同学,自愿帮他的忙。不到一年半的时间,学生增至二百人以上,有幼稚班,有小学各年级,有成人补习班,并且向各方面募集了四五千元的捐款,建筑了一所新式的平民校舍。他办学的热忱毅力,我自愧不如。他对人说:

我愿我自己负些特殊的责任,因为我平日受了国家特殊的供养,从小学到大学毕业。十六年之中,吃的,住的,用的,都是国家所供给的;换句话说,完全是由几万万没有受过多大教育的生产同胞给我的。所以我毕业以后,也应当尽些特殊的义务来导引他们。我本来有升学的机会,家里和朋友都很赞同。

结果,为良心的驱使,社会的需要,不得不暂缓升学之计。我愿以三年的时间,从事于平教方面,聊尽一己的责任。

讲到捐款,他又说:

虽然觉得困难,却不畏缩。宁愿撕破喉咙,强着身子,向各方面去奔走求援。因我们相信宇宙间无论怎么大的困难,惟有一个"干"字可以战胜它。

我国不是没有好的人,不过好人并不长于自炫,所以未必得人信仰,而乘间取巧因利自便之徒,反为众口所交推。习俗如此,积重难返。因此办学校的人,只喜欢做表面,不肯在实地上用功夫。青年无形间受到这个影响,也悠悠忽忽,糊糊涂涂,不肯做一个刻苦自励的人。这是当前教育的一个绝大问题。

对于这个问题有什么补救,我个人的见解有限,但至少可以贡献一些意见。

第一,须靠托政治的力量。有人说,中国的病,不怕怎样复杂,不怕怎样难治,只要人人有向上的决心。要使人人向上,政治的力量,最为伟大的。所谓风行草偃,如响斯应。在上的人果能大公无我,任劳任怨,为国家争人格,为民众谋福利,不必三令五申,文稿谆谆告诫,全国视听,自能转变。意大利的复兴,德意志的再造,苏联的成功,不都是例子?

第二,须提倡社会的制裁。亭林有言:"有亡国,有亡天下。"亡国的痛苦是暂时的。现在的社会,是非不明,黑白倒置,为善者无以劝,为恶者无以惩,已经到了超亡国的地步;在有明末叶,虽然外有强邻,内多盗贼,可是人心尚未尽死。慷慨赴难,从容就义之士,史不绝书。气节之盛,为三百年来所未有。所以能如此,就因为社会尚有真是非。后此舆论,对于实心为国的人,应多方奖勉,而对于保持禄位、盗窃虚名的人,应痛下针砭。这样,才可矫正社会的病态,转移青年的心理。

第三,须注意师资的训练。各国对于师资,都很注重。我国对于小学教师的养成,尚知注意。而对于中学教师的训练,毫不顾及。以是全国中学教师,真能了解教育使命,竭尽一己责任的,占绝少数。恢复高等师范,自为目前的要事。高师的训练,不单应注重专门学科与教育方法,更须特别注重教师品性上应有的修养。同是一班学生,在甲教师指导之下,生气勃勃,秩序井然;在乙教师指导之下,便精神散漫,行动随便。"有诸己而后求诸人。"教师的责任,真是重大啊!

第四,须研究教材的选择。编制课本,为现今教育上一个大问题,国人对此,现尚未有系统的研究。如国文、公民、历史教材中,不乏可以发扬民族精神,陶冶青年品性的资料。只须全国教育界有一中心目标,采取此种资料,便可收莫大效果。意大利自法西斯蒂秉政后,课程中充满着民族主义的精神。例如精神修养一科,教师必讲述爱国故事、伟人传记,并鼓舞学生尚武精神,使知诚悫忠信,为国牺牲。现时我国青年,习于纤巧挖苦一类文字。责人严而律己宽,欲望其宅心正大,遇事积极,正如南辕北辙。要改正青年心理,此点不可不注意。

第五,须养成工作的能力。不论志愿升学,或就事的学生,在校能从事操作,遇事便能降心静气,下切实功夫。前年南开增设小工场,去岁光华附中也设立一所,备理科学生实习,制造各种仪器及日常应用品,预备以后逐渐扩充,使全体学生均有实习机会。我希望各校在可能范围内,添设各种小工场,充实劳作的教材,一洗书呆子只知用脑、不知用手的习气。

第六,须练习团体生活。团体生活中最重要的是纪律。克制小我,当自服从规律起。纪律的养成,须自各方面做起。穿制服是纪律,在每次上课下课时,由组长司仪呼"起立""致敬"向教师行礼,也是纪律。不过纪律的执行,须彻底,如有松懈,即全功尽弃。例如:早操时,教师上台呼口号后,迟到学生即不得列入队内,要使学生养成准时的习惯,一分钟也通融不得,纪律的执行,尤须使学生心服,不能完全强迫。例如教员全体穿着制服,学生穿制服,自不成问题。其次是礼貌。礼貌是表示尊敬他人的意思,表示一己的行动言语,当处处不妨碍他人。我国年轻人,对于礼貌太不讲求,以致自私自利的观念,不易铲除。要学生注重礼貌,教师自身须不溢用威权,不丧失师长,随时指导,随时纠正,久而久之,自能养成一种风气。再其次是课外活动。英国的学校,功课并不重,但是所学的都很熟练。有的学校在正课以外,很注重"常识"(common knowledge)。所谓常识,就是骑马、划船、打靶、急救、消防等活动。我国的青年,终日在课室内讨生活。学业成绩号称优良的,又往往没有办事能力和勇气;成绩低下的,或并无礼貌亦欠修养。要养成健全的青年,必须除正课外,兼重各种活动。

消灭民族的病态心理,决非上述六点所能奏功。但如教育界同人,经此为研究对象,一致进行,则目前教育虽至山穷水尽的地步,未始没有柳暗花明的境界——这是本篇一些抛砖引玉的意思。

教 与 学[1]

什么叫做学习？学习是获得新的反应或变更旧的反应。换一句说，学习在变更人的行为或品性。历来各家所下的学习定义，大致相同。依照桑戴克以前的解释，学者得到相当变更就是学习。佛里门(Freeman)以为学习是变更遗传的反应和获得新反应。哥尔文(Colvin)以为学习是从经验中变更生物的反应。却推斯(Charters)的持论稍有不同，他以为学习在养成欣赏和支配生活的价值。

马力逊(Morrison)最近贡献一种意见：学习是获得顺应能力。他说，真实的学习，在变更个人的态度，或养成特殊的能力，或获得应用的技能。能力，技能，不过为行为的各种方式。除了技能以外，各种学习结果，统可称为顺应能力。若照生物学的解释，顺应是在生物本质上发生实际的变更。马氏所称的学习结果，简单地表列如下：

Ⅰ. 顺应的能力

1. 了解的态度

2. 欣赏的态度

3. 特殊的能力

Ⅱ. 技能

照马氏的意见，顺应是一个整个的东西，只有获得或不获得。各个人所费在获得的时间，或参差不一，但获得以后，就没有什么两样。技能是有差异的。各个人技能的造就，可深浅不同。学习到了纯熟地步，技能就达到最高峰。

怎样叫做纯熟？纯熟是完善的意思，学习达到完善地步，才算真的学习。否则只能说某人正在学，或略有进步，或差不多学到了。通常以学习动作和记忆的材料为真实的学习。马氏以为除非从动作和材料里边，得到了解的态度或特殊的能力，不能算学习。讲到这儿，我们要引进一个新名词，就是"学习的单位"。马氏以为学习的结果，可称为某种态度、了解、能力和技能。此种学习为整个的，所以叫做学习的单位。反过来说，学

---

[1]　原载《光华附中半月刊》1934 年第 4 卷第 3 期。

习的结果,并不是记忆的事实,回答的问句,做的习题,写的论文,读的书籍,或及格的学程。这是材料,这是练习,这是方法。从这些材料、练习、方法里边,可以得到真实的结果。用算学来说罢,算术中间包括不少的学习单位。比方一个小孩子学了加法以后,知道什么时候需要应用加法,并且对于加法的演算,知道得清楚。他固然也要犯无心的过失,或因做得太快而有错误,但他深切知道何时需要加法,并且做的时候小心在意,各种加法的习题,都能应付,那可以说,他学到一个单位了。

一个学程中可以学到一部分的单位,一个单位内不容许有局部的学习。真的学习与假的学习,分别就在这一点。例如一个小孩子演习算术题,教师同他说明某某题用加法做,某某题用减法做,某某题用乘法或除法做,他都可以做得不错。但让他自己做的时候,应当加的做了减,应当乘的做了除。多数的家长和教师都承认他学会了加减乘除,至少他们要说,他已经学会了一部分,实则他没有学到什么。他只记得数种数目的联合和获得一部分计算的技能。他并没有学到加减或乘除。要是他学到加法的话,第一他应当认识在某种情景下非用加法演算不可,第二他应当有应用的技能来实现他的认识。现在他只学到一些技能,真的了解,他并没有得到。

1. 说在学习的单位中间,只有学得或不学得,并无程度参差可言,许多教育心理学家发生疑问。意见所以不一致,大概有两种原因:(一)“学习”和“学习单位”的意义,各人解释不一;(二)做功课(The Performance of Learning Exercise)和真实的学习相混。历来教师试验学生学习与否,都以背公式、做习题、复述书中材料为标准。所以在考试时候所碰到的问题,就是平日所学习的问题;教师凭了这样得来的成绩,批 60、70、80、90等分数。实际所试的并非学习,乃各种学习工作。真的学习,只能在新的情景之下,用生活上的实际问题来考验。

2. 学习纯熟的公式“Mastery formula”。马氏还有一种学说引起纷争的,就是常态的儿童,只要教得好,都能达到完善地步。怎样教法才算好呢? 必须依照所提议的“学习纯熟公式”。公式如下:

预试——教——试验结果——变更方式——再教——再试——至纯熟为止

预试的目的,在使教师了解学生以前的经验。仿佛医生的治病,先须知道病情,再行开方。服药后,看病情有无变化,再修改药方;犹之施教以后,试验结果如何,然后斟酌情势,推测学生所以不了解的原因,重行施教。如是进行,至大多数学生已真实地获得学习结果为止。犹之医生反复诊视,必须病愈为止。可是医生疹病,都知道依照这个程序。教师教学,往往不问病情,还开药方,服药后的结果,更不去考察了。

关于这个学说有两点必须考虑:第一、什么样子的儿童,可以称为常态的儿童? 第二,现时教育方面,有无完善的诊断方法、补救方法?

关于学习方面,一般人的误解颇多!

一、误解学习的材料为学习的结果

最普遍的误解为注重事实的记忆，教材的复述，以及做规定的习题纲要等。这都不是真实的学习。真实的结果，大家都忘记了。各人都追逐于假的学习。结果造成一般读死书的人，于处世接物方面，毫不发生效用。这种教育，只能称为纸片的教育，书呆子的教育。

我们说这些话，并不是说观念、事实、见闻不占重要的地位。我们需要这些事实，需要记忆式的试验。但我们总须认定记忆这些事实，并不是最后目的，乃为获得学习结果的一种方法。倘使我们倾向在事实的保存，或牢记教师的话，必须偏重记忆，忽略应用，承认做功课为真的学习。反省的思想和顺应的能力得不到了。

二、误解分数为学业成绩的代表

学生看见多记得事实，可以得到高分，他的心神，就转到分数方面去。他只要得到分数，任何方法都愿采用——强记、抄袭、作弊。结果堕落到更下一层，连做功课这一点都达不到。他非但没有养成良好的行为，连不良好的态度都深根固蒂地造成了。并且定了及格分数以后，学生只求得过且过，不肯全心全意地研究学问。精神的训练，简直谈不到。

但也有人说，在学校内成绩优异的学生，在社会上成功的机会似乎大些。分数是否可代表成绩？回答这个问题，须分别来说。如学生的目的，在追逐分数而不是在获得真实的了解和能力，那么他的分数，未必能代表成绩。如学生的目的不在分数，而因他有持久的注意，不懈的努力，敏慧鉴别，搜讨的能力，才得到高分。那么，他的分数，可以代表他的造诣。

评定分数，也很困难。真的学习，必须获得新的反应，应用在真实的情景方面。复述教材，并不一定表示了解，要创造一种新的境界，才得试验了解和能力。说得透彻些，只有生活上发生的实际问题，才能试验学习结果。

三、误解学习的性质和应用

有一个中学生参加公民常识测验竞赛时，得到第一名的奖品。他对于公民应具的理想、责任等,知道得很清楚。大家认他是一个好公民。不道过了数个月,他因为做了一件妨害公共秩序的事情,被警察拘了去。常人的批评,以为那个学生并没有真的了解公民的责任,他的话是空虚的。详细的审度,知道问题没有这样的简单。历来的学校,只注重理智的了解,以为可以涵盖一切生活。对于欣赏的、情绪的反应,特别忽略。即以上述的例子而论,学校只供给了理智的学习,了解的反应,以为可以控制情绪和道德的环境。实则关于这一类的学习反应,应该偏重情感或欣赏方面,偏重态度及行动方面。马力逊说:"知道是非是一件事,善善恶恶,又是一件事。"前者是知识的问题,后者是欣赏及行动的问题。

所以不单是要知道何者为真实的学习,并须知道生活中什么情景需要什么学习反应。没有情感作用的事情,可用理智的学习来控制;需要行动的情景,仅仅理智的反应,便无济于事。当然,大部分的情景,需要各种的学习反应,然总有一种为主。

误解学习的性质和应用,还有一种坏影响。引用马力逊的话:英文至少需要四种教学法:文法应用科学的方式(A science type);文学须用欣赏的方式(The appreciation type);作文是一种文学的艺术(A language art);拼法最须应用练习的原理(Practice principles)。文法同文学的差别很大,犹之代数同运动的差别。所以文法教得好的,文学未必教得佳。但现在统称为英文,教学的方法不分,结果哪里会好呢!

教学的意义   教的目的,在使学生学。要学生学,必须鼓励学生,引导学生,使学生处在学习的情景之下。传统的教师,喜欢带了学生走路,所以学生自己用不到认识路径。新时代的教师,要使学生在行动时运用思想。领他到十字路口,听他自己去决定往东或往西。学生在十字路口,才肯思想,才肯应用旧经验,应付新情景。

差不多在二十年前司徒登(Stockton)曾写一个短篇故事,叫做《女子与老虎》(*The Lady and the Tiger*)。故事中讲一个出身寒微的英雄与一个国王的公主发生恋爱。国王知道了,很反对这件事。他把那个青年关在赛技场(Arena)里边,叫他在场旁两扇门中间任开一扇门。倘使他开了一扇门,里边会跑出一个青年女子,国王要强迫他与她结婚;倘使他开了另外一扇门,一只老虎会出来把他咬死。那时节,公主坐在赛技场前面的望台上。她知道每扇门里边藏些什么,她可以做手势给她的爱人看。讲到这儿,作者用问题来结束他的故事,说:"究竟公主做的什么手势,跑出来的是女子还是老虎?"她愿意她的爱人投到别一个女子的怀抱吗?她宁愿他尝老虎的饿吻吗?这是一个恋爱与嫉妒发生冲突的问题。某教师在英文班上把这个故事指定为阅读教材,课后听见一个学生说,"我把这个故事细细读了好几遍,要解决究竟公主预备做的是什么手势"。

那位教师的方法,很合教学原理。他把学生放在十字路口,等他们自动地追寻解决方法,他处于赞助地位。于此我们得到一个教学定义。教学是刺激、指导、支配或鼓励学习的一种历程。教学在开学习的先声,供给学习的机会。有的人以为学习是纯粹自助的,无须刺激和指导。让儿童自动地进行,发表他自然的冲动,就可达到学习的目的。这些人反对教师支配(teacher domination)学习的历程。他们深信教师不应该干预学生;教学在根据儿童的意志、动机、活动和方法,为启发学习的标准。另有一般人,对于教师又责望太重。他们以为只有在教师支配之下,才有学习。教师这样说,学生这么做,学习的目的就达到了。

这两种主张,可以说都趋极端。有的学习,确出于自动的意志。这种学习的效率很大,教师应设法鼓励。但完全以儿童的意志为标准,浪费时间,且妨碍真实的学习。并且专凭儿童的意志,是否可达到一切教育目标。所以成人的干预是不可免的。过分的干预,或致妨碍儿童的学习。过去的教学,因为教师的活动太多,致结果无学习可言。不过学习必须有正常的刺激或指导。概括地说,教师的活动,在引起学生的活动;教师的成功,在使学生得到学习的反应。有人说得很好,教师的工作,在帮助学生做好他应当做的事(To assist the pupil to do better what he will do anyway)。我们可再进一步说,教师的工作,在使学生乐意地做他应当做的事。

某校在学年终了时,教师须在报告单上填写某种学程有某某学生不及格。学校当局把报告单上的标题改为"下列学生我无力使他们升班"。有一位老教员愤然作色,不愿用新标题,谓学生不学,不是教师的过失。但这位老先生没有知道,通常的儿童在适当的情景下,如教学得法,不致学不到什么。

又有一位先生在放假时同家长说:"我很感谢你把你的子女委托给我。你以前所尽的心力,已经替他们树了一个良好的基础,工作和游戏方面都有适当的兴趣。现在我把他们送还给你,他们的体格比以前强壮些了,体高增进些了,意志更自由些了,能力更接近教育目标了。我希望假期后你仍旧把他们送来,我必有以酬答雅意。"这位先生可说真能了解他应尽的责任,对于青年真有爱护的热诚。

教师怎样可知道如何指导、鼓励和支配学习?初当教师的人,前一类知道学习的性质和历程。换一句说他对于教育心理学须有相当的研究,对于教学工作须有实地的练习。第二须了解学习的人。有人问画家为什么他的作品颜色如此鲜明。他说:"这很简单,只须数种颜色配合得当罢了。"画图如是,教学亦然。但说来容易,做去却难。颜色是死的,人是活的。配合死的颜色,已经神妙莫测。教导千变万化的活人,更不可方物。现时盛行的智慧测验、教育测验、新法考试、活动式的指定作业、诊断方法、学习指导、熟习公式以及各种个别教育法,都是预备适应千变万化的活人的。第三教师须知道教育的组织和应用的工具。他对于所任的科目应有专门的研究,对于该科的教学法,也应加以注意。要知任何学习,有普遍的原则,有特殊的方法。例如证明一条规律的过程,不论教小学的算术或教大学的高深数学,原则没有什么不同,但所发的问句,所做的习题,当然依特殊的状况而定。

偏重原则和公式是否发生危险，原则不过数条，方法以千万成计。不论用何种方法，只须能达到原则，就是好方法。所以方法不能拘泥，要因时因地因人而施。教学需要判断、想象、创造和热心，比他种职务来得困难。许多人把教师的事业看得很轻，以为中材下驷，尽人可能。所以如此，有数种理由："（1）薪金低，因之能力稍次的人，也滥竽其间；（2）缺乏度量教学效率的标准；（3）一般人不了解怎样算是好的教学。他们以为专门知识是最重要的条件。实则有了知识，尚不能操满意的左券。教学是非常复杂的事情，需要高等的智慧、能力、灵敏、人格和训练。"

不过教师纵然好，学习的最后一步，还在学习的人。杜威说："人家没有买，不能说卖掉；人家没有学，不能说教了。"屈伯力克说：教∶学——卖∶买。教的人尽管说得天花乱坠，要是学的人听而不闻，教的效果便等于零。

好的教学，须合乎下列几条标准：

（1）好的教学在教材和目的方面，均须有教育的意义。有的教师口才并不坏，但他没有具体的教学目标；有的教师所提示的事实和原则并不错，但因为进行的方法不对，不能引起学生良好的反应。

（2）好的教学，须让学生有自行发表的机会。教师教学，切忌呆板，学生丝毫无活动余地。要知幼稚园的学生，也能发表自己的意见，也应使他有考虑的机会。教师苟能容纳学生的意见，教学进行时，便容易唤起学生的兴趣，容易使学生认为课内的问题是自己的问题。

（3）好的教学，是生活的片段，引导学生根据自己的经验考虑各项问题。因此，教师须注意课本以外的资料，须使教材与学生的生活发生关系。

（4）好的教学，使课室变成行的实验室。教师不重虚空的理论，处处以实用为前提。他常鼓励学生，自行尝试，探求真理。

（5）好的教学，使学生体验生活内有价值的事情。帮助学生放弃个人的私见，培养同情的态度，欣赏自然的真美，竭尽自己的责任，追求知识的宝藏——使他们了解人生的真意义，得到人生的真快乐。

（6）好的教学，在促进学生有系统的生活，使他们追忆过去，批评现在，估计将来。进行任何工作，都能瞻前顾后，把所得的经验，归入系统的范围以内。

教育与社会问题[1]

我们这次从沪杭铁路来到杭州，火车里所遇到的人，不下数千，他们可算是社会吗？不是的，因为他们没有联络(Communication)，没有相互的了解(Mutual understanding)，更没有共同的目的(Common aims)，所以不能说是社会。如若像这次史量才的被刺，火车在半途上遇了难，则凡是火车里的人，必定要共同联络起来，共同讨论一个处置的办法——驻留起来或是继续进行的方法，那时则变成社会了。

教育的目的，在变更我们的行为。以正式教育——学校教育——而论，如斯宾塞(Spencer)所谓 Education is preparation for life。这句话，现在评论的人很多。不过在斯宾塞的时候，因为当时的人过于将教育与生活隔离了，所以特别提出，使人注意。

其他关于教育目的的说法很多。以小学教育而论，商人则主张算术重要。因为算术在商业上处处用到，而是谋生的工具。但是学校教育的目的，并不全在谋生；设使全在谋生，也不限于从商；设使限于从商，则也不全在应用簿记。他如教师的主张，以为阅读与游戏最为重要。因为阅读是训练学习进取的一种基本工具，而游戏是增进儿童身心的健康与发展的。这种都是各人片面的见解。各有各的道理，是说不尽的。在此，我想到沈有乾先生，曾经对我说过的笑话来了，现在不妨介绍出来：

有一个中国人与一个外国人，讨论中外纸张优劣的问题。外国人说外国纸比中国纸好，因为用钢笔写字，外国纸厚，可写得很流利的字；中国纸薄，一写便要触破。中国人说这是外国笔不及中国笔好的缘故。用中国笔写字，不论外国纸中国纸都能写得很好。外国人又说中国笔不好，因为用外国笔写字，不论中国字外国字都能写得很好，若用中国笔，来写中国字固可，但用来写外国字，就不及钢笔的活动自如了。中国人又反驳说，这是外国文字不好的缘故，那种曲折流动的文字，比中国字坏得多了。

---

[1]　原载《国立浙江大学校刊》1934 年第 192 期，为演讲记录稿。

教育目的的讨论，正如上面的故事一样，各持一说，莫衷一是。

杜威对于斯宾塞的定义，修改为"Education is not preparation for life, it is life"。杜威氏以为教育即是生活，教育的目的在使儿童有自然的发展。关于这，从前在南京某次的教育会议中，有人对于儿童本位教育与社会本位教育，发生了激烈的争辩。拥护儿童本位教育的人，以为教育的实施，当以儿童为中心，其鹄的在求儿童有自然的发展。主张社会本位教育的人，则以儿童的发展，固属重要，然最后的目的，毕竟在社会共同的福利。故教育的实施，应以社会为中心。两派所述理由，都很充足，一时殊难定其是非。不过我们要问所谓发展，其目的究竟是什么？有的说在增进社会或国家的效率，所增进的效率，有经济的、道德的、职业的、休闲的……所以增进社会效率的方面很多很多。以职业来说，Vocational Efficiency 果然是很重要的。如若个人没有职业，就是失业，不但个人无法谋生，还要阻碍社会的发展。国家如若实业不振，则经济落后，民生凋敝，国将不国了。但是职业的效能应用，尚须有一定的方向。譬如一个人虽然已能谋生，但是对于社会或国家，未必就有很大的贡献。因为他可以用一种不规则的行为去谋生。例如土匪的抢掠，在他个人方面说，也是一种谋生的手段，但对于社会方面，简直是一种破坏公共利益的行为。我常常在火车中看到高等知识阶级的人，穿了很漂亮的西装或中国衣服，但他坐的时候，却一个人占据了两个座位，只管自己舒服，不顾他人站着。又如上海电车中售票员的公然揩油，不但乘客不加阻止，反而默认为应该的事。假如有人不识相而加以警告，就会遭其他乘客的白眼。又如二个中国人，进了一家菜馆，餐毕后，各争会钞，必定客气异常。但对于公共机关官员的贪污行为，反而漠不关心。但是公家的钱，就是个人的钱。公共的损失与利益，也是个人的损失与利益。

上面所举的例，都可以表示出那种自私自利不道德的行为。虽然一人有了职业技能，但因了自私自利不道德的缘故，就失却了他人的信用；不得他人信用，或受旁人阻碍，仍旧是没有谋生的机会。

我国有句老话"饿死事小，失节事大"。所以并不是职业与经济的问题，而是精神方面的道德问题。教育的重要目的，在养成良好的公民，使他对人对社会有良好的态度，然后才能提高社会的效率。

良好的公民，是时时刻刻能够顾到他人的福利。例如安迪生（Edison），果然是一个伟大的发明家；但他的伟大，不在他有精密的思想与科学的知识；而在他有毕生为社会谋福利的精神。学校教育的主要目的，乃是培养此种精神，养成胸襟宽大、志气高尚的人民。一个人不但要有精博的知识、熟练的技能，并且对于社会当有良好的态度。

外国因为公民训练得法，社会制裁的力量极大。多数人能控制少数人的行动。所以自私自利的行为，不大发生。中国因不注重公民训练，结果恰恰相反。我们中国受外国多方面的压迫，当然要起而反抗，力图自强。但我们要知道外国的所以强盛，不必问外国的武力雄厚不雄厚,土地广大不广大,肥沃不肥沃,人口多不多,海岸线长不长,只要问他们的学校办理得怎样,市政完善与否,监狱里的罪犯多不多,官吏舞弊不舞弊,人民的公德私德如何,总而言之,就是要问士的程度怎样?

公民教育所重要的,是良好的态度与高尚的情感。良好的态度,容易提高社会的效率;高尚的情感,乃是生活的源泉。米尔顿(Milton)说:"教育在使人民在战争的时候,或在和平的时候,对于公事或私事的处理,都能公平、敏捷、宽大。"这句话诚然是不错的。

现在的世界,不在缺乏技术,或是科学的知识;乃在缺少热诚,和良好的态度。假使每个人能以诚实的态度、公正的精神、伟大的慈爱,运用他所获得的知识与技术,那么他对于社会,才可以说有所贡献。所以教育的目的是社会的,既是社会的,则公民训练非常重要。如果说教育是个人的,那么为什么公家要出了许多许多钱,创办学校,供给我们求学呢? 这个问题,留待诸位替我解答吧!

人格与品性的养成[1]

一个学生初离开学校,到社会去谋事,人家第一要查问的,究竟你这个人可靠不可靠? 学问与技能似乎还在其次,人的好坏,却是用人的机关所最注意的。

所谓好人,须具有什么特性? 这种特性怎样养成的? 为什么有的人容易养成良好的特性,有的人不容易养成?

要回答这类问题,我们须先把人格与品性两个名词解释一下。什么叫做人格? 人格是个己的表现,留存于他人心目中的印象。什么叫做品性? 品性是人格的一部分,属于道德或者伦理方面的。

讲到人格的养成,不得不追溯儿童初生时的情景。那时儿童虽没有认识他自己,早已受到别人的影响。影响他最深的,莫如他的母亲。她是他生命的保障,快乐的泉源。产前的怀孕,产后的抚育,哪一件不靠托母亲的慈爱。特别在喂乳的时候,催眠的时候,母亲不独满足了他的饥饿,解除了他的疲乏,并且怀抱怜爱,边唱边拍,给予他无上的快感。所以母亲对于婴孩的势力,最为雄厚。贝诺德(Bernard)说:

> 他摹仿她亲爱的动作,如用双手抱人,把他的小脸靠着母亲脸,逗母亲笑。过了几时,母亲的怕惧、焦急、发怒、心神不定,以及其他情绪上的激动,都能引起他的共鸣。他学她的声音,说话的语调,做的手势,立的姿态。甚至她的度量宽宏与否,态度诚实与否,以及说谎骗人的方法,他都在领会。其他如饮食起居的方式习惯,无一不受母亲的势力所支配。

这番话中确有几分真理,不过也不能一概而论。如儿童是一个独养子,母亲又早年守寡,家中的人数很少,那母亲的力量,确然要比任何家庭的母教来得强盛。

其次,影响儿童最深的,当然要算父亲了。通常的父亲,不大招呼儿童的衣食,与儿

童接触的机会,不像母亲那样多。并且儿童有了不好的行为,执行惩罚的往往是父亲,所以儿童对于父亲,只有怕惧,绝少情爱。

但在另一方面说,也许父亲不常在家,格外引起儿童的爱敬。父亲从公事房回来,总是买了糖果给儿童吃,晚上无事伴儿童一起玩。他买给儿童玩具,教他乘坐自行车,供给他钱去看电影。儿童年龄愈大,与父亲相处的时间愈多。到后来,父亲的势力,渐渐的要驾母亲而上了。

家中的兄弟姐妹,以及亲戚邻居的游伴,也为陶铸儿童人格的一种势力。日常取与之间,可以使儿童了解人与人的关系。在这个群众势力所支配的环境里边,他可以变成一个领袖,一个骄子,一个屈服者,一个顽皮的小孩,一个好胜的儿童,或其他社会势力所形成的产物。

儿童进了学校,又碰到一种新的情境。家长之外,还有教师来督促他。有时教师代负了家长的责任,课室内新的伴侣,成了他的兄弟姐妹。学校影响儿童的行为,固然很大,但不能负全部的责任。因为儿童在到校以前,大部分习惯已养成了,并且在校的时期,并不长久。就是在校肄业的时候,一星期也只有五六日,一年也只有八九个月。其他的时间,不是在家庭,便是在校外服务或游戏。

总之,儿童所受各方的势力,是很复杂的。即使两个儿童处在同一环境之内,人格也不一致,因为两个人的特性不同。现在让我们把人格所包含的特性分析一下:

一、群的智慧

群的智慧是什么? 就是利用个人的智慧,了解人群,适应人群的能力。有的人读书很聪明,理财的本领亦不差,但不善与人相处,不会控制别人。从事行政的人,第一要有支配他人的能力,换一句话说,群的智慧,很是重要。

怎样可以发展群的智慧? 这句话很难回答。大凡善与人相处的人,对于别人的兴趣也高些。他不是一个孤芳自赏的人,他喜欢和人在一起。还有一点很重要的,他能同人合作。这与家庭教育有关系。在家能与人合作,能对人表示同情心,在社会服务便容易与人沆瀣一气。家庭的经济状况,倒与群的智慧无关。古往今来不少有名人物,得到群众敬仰的,不一定出身在富贵之家。虚心,谅解,乐与人交接,都为发展群的智慧的重要因素。

二、个人的外表

人与人交接，外表的影响很大。所谓外表，并不指仪容的好丑。美国的前总统林肯，距美男子的标准很远，但当时的人看见他的面容，就肃然起一种爱敬的心理。他有一种特殊的风度，悦人的仪表（a pleasing personal appearance）。前人说："不见叔度，鄙吝复生。"一个人的风采，的确有影响他人的势力。而丰采的动人与否，即为人格的表现。

三、道德的行为

人的行为不能都用道德的眼光来批评。有许多事情，无所谓道德，无所谓不道德。譬如做一个工人或做一个教师，做一个农夫或做一个医生，从职业的眼光看，都与道德无关。倘使你做一件事情，妨害你个人或妨害别的人，那就有道德的问题发生了。不过道德的观念，不是静止的。道德的标准，是因时因地而异。在战争时期，杀戮你的敌人，偷窃敌人的军用品，非但不以为不道德，并且认为忠勇可嘉。要是在平时偷窃别人家的东西，无故的伤害别人，那就变为不道德。所以个人的道德行为，在适合他所处的时间与空间的社会标准。

四、情绪的行为

这亦为人格的一种特性。所谓情绪的行为，与通常心理学所讲的略有不同。这儿专指一个人的情绪安定不安定。个人对于这点，差异很大。有的人碰到细小的事故，就激动情绪，心神不定；有的人遇着疾风暴雨，亦处之泰然。遇事张皇，固非出事的良轨；矫情镇物，也有伤率实的胸怀。过犹不及，最好是"发皆中节"。

五、进取的精神

这亦可说是属于人格的一种特性。人类对于此点的差异也很大。有的人惯在荆棘丛中,打开生路,遇到困难,便踔厉奋发,一往直前;有的人稍有挫折,便生退缩,一遇疑难,便尔趑趄。通常的见解,以为体格高大的人,一定坚忍的能力强些。实则不然,体格的大小强弱,与坚忍无关。短小精悍的人,虽"长不满五尺,而心雄万丈";身长九尺的曹交,或者只能"食粟而已",无他长处。坚忍和进取是一种习惯。儿童自幼养成战胜困难的习惯,便富有独立进取的精神。

人格所包含的特性,不仅如上述五种,不过能就此五种来观察一个人的人格,亦可以得其大概了。现在再谈品性的养成。

品性是人格的一部分。在讨论人格的发展,已经涉及品性的问题。不过上述的道德行为,偏重在对人方面,社会方面;此刻所讨论的品性,含有对己的关系。我们批评行为的好坏,一半依据社会的标准,一般由于主观的见解。所以个人所抱的理想,很是重要的。

我们要一个人做一件好事,不为别的作用,只因他认为这件事是应当做的。这样,适当的行为才能变成习惯。倘使人们做慈善事业,希望得到时人的赞许,希望得到福田利益,那做了这件事情后,于品性上不生多大影响。

品性的养成,不靠托空虚的、抽象的讨论。养成品性,如同养成打字和运动的习惯一样,开始须有集中的注意,嗣后须有多量的练习,并且不许有间断。詹姆司的三条规则,很可在此地引用:(一)养成有用的习惯,愈多愈好;(二)养成时不可偶一失足;(三)立定主见就立刻去做。

除詹姆司的三句话外,效果律也可应用。儿童做了好的事情,父母教师应当奖励他,使这件事的结果发生愉快;做了不好的事情,应当制裁他,使这件事的结果发生烦恼。例如儿童最易犯的错误是偷窃、说谎等行为。他看见心爱的东西,就想据为己有。要是他偷窃的行为,没有受到惩戒,他就要继续进行尝试。矫正的方法,在使儿童偷窃的结果,非但得不到好处,并且受到损失。有一个学生偷了人家的东西,教师不去警告他,私下把那件东西取回,并且把他的书籍玩具,一起藏掉。那个学生向教师哭诉,说他的物件被人偷了去。教师于是利用这个机会,和他讨论主权的问题。从此以后,他不敢再犯了。说谎也是儿童常犯的过失。有时在家里听见父亲或母亲说谎,有时听见别的儿童说谎。他在有意无意间受到不少的训练。他做错了一件事,怕受责罚,也照样说了一句谎,结果是平安无事。这样,是成人奖励儿童说谎了。矫正的方法,并不容易。最重要的点,在使说真话的儿童得到酬报,说谎的得到痛苦和烦恼。

不良好的习惯,固应破除。但与其消极抵制,不如积极地养成理想。有了理想,总有良好品性,才能适应新的情境。不过怎样使理想变成习惯?可引用却推斯(Charters)的话。他列有五个步骤:

（一）引起欲望

任何学习，没有欲望，便得不到进步。养成理想，增进品性，更须有自内而发的动机。某名人在年幼的时候，常听到母亲鼓励他、赞美他的话，"你是一个好孩子，我完全可信任你。"每当外界的势力引诱他，就想起他母亲的话。他很爱他母亲。他愿意学好，不愿意伤母亲的心。

（二）分析情境

一个人有为善的动机，而缺乏鉴别是非的能力，还是要走入歧途。所以智慧与品性有密切的关系。智慧好的人，不一定品性也好。但没有相当的智慧，对于一件事的判断，不能从各方面来衡量轻重，他不能养成最高的道德观念。我们要把一件事情的关系，分析清楚，然后可以决定取舍。

（三）拟定计划

有为善的动机，并且知道什么是善，但没有实行的计划，还是不行。关于个人的问题，有了具体的主张，拟具计划，还不困难。关于群众的问题，有了计划，还须得到别人的赞助。威尔逊的国际联盟，用意并不坏，但实际的计划，不能在参议院通过，力量就薄弱。

（四）注意实习

上边说过增进品性，不能凭空虚的理论，须从实际的行为来养成。一种行为，反复练习，成为习惯，才算是可靠的品性。例如要学生有礼貌，与其空口讲礼貌的重要，不如供给他机会，使他练习礼貌的行为。走进房间及乘坐升降机，应当让年老的人走在前面；看见师长，应当致敬；向人招呼，应当有和悦的态度；举行仪式，应当肃静。诸如此类，使他一一地演习。久而久之，他就能有礼貌的品性了。

（五）理想须普遍化

一件事情的解决，合乎理想，价值还不大。一种理想须能普遍化，才有最大的效用。所谓习惯，就是普遍化的动作。碰到类似的刺激，总引起同样的反应。林肯很早就有不应虐待黑奴的观念。后来看见有人公然的在市场上贩卖黑奴，他的理想才发生类化作用。他决定在美国任何地方，不容许有此种事实发现。一个人的理想能普遍化，他的行动就前后一致了。

我们要养成品性，须先养成理想，须使理想变成习惯。假使中山先生没有革命的理想，没有使这个理想具体化、普遍化，就不会得到多数人的信仰，不会推翻清朝，创造一个中华民国。

二十三年十二月十四日

谈谈训育上的实际问题^[1]

　　训育的目的是什么？各人的个性不同,对于各种刺激所引起的反应,亦千变万化。有的反应是社会所赞许的,有的是违反社会习尚的。所以怎样使各人的行为,适合社会的标准,是训育最大的目标。不过社会的情状,有好有坏：好的习惯大家应当奉为准则；坏的应当设法改良。所谓使个人社会化,并不是要个人与社会同流合污,是要个人保存社会的优点,发扬光大,改进社会的缺憾,潜移默化。训育与教学,是异途同归。教学偏重在理智,训育偏重在情感。教学在增进人的知识,训育在改善人的行为。知识的最后目的,还在使各人成为社会上一个有效率的人。不过教学虽是复杂,还有教材可以依据,进度可以测量。训育就没有这样具体,没有这样有把握。并且学校里的教师,认为他们惟一的任务是教书,不是训育。学生亦认为他们到校的目的是读书,不是别的。因此训育就变成学校中最重要的而最没有办法的一个问题。

　　有一位太太告诉我,她的十二岁女孩儿怎样的不服教训,怎样的天天同她吵闹。我说："这是值得研究的问题。"她说："我不要你研究什么方法,我只要学校严厉地管理她。你不赞成管理和训练吗？"我说："我绝对赞成。我赞成管理我自己,训练我自己。我并且赞成各人都受训练,都受管理,连家长在内。因为儿童不好,多半是爸爸不好,妈妈不好,哥哥不好,姊姊不好,教师不好,校长不好。"她听了很气,说："这是笑话。"实际我们并不讲笑话。训练必须有一良好的目的,而且这个目的为儿童所了解的。传统的学校,把管训看得太呆板了,以为只要儿童在课室内坐得不动,不出声便是达到训练的目的。要是如此,目的不难达到。不过从教育上看,没有什么意义。困难在使儿童了解为什么要如此做。儿童不了解、不愿意做的事情,不会造成好习惯。从这方面看,训育是自动的抑制个人的行为。举一个例子：有一家人家请客,有一个八岁的女孩现出很亲爱的样子,向她母亲轻声地说："我要坐在你的旁边。"她的母亲现出不耐烦的神气说："你坐在你的地方,不要多说话。"结果怎样呢？这个女孩就不自然,很不安定,想出种种方法来

―――――――――――――――

[1]　原载《教育学报(上海)》(1935年"六三"纪念特刊),为廖世承在浙江教育厅演讲。

扰乱人家,使得客人不欢,主人发怒。又有一家人家请客,有三个很活泼的小孩,一个女孩九岁,两个男孩,十一岁和十三岁。他们坐在一处地方很文静,讲话总是轻轻的。吃好了饭,一个小孩很快乐地跑到外边去,让客人与主人安静地谈话。人家问他们的母亲,如何得到这样好的成绩。她说在事前他们曾开过一次谈话会,各人的意见都说出来。她预先向他们声明当客人的面前,他们须服从母亲的指挥,临时不应该多问,不应该表示不满意,吃好了,可以让他们自由去玩。倘有问题,宴会散后可以提出讨论。临时如发生不良的举动,他们有手势、暗号,如把眉毛向上举起。经过多少次尝试,才有此成绩。现在双方都很满意,认为应当如此。

学校儿童何以有不良好的行为? 此中理由很多,现在且就几种最普通的说一说:

（一）教材深浅不适当

要是班中程度参差过大,教师无法适应,总有一部分学生嫌教材过深,一部分学生嫌教材太浅。教材过深,学生不知道先生讲的什么,由焦急而失望而灰心,往往养成扰乱秩序的行为。教材太浅,学生读了乏味,听教师讲课,发生厌倦,因此产生不良好的态度。所以哥尔文(Golvin)说:"良好的教学,为良好的训育的惟一保障。"

（二）功课不及格

这最足以减少学生的自信力。他以为能力不如人家,于是遇事畏缩,不肯奋斗,学习亦少努力,功课更形落后。作业兴趣,即经减少,剩余精力,便发泄到不正当的路上去了。逃学、偷窃、撒谎、扰乱秩序等行为,一半是为这个原因。前年维也纳大学儿童神经病院助理万盘女士(Miss Weber)来华,曾讲起一件事实。她说:"有一个学生专喜欢偷东西,偷的本领特别大。有一次偷了教师的表,藏得非常巧妙。学校无法处置他,把他送到儿童神经病院去。我起初考查他原因,他不肯说,后来相处稍久,同他感情很好了,问他为什么要偷东西。他告诉我在学校内什么都比不上人家,时常受教师责备,只有偷东西的能力,足自豪,所以就情不自禁地做了。"

（三）隐恶的心理

学生有了过失,怕人家知道,于是想出种种逃避的方式。最普通的有几种,一种是自圆其说,希图把过失隐藏过去,保持一己的面子,一己的尊严。例如某生时常迟到,教师问他理由,不是说今天早起头痛,就是说昨天晚上发热,或者是同伴没有叫醒他,家中早餐误了时刻。他可以举出许多很好听的理由来文饰他的过失。实际的原因,没有别的,就是懒怠,不肯起床。青年说谎惯了,便不知道什么叫做诚实,无往而不虚伪,无事不可作弊。还有一种是推诿。把自己的错误,移到别人身上。球踢得不好,怪脚有毛病。同人家吵嘴,总怪人家先得罪了他。我们应教导学生坦白地承认自己的过失,勇敢地接受做错了事所给予的教训。这是培养良好的人格的基础。

（四）父母太宠爱

有的小孩在家中夜郎自大,少与社会接触,因此养成自私自利的习惯。例如某生初进学校,不肯与人同桌吃饭。训育员答应他,令他在饭堂"吃独桌"。后来他自觉没趣,自动地要求合食。

（五）学校风纪不好

有些学校有了不好的先例,学生互相仿效,遂成一种风气。有一个同学问我:"某校学生与英文教员言语发生误会,把试卷当场撕碎。教师很生气,诉诸学校当局。可是学校当局敷衍了事,并无处分。后来又逢英文考期,某生见试卷上所批分数,较他同学特别严,向教师责问,教师拒绝答复,某生又把试卷撕碎,并且向训育员评理,谓在课堂上撕考卷,不止我一人,何以某教员独与我为难。像这种问题,应如何解决?"我说:"论理某生应受最严重的处分,不过有二点须考虑:第一学校对于这类事情,向抱敷衍态度;第二教师不应以学生平日态度影响考分,示人以不广。为目前计,只有一方将某生记过,严重训斥,一方讽示教师评分须公允。"

其他理由尚多,恕我不多举了。现在谈谈实施的方法:

（一）个别接触为实施训育最有效的一种方法

个别谈话,可以了解学生的观点,知道事实的真相,双方易于接受接近。试举一例:初中某生早操时常迟到,衣服也穿得不很整洁。导师问他袜子破了,为什么不去修补。他回答没有替换袜子。问他为什么不买,他回说家中钱没有寄来。导师就借给他一块钱,叫他买袜子。看他桌上东西紊乱不成样子,就帮助他整理。把不好的像片,放在箱内,箱内的美术片,代他拿出来陈列。并且与他约定,每天早上谁先起来,谁叫唤未起来的。初起几天,都是导师到他的房间叫他,后来导师还没有起身,他已经光临了。学校的教职员,能把训育问题视为研究的对象,有兴趣的教育资料,不当作厌烦的事情,那训育的问题,定能一天一天的解决,训育的设施,也能一天一天的进步。

（二）多用理性,少用威权

威权最好放在最后一步,因为滥用威权,未必能收效果,理长反可折服学生。举几个例子:有一富有经验的先生新到一学校去上课,第一天进行尚好,第二天学生已是不安静的状态,第三天讲话、丢东西、各种扰乱现象都发现了。教师知道再不下手,将无法控制。退课时,他向全班说:"有几句重要的话报告。"他就历举某某在班上做何种举动,末后他说:"现在你们要我客客气气,还是做一个凶教师?要这个学期安安稳稳地过去,还是闹得大家不安?要多得些益处,还是要敷衍了事地上课?一切听你们自择。"自此以后,班上永无扰乱的情事发生。又有一个在大学新毕业的教师,到中学上课。不到一星期,班上的秩序,已乱得不成样子。教师把书放下,同班上说:"我是一个新教员,教得好还是不好,你们尚不晓得,应该给我一个机会。现在你们三十几个人对付我一个,是否觉得不公允?"这样一说,学生倒安静了许多。又有一个劳作教员,新到一个纪律不甚好的私立学校上课。第一天学生就直呼其名:"自强、自强。"在课室内一呼百诺地唱起来。教师因为闹的学生太多了,暂不作声,把几个不闹的学生暗暗记住了。退班后,报告训育主任。除某某学生外,应各记大过一次。某某二学生闹得最凶,应加重处罚。嗣后班上就没有什么不好的举动。

（三）处理须公允

世界上的战争,都起于不平。日本不侵略我们的东四省,我国不会有抗日的态度。公允的处理:儿童应当服从,儿童也愿意服从。不公允的处理,儿童不会乐意地服从。有许多学生的请求,并不是全无理由,而先生的问答总是"不行"、"不能"。这样成人先轻视了青年的人格,天然引起他们不服从的精神。我校大学部竞赛得锦标,曾经停课休息一天,中学部有一次也得到锦标,队员及助威的同学自运动场回校时,精神异常兴奋,在宿舍内欢呼"放假、放假"。我听到哗闹的声音,就召集各组长谈话,说:"得锦标请求停课庆祝,有先例可援,本可商量,惟同学如此举动,碍难照准。"组长想请教员出面转圜,我同教员说:"这不是办法。"后来各组长又来同我说:"此次同学在宿舍内不守秩序,组长愿负责受学校处分,惟望学校对同学热烈之情感,予以安慰。"我觉得此事很难处置,踌躇再四,同各组长说:"我现在提出三个条件,要是你们能做到,明天十一时后停课:(1)明日早操要在校的学生没有一人缺席;(2)八时至九时上课要精神饱满;(3)九时后开全体大会要有良好秩序。"各组长退出后通知同学,同学听到尚有停课希望,又快乐起来,但各组长嘱咐他们切切不可再有高声。翌晨早操上课,全体精神均甚振作。开会时,我对他们说:"我要举行一次良心测验:(一)东北沦陷已经两载,大家对于严重的国难,是否刻刻在念? 在念的请举手。"过半数举手。"(二)昨天晚上的秩序怎样? 认为不好的请举手。"大多数举手。"(三)读书是权利还是义务? 认为权利的请举手。"半数以上举手。我讲了一番恳切的话,接着各教员又有惊心动魄的演词。那天下午的课停了,可是以后得到锦标,学生不再有要求停课的举动了。

（四）应付要坦白

成人说话不诚实,就失掉儿童的信仰。有一个小孩要看电影,他的父母不肯答应,说电影不是好东西。但是隔了几天,他们跑到影戏院去,买了座位最好的票子。又有一位教师因为某生在会场上讲话,把他记了一过。但是某次开会,他和一个同事,谈话很起劲,扰乱了听众的注意。在不公允、不诚实的状态之下,管理儿童、管理学生是无效的。有一个初中一年级的英文教员,处处能顾到学生的举动。某次不经意地在黑板上写了几个草字,发觉后对学生说:"我现在做错了一件事。"学生相顾茫然。他说:"我们写字,应该端正,不应该随便。"学生听了,都很注意。

（五）以毒攻毒

在特殊情形之下，用以毒攻毒的方法，也能收效。某校有一女生说话时现出鬼相，态度非常难看。先生很讨厌她。后来想了一个法子，凡对她说话，也同样现出怪相。几次以后，她改好了。又有一个学生，上课时，专扮鬼脸，引起同学戏笑。某次退班时，先生留他在教室内，命他把所有的怪相，表演一会。他感觉到非常窘迫，从此不敢再犯了。

（六）发展学生的长处

我们要增加学生的自信力，改善学生的人生观，不要专责备他的过失。美国有一个女孩子，在私立学校读书，进步很慢。后来转到公立学校去，屡进屡退，读了四五年，还留在小学一年级。教师看见她，没有一个不觉得"头痛"，她自己也深感无聊。她的母亲很着急，愿意多出一点钱请教师在课外补习，但无人接受。后来有社会服务的专家，调查她情形。发现她本人的秉赋，并不比中人为低，可是她的家庭环境很坏。她的父亲时常酗酒失业，她自身又传染了父母的性病，常在医院打针。还有一件事情使她害羞的，就是患有遗矢病。她的妹子同她一起睡，时常嘲笑她，说她老留在一年级，因此每晚争吵。白天到了学校，教师同学又都以白眼相加，所以读的课又毫无兴趣。生活上的痛苦，真不可以言语形容。只有缝纫家中小弟弟的衣服及上她爱好的艺术课的时候，才得到些须安慰。那个专家发现了她的困难情形后，就决定补救的方法：第一设法使家庭改善她的待遇；第二使她的妹子不同她一起睡，减少痛苦的刺激；第三介绍她进女童子军，增加她游戏和娱乐的机会。她偶然在专家处看见一件挂胸前的饰物，很艳羡。专家就教她做了一个，挂在胸前。她的同学看见了，问她要，她做了几个送给他们。这样一来，大家同她很亲热，她自己也觉得如春风吹枯，顿时改色，人生观改变后，对于功课就有相当的兴趣，加以教师的特殊指导，学业上就飞跃的进步，不久便恢复了她应有的学级地位。可见一个人一方面得到相当的发展，他方面也能受到影响。

（七）用比赛的方法，鼓励学生

青年富有好胜的心理，所以竞赛的方法有时很适用。我校上学期曾定一个很简单的考查宿舍清洁标准，每天调查各寝室，一星期内全合标准的给予清洁符号，学期终了时，得到符号最多的给予奖励。有一次我听到一个初中学生说："这几间都有整洁符号，只有阿拉房间不合标准。"言下颇有羡慕之意。又敝校初二春季始业班，因留级生多，秩序不很好。有一次我对他们训话说："这班的风纪不好，教员对你们很不满意，说这班是本校初中最不安静的一班。你们应该想个法子整饬自己。"后来他们自己组织纪律团，举出纪律委员会，并行宣誓礼。全体制服穿得很整齐，一切都自动地去做，成绩很不差。我因而再对他们说："在教室，有自修室，都能像这样子守秩序，我愿意当众收回我以前说的话。"从此以后，他们的秩序好了许多。

（八）改进教学方法

美国有人调查,学生的行为分数与学业成绩成正比例。学业成绩高的,行为分数也高;学业成绩低的,行为分数也低。我国现时的教学,根本没有上轨道。教材不切实,教学不好,个性差异的无法适应,均为最大的症结。外国也在考虑这些问题。目下通行的道尔顿制、文纳卡制、学习单位等,都想解决这些问题。我们须研究出一个合于国情、切于需要的方法来,我国的教学才能向前迈进,我国的训育才有办法。希望大家共同注意。

总结上边的话,训育的目的在改善各人的行为,适合我们理想的社会标准。实施时须顾到下列各条原则:

（一）不论用何种方法,须使学生了解处置的意义,养成学生自制的能力。

（二）处置问题时,应先考查原因,用研究的精神来应付事实。

（三）多用个别接触的方法,增进师生的情感。

（四）理长能折服青年,得到多数人的同情。

（五）执行惩罚须敏捷,但须本爱护青年的精神。恶例绝对不能开。

（六）抑制的方法,不如替代的方法来得有效。

（七）学生有缺点,最好避免讥笑怒骂,设法发展他的长处。

（八）教学方法不上轨道,训育不易收到效果。

实施非常时期教育应有的注意点[1]

自各地教界代表在南京会谈以后,非常时期教育的声浪,弥漫全国。教部并组织一特种委员会,采取各方意见。部中搜集的国难教育方案,闻有壹百数十件之多,亦可见教界与全国人士对此事的关切了。

推行非常时期的教育,一方重在有整个的计划,一方重在有实施的精神。所谓计划,不仅限于学校。所谓精神,不仅限于教职员。现在就学校与政府两方面分开来说。

就学校而论,实施国难教育最重要的,在全校师生有共同的认识。认识不清楚,推行的力量就很薄弱。这一点,在我国教育史上可以举出不少的例子。批评教育效率的人,往往只就制度的本身方面来观察,而不考求实在的症结。这次所订的国难方案,无论如何详尽,要是各校师生没有彻底了解自身所负的责任和使命,不会有什么效果的。一校的领袖是校长,校长所负的责任,当然格外大些。在这时候做校长的人,至少要抱两种态度。第一须认定自身是国家一个战士,负着领导一部分文化界的责任。他要鼓励在他领导之下的大众的勇气,不断地刺激他们、感化他们,使他们向同一的目标进攻。要做到这个地步,他自身先得振作精神,不要有丝毫怠惰因循的态度。第二须有远大的目光,潇洒的襟度。教育是精神事业,重在潜移默化,成效如何,不是可以用一二种客观工具度量出来的。要是校长急于标榜自己办学的成绩,势必装饰表面,忽略实际。还有一点,中国的环境,实在说不上"良好"两个字,所以一个人要努力办事,几乎到处碰壁,到处掣肘。在现社会做事,没有像诸葛武侯的鞠躬尽瘁、不计成败,郭汾阳的招之即来、麾之即去,不会有成功希望的。周佛海先生在《精神建设与民族复兴》一书中说得好:"这种不任劳不任难的情形,已成为目前一般的风气。即使有既肯任劳,又肯任难的人,然而很少有肯为公事而招人怨恨,更少有遇着失败而自愿负责的。"不过校长一个人的力量究属有限,方案的执行,还须靠托全体教师。热心教学、奉公守法的教师,各校尚能找到。真能认清个人对于国家、对于青年所负的责任的,却如凤毛麟角。我以为理想的

[1]　原载《光华附中半月刊》1936年第4卷第6、7期合刊。

教师,须合乎下列几种标准。第一、有专门的知识,肯继续研究。第二、对于职务有清切的认识,并有浓厚的兴趣。知道教师的使命,不在教书,在教育整个的青年;不在追求物质的报酬,在得到精神上的快乐。第三、对于民族复兴,具有坚决的信心。深信各教师在本位上努力,为推进教育的先决条件。教师应随时随地激发青年的爱国热诚,矫正青年的错误观念。青年行为上有缺憾,须反躬自省,检讨原因。第四、对于同事须和衷共济,对于校长须一心爱戴。各教师能全心全意地赞助学校,推进计划,定可产生惊人的成绩。校长教员有了一致的目标,一致的精神以后,学生方面就没有多大问题。不过吾国人的怠惰已成为习惯,不论成人青年,口中高唱卧薪尝胆,心里没有一个不图逸乐。要使青年刻苦耐劳,开始就得用强制手段。但外铄的势力,总敌不上内在的觉悟。怎样使青年发生内心的觉悟,忠实地接受规定的方案,这是实施国难教育所应注意的一个问题。

第二点学校方面要注意的,就是怎样使得功课切实。关于课程方面,现在有两种主张。一种认为国难当头,已往的一切课程,都不合需要,须尽量地增加与国防知识技能有关系的教材。另一种认为基本的训练,非常重要。抛却基本的训练,增加一些浮光掠影的国防教材,恐怕是徒劳无功。实则双方的主张,并不冲突。教育本不是一种速成的事业,所谓非常时期的教育,并非要办什么速成教育,彻底地变更教育系统。基本的训练,在国防教育上,占很重要的地位。有了基本的知识和工具,才可以进一步学习国防的知识和技能。但已往的课程,太偏重传统的观念,很多空虚而不切实际的教材。我们主张国防教育在课程上,要注意实用,注重了解,注重技能,注重激发爱国的热诚。

第三点学校方面要注意的,就是怎样使得训练认真。我国自办理新教育以来,关于训练青年,曾拟了不少良好的计划,但因为不能切实奉行,往往成为具文,这是很可痛心的事。例如锻炼体格,为非常时期教育的一个重要目标,各校都拟有详尽的方案,但事实上很少学校切实去做,结果,普及体育成了纸上空谈。又如军事管理,也为训练青年的要项。有的学校不去切实整顿内部,专事对外宣传,使得别人知道某校在实施军事管理,这样,哪里会发生效用呢!我以为切实的训练须注意三点:(一)脚踏实地,不做装饰门面的事;(二)严密组织,训练团体生活;(三)认真考查,注意个别谈话。

就政府而论,施行国难教育时也有几件事要注意。第一、要有整个计划。关于这一点,二月十四日《大公报》吴俊升先生《论国难期内的教育》一篇文内,有几句话说得很中肯:“教育要能达到解救国难的目标,必得在全国的整个计划之下,和国家的其他力量,通力合作。要不然单靠教育来独当救国的大任,是没有什么效果的。……必定全国的力量,一齐向救国的目标迈进,然后教育才可以表现它的效能。即如救国的要务,莫过于国防和生产。可是必定在全国的救国大计之中,国防和生产都有了相当的办法,然后谈国防教育,谈生产教育,才有实效。否则仅是在教育范围之内,高谈什么教育,又必蹈过去虚矫的覆辙。"最近黄任之先生在《国讯》一百二十二期中也有几句惊心动魄的话:"如果全国大众生活,没法解决,休想能挽救国难。反过来说,如果大众生活,得有着落,使全国民众觉悟到身家和国族关系的密切,进而从实际上构成共同利害的关联,真能做到这点,国难简直不成问题了。……吾们常到乡村去,实地探求他们所需要,第一、地方得治安,第二、生计得有着落,第三、疾病得有医治。至于知识的要求,他们认为是上开三问题解决以后的事。……如果教育家不能从这一点上开发他们,使他们从实际的收获上,得到觉悟和信仰,就不能认为完成他们使命。"不过联合群众力量,运用科学方法,解决全民族的生活问题,乃至生存问题,决非教育单独可以负责。

第二、政府方面要注意的是师资训练问题。我国过去对于师资训练,太不讲求了。尤其是中学师资。各国对于中学师资训练,都很认真。例如德国预备充当中学教师的,在受专业训练以前,须在大学肄习四年,经过国家考试及格,并须预备两种论文。如论文不及格,即不能参加口试。笔试口试及格后,再须受专业训练二年,在教育当局认可的两个中学内试教。至第二年终了时,经试教学校的校长、教师、视察员提出报告,认为满意,方可参加专业考试。考试分三部分,(一) 笔试:根据实际经验,讨论教育学说或方法;(二) 口试:试验应付教室和教育问题的能力;(三) 试教。各项均及格后,得到 Studienassessoren 的头衔,可在省教育机关登记。最后须列入教部会同省当局订定的候补教员名单内,才有委任为 Studienrat 的希望。初委任的一年,不能支全薪。任教四年后,才可得到政府的正式任命。所以德国的中学教师,年龄至少在三十二岁左右。在我国则不然,初出茅庐的青年,不问他的学业成绩如何,品性如何,思想如何,只要没有别条路走,就可在中学内教书。我们时常说,国家未来的责任在青年身上,中学生是社会的中坚分子。现在把培养这样重要的人才的责任,放在一般思想未经训练的教师手里,真是危险极了。年来我国的军事方面、建设方面、交通方面,都有长足的进步,只有学校教育,毫无新精神可言。这固然是我们办教育的人所当引咎自责,但师资缺乏训练,确是一个重大原因。我以为不特中学教师应受切实的训练,大学教授也应由政府任命,俾可刷新教界阵容,使全国各级学校有一共同的目标。

第三、政府方面要注意的,各阶级的教育,应有密切的联络。现在大学方面,不顾到中学的困难,中学方面,不顾到小学的困难。各自为政,整个的教育计划,就无法推行。例如少数大学,招生特别严格,中学当局为顾全学生升学起见,非特不遵照教部的意旨,酌量减少授课时数,增设国防教材,并且变本加厉,增多钟点,以备背城借一,博取社会的荣誉。什么体格训练,精神训练,都置诸脑后。这样,国难教育的方案,还有推行的希望吗? 所以各阶级的教育,定须有密切的联络,共同的目标,才可发生效力。

二五,三,一[1]。

---

[1] 即 1936 年 3 月 1 日。

个己的产生[1]

初生的婴孩,在家庭中开始有"相互的行为"的经验。家庭诚然为社会的基层组织。婴孩虽生来有强盛冲动,满足个体需要的要求,但没有人注意他的饥餐渴饮,保抱扶持,他就无法生存。在他生长的历程中,引起了两种作用,依赖与训育。母亲在满足婴孩个体的要求时,发挥了慈爱、同情和合作,同时造成了拍他、抚他、嗅他、摇他、唱催眠曲的习惯。婴孩在母亲的怀抱中,深深地感到安全与依赖,逐渐地引起了婴孩自身的爱与同情。这是相互行为的起点。

在这个时候,婴孩已受到训育的影响了。饮食有节制,睡眠须有定时,四肢活动也须受相当的拘束。他不能要怎样就怎样,他必须接受成人的经验,也许他会感到环境的压迫。逐渐间幼孩接触的范围更广了。他的父亲,哥哥姊姊,或其他有关系的人,都要干涉他的行动,妨碍他的自由。倘使他不服从他们指示与劝导,有时就受到痛苦的责罚。他感到四围的压迫,越来越厉害,因之引起了愤怒和抵抗的反应(antagonistic or aggressive response)。假使在这时得不到物质的补偿,情感的安慰,儿童就可能变为性情暴戾,或意态消沉,或内心烦躁。

任何儿童,天生的冲动,都要受到环境的抑制,因之任何儿童都有抵抗的反应。教育得法,可引导这种反应入于正轨,长成后自能在游戏、艺术、商业的竞争,和事业的建设方面发泄。教育不得法,就养成强凌弱,众暴寡的态度,浸假而演成民族的仇恨,人类的残杀。所以人类的罪恶,寻根究底起来,和儿童时期所受的教育,有密切关系。

现在且说个己怎样产生在相互的行为或社会的行为中。个己初步的产生,在儿童对母亲或他人有一种预期的反应(anticipatory reactions)。例如儿童希望母亲满足他的食欲时,他有一套反应方式,使得母亲了解他;母亲在满足他的需要时,他自能迎合母亲的反应。这时,他的行动与母亲的行动,如节奏般的自然合拍,他与母亲无形间已合而为一(identification)。所以儿童要满足他的要求,必须能预期他人的反应,变更他个己

[1] 原载《观察》1946年第1卷第8期。

的行动。

预期他人的反应,有了语言的帮助,就益觉便利。语言的基础在发出各种不同的声音,每一个音经过反复的练习。语言的开始,在看了实物说出名称,使实物与声音发生连系。再进一步,儿童不必看了实物,就能说出名称。这时候,他已懂得符号的运用了。符号不仅代表事物的名称,并能代表事物的性质、数量、关系和种类。符号不仅指示当前的事物,并可表达未来的希望。有了语言做媒介,儿童与母亲或他人的相互行为,益发表现得真切了。

不特如此,有了语言做媒介,儿童可以扮演任何人的动作(role-taking)。一忽儿造屋,一忽儿烧菜,一忽儿体操,一忽儿打仗,一忽儿招待客人,一忽儿举行婚礼。在这些游戏中,他完全在扮演各种角色,模仿他人的语言行动。要是父母有什么小差遣,例如看屋、放羊、买菜、伴弟妹游戏,他效法父母的声音笑貌,更惟妙惟肖。这时,他不单能模仿他人的言语行动,并且能立于旁观的地位说话,例如二三岁的儿童能用他人的口气表达自己的愿望,说"宝宝要吃糖",或"妹妹不要这个"。到这时期,个己的发达又进了一步。

因为儿童能模仿他人的行为,又能替代别人对自己说话,所以在他的经验中,产生了一个社会的个己(social self)。他能观察自己的行为,如同观察别人的行为。关于这一点,我们可引用米特(George H.Mead)的话。米特以为解释个己,不应专从儿童的学习、仿效及综合他人的经验着想。这不能看到性格的全貌,只看到静止的部分。性格方面,还有机动的部分,就是"我"(I)。"我"与"己"(me)有别。这个学说,并非米特所独创,以前的心理学家如劳含斯(J. Royce)、包尔温(J. M. Baldwin)、詹姆斯(Wm. James)和柯莱(C. H. Cooley)等都隐约提过,不过米特说得格外清楚。"我"与"己"在文法上混淆不清,所以解释时较为困难。照米特的意思,"己"是从父母、兄姊、友伴、师长、他人及想象中的人物所得来的声音笑貌,综合各种经验而成的部分。当儿童扮演任何角色时,并非呆板地模仿他人的言行,另有一个牵线的因子,这须是"我"。"我"是代表天赋的冲动,引导个人向目标前进。

在习惯的反应中"我"与"己"的分别,不甚显明。但遇到一种特殊的情景,"己"的反应大体能符合社会的准则,"我"的作为就不易捉摸。不单是别人不能预测他,就是自己在事前也把握不定。所以在思想的历程和外表的动作中,"我"是一种不易捉摸的、特殊的、新奇的成分。有了"我"才有个性(individuality)。"己"是代表群性,所谓道德的个己,所谓良知,佛洛依德(Freud)的所谓"超己"(superego),都从"己"中产生。"我"与"己"联合行动,就形成了个己的性格。倘使性格没有两重成分,就有新奇的经验和自觉的责任。

"我"的行为,虽不易预测,但社会与教育的影响,也能使"我"发生很多的变更。成人的"我",已与儿童的"我"不同,因为"我"已受了"己"的熏陶,否则社会将没有共同的规则、共同的礼节可遵守,各个人的行为可大相悬殊了,不过"我"的作用,依然存在。常听人说:"我本想这样做,但后来一转念间又变更了。"这一转念间,就是"我"在作祟。社会上有许多人口是心非,言行不符,就因为"我"与"己"不相协调,既不能抵制冲动的"我",又不愿违反社会的范畴,顾此失彼,进退彷徨,遂走入虚伪欺世的一途。

弥补这个缺憾,解脱这个矛盾,惟有充分培养合作精神,互相习惯。例如儿童在家庭中,初仅与各个人发生关系,逐渐间家庭中各个人综合成一整个的对象,儿童自身亦为此对象之一份子,米特称此对象为"generalized other"。到此地步,儿童对家庭已有新的认识,本身能负起家庭一部分的责任。再进一步,在团体游戏中,此精神表现得格外精彩,因为团体游戏需要合作行动(teamwork)。在热烈的团体游戏中,个人已忘却自身的存在,甚至已忘却各游伴的本来面目,只知道游戏在进行,各个份子遵守游戏的规则,互助合作,以达成游戏的目的。这时,要有一个人表炫他自己的技能,妨害团体的利益,必受人斥责,自己亦感到羞愧无地。扩而充之,任何团体,任何集会,任何军队,都可在各个心目中造成一整个的对象(the generalized "me" or "other"),大家感到利害与共,休戚相关。在这样的情景中,"我"并非不可捉摸的,"我"愈可捉摸,性格愈可靠。所谓品性,就指点个人的行为不致有负社会的期待。所谓自信、自立、自尊,就指点个人对于自己的一切行动,有相当的把握。

因此,道德的训练,对个己的产生,占很重要的地位。天才出众的人,往往喜欢独抒己见,不肯随俗浮沉。这种人有时被群众视为离经叛道,但在进化的社会中,时有创获。不过这种人,毕竟是少数,大多数人总须合乎中庸之道。法律、规则、风俗、习惯,都在使各个人有共同的趋向,合理的行为。能满足这个条件的,得到鼓励;不能满足的,受到谴罚。所以道德教育的初步,惯用口头的谆谆告诫,使儿童的行为在未发生时,先有一种准备,知道什么是善,什么是恶,什么是适当,什么是不适当。他又须知道怎样做一个"好孩子",一个"好学生",一个"好公民",一个"忠勇的战士",一个"勤劳的生产者"。在消极方面,使他鄙夷地痞、流氓、土豪、劣绅,野心的侵略家,残杀人类的刽子手。告诫的时候,必须富有情感,才能引起深刻的观念和情绪。

但口头的告诫,必不能与实际的行为相符合。要造成道德的个己,还须在实际的行动中养成,否则人格就有被破裂的危险。上边说过,人自呱呱坠地后,原来的冲动、愿望,时刻受到阻碍,时刻受到抑制,因此引起了愤怒和抵抗的反应。这些情绪,要是没有补偿的方法,便会发生苦闷、悲观、幻想,强者趋上恣睢暴戾的一途,弱者便套上一副假面具,来应付各方面。人格的破裂,似乎为不可避免的事。但实际并不如此。内心与外表的冲突,可用替代或补偿的方法来调和。小"我"逐渐扩大,团体的目的、符号、价值和活动变为个己的目的、符号、价值和活动。人我的竞争,变为团体的竞争。由此团体以及彼团体,由小团体以及大团体,由直接的团体以及间接的团体,个己的论格,自能逐渐统一。我国儒者所谓"亲亲而仁民,仁民而爱物"就是这个道理。由近而远,由小而大,以至于养成"民胞物与"的胸襟。物尚且能爱,何况人类。同情、慈爱、互助、合作,为统一性格的要素,亦为达成民主的础石。

校庆献辞[1]

　　昔韩愈有言:"根之茂者其实遂,膏之沃者其光晔。"溯我光华,孕育于忧患,诞生之初,适逢海上五卅之惨,于时六三同志愤正义之不伸、国旗之被辱,爰脱离圣约翰而创立我光华大学暨附中焉。上下相勖,一德一心,遂乃礼罗耆硕,云集生徒,殚研精思,弦诵日新,虽众芳之被春风,耘耰之逢夏雨,不足喻也,可谓根茂而膏沃者已!乃天祸中国,战乱频仍,始之以一二八,继之以八一三,校舍焚毁,生徒内迁,遭时之难,无与伦比,然玉以琢而弥坚,兰因芳而愈洁,先否后喜,恒久化成,所谓"日月光华,旦复旦兮"。摧毁于大西路者,复兴于欧阳路也!行见人才蔚起,源远流长,刚健笃实,光辉无疆。

为学校光
为社会光
廖世承

---

[1]　原载《光华大学廿二周六三纪念特刊》1947年。

教育信条[1]

一、我相信教育的宗旨在充分发展各个人潜在的能力，使他或她成为一个最快乐和最有用的人。

二、我相信教育的对象是千变万化的活人，所以一切措施不易有固定的方式，必须继续研究，继续改进。

三、我相信教育者为一个科学的公务员。他不论对事对人均抱一种客观的态度。他对于公众的幸福和人类的进化，有服膺的理想，不会因别人的误会或轻视而失望愤怨。

四、我相信培植学生的理想为教育者最重要的责任。用外界的力量所造成的习惯，情势变迁后，随时有破除的可能，惟中心所藏的理想能发生永久的影响。

五、我相信课程应视学生的能力、兴趣、环境、未来的教育计划和职业计划而分化。分化的程度，应随学生的成熟而增加。

六、我相信吸收教材，不是教育的目的，是帮助学生发展的一种方法。测量教材的影响，不应偏重机械的记忆，应注重学生的兴趣、态度、行为、技能和工作习惯的养成。

七、我相信效用最大的教育是从儿童或青年做中得来，不是被动地做，是因为某种需要的刺激而做。

八、我相信最好的教学法应能使学生尽力地做，自动地想，并有工作的动机。

九、我相信班上没有两个学生有同样的天赋特质，他们所受环境的影响也不相同。教材和教法应多留伸缩余地，适应差异。

十、我相信教育者对于学生的品性和健康应与知识看得一样重要。

十一、我相信教育人员应把自己看作一个队（team）的队员，大家为了一个共同的目标。为队的成功计，各个队员必须牺牲个人的意见和便利而促进队的精神。

十二、我相信教育如菽粟布帛，没有什么惊人的理论和新奇的方法。教育者最难得的为服务精神——喜欢儿童，喜欢青年，愿意为他们而贡献一生。

---

[1]　原载《光华附中简讯》1948年6月。

中学教育改造的基本原则[1]

　　人类的思想总比现实来得进步,所以时刻不满现实,时刻要求改进。这是促进人类进化的一个大动力。不过言之匪艰,行之惟艰。病状说来头头是道,药方却不易开。政治如此,教育也如此。

　　改造中学教育的呼声,已经很久了。究竟应当怎样改造? 这个方案很难厘订。订了,又谁来推行? 推行后,能生产相当的效用吗? 科学上的发明,一次实验失败,可以继续尝试数百次,乃至数千次;只要实验费充足,不会有什么害处。教育是关系千百万儿童和青年的幸福,关系整个民族的降替,不能随意更张。我们只能就可能范围内,提出数种改进的意见。

　　批评现行制度的人说:“中学目标不清。”所谓目标不清,就是中学究竟应注重升学准备抑就业准备? 照批评者的意思,如果这点弄清了,一切似可迎刃而解,其实问题不这样简单。假定中学专为升学而设,毕业生大多数升入大学,并出国留学,取得硕士博士学位,归国后,或经商,或从政,一天到晚,专在党固自己的地位,获致物质的享受,于民生疾苦,国家大计,丝毫无所贡献,请问这样的中学可说是达到目标了吗? 这样的中学能符合我们的理想了吗? 如果不能符合,那所谓目标不清,固在彼而不在此。准此而谈,宁独中学,小学大学又何尝有清明的目标。一般的学校,只知灌输知识,注重机械的记忆,对于体格的锻炼,品性的陶冶,技能与习惯的养成,为人和处世的启示,多不在意。所以如果学校行政人员与教师没有正确的教育观念,不肯继续地研究改进,仅仅变更学制,变更年限,不会发生显著的效用。

　　再就升学的问题来说,在一个民主国家,非特不应拒绝一个青年入中学,并且应鼓励他们利用均等的教育机会,发展他们潜在的能力。那么进中学以后,又怎能限制他们一定须读到毕业,一定须升入大学? 下边一个例子,可说明这一点:

　　某中学一年级教师发现多数学生不够中学程度。实习和测验的成绩都很低,口头

---

[1]　原载《教育杂志》1948年第33卷第8期。

发表的能力亦差。另外有几个学生他非常得意。他时常向班上说一样的学生,为什么他们会得到很高的分数。可见教师的测验是很公平的,问题是成绩低劣的学生不配进中学,有少数学生简直不是"中学的材料",这几个学生不久就被学校退学了。

有一次这个教师碰到了一位小学校长,他就发表他的意见。他说:"这般学生进中学有什么用? 这徒然浪费了他们与我们的时间。他们读不上,使学校的工作受到阻碍。到头来,他们觉悟不配进中学,于是辍学去找寻工作,照我看,有的应在小学多留一二年,有的应立即找寻工作,这样,还可得到正当的谋生,不致在中学碰壁了。"

小学校长回答:"你对于中学的性能显然与我的看法不同。你以为中学的责任在维持一个学术水准。这个水准是一种固定的因素。学生进中学而不合这个水准,应当拒绝或排斥。中学是专为少数人享受的。

"我相信中学的性能像别的学校一样,在尽量设法使所有的男孩和女孩得到正常的发展。它对于来学的儿童不应抱拒绝态度,应帮助他们生长。我想中学只有一个标准可以决定男孩或女孩应不应进中学,就是: 究竟中学还是小学或职业生活对他或她的帮助多? 倘使你的看法是对的,那我们所提到的那些学生进中学是一种错误,但我相信错误是在你方面。

"你提议这些学生中有几个应在小学多留一二年。我们已尝试过多次,但结果恰如你所指斥的——他们离开学校了。他们年龄较大,自己感觉不属于小弟弟小妹妹的一组,因而厌恶学校,愿意离开。我们曾尽力诱导他们继续留校,但我们受环境的限制,中学的设备较好,管理方法和体育活动都适宜于年龄较大的儿童,所以中学帮助他们的可能性较小学为大。"

中学教师听了这番话,仍不以为然。他不赞成迁就成绩低下的学生,而降低学校水准。他问:"他们怎样能升入大学? 他们六年内不能毕业,多花时间恐怕养成他们懒怠的习惯。"

小学校长说:"我并不盼望中学降低水准。我期望水准要能适合儿童的能力,倘使我们的目的在真实地教育男孩和女孩,我们不应武断地规定一种只能适应少数学生的标准。这儿有一本书,你读了就明白我的意思。"

书中载有不少关于儿童和成人的个别差异的研究。教师阅读以后,得到一个新观念。他当然也知道人的能力是有差别的,但他没有深切了解这些差别的意义。他以为大多数人只要有志气,肯努力,都可有同样的造诣。书中的事实显示任何团体、任何特质,均有绝大的差异……

这个观念留存在教师的意识中有数星期之久。他在班中工作时,看到有不少肯定的证据。他曾测验学生,试题由易而难,没有人能全体做完,但成绩最劣的学生也能答对几题。表列的结果证明与书中的测验报告相符合,大多数的分数离均数不远;分数愈高或愈低,人数亦愈少。有一例学生在几种测验中,几乎都得到一百分。教师以前并没有想到那个学生的能力会比别人强这么多。他现在方晓得他从前没有真实地测验到这个学生的能力。工作对他太容易了。他亦注意到成绩不满意的学生差别亦很多。有几个人的测验分数差不多达到均数,有一二人只答对了一题。

想到个别差异的问题,他不期然而然地承认小学校长对于中学性能的看法。他开始变更指定作业的方式,使能力强的学生有艰难的工作可做,能力差的学生不致望尘莫及,他把成绩最劣的学生编成一小组,有时在课内分出一部分时间特别指导他们。偶然间这小组内有人缺课,他很关心,深怕他因工作失望而灰心。几个星期以前,他但愿这种学生早日离开他。现在他的教育思想变了,态度也变了,他很乐意地看到差不多全班学生能完成学期的工作,其中有数人要不是他的鼓励和帮助,恐怕早已辍学了。

从上边的例子我们可以知道有许多中学行政人员和教师对于中学教育的性能未能深切了解。倘使普通中学专为少数的升学学生而设,那我们必须有各种类型不同的中学,并须有良好的选拔制度。这两个条件具备后,学生的志愿还未必能完全顾到。

至年限问题,我同意方惇颐先生的主张,中学一段不宜缩短(理由见《教育通讯复刊》一卷十期,《方惇颐中学修业年限问题》)。我亦同意赵廷为先生的意见,修正旧制,牵动太大,不如允准各地试验新制(仍与旧制关联使青年升学不受影响)。试行有效,准其与现行中学同时设立(《教育通讯》五卷四期,程其保等编:《中国教育问题之总检讨》)。

现在把上述的意见归纳成几条原则:

(一)一国的中学教育制度必须适合国情及地方需要。中国的幅员辽阔,整齐划一的制度,恐不易适应各地的特殊情状。

(二)现行学制成立已二十余年,自有其存在之理由。彻底改革,必致引起纷乱。不如允准各地有需要时,得设实验学校。如试行有效,准与现行中学同时设立。

(三)在未有各种类型不同的中学及选拔制度未能施行尽如人意以前,中学对于升学准备及就业准备仍须双方兼顾。

(四)不论升学或就业,中学教育的宗旨在充分发展各个人潜在的能力,使他或她成为一个最快乐和最有用的人。

(五)中学教育的对象是千变万化的青年,所以一切措施不易有固定的方式,必须继续研究,继续改进。

(六)中学教育对于学生的品性和健康应与知识看得一样重要。

此外中学的课程、教材、训导与教育人员的态度,与中学效能关系特大,兹特分别提出数种意见:

甲、课程:我国的中学课程标准曾经修订了不少次。修订结果是否满意,很难有肯

定的答复,我自己感觉有几个疑问:

一、编订课程标准的先生似乎专着眼于找得一个理想的课程,以为全体中学生都可以修毕这个课程,得到同样的造诣。不知道学生的环境不同、兴趣不同、能力不同,因此中途离校的甚多,初一学生读毕高三的,恐怕不到半数。

二、各科专家往往只顾到维持本科的学术水准,而忽略了其他方面,因此一科的标准有时提得很高,结果学生食而不化,程度反而降低。

三、课程标准牵涉的问题太多,不仅限于上课时间的多寡。例如教材的选择、师资的培养、方法的研究,都和课程有关。

因此我们主张:

中学课程不应太整齐划一,应视学生的能力、兴趣、环境、未来的教育计划、职业计划而分化。分化的程度应随学生的成熟而增加。其理由如下:

(1) 世上累积的知识和经验如此丰富,决非任何人所能学习;并且新的知识、新的经验不断地增加,所以我们应有选择。

(2) 社会需要各种不同类的活动,所以人民的训练方式不能一致。

(3) 各人的天赋相差甚远。要发展各个人不同的能力,教育亦须有差别。

(4) 各个人在某种成熟时期,受各种环境因子的影响:家庭、人与人的组合、游历,以及其他。这些不同的经验,需要分化的教育来适应。

(5) 要使各个人获得最大的幸福和效用,差别的兴趣,必须顾到。在校缺乏兴趣,为多数学生提前离校的重要原因之一。

(6) 学生留校的时期长短不一。在可能范围内,课程应配合个人的求学时期,使他得到相当的准备,有一快乐而有用的生活。

乙、教材:(一) 教材的选择,须符合教育宗旨。换一句说,选择教材时须时刻在念,哪一部分材料对于我们所抱的宗旨最有贡献。(二) 学程本身并不是目的,而是一种工具,用以发展青年使成为社会上最快乐和最有用的一个人。所以我们的目的在选择对于个人发展最有价值的教材。(三) 有时代价值的教材应较传统的知识占重要地位。(四) 有的观念和事实需要知道,以增进彼此的了解和行动的协调。但时间经济起见,各类学生获得共同的知识,不必用同样的材料。(五) 全体所需用的知识应占第一位,少数人应用的材料,应俟少数人有需要时学习,不应加重班中其他学生的负担。(六) 学生兴趣愈广阔,快乐和效率愈增加,教材的范围不应过于狭小。(七) 有中心组合的教材,能鼓励连续的思想、系统的观念和活用的方法。(八) 与学生的兴趣最有关系的教材,最能培养习惯、理想、兴趣和能力。

丙、教法:(一) 教学应注重观念、理想和态度的获得,不应记忆琐碎的事实,应训练学生如何找寻需要的材料。教材可视为一种鹰架,用以发展理想、兴趣和养成工作习惯,鹰架本身并无永久的价值。教材不必呆记,只须树立一座坚强的骨骼,清楚的统系。(二)测量教材的影响,应注重学生的了解、兴趣、态度、行为、技能和工作习惯,不要把记忆事实看作教育的成就。(三)从有目的的学习或经验中得来的知识,较之不感急迫需要的学习所得的知识有价值得多。效用最大的教育,是从学生"做"中得来,不是被动地"做",是因为感到某种需要的刺激而"做"。(四)最好的教学法应能使学生尽力地做,自动的想,并有工作的动机。

丁、训导:(一)青年的本性复杂,只有小心研究和密切观察,才能了解。(二)青年的观念、成见和兴趣,教师不可蔑视或抹杀。(三)用冷静及同情的态度,解决青年的困难,比躁急有效得多。(四)铲除一坏习惯,最好的方法是成立一相反的新习惯,不要专注意坏的方面。(五)呆板的规则要普遍应用,是有危险性的。规则是达到目的的一种手段,执行规则须不违背教育宗旨。(六)惩罚常用则失败,良好的惩罚一二次即可达到目的。(七)学校对学生有任何要求,应使他们了解所以必须这样的意义并感到兴趣。(八)信任学生的能力和好意,可以促进努力。不信任,常获得相反的影响。(九)学校应以培养学生的自治能力为宗旨。仅能服从的青年,不能养成社会的行为。责任心的培养,在使学生有实地负责的机会。(十)要使学生负责,须小心,勿使责任负得太大。失败易致灰心,成功可以激发。(十一)培植理想为教育者最重要的责任。用外界的力量所造成的习惯,情势变迁后,随时有破除的可能,惟心中所藏的理想,能发生永久的影响。

戊、教育人员:(一)教育人员的成功与否,在乎他能否了解儿童和青年的天性,生长的规律,社会的需要,以及他有否应付儿童和青年的技能。(二)要培养青年的品性,促进青年的健康,教育者自身须有崇高的理想,并能实践卫生的条件,树立一个好榜样。(三)教育者应自认为一个科学的公务员。他不论对事对人均抱一种客观的态度。他对于公众的幸福和人类的进化,有服膺的理想,不会因别人的误会或轻视而失望愤怒。(四)教育人员应把自己看作一个队(team)的队员,大家为了一个共同的目标。为队的成功计,各个队员必须牺牲个人的意见和便利而促进队的精神。(五)教育者应有坦白的胸襟,持心如水,虚怀若谷。(六)教育者应有学不厌、诲不倦的精神。他能接受新的观念,欢迎别人善意的批评。(七)教育者最难得的为服务精神——喜爱儿童,喜爱青年,愿意为他们而贡献一生。

二、校务治理

关于请淞沪警备司令部转电驻校各军事单位迁出的代电

淞沪警备司令部陈司令勋鉴：

　　本校经已订于二月七日起开学，所有借驻本校各军事单位计陆军第一训练处、陆军独立装甲汽车兵第五营、联合勤务总司令部荣誉军人总管理处官兵眷属必须迁出，否则无法上课。素仰贵司令维护大学教育，同深钦仰，相应专电奉达，敬希查照惠予转电驻校各该单位于开学前全部迁出，至为感荷。

　　　　　　　　　　　　　　私立光华大学光秘卅八丑(江)[1]印

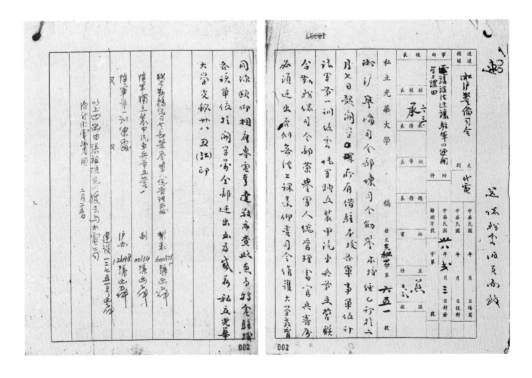

附一： 陆军第一训练处关于借用大礼堂为临时营舍的公函

光华大学：

一、本处奉命迁闽，以军运频繁，车船无法衔接，须在沪候船。

二、拟借贵处大礼堂为本处临时营舍。

敬希惠予借住为荷。

兼处长关麟阁

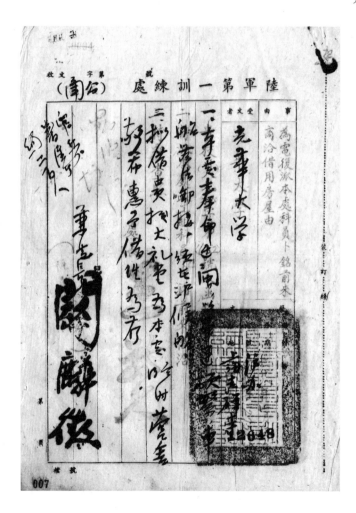

附二： 联合勤务总司令部荣誉军人总管理处关于借用房屋的公函

光华大学：

一、本总处奉令迁粤，即日过沪候船，约有官兵五六十人，亟需房屋暂住。

二、特派科长刘延鸿前来贵校洽商。

务请赐借房屋数间备用为荷。

总处长魏益三

附三： 陆军独立装甲汽车兵第五营关于借用校舍的公函

光华大学：

一、本营奉命调沪驻防，营房寻觅无着，不得已拟请贵校暂借一部空余校舍以供居住。

二、请体念本部困难，极力予以协助合作为盼。

营长骆福全
卅八年一月廿四日

附四： 关于请淞沪警备司令部转商驻校各军事单位尽速迁让的代电

淞沪警备司令部陈司令勋鉴：

本校业于二月七日起开学，关于撤退驻军一节，经于二月三日以光秘卅八字第六五一号丑江代电请予赐办在案。近查沪区各大学所有驻军均已先后迁出，贵司令与吴市长倡导大学不驻军之主张业见实行，同深钦仰。惟以借驻敝校各军事单位计陆军第一训练处、陆军独立装甲汽车兵第五营、联合勤务总司令部荣誉军人总管理处及国防部警卫团官兵眷属仍未见迁让，大礼堂、膳厅等处均被占用。分班教学之学程无法开课，影响课业及学生生活，至深且巨。复以数千大学生已陆续报到，平日已觉管理难周，设任学生与士兵杂处，训管更感困难。且敝校系属私立，经费来源有限，自各军事单位入驻以来，水电消耗骤增，长此供应，敝校实不胜负担。凡此均属实在情形，贵司令对沪区大学教育素所轸注，相应再电奉达，敬恳迅赐转商驻校各该军事单位尽速全部迁出，至为感荷。

私立光华大学光秘卅八丑(篠) [1] 印

附五： 淞沪警备司令部关于已转令各部限期迁让的代电

光华大学：

一、光秘字第 664、673 号两代电均诵悉。

---

[1] 即 1949 年 2 月 17 日。

二、业经分别函令装甲兵司令部暨军警宪限期饬迁。

特复。

司令陈大庆

卅八年三月四日

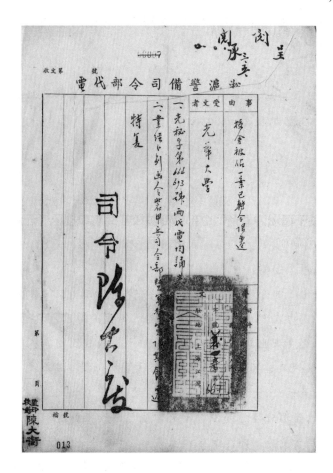

附六：关于请淞沪警备司令部转促驻留军官眷属尽速迁出的代电

淞沪警备司令部陈司令勋鉴：

　　接准贵部本年三月四日义字第六七七号代电以驻校各军事单位已分别函令依限迁让等由，至深感激。惟查驻留本校大礼堂尚有陆军第一训练处军官鹿敬业、李益坚等眷属十五人，以致排订在大礼堂教学之课程无法进行。相应电达，仍恳迅赐转促尽速迁出，至为感荷。

（全衔）光秘卅八寅（蒸）[1]印

---

[1]　即 1949 年 3 月 10 日。

附七：　关于请淞沪警备司令部转促驻校之国防部检察局人员尽速迁让的代电

淞沪警备司令部陈司令勋鉴：

　　关于本校驻军迭请转饬迁让一案，屡承维助，实深感激。兹因本校开学已逾一月，各处室之需用益感不敷支配。现查仍有国防部检察局所属约四十余人留驻于本校第廿六号教室、劳作教室及图书馆内，拟请体念实际需要情形，惠赐转促迁让，至纫公谊。

私立光华大学光秘卅八寅（铣）[1]印

附八：　淞沪警备司令部关于监察局即将迁离的代电

光华大学：

　　一、三月十六日光秘字第六九五号代电诵悉。

　　二、监察局已准备迁离。

　　特复。

司令陈大庆
民国卅八年三月廿四日

附九：　淞沪警备司令部关于住用大礼堂军眷已迁离的代电

光华大学：

　　一、三月二十四日本部义一寿字第九一六号代电计达。

　　二、兹续据宪兵第九团查报，占住光华大学礼堂之陆军第一训练处官佐鹿敬业、李益坚二员暨眷属等均已迁离，请饬该校迳自接管。

　　三、再电查照。

司令陈大庆
卅八年四月十日

---

[1]　即 1949 年 3 月 16 日。

关于向教育部呈送无家可归人员名册的报告

案奉钧长面谕"在紧急疏散中,以各院校无家可归之学生,应选定地点集中住宿,以便管理,人数以不超过四分之一为原则,并将留校学生年龄、籍贯及保证人列册呈报备查"等因,奉此。本校遵即指定本校德生堂及女生宿舍作为集中住宿之所,计留校教职员三十四人、学生一百六十五人、工友四十九人,理合造具留校学生名册壹份,备文呈送,仰祈鉴核,实为德便。

谨呈教育部部长杭

私立光华大学代理校长廖世〇[1]
中华民国卅八年四月廿九日

附: 教育部上海办事处关于呈送奉令疏散各院校无家可归人员名册的通知

奉谕:

(一)奉令疏散各院校无家可归之学生,应选定地点集中住宿,以便管理,但人数以不超过四分之一为原则,并将留校学生学级、年龄、籍贯及保证人等列册呈报备查。

(二)各校仪器图书粮食等应集中保管。

(三)各校(院)长应于明(二十九)日上午九时齐集建国西路570号会商一切。

相应函达,即希查照为荷!

此致私立光华大学

教育部上海办事处启
四月二十八日

---

[1] 本书中的发文函件均为原稿照录,署名廖世〇或廖〇〇,均指廖世承,其他不再注明。

关于学校疏散后成绩结算办法致各教授的函

迳启者：

　　本校本学期开学以还，适值局势动荡之际，荷承讲教辛勤，实深铭感！

　　兹者本校依照当局规定，业于四月卅日疏散完毕，将来复课日期，俟决定后再为奉告。又尊任课务，至已举行期中考试者，所有成绩请结算后送交本埠新乐路（亨利路）四十四弄一号姚舜钦先生收转；如未举行期考，即请将平时分数交送。相应函达，请烦查照为荷！

　　此致教授先生

校长室启

三十八年四月卅日

致北平毛泽东主席的贺电

北平人民政府毛主席勋鉴：

作新主义，领袖群伦，本救焚拯溺之怀，收旋乾转坤之效，海隅丕冒，欣载何如！

谨电抒诚，伏惟垂鉴。

私立光华大学教授会、讲师助教会、职员会同叩佳［1］

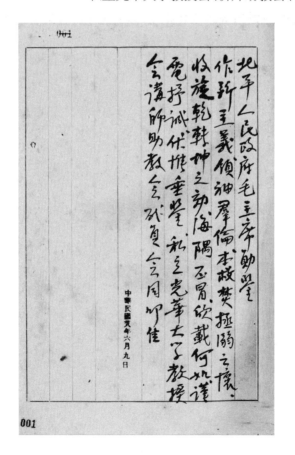

---

［1］ 即中华民国卅八年六月九日。

致北平朱德总司令的贺电

北平人民解放军朱总司令勋鉴：

　　卅年奋斗，拯民于水火之中，犹解倒悬，同深欣戴。板桥安度，既奠东封，闽海飞航，伫请南服。

　　谨电抒诚，伏惟垂鉴。

私立光华大学教授会、讲师助教会、职员会同叩佳

关于提取图书仪器等致上海市军管会的函

　　查本校前于本年四月底被迫疏散,所有大中学两部图书仪器以及建筑材料,计图书仪器共肆拾柒箱,水泥(纸包)捌拾捌包、(袋装)柒拾叁包,暨玻璃肆拾壹箱,经存伦信公司仓库内储藏。现本校业经复学,上项图书仪器等件亟待应用,特派事务主任毛寿恒趋前接洽,相应专函奉达,即请查照,惠予转饬准照提运,至纫感荷!

　　此致上海市军管会财经接管委员会工商处

代理校长廖○○

中华民国卅八年六月十日

关于增设秘书处的通告

迳启者：

　　兹经第二次校务会会议议决，本校下学期增设秘书处，推请容启兆为秘书长，沈延国为秘书，下设文书、校友两组等语，记录在卷。本校秘书处定于八月一日起办公，所有以前本室暨秘书室经办业务统由秘书处办理。再本校各处室、单位因公须由校对外行文时，应请先以书面接洽，藉便稽考而免遗误。

　　并希查照为荷！

　　此致各处室、教授会、讲助会、职员会、学生会、工友会

校长室启

一九四九年七月十五日

关于向上海市军管会等呈送拟增设系科的报告

案查本校为求与新民主主义建国工作配合,于解放后即由教授会分组学制及课程二研究委员会,对院系课程作初步研究后提出教务委员会讨论,再由校务会决定。

为造就营造建筑及农村合作等项专门人才,爰在理工学院及商学院分别增设营造建筑系及农业经济系。又为青年学子增加就业与深造之机会起见,先在中国文学与土木工程两系内分别试设国文与土木两专修科,二年毕业,毕业后即可就业,如有力深造则转入各该系三年级继续肄业。

七月廿一日承贵处召集私立专科以上学校谈话会,方聆悉各校新设系科应先呈核,兹函备文补报,敬祈察照惠予示遵,至纫感荷!

此致上海市军管会文管会高等教育处

代理校长廖○○

中华民国卅八年七月廿三日

附: 上海市军管会文管会高等教育处关于拟增设系科暂从缓议的批复

光秘字第七八〇号函悉。关于拟增设科系问题,目前应暂从缓议。相应覆请查照为荷!

此致光华大学

高等教育处

七、廿六

关于向上海市军管会等呈送校董会材料的报告

接奉贵处一九四九年八月六日通知以嘱于本月十三日前将本校校董、校长、校务委员会组织章程汇齐送审等由,自应遵照办理。除本校校务会章程业经函送外,相应检附本校校董会名单、校长名单各一份,前一届校董、校长名单,校务会名单暨董事会章程各一份,随函送请察核备查,至纫感荷!

此致上海市军管会文管会高等教育处

附件如文

代理校长廖○○

中华民国卅八年八月十二日

附一: 私立光华大学校董会组织章程（草案）

一、本会定名为私立光华大学校董会。

二、本会遵照中国人民政协共同纲领之文教政策、中央人民政府教育部颁布之私立高等学校管理暂行办法及人民政府法令办理学校。

三、本会由本校创办人、学校行政负责人、教授、校友及各界热心新民主主义教育事业或办理教育事业有经验人士组成之,校董人数定十一人至十七人,任期三年,每年改选三分之一,连选得连任,并互推主席校董一人（必要时得设副主席一至二人或常务校董若干人）,秘书一人。

四、本会之职权如下:

1. 办理学校立案及变迁（改组、合并等）各项手续;

2. 报经华东教育部核准任免校长及副校长;

3. 筹划经费,保管资产与审核预决算;

4. 制定校务方针,审查与批准校长的工作计划与工作总结报告。

五、本会于每学期终了后一个月内,召开全体会议一次,必要时由主席校董召开临时会议。

六、本会章程由全体校董通过,呈经华东教育部批准后施行,修改时同。

附二: 私立光华大学校董会校董名单（卅八年八月改组后名单）

姓　名	性　别	年　龄	籍　贯	学　历	经　历	到职年月	政治信仰
王费佩翠	女	七九	江苏武进	私塾		廿三年一月	
许　沅	男	七七	江苏镇江				
赵锡恩	男	六七	上海市				
秉　志	男	六四	河南开封				
廖世承	男	五八	江苏嘉定				
孙瑞璜	男	五〇	江苏崇明				
朱公谨	男	四八	浙江余姚				
容启兆	男	五二	广东中山				
吕思勉	男	六五	江苏武进				
张星联	男	四八	浙江鄞县				
荣尔仁	男	四二	江苏无锡				
沈昭文	男	四五	江西南昌				
王守恒	男	三八	江苏吴县				

附三: 私立光华大学前届校董会校董暨校长名单

姓　名	职　务	备　注	
翁文灏	董事长	卅八年四月辞职	
钱永铭	常务校董代理董事长		
王费佩翠	校董	1949 年 11 月 22 日逝世	
赵锡恩	校董		
朱经农	校董、校长	卅八年二月辞职	
康宝志	校董		
朱言钧	校董		
廖世承	校董		
徐　堪	校董		
颜任光	校董		

（续表）

姓　名	职　务	备　注	
徐可燸	校董		
许　沅	校董		
张星联	校董		
谢　霖	校董		
邓汉祥	校董		

附四： 上海市军管会文管会高等教育处关于上报校董会、校长等材料的通知

查本市各私立大专院校校董、校长、校务委员名单，及董事会、校务委员会组织章程须送本处审查，前经宣布在案。兹再专函通知，希于本月十三日以前汇齐送到为要！

此致光华大学

高等教育处

一九四九年八月六日

附注：

一、校董、校长、校务委员会名单应包括姓名、性别、年龄、籍贯、学历、经历、到职年月、政治信仰等项。

二、前一届校董、校长名单，亦列报。

三、凡已送来本处者，不必再送，但如有变动，仍须具报。不送齐者亦须补送齐全。

关于向上海市军管会等报送学校简史材料的报告

接奉贵处今年八月十六日,高私大学第0003号通知,以印发教职员及学生人数暨班级数调查表,嘱于八月廿日前,连同学校简史填送等由,自应照办。兹将前项调查表据实填就,连同本校简史一份一并函请察照备查,至纫感荷。

此致上海市军管会文管会高等教育处

附送调查表及简史各一份

代理校长廖○○

中华民国卅八年八月廿日

附一： 私立光华大学简史

一九二五年上海五卅惨案发生,各界爱国运动风起云涌。六月三日圣约翰大学当局,压迫阻止学生爱国运动,于是本国教师十九人、学生五百五十三人,慷慨辞职离校,设离校学生善后委员会,谋自建大学。一时名士赞成者众多,而王省三先生慨捐上海大西路地六十余亩,以为校基。张詠霓、朱经农两先生分别筹措经费,规划教科,赞助尤力。筹备委员会既成,遂推张先生为之长,赁屋于霞飞路为大学校舍,新西区之枫林桥为中学校舍,定校名为光华。设文理商工四科,九月七日开学,旧约翰学生来归,新生亦闻风兴起,凡大中学学生九百七十余人,数逾约翰之旧。我国为收回教育权而自设之大学,遂以成立。是则本校之创设,在反对帝国主义文化侵略之意义上,其光荣历史,殆有足多。

本校设校之初,即由张詠霓先生为之长,朱经农先生副之,经农先生去,张歆海先生继其任,歆海先生去,设两副校长,由廖世承、容启兆先生任之。廖先生并兼任附属中学主任。一九二九年六月伪教育部核准本校立案。同年秋,改为文理商三学院,各院学科益见充实。一九三○年秋,廖世承先生以中学事繁,辞副校长,容启兆先生亦以事归广东,乃以朱公谨先生为副校长。

一九三二年春，一二八事变后，乃赁校舍于愚园路，于四月间开学。虽在荆天棘地之中，而教学者咸排阻难而来校，加功力以竟学，校舍幸未破坏，图书器物亦无损失。是年夏，大中学相继迁回原校舍。当时教室有东西两院，宿舍有大中学及女生宿舍各一座，教职员宿舍二座，并有王省三先生纪念亭，立先生暨其德配费佩翠夫人昭德之碑。一九三四年筹建中学健身房及小工场，一九三五年筹建大礼堂，议以"丰寿堂"为名，藉以纪念校董王省三（丰镐）、张咏霓（寿镛），又建筑科学馆、体育馆，自凿自流井，自置电灯厂，同学又捐建疗养院。本校大门本临大西路，后以市政府所筑中山路，适经本校之侧，乃将大门改建中山路上，其建筑经费，则由在校同学任其半。

八一三事起，本校在愚园路租赁房屋，大中学合并上课，同时着手第二部计划。时商学院院长谢霖适在川，请其筹备分部。旋沪西沦为战区，终日炸声震耳，居户纷纷迁移。附近各学校多数停课之际，本校仍不避险阻，按时授课。惟因环境突变，原有校舍，于十一月十二、十三两日全部被毁。临时校舍亦因在越界建筑路区域，势须迁移。于是大学部暂借爱文义路卡德路口国光中学上课，中学部迁至威海卫路北二七四弄七号，旋觅得白克路六六○号为大学部校舍，大中学均于一月杪办理学期结束。此一学期中，虽情势极度紧张，校舍迁移两次，然上课时间并未短少，教员及学生之缺课百分比，反较平时为少。

一九三七年，本校按期开学，课程力求充实，设备及实验，则尽力增多。川校筹备就绪，川省人士踊跃捐款。张仲铭先生首先慨赠校基六十余亩，五月下旬，张校长由港飞渝，再乘车抵蓉，川校全体师生到站欢迎。张校长在蓉月余，一切布置略定，乃返至沪校。是年夏，沪校大中学迁至汉口路，廖世承先生奉部令入湘，筹办国立师范学院，中学主任由咏霓先生兼领。是时国步艰难，教员学生，咸含悲奋励，来学人数，反有增加。一九四一年冬，太平洋战作，上海租界亦为日人所占，咏霓先生知本校必不为其所容，乃将学校停办，而属文学院同人，设诚正文学社；理商学院同人，设格致理商学社；中学同人，设壬午补习班，为学生继续课业。一九四五年，咏霓先生婴疾，侵寻益剧，是岁为本校二十周纪念，亦先生悬车之年。七月八日，为先生初度，举谢宾客，独延本校师生校友代表，殷殷以复中华、复兴光华相属，闻者咸涕。越七日，而先生辞世。又二十有七日，而抗战克捷，敌寇降服矣。国土既光复，本校同人，集议公推朱公谨先生代理校长，在证券大楼复校，旋改组校董会，公推朱经农先生长大学，廖世承先生长中学，成都分校以川人之助而成立者，举以还诸川人，改名曰成华大学。

一九四六年八月，朱校长经农先生莅校，董理校务。明年六三校庆，校友之集者分任募捐，以捐校舍。于是校友荣尔仁先生，为纪念其尊人德生先生，捐建中学宿舍一座，名之曰德生堂。校董李祖康先生，亦以纪念其尊人屑清先生，捐建图书馆一座，名之曰屑永图书馆。于是秋及明年春，相继落成，其时学生人数，已增至一千七百余，为便于容纳并为建立永久校舍起见,经于一九四八年秋,将大西路地基肆拾亩,售与伪中央银行,而将全部价款,购得欧阳路本校现址。一九四九年二月,朱校长辞职,四月董事长翁文灏辞职。本校校政,推由副校长廖世承先生代理。

上海解放之后,本校得庆新生。八月校董会改组,大学部推选王费佩翠夫人、许秋骢、赵晋卿、廖世承、朱公谨、容启兆、秉农山、张星联、荣尔仁、孙瑞璜、吕诚之、沈昭文、王守恒诸先生为校董,并推王费佩翠为主席校董,附属中学部推选王费佩翠夫人、许秋骢、赵晋卿、廖世承、朱公谨、容启兆、秉农山、张星联、周耀平、陆上之、赵家璧、徐燕谋、张芝联诸先生为校董,并推廖世承先生为主席校董。另聘廖世承先生为大学校长,张芝联先生为附属中学校长,并建议学校,应参考华北及上海各大学校校务委员会之组织,积极筹组校务委员会,冀在新民主主义教育方针下,达成培育各项专门建设人才之任务,此本校廿四年来之概略也。

附二： 上海市军管会文管会高等教育处关于填送调查表及学校简史的通知

为了解各校教职员工学生人数及班级数,特发出下列调查表,希于八月二十日前,填写送交本处为要!

此致光华大学

请另附上学校简史一份

上海市军事管制委员会文化教育管理委员会高等教育处
一九四九年八月十六日

关于向上海市军管会等呈送校务委员会章程的报告

查本校原有临时校务会,改组为校务委员会,各缘由于本年八月十七日光秘(卅八)字第七九一号公函陈报在案,兹本校校务委员会经由校长及教授会代表十一人、讲师助教会代表二人、职员会一人、学生会代表二人,计共十七人组织成立,相应检奉本校校务委员会章程草案暨校务委员会名单各一份,函请察核迅赐指示,至纫感荷!

此致上海市军管会文管会高等教育处

附件如文

校长廖○○

一九四九年九月十九日

附一： 私立光华大学校务委员会章程草案

一、本会定名为私立光华大学校务委员会(以下简称本会)

二、本会由校长、教授会代表十一人、讲师助教会代表二人、职员会代表一人、学生会代表二人组织之,以校长为主席

三、本会为学校最高决策机构,负推进全校校务及监督学校行政之责,职权如下：

1. 通过本校经费预算及审核决算

2. 决定各院系之设置及废止

3. 决定本校内部组织及各项规程

4. 审议校长、教授会、讲助会、职员会、学生会、工友会及本会各委员会提交事项

5. 监督各项行政设施及工作状况

四、本会设常务委员会,由校长、教授会代表四人、讲助会学生会代表各一人组织之,以校长为主席

五、本会会议以委员过半数出席为法定人数

六、本会表决事项以出席委员过半数之同意作为通过

七、本会复议程序须经代表二人提出并经出席委员三分之二之通过

八、本会设下列经常小组委员会，其组织规程另定之

1. 教务委员会

2. 事务委员会

3. 财务委员会

4. 福利委员会

其他小组委员会遇必要时设立之

九、本会每两周举行会议一次，必要时由主席临时召集之

十、本章程由校务委员会通过，并经主管教育行政机关核准施行，修改时同。

附二： 私立光华大学校务委员会名单

廖世承　　校长

蒋竹庄　　文学院院长　教授（以下教授会代表）

杨荫溥　　商学院院长　教授

王志稼　　理学院院长　教授

陈青士　　教务长　　教授

姚舜钦　　教授

祝永年　　教授

张芝联　　教授

吕思勉　　教授

郭绍虞　　教授

曹未风　　教授

薛迪符　　教授

李志申　　助教（以下讲助会代表）

潘家来　　助教

陈楚善　　职员（职员会代表）

范祖德　　学生（以下学生会代表）

寿祖庚　　学生

附三： 高等教育处关于校委会名单及章程的批复

八〔九〕月十九日光秘字（卅八）字八一二号公函暨附件均悉。所送校务委员会名

单,除陈楚善不必参加,应另选报核外,余照准;校务委员会组织章程,准备查。相应函复查照为荷。

　　此致私立光华大学

高等教育处

一九四九年十一月五日

附四：　关于向上海市人民政府高等教育处呈送职员会学生会改选校委会代表的报告

　　查本校校务委员会委员名单及组织章程,业经函奉贵处本年十一月五日高大私字第三〇六三号公函,略以"委员中除陈楚善不必参加,应另选报核外,余照准;校务委员会组织章程,准备查"等由到校。兹本校职员会出席校委会代表已另选出为王有粉。又本校学生会改选竣事,其出席校委会代表亦经另行改选出为陈一飞、刘德懋二人。相应并案函报,敬祈察核赐准备查!

　　此致上海市人民政府高等教育处

校长廖〇〇

一九四九年十二月一日

附五：　上海市人民政府高等教育处关于核准校委会职员及学生代表的复函

　　十二月一日光秘字八七五号来文悉。校务委员会职员代表另选王有粉,学生代表另选陈一飞、刘德懋,应予照准,相应函复查照为荷!

　　此致私立光华大学

高等教育处

一九四九年十二月十七日

关于恢复"知行合一"校训的布告

　　查本校创办之初,即以"知行合一"为校训,嗣同受国民党反动派之压制,被迫改用"格致诚正"。兹为承继光华革命传统,并使在学诸生珍视理论与实践之结合起见,当经第四次校务委员会议议决,自即日起,恢复"知行合一"校训,合行布告,仰各遵照。

　　此布!

一九四九年十月卅一日

关于三角形校徽作废的布告

　　查本校新制圆形校徽业已开始分发佩用，所有以前三角形校徽应自即日起作废，合行布告，仰各知照。

　　此布！

一九五〇年一月廿二日

关于向上海市高教处说明学期安排的函

　　顷奉大处本年一月廿三日高秘字第一九一号通知,以一九四九年度第一学期应自二月一日起期考开始,二月八日起开始放寒假两星期,二月廿二日第二学期开学,二月廿七日上课等由,自应遵办。

　　惟查本校一九四九年度第一学期,系于九月十二日开学,廿、廿一、廿二日注册,廿八日起正式上课,较诸一般国立大学上课日期为早,且按照向例,二月份已属年度之第二学期,本校部分兼任教师,其聘约期限为半年者,二月一日起即不复到校,基于上述具体情况及实际需要,故拟定于一月廿三日起至廿八日止举行学期考试,同月三十日起开始放寒假。除第二学期开学及上课日期遵照规定办理外,相应专案陈明缘由,敬祈察核备查!

　　此致上海市人民政府高等教育处

校长廖○○

一九五○年一月廿五日

附一:　上海市人民政府高等教育处关于允准自一月三十日起开始放寒假的批复

　　一月廿五日光(50)字20号来文悉,准自一月廿三日起举行学期考试,同月三十日起开始放寒假。

　　相应函复查照为荷!

　　此致私立光华大学

上海市人民政府高等教育处

一九五○年元月廿六日

附二： 上海市人民政府高等教育处关于学期安排的通知

查本处前曾规定公私立专科以上学校一九四九年度第一学期自二月一日起期考开始，二月八日起开始放寒假两星期，二月二十二日起第二学期开学，二月廿七日上课，并经登报（一九四九年十二月一日《解放报》第二版）通告周知在案。兹特再行通知，即希查照办理！

此致光华大学

处长唐守愚

副处长李亚农、李正文

一九五〇年一月二十三日

关于向上海市高教处呈送增设理学院升学补习班的报告

查本校拟于一九五〇年春学期起增设理学院升学补习班,所有增设缘由业经于本年一月十七日以光(50)字第十三号函陈概略在卷。兹再将增设各该班之目的及拟开设之课程缮具表一份随函送请察核,迅示祗遵,至为感祷!

此致上海市人民政府高等教育处

附报表一份

全衔校长廖〇〇
一九五〇年一月廿六日

附一: 私立光华大学拟设理学院升学补习班报表

一、设办目的

1. 以排课及开课种种关系,三年前本校理学院已停止招收春季始业生,因此春季投考学生有志入理学院者,须先考入文商学院肄业至少一学期后方得申请转入理学院,于学生之志趣与学业殊多妨碍。解放后有志入理学院者更多,上项缺憾亟需设法补救,故拟开设理学院升学补习班,使有志入理学院者得有充分之准备,为将来发展之基础,并可藉以提高其入理学院之志趣。

2. 鉴于其他一般大学理工学院大多不设春季班,增设理学院升学补习班以作寒假高中毕业生将来于暑期中投考大学理工学院之必要准备,并为在寒假期中投考大学未经取录之学生作适当之补习。

二、拟开课程——半年共计廿二学分

社会发展史	二学分	基本国文	三学分
基本英文	三学分	微积分	四学分
普通物理	五学分	普通化学	五学分

普通动植物学　五学分（以上物理、化学、动植物学四种功课选读二种）

三、担任教师——由原任各该科目之教授分担之

附二： 上海市人民政府高等教育处关于准予试办补习班的批复

一月二十六日光五〇字二一号公函暨附件均悉。据请自下学期起增设补习班，准予试办。惟学生不能直升大学专科。

相应函复查照为荷！

此致私立光华大学

高等教育处

一九五〇年一月三十一日

关于向上海市高教处呈送应届毕业生修读政治经济学课程办法的报告

查本学期应届毕业生,对于修读政治经济学一学程,有须请示之问题如次:

一、按本校上学期开设新经济学一课,计三学分,内容包括政治经济学全部教材,凡以修读该课者可否承认政治经济学六学分? 如不可能,则可否在本学期选读政治经济学下三学分?

二、又如上学期关于新经济学及政治经济学均未选读之学生,因在校时间仅有一个学期,可否准其选读政治经济学一学期?

以上两项,相应专案函请察核指示祗遵!

此致上海市人民政府高等教育处

校长廖○○

一九五○年二月廿八日

附: 上海市人民政府高等教育处关于应届毕业生修读政治经济学问题的批复

一九五○年二月二十八日光(50)字第五○号及一九五○年三月十一日光(50)字第六七号公函已悉。你校应届毕业生上学期所修之"新经济学"可以代替政治经济学三学分,本学期应续修政治经济学之资本主义经济未修完部分、社会主义经济及新民主主义经济共三学分。至未修"新经济学"或政治经济学之应届毕业生应另外开班,以四学分计算,由政治教授精简该课内容于半年内修毕。(其普通课程少者多开政治经济学至六小时,每周课程多者可少开政治经济学至四小时)。

此致光华大学

处长唐守愚

一九五○年三月十六日

关于向上海市高教处拟新哲学代替社会发展史学程的报告

查本学期应届毕业生遵照应修读政治课"社会发展史"、"政治经济学"及"中国革命问题"三学程,上学期已读"社哲学"者可否代替"社会发展史"?

相应函请察核示遵!

此致上海市人民政府高等教育处

校长廖〇〇

一九五〇年三月二日

附: 上海市人民政府高等教育处关于"新哲学"不能代替"社会发展史"学程的批复

三月二日光(50)字五四号公函悉。查"新哲学"不同于政治课,不能代替"社会发展史"。本学期应届毕业生仍应补修,相应函复查照为荷!

此致私立光华大学

处长唐守愚

一九五〇年三月六日

在光华大学师生员工代表大会开幕式上的讲词

今天，我们举行师生员工代表大会，不独在光华是第一次，就是在上海的私立专科以上校院中，或许也是第一次。大会讨论的中心，是如何纠正学习上存在的偏向以及如何克服当前的困难。首先我想把华东区文教委员会舒同主任在华东区高等教育工作会议大会上所讲"一九五○年的文化教育方针与任务"择要地传达一下。去年"五一"劳动节刘少奇先生向干部讲话，曾提过"不要忘记目前的困难"这句话。一年以来，人民政府已有重大的收获：（一）造成了军事上伟大的胜利。（二）完成了各地艰苦的接管工作。（三）财经统一。（四）收支接近平衡。（五）物价逐渐稳定。（六）国际间于我空前有利。有此种种，所以中国前途充满了光明。但在另一方面，我们还有严重的困难，原因有几种：（一）残余国民党还集结在台湾，封锁轰炸，幻想反攻大陆；各地的特务、土匪也还没有完全肃清，所以造成了社会上的不安。（二）皖北、苏北、山东等地存在的灾荒，灾民共有一千三百万人。（三）长期战争的创伤。（四）新解放区的封建、官僚、帝国主义的经济制度，在转变成新民主主义的经济制度过程中，必须有的一个艰苦的阶段，因之原料缺乏，销路呆滞，生产萎缩。但这些困难是有充分的把握可以克服的，因为我们有许多有利的条件：（一）帝国主义被我们赶走了，海关政策、贸易政策成为保护我们工业的重要武器。（二）解放全国是时间问题。长江可以飞渡，海南可以登陆，只要准备充分，出奇制胜，台湾就可解放。（三）新解放区土改今秋即可开始，一二年内土改完成，农村生产力增强，购买力提高，工商业就可随之欣欣向荣。（四）财经开始好转，这是恢复生产和发展生产的具体条件。（五）国际援助加强，特别是苏联贷款并派遣专家助我建设，贷款帮助我克服财力上的不足，专家帮助我克服经验上的不足。客观方面有这种种有利的因素，再加以主观的努力，前途当然光明。

根据以上情况，文化教育的目前任务是什么？我国经过数十年的革命，始得到政权的解放，现正在争取经济的解放，再达到文化的解放。在本年的困难情况之中，当前的方针是维持现有的教育，并逐渐恢复；巩固已有基础，准备将来的发展。发展，要在以上各种情况改变之后。工作要有步骤，应做的不做，不应做的先做，都犯错误。目前的文教任务是：（一）普遍地展开土改的动员教育。这是关系于华东区七千万人民的，必须有充分的思想动员，任务才可胜利完成。解放军所以战无不胜，就因为动员教育来得彻底，所以不发则已，一发则"全军上下，万众一心"。（二）进行有系统的干部教育工作，理论教育与业务教育要兼筹并顾。（三）维持一般公私立学校。（四）加强社会的卫生工作。（五）逐渐建立文化教育的工作制度。

由于上述的指示，那么私校的前途可以预测。有许多人对此问题有误解。就光华来说，有些人以为光华是私校，没有前途，不如早日准备投考国立学校。不知华东区公私立学校学生数有三万数千人，私立学校学生几占半数，如全部转学，国立院校能容纳吗？这条路绝对走不通。又有些人以为光华不如请求政府改为国立。不知在目前情况之下，政府维持原有之国立院校，负担已相当重，暑期招生尚不预备增班，还有余力将私校改为国立吗？这条路也走不通。又有些人以为可请求政府补助。此点在最近期内，亦少希望。那么光华怎么办呢？要知光华有光荣的革命传统，有二十五年的悠久历史，有优良的教授阵容，有良好的仪器设备，有辉煌的校舍，有基础稳固的附属中学，有工会、有学生会、有党支部、有团支部，我们肯向困难低头吗？有这么多有利的客观条件，学生就各走各路，先生就叹口气离开学校吗？不，决不。我们有一条大路，就是努力改造自己。改造的重点，在课程内容和教学方法，以及建立良好的民主秩序。最主要的，还须加强师生的政治教育，改造思想。所谓思想改造，就是要有符合实际的思想，符合正义的思想。我们要改变旧的观点，要扬弃腐化陈旧的意识，不要向面子低头，向本位利益低头，要向劳动低头，向人民的利益低头，向真理低头。我们的期望不可太高，要有计划、有步骤，集中力量掌握重点。我现在可以介绍一些浙大、南大、文教学院克服困难的经验。浙大为救济清寒同学，成立一工读委员会，每系成立一工读小组，进行集体互助，劳动生产，事前经过充分的思想动员的过程，参加劳动的全校有六百多人，有的从事捕鱼养鱼的工作，有的在铁路旁边打碎石，有的利用校中机器来碾米，有的在一百多亩空地内从事种植。经济上的收入姑且不谈，思想上的收获也非常大：（一）了解工读的意义。（二）建立劳动的观点。（三）发扬阶级友爱。例如在校师生支援慰问，农民和解放军看见学生在路旁敲碎石，同情他们，和他们一起做。天下雨了，解放军借给他们雨衣。（四）体会节约。在劳动时所收的效果，远胜于上几堂政治课。无锡社教学院对于课程有一革命性的改革，每级设一中心学程共九小时，由数位教师集体负责，另有一辅助学程，计三小时，政治课计三小时，此外学生每日下午均须参加集体劳动二小时，收获亦非常之大。南大上学期的政治教育，成绩不大好。本学期开始时，停课一个月，师生混合在一起，集中学习政治，结果很好，这几个克服困难的例子，都可供我们参考。

讲到民主秩序，我想最好靠托群众力量。这次华东区高等教育工作会议，也讨论到这个问题，有若干代表建议在教务处之下设立一辅导组，大家很赞同，并且有的学校，已经实行。不过辅导组主任的人选，须特别郑重。有人提议请政治助教和热心的同学，来参加组内的工作。

讲到行政效率，我们可考虑这些问题：（一）职员的服务精神好不好？是否按时到校办公？（二）职员在工作紧张时，能否不分彼此，通力合作？（三）精简节约做到了什么地步？这次华东区高等教育工作会议秘书处，曾编制不少统计图表，可供各校参考。例如华东区私立专科以上学校教职员工与学生数之比例，沪江 6∶8，大同 6∶8，大夏 5∶2，光华 4∶6，约翰 4∶6。民国三十五、三十六年全国国立院校教职员工与学生数之平均比例为 7∶1，私立院校为 10∶2。据一般私立学校之估计，全校学生数与每周授课时数，应为二与一之比，即学生一千人，每周授课时数应不超过五百小时。如不合此比例数，预算即不易平衡。再以每教员平均学生数来说，沪江 16∶9，大夏 9∶4，大同 9∶3，东吴 8∶7，之江 8∶2，约翰 6∶7，光华 6∶9。每职员平均学生数：大同 55∶3，大夏 35∶4，光华 33∶9。每工友平均学生数：大同 47∶7，光华 2∶6。如果统计没有错误，则光华之比例较低，尚有精简之必要。去年暑假后，本校为响应政府六大任务的号召，曾尽量紧缩课程，各系少开一百零六门，每周课程时数计减少约二百八十小时，助教、职员、工友亦精简二十四人，教职员工待遇较好。大夏有向光华看齐之口号。但本年春季，大夏精简每周教学时数四百四十五小时，精简工友三十九人，职员二十人，助教六人，五院十五系裁并为五院十一系，精简工作较本校更为彻底，本校应向大夏看齐。

关于上项问题，希望诸位代表，在小组会议中，尽量讨论，或成立一计划委员会，继续研究。我想这次会议诸位代表能这样的踊跃参加，一定有更多宝贵的具体意见，帮助我们克服当前的困难，使这个有二十五年历史，有光荣的革命传统的学校，能配合国家文化建设的需要，迈步前进。

在光华师生员工代表大会闭幕式上的讲词

个人对于今天的会,发生许多感想。

第一,今天的会开得特别好。虽然今天是星期日,但是诸位毫不厌倦地花费了整天的时间,热烈地参加讨论,这表示光华师生员工的团结,也足够表示光华是有前途的(鼓掌)。同时,我要向诸位代表表示深切的谢意。

第二,八个小组讨论的意见,非常接近,对于如何克服本校面临的困难,共同的都有了认识,都有了信心。

第三,各方面提供的意见非常多,非常宝贵。例如,同学组织温课小组,由成绩优良的同学分别领导,可以发挥友爱精神。同意暂时实行会考制度,将来再进步到荣誉考试。同学欠费由党团支部及学生会共同劝导,尽量缴清,同时照顾真有困难的同学,或缓缴,或助缴。师生联系方面有系务会议、座谈会及课外指导的各种建议。至于提议公布每月的经费收支表及清查仓库,最近即可实现。利用空地生产及自力铺好草坪同时也就建立了劳动观念。大西路旧校址空地,原由校友经管,现在也收回了,以后也想大大利用来生产,由全校师生员工轮流巡视,有人主张可与校外专门人才合股经营,也是值得考虑的。关于民主秩序和管理,也有很多的好意见,最重要的还是靠群众自己的力量来促成。以上许多意见,还需要重行详细整理,交计划委员会讨论,一定可以分期的逐步的实现。

最后,还有两点希望:第一点,请各位代表,对于今天大会的收获和缺点,多多发表意见,多多批评。第二点,今天的会只有七十几位代表参加,这个会是很有意义的,大家都有广泛认识的必要。希望今天参加的同学代表回去向系会转达,员工代表回去向小组传达,这一点是很重要的,经过这次会议以后,我们一定设法团结全校师生员工,共同努力,克服难关。本校前途,实有无限的光明!

光华大学一九五〇年五月份专题报告

——师生员工代表大会的前前后后

一

光华，原是从革命的胚胎中孕育出来的。由于一九二五年上海五卅惨案所掀起的人民爱国运动，接连着的就是反帝文化侵略，收回教育权的强烈斗争，在这一斗争任务胜利地完成中，诞生了光华，所以说光华是有光荣的革命传统。

光华在建校的廿五个年头中，首次接受考验的，是日帝无情的炮火将我大西路全部的校舍，焚毁殆尽；二次接受考验的是蒋匪帮的反动摧残，勒令疏散，使我全校数千师生，顿失依所，但因光华的精神，是革命的精神，不为匪帝曲挠，不向困难低头，能忍受煎熬，能坚持搏斗，终于跟着解放战争的胜利，赢得了学校的新生与改造，巩固与提高，这是值得指陈的大事。

二

海上解放，光华率先复校。师生员工以及在沪校友并曾以无比的兴奋，热烈举行解放后第一届的校庆纪念。但在当时，反动政权甫经摧毁，部分学生，由于对学校的改造，期望过急，要求过高，时有不满的情绪表现；还有部分学生看到参加革命工作的同学离校，学生人数减少，很担心学校的难于维持；再有若干同学，由于对当时形势认识的不够，希望学校能改为国立，可以减轻下期的学费负担；更有少数学生，喧嚷着私立大学即将合并，并劝暑期来考的新生放弃参加入学考试，这些都是当时的偏向。

三

上学期(一九四九年度第一学期)开学之前,为了学校概算的成立,曾经全校师生员工,多次协商,在政府六大任务的号召之下,尽量设法精简,各系课程少开一百零六门,每周课程时数,计减少约二百八十小时,助教职员工友亦精简廿四人。原来打算,开学之后,如果学生数少于八百人,教职工薪将以折扣计算,学期开始后,实到学生九百七十余人,教职工薪的签发,并无折扣,学生每人还得十单位之退费,教职员工因待遇还好,一般情况,尚称稳定。教职员和学生学习情绪,亦见提高,这是从坏的方面打算和准备,所获得的比较满意的结果。

四

本学期(一九四九年度第二学期)开学之前,因受敌人封锁与轰炸的影响,市内交通,时常发生阻碍,学生因就学的便利,请求转学的很多,同时又因税收政策的实行,人口疏散的加紧,工商业情况因上海都市之必须改造而受到萎缩,学生人数预计比较上期必更为减少,为了成立学期概算,师生员工也曾开会协商有七八次之多,大家在团结谅解之下认为学校收入,既不能增加,亦只有从支出方面,再为撙节。首先全校教授放弃加薪一成的拟议,接着职工方面,也放弃加一成的请求。在学生方面,清寒助学金的申请,由一般的百分之十八,降低到百分之八的数字,这是值得表扬的。而助学金请领办法的认真实行,如分组调查进行得彻底,团员起带头作用,自愿减低已经审定的数额,这些宝贵的精神,友爱的情感,都是由于相互认识,彼此了解,大家团结而得到的成功。后来经过协商决定,专任教职工薪,除五十单位基数外(这是为了照顾低薪级的工作人员),一律比照学生人数,折扣计算。在三月份水电节约的成绩,亦有可观。这可从下列平均数里看出——三月份用水一千三百五十四立方尺,较上学期平均用水,减少二千一百八十立方尺;三月份用电一百四十五度,较上学期平均用电减少八百十七度。学期进行到了四月间春假之后,学生中的一般情绪,又起波动了,这是因为:1. 受了家庭间的影响;2. 轻信社会上的谣言;3. 认私校无前途;4. 对学校无信心。在校内不断地发出:1. 学校将改国立;2. 政府将予补助;3. 学校迁移;4. 私大合并一类的传说。因之,注册人数零落,学习情绪降低;尤其在上政治大课的时候,秩序格外显得不佳。又因政治大课讲演:1. 要求太高;2. 排定座次,实行点名;3. 事前准备工作不够;4. 领导作用不强;

5.次数较多;6.没有文娱活动配合;7.所讲材料不能照顾全体,等等缺陷,秩序越发不易控制。

五

四月下旬,上海市第三届人民代表大会闭幕后,大会情况,由廖校长向全校师生员工作了一次重点的传达报告。其中关于克服困难的经验更使大家加强了勇气,提高了信心。

同月廿八日,学校党支部公开。在公开大会上决定以如何克服学习上的障碍为讨论的主要内容,其中包括:学生的学习态度问题,校内民主秩序问题,师资问题,师生对学校缺乏信心问题,师生加强联系问题,教学问题等。学习障碍暴露了以后,讨论如何克服的时候,大家一致决定,以后要多用师生代表会或师生一起组织的系务委员会来解决以上问题,通过以上各种方法,来加强师生的团结,共同搞好学习。

通过了由上而下的人民代表大会情况的传达,接着又通过由下而上的克服学习障碍具体意见的反映,在这样上下交织作用的影响下,全校师生员工代表大会的举行已具备了前提。

为了了解光华客观的形势,纠正学习上存在的偏向,以及克服当前的困难,师生员工代表大会的筹备工作,从红五月的头一天就开始进行了,大会的工作日程是这样排订的:

五月一日——开第一次筹备会议。

二日——印发大会讨论提纲。

二至四日——各单位展开小组讨论,并将讨论结果整理完毕,交同学各系会主席、工会文教业务两委员会负责人、学生会党团负责人。

五日——同学各系会主席、工会文教业务两委员会负责人、学生会党团负责人,整理各小组讨论的意见,分别送交三院院长、工会主任、学生会主席、党团书记。

六日——上午各单位负责人,将讨论提纲意见整理完毕,下午续开第二次筹备会议。

七日——(星期日)上午九时大会开始各单位报告,下午一时起分组讨论,预定四时起分组总结报告,并通过计划委员会委员人选。六时半大会闭幕。

大会出席代表是第一次筹备会议决定的名单如次:

1.全体教师

2.工会全体委员各小组代表及组长

3. 各系会正副主席

4. 学生会全体执委

5. 党团代表各三人

6. 师生员工列席者

大会讨论提纲,比较不容易拟定。因为大会的时间,不过一整天,提出的问题要有全面性,更须以学校当前的具体情况出发,经筹备会的慎重研讨决定提纲如下:

一、根据本校具体的实际情况,发现目前有些什么偏向? 今后要纠正这些偏向,各院系应如何来调整? 业务学习应如何改进? 政治学习应如何加强? 师生之间应如何密切联系?

二、如何加强民主管理及改进民主秩序? ——包括:1. 请假缺课问题;2. 考试问题;3. 课室秩序问题;4. 宿舍秩序问题;5. 图书馆秩序问题;6. 其他有关问题。

三、如何加强行政效率,克服困难,以配合国家建设之需要? ——包括:1. 经验问题;2. 人事调配问题;3. 生产节约问题;4. 其他有关问题。

四、如何组织计划委员会以便工作的发展与推进?

五月七日上午九时,大会在融洽紧张的气氛中揭幕,首由廖校长传达华东区高等教育工作会议席上,舒同主任“一九五〇年的文化教育方针与任务”的讲词要点:

一、当前的方针

1. 维持现有的教育并逐渐恢复;

2. 巩固已有的基础,准备未来的发展。

二、目前的文教任务

1. 普遍地展开土改的动员教育;

2. 进行有系统的干部教育工作;

3. 维持一般公私立学校;

4. 加强社会的卫生工作;

5. 逐渐建立文化教育的工作制度。

接着,廖校长就肯定地指出——

一、光华有利的客观条件

1. 有光荣的革命传统;

2. 有廿五年的悠久历史;

3. 有优良的教授阵容;

4. 有良好的仪器设备;

5. 有辉煌的校舍;

6. 有基础稳固的附属中学;

7. 有工会学生会；

8. 有党支部团支部。

二、进行改造的重点

1. 课程内容；

2. 教学方法；　加强师生思想教育

3. 民主秩序。

三、进行改造的方向

1. 改变旧的观点；

2. 扬弃陈旧的意识；

3. 向真理劳动低头；

4. 向人民利益前进。

四、进行改造的原则

1. 有计划；

2. 有步骤；

3. 集中力量；

4. 掌握重点。

廖校长讲话完毕后，就由文理商三院院长进行分院对提纲讨论的报告，继由工会负责人、党代表、学生会负责人分别进行单位报告，下午一时半起分八个小组，同时进行分组讨论，四时起再把八小组的意见，就讨论的四大纲目，归并为四组，每组各推代表一人，进行分组的总结报告。

六时卅分，大会程序即将终了。各代表又在静听廖校长的闭幕词了。廖校长兴奋而愉快地提出：

一、三项感想

1. 大会讨论，热烈紧张，这种团结的精神，足够保证光华是有前途的；

2. 八个小组讨论的意见，非常接近，对于如何克服本校面临的困难，共同都有了认识，都有了信心；

3. 各方面提供的意见非常多，非常宝贵。

二、两点希望

1. 请各代表对大会收获和缺点，多多发表意见和批评；

2. 请参加大会的同学代表，把大会情况向系会传达，员工代表向小组传达。

时间虽然只有一个整天，但大会的收获却还相当的丰硕，下面不少具体的事实，是可以印证的。

一、已做到的方面

1. 期中考试(五月十五日至廿日)实行会考制。

(1) 考试前——

A. 教师辅导学生,进行集体温课,并强调说明考试的目的在加强学习,希望通过会考改制,逐渐具备条件,过渡到荣誉考试制的实行;

B. 同学自动组织温课小组,由成绩较优的同学领导温习,进行得很确实、很认真。

(2) 考试中——

A. 学校行政各部负责人与任课教师,自始至终在场监考,已无教师到场绕行一周即行离去的现象;

B. 学生考试认真郑重,充分表现政治动员和思想教育的成功;

C. 有三四学生企图作弊,经发觉后,由教师予以教育,很收成效,不像从前所用记过或开除那套老的消极办法了,由此学生也晓悟了"坦白方法"的效用所在。

(3) 考试后——

A. 总结考试经验,藉以改善教材与教法,使教学得到进一步的提高;

B. 在各方面进行建立民主秩序与民主管理;

C. 师生都认为这一次会考同时考验了师生员工的政治认识;

D. 政治思想教育的加强,确是改造一切的前提条件。

2. 公布每月的经费收支表。

(1) 二至四月份已照公布;

(2) 学生看到收支表,大家都明了学校经济的实支情形,这对欠费缴纳起着催促的作用。

3. 合力进行催缴欠费运动。

(1) 公布欠费学生姓名,并按日将缴费的学生用红线标志出来(其中尚欠有一部分的,再加以蓝线),藉以鼓舞学生缴清欠费的情绪;

(2) 党团支部以及学生会,对欠费同学实行个别劝导,并进行说服工作,收效亦大;

(3) 各系会在小组讨论时, 一致作出清缴欠费是克服学校困难的当前任务之反映,对欠费催缴帮助很多;

(4) 经师生合力进行催缴以后,所有学杂欠费数额,已不满一万单位,今后仍在灵活运用各种方式,来完成催缴的任务。

4. 加强学习委员会之组织,并分院举行政治大课。最近校务会议,已作以下的决定:

(1) 推聘教授十人,另由文理商三院同学推定代表各一人,共计十三人为学习委员会,互推教授四人、学生代表一人为常务委员;

（2）政治大课讲演自十四周起,三院分别同时举行,嗣后各次试以文理两院合并,商学院单独间周更番举行之;

（3）由学习委员会负责拟定学习提纲;

（4）政治大课学生发问,须由发问学生具名,用书面提出送主席转请主讲者解答。

5.计划委员会成立,并开始下列各项工作的进行:

（1）加强学习组织的研议;

（2）各院系下学期添设专修科、短期班计划的拟订;

（3）各种章则的修订;

（4）暑校设办计划的拟订。

6.各系系务会议进行组织——除已成立的系务会议外,其余未组成的各系,已一律进行组织。

二、准备做的方面

1.清查学校仓库,并设法利用废物。

2.利用校内空地生产。

3.教学进行照顾学生的消化能力。

4.加强同学与教师的联系。

5.鼓励学生发问。

6.教学进度计划的编制。

7.注意平时政治课。

8.教材与政治学习配合。

9.学生会方面有关事务性工作,由校方办理。

10.教务处派员赴课室点名。

11.通告教授避免请假缺课。

12.另辟通学生休息室。

13.号召师生员工尽量用井水。

14.节省信封,利用废纸。

15.管理并发展大西路校属农场。

三、尚待计划的方面

1.下学期各院系添设各种专修科与短期班的筹划。

2.院系调整分组及改名。

3.教务处增设辅导组。

4.员工服务规程,学生请假、考试规则的修订。

5.各种公约的订出。

6. 加强技术课程。

7. 经常举行测验。

8. 实行课外指导。

9. 大班功课,以不超过八十人为原则。

10. 宿舍收支独立处理。

四、有须考虑的方面

1. 系主任专任。

2. 增聘专任教授,并供给单身教授宿舍。

3. 增加图书仪器设备费。

4. 精简会议。

5. 学生宿舍隔成小间,并以系为单位编排。

6. 通盘筹划教职员工的住宿问题。

7. 参考各校行政统计比例数,作成本校的比例数以为精简的根据。

8. 全校职工人数以不增加为原则。

大会的偏向也有下列几项:

1. 大会利用星期日举行,有部分代表未能参加,出席人数不够踊跃。

2. 由于时间的匆促,大会的总结不够精密。

3. 小组进行讨论时还有少数代表,从本位自发的愿望上申述意见。

4. 工友发表意见的机会较少。

六

从不断地克服困难中,来逐步地改造学校——这是光华最近一年来,由实践里体验出来的结语。

不过,要使我们光华最初具有的革命根苗,在新中国的建设中,开出灿烂的花朵,结出辉煌的果实,除师生员工自己的努力外,上级的指导与帮助是必要的。

关于请华东教育部核准暑校补读学分的报告

　　查本届暑校简章业经呈奉钧部批复准予备案,上学期应开材料试验一学程因向交大商借实验室未成不得已停开,现已向上海市工务局借到实验室,拟于暑期内补开,再以前应修未修之学程,如在暑校补读者,拟给予学分,惟补读学分在不缩短学年之条件下,可否超过六学分?

　　理合备文呈请核示祗遵!

　　谨呈华东军政委员会教育部

全衔校长廖○○

一九五〇年七月廿日

附:　华东军政委员会教育部关于补修学程不得超过六学分的批复

光华大学:

　　一、七月二十日光字第二三八号呈悉。

　　二、查前报暑校简章规定为补习性质,故一般不得给予学分。惟如系重读者,于结束时,经考试及格可给学分,但最多不得超过六学分,经核在卷(详该简章,一、七、十各条)。

　　三、所请补修学程,仍以不超过学分为宜。

　　四、材料试验一学程,准予补开,学分照给。

　　五、复希知照。

部长吴有训

一九五〇年七月廿六日

关于请曹未风协助光华系科调整报批的函

未风先生:

今日数度以电话请教,俱因未能接通,刻又趋访高轩,未晤为怅!

光华下学期计划,一方面拟着手调整院系,原有历史社会政治法律等系,暂以停招新生为原则,藉资紧缩;一方面依据学校具体之情况,拟添设五年制财经专修科,五年制土木专修科,铁路工程专修科,合作专修科暨保险专修科等,所有师资及设备,均已一一顾到,在进行上已有把握。经已拟具各该专修科课程草案,呈报大部矣。

为光华之巩固与发展计,上项专修科之添设,关系似甚重大,甚盼能早邀批准,俾便进行。徐平羽先生处,拟专程拜访,如荷代洽并电告[光华电话号码为(02)60791,敝寓号码为(02)62136]接见之时间地点,尤所企感。

专此奉函,敬颂筹祺。

廖〇〇谨启

一九五〇年七月廿七日

关于请华东教育部核准添设财经等专修科的报告

查本校为配合国家教育方针,在长远利益与目前需要同须照顾之前提下,迭经召集校务会议、计划委员会议,多次进行研讨,并已初步决定,一方面基于学校具体之情况,拟着手调整院系,重点设系设课,原有历史、社会、政治、法律等系,以暂停招生为原则;一方面顾到学校已有之师资及设备等条件,拟于下学期起,添设五年制财经专修科,五年制土木专修科,铁路工程专修科,合作专修科及保险专修科等。

理合检同以上五种专修科之课程草案计二份,备文呈报,敬祈察核,准予分别存转备案并指示祗遵!

谨呈华东军政委员会教育部

附呈各种专修科课程草案计二份

全衔校长廖○○

一九五○年七月廿七日

附一: 华东军政委员会教育部关于转达中央教育部对增设专修科批复的函

私立光华大学:

一、顷奉中央人民政府高等教育部八月三十日高三字第七○二号批复:"关于私立光华大学增设二年制铁路工程、合作、保险等三专修科事,同意设立;至于设立五年制财经、土木二专修科事,希将计划报告我部,俟研究后再决定。以上所拟增设专修科,除应令该校将办理计划呈报你部审核外,并希将批准之计划一份寄我部备查"等因。

二、兹特转知遵照,即希迅将增设各专修计划造具两份转部,以凭核转为要!

部长吴有训

一九五○年九月十八日

附二： 关于向华东军政委员会教育部呈送五年制财经土木二专修科设办计划的报告

案奉钧部九月十八日教高行字第〇〇六〇五一号通知以转奉中央人民政府教育部批复节开"……至于设立五年制财经、土木二专修科事,希将计划报告我部,俟研究后再决定……"等因,遵已将上项专修科设办计划拟就,理合先行备文呈报,敬祈察核准予分别存转,指示祗遵!

谨呈华东军政委员会教育部

附呈五年制财经、土木二专修科设办计划二份

全衔校长廖〇〇
一九五〇年十月十三日

附三： 私立光华大学五年制财经、土木专修科设办计划

一、设办缘由

甲、就教育对象说

1. 鉴于一般工农及职工子弟,能从初中毕业之后,再经三年的高中,升入大学的人数毕竟有限;

2. 财经土木两专修科,均以招收初中毕业的工农及职工子弟为主,施以五年的综合技术教育,使在技术与理论的基础上,逐步提高所有全部学程,除前三年参照高中课程标准精简编订外,其余与高级专门学校之学程相同;

3. 这一培养技术人才的新实施,与面向工农、面向生产的教育实施方针是相符不悖的。

乙、就社会需要说

1. 上海工商业的发展,在华东地区的比重上,是占着重要的地位;

2. 一方面由于各生产与业务部门,大量地需要财经及工程技术人才,另一方面,由于一般在职的技工和基层干部,又迫切地需要继续学习,以提高其技术水平;

3. 在这样的客观情况下来设科培养人才,对社会的实际需要是针对而适应的。

丙、就已有条件说

1. 因为本校附中并没有商科及工科的设置,对中级技术人才的培养,每感偏枯;

2. 利用商学院各系及理学院土木系原有阵容比较整齐的师资担任教学是可以提高学习程度的;

3. 至于校内已有设备的充分利用,图书资料的充分供应,都为设科准备了具体的

条件。

丁、就联系实际说

1. 在两种专修科设办之前,已与上海营造业及人民银行上海分行,人民保险公司及民营保险公司,华东区合作事业管理局及人民银行合作储蓄部等业务部门进行洽商,并征求各部门所需要干部人才的标准与设课教学的意见;

2. 关于学生在寒暑假期实习及毕业后工作等,也在具体联系之中;

3. 在这个基础上厘订全部课程与办理计划,是配合理论与实际一致的教育方法的。

戊、就表证作用说

1. 在现时的大学里,招收初中毕业生,以修满五学年毕业为标准,像这样的新型专修科,还不多见;

2. 将来办理收有成效,在累积的创造的经验之下,当有一些值得表证的范例;

3. 这些范例,对于今后大学教育的逐步改造工作,不无可资参考的地方。

二、宗旨

为适应国家建设的急需,以理论与实际一致的教育方法,培养全心全意为新民主主义服务的财经及工程技术基层干部人才。

三、修业年限

财经土木两专修科,修业年限均为五年。第四学年起分组学习(财经——分会计、合作、保险等组;土木——分监工、测量、绘图等组),前三年采用学点制,后二年采用学分制。

四、投考资格

以初中毕业或具有同等学力之学生为限。

五、课程

商学院财经专修科暂行课程(略)。

理学院土木工程专修科暂行课程(略)。

六、师资

1. 与中学高中同程度之课程,就本校附中教师中遴聘担任;

2. 专修学程,就商学院各系及理学院土木系教授中遴聘兼任。

七、设备

两专修科所需教学实习及实验各种设备与理商学院有关各系共同使用。

八、学生出路

依据与各业务部门具体联系,及学生在寒暑假期实习之结果,报请政府统一分配。

关于向华东教育部呈送开学及上课日期的报告

　　查本校下学期开学及上课日起,业经第十九次常务委员会议提出讨论,佥以本校上学期结束时间比较迟延(七月十日学期考试完毕),在暑假期中,经办工作又较增多。基于以上之具体情况,下学期拟定于九月五日开学,十五日上课,一月二十五日学期结束,全学期实际授课时间计十九周(中央教育部关于实施高等学校课程改革的决定第七条规定每学期实际授课时间以满十七周为原则)。

　　理合备文呈报,敬祈察核赐准备案!

　　谨呈华东军政委员会教育部

全衔校长廖○○

一九五○年八月十五日

附: 华东军政委员会教育部关于学期安排的批复

光华大学:

　　一、一九五○年八月十六日光字第二七八号呈悉。

　　二、所呈开学上课及学期结束日期准予备查,即希知照!

华东军政委员会教育部部长吴有训

一九五○年八月廿三日

关于向华东教育部报送体育卫生概况的报告

　　兹遵照钧部九月九日教高教字第五七四七号通知,将本校体育概况及卫生概况备文呈报,敬祈察核备查!

　　谨呈华东军政委员会教育部

　　附呈本校体育及卫生概况报告各一份

全衔校长廖○○

一九五○年九月十五日

附一：私立光华大学体育概况（填表人：宫万育）

　　1. 体育组织情形——在教务处下,设有体育组,与学生会体育部取得密切联系,共同成立体育委员会,负责计划推动一切体育工作。本学期为扩大工作范围,更有力地开展各项体育活动,拟成立全校性的文娱体育委员会(包括学校行政、工会、党、学生会各方面)。

　　2. 教职员人数,上课时数——专任讲师一人,授课 12 小时;兼任讲师一人,授课 6 小时;专任助教一人,授课 6 小时。

　　3. 体育经费——本学期暂定为 2 000 单位。

　　4. 场地设备情形——有小型足球场一片,篮球场五片,排球场二片,游泳池一座,单杠二架,双杠一架,砂坑一座。

　　5. 学生总人数——约 900 人(因注册尚未截止,确数不详)。

　　　修体育人数——约 900 人(因注册体格检查尚未完毕,免修体育者亦不详)。

　　　每级每周时数——一年级二小时、二三四年级一小时。

　　　分组情况——一年级分八组,二三四年级分八组(每组预计 50 人)。

　　6. 教材内容有否进度表——本学期遵照教部规定,拟订教学大纲,教学计划,根据学生技术情况及需要,并配合场地和设备,有重点的计划编制。

7. 成绩考核方法——出席勤惰 40%，考试成绩 50%（技术测验 30%，体能测验 20%），学习精神 10%。

8. 推行早操及课外运动情形

早操——本校因通学生多，住宿同学少，过去未曾实行过早操，上学期经积极提倡及多数同学要求之下，开始了早操，但由于动员及宣传工作做得不够，成绩不太好。本学期发动同学、广泛宣传，争取一切力量并吸收其他学校优良经验，师生通力合作，把早操建立起来。

课外运动——还没有健全的组织，但因通过多项竞赛活动，参加的同学相当踊跃。本学期拟以系科为单位，规定共同运动时间，每学生每周至少参加三小时课外运动。

9. 有何困难与意见：

（1）经费不足，不能添设田径场，阴雨操场，不能充分购置运动用品；

（2）各方面对体育还不够重视；

（3）希望华东教育部加强领导和联系；

（4）对大学体育行政组织及实施有一明确统一性的办法。

附二：　私立光华大学卫生概况

一、本校医务组隶属总务处。

二、现有医师一人、护士一人、工友一人。

三、上学期医药费共计壹仟单位。

四、校医室一间，分诊察与配药两部，供日常诊察与配方之用。

五、主要的是医疗工作，并参加有关时令防疫福利事务等会议工作。

六、学生健康检查每学期举行一次（新生入学时经过详细检验体格）。轻症由校医室诊治，重症则特约市立第四、五两人民医院医治。

七、平时发现一切急性疾病，在现环境下尚可送医院治疗，最感困难者为一切慢性疾病（如结核病、沙眼、脚气病等），在病者并无痛苦之自觉，且能带病工作，针对此种情况，本组本治疗重于预防之原则，特提预防慢性疾病之发生注意要点如下：

1. 加强中小学学生生理卫生之教学，提高警觉，使普通了解罹染慢性疾病之为害不亚于急性病症。

2. 制订每人每日合理营养标准，并公告之。

3. 与教育及体育行政上取得联系，以减少罹病率。

附三： 华东军政委员会教育部关于填报医药卫生工作与体育活动情形及
召开体育卫生座谈会的通知

光华大学：

　　为了解你校医药卫生工作与体育活动情形，特拟定提纲两种希你校详细填报（后有各种表格规程亦附上以作参考），并定于九月十三日下午二时半在本部召开体育卫生座谈会，希派负责人各一人出席参加，不再另行通知。

华东军政委员会教育部
一九五〇年九月九日

　　附调查提纲两种（略）

关于请华东教育部核示文商学院毕业生处理办法的报告

一、本校本学期文商两学院应届毕业生中有尚缺政治经济学全年学程,申请准予通融读经济学一学期。

二、可否准予通融之处? 理合备文呈请核示祗遵!

谨呈华东军政委员会教育部

全衔校长廖○○

一九五〇年九月十六日

附: 华东军政委员会教育部关于应届毕业生暂准另开"政治经济学"的批复

光华大学:

一、一九五〇年九月十六日光(50)字第三二六号呈悉。

二、应届毕业学生中未修习政治经济学者,暂准另开一班以四学分计算,上课至少四小时,于一学期内学完。

三、政治课之开设,目的在改造思想,在新民主教育中占重要地位,你校上学期毕业生中亦曾发生同样情事,希今后能加纠正,并督促各生按照规定年限及早补修未修习政治课。

部长吴有训

一九五〇年十月四日

关于呈送华东高教会提案建议的报告

兹谨将本校对本届华东区高教会议关于私校立案及补助问题的意见、提案暨经验教训的报告，一并书面提出，理合备文呈报，敬祈察核准予赐转！

谨呈华东军政委员会教育部

附呈意见、提案及报告各一份

全衔校长廖○○

一九五○年十月十三日

附一： 提案

一、拟请补助私校助学金以救济失学青年案

理由：按本年暑期华东区国立高等学校统一招考时，报考学生有一万七千余人，除取录约一万人外，其余约七千学生，因私校学费较高，难于负担，而私校本身，又因经济来源有限，无法扩充助学金额，在此种具体情况之下，拟请政府对各私校助学金核发补助，使免减费额，得以扩充，藉示政府对于救济失学青年之至意。

办法：依据各私校具体之情况，对各校超出规定比额之助学金，核发专款补助。

二、拟请拨款补助各私校急用之研究参考图书以充实教学设备提高学习水平案

理由：在课程改革进行中，应逐渐提高学生学习情绪及自习能力。本学期起，各科学生应行自习之时间，早经规定，惟各私校因经济困难，研究参考书缺乏，影响学习至巨，拟请政府予以补助，俾利教学之进行。

办法：由各私校造具添购参考图书预算，专案呈准核补。

三、拟请教育部会同工会领导推进各校教研组织工作案

理由：教学研究指导组为改进教学之最重要的组织，但目前部分私立大学，尚缺少此种组织之条件，拟请教育部以下列二种方式，协助创设条件，督导各校进行，以便逐步提高。

办法：

1. 如同一门课程，某校已有专任教授二人，可否由部另行补助该校添聘教授或讲师一人，成立教研组，新聘之教师，授课钟点，似须减少，以便对教研组工作之进行，能多所负责；

2. 各校在教研组未成立前，似可先行成立教学小组。私校若干系科，多由兼任教师担任，即使成立教学小组，亦有困难，拟在工会领导下成立联合教学小组，共同讨论教材教法之改进以及交流经验等。

附二： 关于私校立案及补助问题的意见

一、对申请立案的规定部分

1. 应报教职员履历表，拟请将历届教职员履历表删去；

2. 应报学生一览表，拟请将历届学生一览表删去；

3. "校（院）长专任"条，拟请改为"校（院）长、教务长、总务长专任"。

二、对申请补助的初步意见部分

1. 教师调配——国立高等学校教师，所任功课不足规定时数者，指定至适当之私校兼课，不另支薪，原意极佳，惟在实行时，拟请参照私校所缺教师及具体需要之情形决定之；

2. 一般私立高等学校教授待遇，均较国立学校为低，在私立大学中，如教学总时数，已予缩减，而在预算上，仍有赤字，教薪不得不有折扣时，其所有的折扣亏空，拟请以补助教学时数的名义，核发补助，使教薪折扣，有所弥补，藉以提高私校教授待遇，安定其教学情绪；

3. 除原有助教外，其余需要添聘助教之各系科，因限于预算，无法添聘，拟请在实际的需要情况下，呈准添聘时，其呈准添聘之助教薪金，由政府核拨补助，藉以提高教学之效能；

4. 私校教师进修学习时所需之薪津，拟请核发补助，例如本学期私校教师奉派至苏州革大研究进修者，仍支原薪；

5. 为鼓励私校优良教师进行自学研究或从事译著工作起见，其规定任课钟点，势须减少，所有减少钟点，拟请约予补助。

附三： 一年来经验教训上的几个典型例子

一、关于毕业生统一分配工作

这次华东教育部对一九五〇年暑期毕业生统一分配工作，规定文法学院各系毕业生,应遵照分配名额,参加土改;土木系毕业生,应遵照分配名额,去东北工作。我校在接奉通令之初,因为鉴于土改工作,非但任务重大,而且事属创举,深恐同学在思想上有偏向,在行动上有顾虑,故在开始进行的时候,就高度注意这一动员任务的执行。经由校长、教务长会同文学院各系主任,多次的举行集体讲话,或分系的进行说服工作,经过谨慎周密的动员之后,结果不仅如期完成了分配名额,并且参加土改的同学,还超过规定的人数,可以说超额的完成任务。

但对土木系毕业生的动员工作,就觉做得不够了。这是因为在统一分配工作之前——一九五〇年三月间——我校土木系应届毕业生,已有一批应东北招聘团的招聘,去东北工作,情况很好;再因去东北工作待遇比较优厚,当时以为分配东北工作的土木系同学是没有问题的,但经土木系主任单独主持动员之后,结果分配名额,并未能完成,等到事后再去说服,同学的情绪低落了,效果很差。

由于这个事例的启示,我们得到的经验教训是这样的:"事前所有的准备愈多,事后所得的效果愈大;事前的准备不够,事后的补救,是很少收获的!"

二、关于"六三"校庆的活动

一九五〇年的六月三日,是光华解放后的第一个新生校庆日,全校师生,由于形势教育的认识提高,对这一反帝文化侵略而产生的学校节日,当然格外兴奋,格外欢欣!庆祝活动有校庆特刊的编印,纪念大会的举行,体育活动的表演,各实验室的开放,还有教育电影的放映,在各项工作展开的时候,由于团结加强,大家的情绪越发高涨,从下列具体的条举记述里,可以见到师生合作的一般。

(一)筹备布置,有数百同学,合力工作;

(二)展览、表演、编印、招待,师生一致参加;

(三)未做的争先做,做完的帮人做,既紧张,又和谐;

(四)校庆之后,并举行庆功会给奖式,在奖勉激劝之中,充分表现友爱团结的精神。

于此,使我们深深地体味到:"师生真正的合作,是搞好工作,办好学校的先决条件;校务实施的得失如何?学习开展的绩效怎样?都应该从师生合作的程度中去探究,去检查!"

三、关于欢迎世青联代表团的讲演会

十月六日上午九时半起,世青联代表团波兰代表戈那尔斯基,非洲代表摩摩尼等一行应邀来校讲演,为了对这一些国际青年友人,表示热烈欢迎起见,全校师生,在工会与学生会领导之下,大家都自发自动地以无比的兴奋,高度的热情,从事布置工作,校门牌楼的辉煌,校园四周红旗的招展,以及礼堂讲台上锦旗的扬飘,簇花的绚烂,格外显得和睦而壮丽!所有招待、座次、进退路由,都经过适当的安排,当代表激昂地报道波兰民主国家建设的成就,全场掌声雷动;当代表指述非洲人民被法帝压迫的史实,全场一片沉默,一致愤慨。动的时候大家一起动,静的时候大家一起静。像这样的秩序,在光华历次大会中,还不多见。代表团离校的时候,也这样称道说:"这是个秩序极好的集会!"

所有以上的一些成功,它的具体因素,是可以这样明确地记取的:"除了事前的充分准备及师生合作的两个因素以外,学校里的民主秩序,惟有从实际的工作中去建立,一切脱离实际的理论,毕竟是空虚的!群众自发自动的精神,必须珍视,因为它是搞好一切工作的主要支柱!"

附四： 华东军政委员会教育部关于华东高教会议内容会期及有关注意事项的通知

光华大学:

我部前发关于召开华东区高教会议通知,当已收到。现会议日期尚未做最后决定,但大约在十月二十日左右或稍迟,会议内容根据各地反映,已有增减。

特再补充通知如下:

一、改进教学方面

1. 课程改革和教学改进计划问题。

2. 关于建立教学研究指导组问题。

3. 关于华东区高等学校领导关系问题。

4. 关于培养师资(助教、研究生)问题。

5. 关于教授进修问题。

二、编制及薪给方面

1. 关于各校院系教职员工定额问题。

2. 关于工薪待遇标准问题。

3. 关于评薪评级问题。

4. 关于教员升等问题。

三、关于私校立案及补助问题

四、关于学生体育、课外活动及学校环境卫生等问题

以上各项请充分准备意见,倘有任何有关的经验教训可资提出向大会作报告者,请于决定后即先通知我部,并于尽可能范围内先寄报告大纲或草稿来部以便决定报告方式(口头向大会报告或代印发),其他对大会提案亦盼尽速寄来。二者寄出日期均盼不迟于十月十四日,你校代表人选当于决定后再行通知。

部长吴有训

一九五〇年十月五日

关于向华东教育部呈送改组后校务委员会章程草案的报告

查本校校务委员会业经遵照中央教育部颁高等学校暂行规程第廿六条规定,重行改组完毕,理合将改组后第一次校务会议通过之"私立光华大学校务委员会章程草案"连同校务委员会及常务委员名单,备文呈报,敬祈察核备查!

谨呈华东军政委员会教育部

附呈章程草案三份名单六份

全衔校长廖〇〇

一九五〇年十月十六日

附一: 改组后校务委员名单

姓　名	职　别	备　注
廖世承	校长	校委会主席,常务委员
姚舜钦	代教务长	常务委员
张祖培	总务长	常务委员
吕思勉	文学院院长	常务委员
薛迪符	商学院院长	常务委员
祝永年	理学院院长	常务委员
钟钟山	图书馆主任	
周熙良	外文系主任	
朱有瓛	教育系主任	常务委员
冯志栋	法律系主任	
伍纯武	国贸系主任	常务委员
蔡正雅	经济系主任	

（续表）

姓　名	职　别	备　注
何仪朝	银行系主任	
唐如尧	工管系主任	
吴逸民	数理系主任	
胡昭圣	化学系主任	
秦素美	生物系主任	
翁朝庆	土木专修科主任	
胡先佺	财经专修科主任	
宫万育	职员	工会临时代表,俟工会改组后确定,常务委员
王有枌	职员	同上
徐　竞	职员	同上
周鉴之	工友	同上
刘德懋	学生	学生会临时代表,俟学生会改选后推定,常务委员
周康伦	学生	同上

附二：私立光华大学校务委员会章程草案

一、本会定名为私立光华大学校务委员会(以下简称本会)。

二、本会根据高等学校暂行规程第廿六条规定由校长、教务长、总务长、图书馆主任、各院院长、各系科主任、工会代表四人及学生会代表二人组成之,校长为当然主席。

三、本会在校长领导下,其职权如下:

(一)审查各系及教研组的教学计划、研究计划及工作报告;

(二)通过预算和决算;

(三)通过各种重要制度及规章;

(四)议决有关学生重大奖惩事项;

(五)议决全校重大兴革事项。

四、本会设常务委员会,由校长、教务长、总务长、各院院长、校务委员会互推代表四人及学生会代表一人组织之,以校长为主席。

五、本会会议以委员过半数之出席为法定人数。

六、本会表决事项以出席委员过半数之同意作为通过。

七、本会复议程序须经代表二人提出并经出席委员三分之二通过。

八、本会得设各种专门委员会,其组织规程另定之。

九、本会每月举行会议一次,必要时由主席临时召集之。

十、本章程草案由校务委员会通过,呈经主管教育行政机关核准施行,修改时同。

附三:　华东军政委员会教育部关于核准备案校务委员会章程及委员名单的批复

私立光华大学:

一、一九五〇年十月十六日光(50)字第三六七号呈暨校务委员会章程草案,委员名单均悉。

二、暂准备查,俟你校办正式立案手续时,再行核定。即希知照!

部长吴有训

一九五〇年十月十九日

附四:　关于向华东军政委员会教育部呈送改选校务委员会代表的报告

本校校务委员会委员中,工会临时代表原为宫万育、王有枌(以上兼常务委员)、周鉴之、徐兢四人,学生会代表原为刘德懋(兼常务委员)、周康伦二人,兹因工会、学生会均经先后改选,工会方面改推曾乐山、方锡刚(以上兼常务委员)、李志远、陈养浩四人,学生会方面改推朱世和(兼常务委员)、邓传森二人为校务委员,理合备文呈报,敬祈察核备查!

谨呈华东军政委员会教育部

全衔校长廖〇〇

一九五一年六月廿二日

附五:　华东军政委员会教育部关于校务委员会代表改选准予备查的批复

私立光华大学:

一、一九五一年六月廿二日光字第三二一号呈悉。

二、你校工会代表曾乐山、方锡刚、李志远、陈养浩,学生会代表朱世和、邓传森参加校务委员会事,准予备查。

部长吴有训

一九五一年六月廿六日

关于向华东教育部呈送出席华东高教会议代表人选的报告

兹遵照钧部十月十三日教高字第〇六八五九号通知,特推定校长廖〇〇、代教务长姚舜钦为出席第一次华东高教会议代表,理合备文呈报,敬祈察核!

谨呈华东军政委员会教育部

全衔校长廖〇〇

一九五〇年十月十六日

附：　华东军政委员会教育部关于出席华东高教会议代表人选的通知

光华大学：

第一次华东高教会议定十月二十三日开幕,二十一日上午开始报到,你校由校长(主委)及教务长或其代表参加,代表人选确定后盼先行于十七日前报部(请注明在校所任职务),会议内容接本部前发教高字第六五八五号通知所定各项进行。

华东军政委员会教育部

一九五〇年十月十三日

关于向华东教育部呈送检查五十学时实施情形的报告

案奉钧部教高教字第○○七九九二号通知,为通知检查五十学时实施情形等因,奉此,遵将检查情形,条呈于后:

(一)接奉中央教育部所发布"关于实施高等学校课程改革的决定"与各项课程草案后,即多次召开教务会议,请各院委员负责人将各系教师与学生代表研讨结果及存在问题,提会讨论;务使中央课程改革决定之精神与本校具体情况,密切结合起来,如此反复研讨,得到初步结果如下:

(甲)各学校学分与学时数以恪遵中央课程改革之决定为原则。惟在过渡时期,为求新订学时与原定学分相互配合起见,将一部分学程之实习与自修时间,因教材减轻而酌予减少至一学分2.5学时,仅有极少数学程一学分2学时者;对于二年制专科,为求学生在学习方面量与质之统一起见,学分与学时之配合尤不得不酌予减少如上(详见所附本校各院学分与学时比较统计表)。五年制土木与财经两专修科目,因初三年程度等于高中,故课程编制亦与高中相同,完全以上课时数计算,土木专修科本学期每周上课36小时,财经专修科本学期每周上课34小时。

(乙)各院系及二年制专科学生注册选课,每周学时一律不得超五十学时;惟体育(一年级每周上课二小时,二三四年级每周上课一小时,均不计学分)、珠算(每周上二小时,不计学分,商学院学生仅须修习一学期)、政治讲座(以一周上大课一周讨论为原则,计一学分)、理商学院补习国文及理学院补习英文(理商学院一年级新生经甄审后成绩较差者须补习,同时不补习两种学程,每学程每周上课五小时,不计学分)等学程学时不计在规定之五十学时内。

(二)大部分学生初对于上项规定,因不明了为改革教材必要之措置,而发生不满与不妥之情绪,经学校当局及各院系负责人反复说明后,始渐觉悟。但在实施方面,尚有一部分学生因毕业关系,因补修学程关系,因春季始业及休学,再因设备亦不敷学生充分参考自修等种种关系,殊多困难,不易获得解决。

（三）为解决实际上遭遇之困难,乃由各方面搜集存在之问题及解决问题之意见,提出教务会议详细反复商讨,拟定暂行通融办法。凡选读学程之学时数在四十四学时以下者,得加修一学程,虽其学时总数略超过五十小时,亦姑准予更通融。凡有特殊情形者,虽略超过五十学习小时,亦姑准予通融。有数学生因受学时数限制,而不及补读应补读学程者,则由系主任特准旁听后再行补考。总结注册选课结束,大多数学生选读学时数尚不满五十学时,而选读学时数超过五十小时者为数极少(详见所本校各院学生每周选读学时数统计表)。

（四）学生初以为本学期选读学分数减少,有余暇旁听他课或闲游,经教师有计划有步骤地加重教材,改进教学法,方始了解并不像预料之多余暇;甚至有一部分学生觉得反较往昔忙碌,学生觉得有一部分学程之学分与学时比数虽完全照部定规定,而实际所花学习时数超过所规定学时数;一部分学程之学分与学时比数虽较部定规定减少,而实际所花学习时数并不多于所规定学习时数。因此,师生多感觉学分与学时比数,难得科学之根据,以确切严格规定。

以上各条处置办法及陈述意见,是否有当,理合检同统计表二份备文呈报,仰祈鉴核示遵。

谨呈华东军政委员会教育部

全衔校长廖○○

一九五○年十一月廿四日

附一：私立光华大学学生每周选读学时数统计表（一九五○年度第一学期）

选读学时数 ＼ 各院选读学生数	文学院	理学院	商学院	总 计
不满 50 学时	64	30	409	503
50 学时	27	228	47	302
50.5 学时	6	6	2	14
51 学时	10	2	42	54
51.5 学时			33	33
52 学时	6	7	1	14
52.5 学时	4		23	27
53 学时		9		9
54 学时		4		4
55 学时		8		8
56 学时		4		4
57 学时		4		4
58 学时		1		1

附二：　私立光华大学各学院学分与学时比数统计表（一九五〇年度第一学期）

各院学程学分数　　学分与学时比数	政治课		文学院		理学院		商学院		总　计	
	学程数	学分数	学程数	学分数	学程数	学分数	学程数	学分数	学程数	学分数
1 学分作 2 学时			8	23					8	23
1 学分作 2.33 学时			1	3	2	6			3	9
1 学分作 2.5 学时			16	37	3	8	25	73	44	118
1 学分作 2.6 学时					1	5			1	5
1 学分作 2.62 学时					3	12			3	12
1 学分作 2.66 学时			11	33	13	45			24	78
1 学分作 2.7 学时					1	5			1	5
1 学分作 2.75 学时			1	4	3	12			4	16
1 学分作 3 学时	13	38	17	42	17	58	18	59	65	197
1 学分作 3.2 学时					2	10			2	10
1 学分作 3.25 学时					1	4			1	4
1 学分作 3.33 学时					2	6			2	6
1 学分作 3.5 学时					1	2			1	2
1 学分作 4 学时			1	1	1	1			2	2
1 学分作 6 学时			1	1	1	1			2	2

附三：　华东军政委员会教育部关于检查五十学时实施情形的通知

光华大学：

　　本学期开学以后,各校一般都依照中央教育部所发布"关于实施高等学校课程改革的决定"与各项课程草案,订出了比较精简的教学计划,某些学校做到了使学生每周学习时间不超过五十小时的规定,但尚有部分学校或其中的部分系科,其课程仍极繁重,最高甚至有达每周八十余小时者,这是非常不合理的。为贯彻课程改革决定的精神,使课程改革在经常的检查和改进中逐步前进,希各校根据以五十小时为标准的精神,于最近期内进行一次检查,并将检查情形,超过原因与改进意见,汇报本部。上海各校务希于本月二十五日前报部,其他各地学校除福建地区者于十一月十日报部外都须于本月底前报部为要!

部长吴有训

一九五〇年十一月十六日

关于精简课程加强时事学习的通告

兹将十一月廿七日第三次校务会议有关遵照华东教育部指示立即精简课程加强时事学习一案之决定抄录转达，即希查照为荷。

此致各院院长、各系科主任、各系科会

校长室启

一九五〇年十一月廿九日

附一：　校务会议关于立即精简课程加强时事学习的决议

兹经十一月廿七日本校全体校务委员会会议，根据华东教育部唐副部长于廿五日在时事教育座谈会上报告及高教处徐处长于廿六日在高等教育工作者干部大会上关于时事学习之报告，详细商讨加强时事学习问题，认为时事学习与抗美援朝卫国保家运动为大专院校中心工作，一切应围绕此中心而进行，同时亦为师生员工个人自身及为人民服务所应尽之责。过去本校时事学习虽不无成绩，但须根据已有之基础，更进一步，使其经常持久，普遍深入，特规定各项办法如后：

（一）中央教育部课程改革案规定学生注册选课每周不得超过五十学时，并以一学分合三学时为原则，实际上各校多未能严格遵行，以致妨碍时事学习之推进，势不得不精简课程，爰结合本校具体情况，自本星期五（十二月一日）起将每节上课时间由五十分钟改至四十分钟，新旧上课时间对照表如下：

新上课时间	旧上课时间
上午	上午
8:10—8:50	8:10—9:00
9:00—9:40	9:10—10:00
9:50—10:30	10:10—11:00

（续表）

新上课时间	旧上课时间
10:40—11:20	11:10—12:00
下午	下午
2:10—2:50	1:10—2:00
3:00—3:40	2:10—3:00
3:50—4:30	3:10—4:00
4:40—5:20	4:10—5:00
6:20—7:00	5:10—6:00

（二）（甲）每星期五3:00—5:20上政治大课学习,教部所规定之五个单元,每周一个单元如下:

（1）美帝侵华简史

（2）美帝真相

（3）两个世界两个阵营

（4）新旧中国

（5）认清当前形势

（乙）每星期六各小组根据大课报告于上午11:30—12:30或下午1:00—2:00在指定地点举行漫谈会并提出问题。

（丙）每星期一各小组组员将星期五、六、日、一之阅报所得,于上午11:30—12:30或下午1:00—2:00在指定地点向小组报告并讨论,各小组正组长或副组长于上午11:30—12:30在指定地点举行分班汇报漫谈结果,各班正班长或副班长于下午1:00—2:00在指定地点汇报,并商定讨论提纲。

（丁）每星期二、三各小组按照讨论提纲于上午11:30—12:30或下午1:00—2:00在指定地点举行小组讨论。

（戊）每星期四各小组组员将星期二、三、四之阅报所得于上午11:30—12:30或下午1:00—2:00在指定地点向小组报告并讨论,各小组正组长或副组长于上午11:30—12:30在指定地点举行分组汇报小组讨论结果,各班正班长于下午1:00—2:00在指定地点汇报,并商定拟解答之问题,以便请讲师解答。

（己）每星期五上午11:30—12:30听解答报告,下午1:00—2:00各小组在指定地点开会,总结一单元之收获、偏向以及存在之问题,用书面交班长,汇交本校时事学习委员会。

（三）各系时事学习小组重行编排后,另行公布,每小组公推正副组长各一人,小组

之上另设班,每班正副班长由各小组组长推选之,暂定分班办法如下:

文学院各系合一班　　　　　土木系及铁路专修科合一班

生物化学数理三系合一班　　工管系各小组合一班

会计系及会计专修科合一班　经济系各小组合一班

银行系及国际贸易系合一班　土木专修科各小组合一班

财经专修科各小组合一班

(四)各小组讨论或汇报缺席时,作为缺政治课一次。上大课缺席时,作为缺政治课三次。不论小组讨论或汇报或上大课,迟到十分钟者作为迟到,三次迟到作为缺政治课一次。

(五)期中考试,虽不上大课,不举行小组讨论,但仍须每日阅读报纸,注意时事摘要等,以便于考试完毕后,向小组报告并讨论为要。

附二: 本学期政治讲座时事学习学期考试及给予成绩办法

一、学习总结

各同学均须依照时事学习总结报告表,逐项作成总结,俟听过本星期五政治大课总结报告后,再行填写,先进行思想酝酿,于一月二十、廿二、廿三日小组讨论时间内,由小组对各同学之总结报告提意见,经小组长签字后,提出小组汇报,再经班长签字后,汇交教务处,此项表格可于一月十八日(星期四)下午一时,由各班长至教务处领取后分发各小组组员。

二、温习办法

依照复习题及附开主要参考资料,于学期考试前进行温习,此项复习题目于一月十九日(星期五)上午十一时,由各班长至教务处领取后分发各小组,每组发复习题一份,由各小组进行漫谈温习办法。

三、考试日期

定于一月廿三日下午一时至三时,在指定地点举行学期考试,至考试地点及座号表,由教务处排定后另行公布。

四、计分办法

(甲)叶以群与吴康两先生在本校政治大课时所作报告记录,应于考试时随卷缴阅,此项记录至多作百分之二十。

(乙)学习总结报告表至多作百分之四十。

(丙)学习考试笔试成绩至多作百分之四十。

五、缺课问题

(1)缺课在十四小时以上,同时平均分数在五十分以上者,除须补考外,并须于寒假内阅读时事学习资料第一、二、三、四辑,作成读书札记,于开学时缴至教务处。

　　(2)缺课在十四小时以上,虽平均分数及格,亦作"不全"论,须于寒假期内阅读时事学习资料第一、二、三、四辑,作成读书札记,于开学时缴至教务处经评定及格后方给予成绩。

附三: 华东军政委员会教育部关于展开时事学习之高潮并延缓期中考试的通令

光华大学:

　　一、兹为加强各校时事学习,以提高学生政治水准起见,各公私立学校目前之政治课均应以时事问题为学习中心内容,确立抗美援朝及保卫世界和平之认识与信念!

　　二、如时事学习与期中考试时间冲突,应即将考期延缓至十一月十五日以后举行,俾得及时展开时事学习之高潮!

　　三、除通令外,即希切实遵照为要!

部长吴有训
一九五〇年十一月七日

附四: 华东军政委员会教育部关于高等学校目前应以时事学习为中心工作并严格执行中央课改决定的通知

光华大学:

　　查自美帝国主义在远东挑起侵略朝鲜的战争以来,形势日趋紧张严重,为配合目前形势的发展,华东区各高等学校应立即以时事学习为中心,展开深入的学习,并在时事学习的基础上展开全校的抗美援朝保家卫国的运动。

　　为此特提出如下诸点,希各校根据具体情况迅即召开会议,研究讨论,并拟定出具体如何进行这一学习及如何展开这一运动的计划,认真执行,并报部备查为要:

　　(一)时事学习作为全校今天的中心工作,故应在学校负责人的亲自主持和领导之下,取得学校有关各方的配合,有计划有步骤地大力进行;

　　(二)若各校适于此时有期中考试之规定,应将考期作适当之推延,务使不妨碍时事学习之进行;

　　(三)中央人民政府政务院所颁布"关于高等学校课程改革的决定",其中关于学生每周学习时间不得超过五十小时的限制,应予严格执行,以便学生有可能获得充分时间进行时事学习,极为重要。

部长吴有训
一九五〇年十一月七日

附五：　关于请冯定部长莅校讲演的函

冯定部长先生：

我校全体师生，为结合形势学习，提高对和平民主阵营更进一步之了解起见，拟请先生于周内公暇莅校作"认识苏联"之专题讲演，如蒙赐允，并将讲演时间预为示告，尤所企祷！

行见一堂雍容，仰聆昌言，所获启发，必有足多，特先奉恳，藉申热烈欢迎之忱，尚祈察照！

此致敬礼

廖〇〇谨启

一九五〇年十一月廿三日

附六：　关于欢迎周谷城先生莅校讲演的函

谷城先生：

顷由电话中邀请于本星期五（十二月一日）下午三时至五时廿分莅临敝校讲演"美帝侵华简史"，业蒙俞允，至深感激！特再函达，藉表热烈欢迎之忱，尚祈察照为幸！

专此，祗颂研祺。

廖〇〇谨启

一九五〇年十一月廿八日

附七：　关于欢迎袁孟超先生莅校演讲的函

孟超先生：

本星期五（十一月廿二日）下午三时至五时廿分政治演讲承荷惠允，演讲第二单元"美帝真相"，实深感激！特函奉达，藉表欢迎之忱，尚祈朗照。

专此，祗颂研祺。

廖〇〇谨启

一九五〇年十二月廿一日

附八： 关于请周而复先生莅校演讲的函

而复先生：

前函敦请演讲时事学习第五单元"认清当前形势"，承蒙惠允考虑，至深感激。兹因上项讲演，拟改在一月六日（周六）下午二时至四时举行，特再奉达，届时敬祈莅临主讲，无任企荷。

耑此不一，祗颂筹祺。

廖○○谨启
一九五○年十二月卅日

关于向华东教育部呈送秋季学期预算及申请补助的报告

　　查本校学期经费,虽经各方实行精简,并经向校董方面设法募得实验必需之仪器,而学期预算赤字仍甚巨大,若干增加之新的支出,超出之免减费额以及教学特殊设备等,在私校经济困难之具体情况下,实已不胜负担。爰经第三次校务会议议决,据情专案呈请补助,记录在卷,理合拟具本学期申请补助书一份,连同学期预算一份,备文呈请察核准予补助,并指示祇遵!

　　谨呈华东军政委员会教育部

　　附呈申请补助书、学期预算各一份

全衔校长廖○○

一九五○年十二月四日

附一: 私立光华大学一九五○年秋学期预算（以单位计）

收入之部			
学费	（大学部977人,每人130单位）	127 010	
学费	（五年制85人,每人94单位）	7 990	
杂费	（大学部977人,每人37单位）	35 779	
杂费	（五年制85人,每人21单位）	1 785	
宿费	（430人,每人20单位）	8 600	
新生入学费	（498人,每人10单位）	4 980	
杂项收入	（报名费、借用礼堂、津贴等）	2 000	188 144
支出之部			
教薪	（内包括赴苏进修二教授薪,李湘、王文瀚,每人每月各216单位,六个月共2 592单位）	105 562	
职薪		30 200	

（续表）

工资		16 900	
总工会费	（校方按月缴纳薪金之 1.5% 作工会文教费，0.5% 作公会会费）	3 000	
行政费	（另详细目）	28 745	
图书		2 000	
体育		2 000	
医药		1 000	
助学金		16 834	
特别设备费	（土木系）	1 500	
特别设备费	（化学系）	3 000	
特别设备费	（光华小学）	1 000	211 741
不敷			23 597

行政费细数

修缮	修理房屋，换三层楼电线，修换钢窗，玻窗加嵌油灰，修理全部拉门、教室及大礼堂桌椅、宿舍双层铁床、配玻璃，修路灯、修门窗，其他	3 800
水电	自来水费、电灯费、煤气费、老虎灶燃料（煤、木柴、煤屑）	5 000
保险	校舍、图书、仪器、桌椅、校具等	815
捐税	地产税、秋季房捐、冬季房捐	4 200
邮电	邮资、电话费、电报费	1 000
文具	粉笔、蜡纸、毛笔、墨、铅笔、红蓝墨水、钢笔尖、钢板、橡皮章、回形针、大头针、油墨、橡皮圈、其他	800
纸张	白报贴纸十令、白有光纸十令、毛边纸一令、白报纸二令、牛皮纸200 张	1 000
广告费	招生广告、开学通告	2 230
校具	黑板、信箱	300
什项设备	第一、二、三宿舍隔板，教室隔板，职员宿舍隔板，电灯材料，锁，门警制服，信差雨衣，配扩音机零件，厨房用具，热水瓶等	2 800
什支	清洁用具，办公室报费，驻卫警经费，因公车费、铅壶、铅桶、毛巾、茶点费，扩大机租费，其他	2 500
交通费	职员月季票二张，校外送信车资，其他	500
租金	女生宿舍租金、罗姓地租	800
印刷	招生简章、学费收据、选课证、体格检查表、注册证、收支传票、收据、课室席次表、教学进度表、领还物证、成绩单、考卷、文凭	1 000
预备费		2 000
共计		28 745

附二： 光华大学一九五〇年秋学期申请补助书

一、申请理由

1. 本校本学期奉派赴苏州革大研究院进修之教授李湘、王文瀚两先生,原支薪全系由学校照付,此项增加之支出,在私校经济拮据之具体情况下,实感困难,拟请准予全数补助;

2. 占总薪资百分之二的总工会文教费,本学期应由学校负责缴解,此项新的支出,在编造预算时,并未估计列入,事后补列预算之内,益使收支不能平衡,拟请准予全数补助,藉以弥补预算上之赤字;

3. 土木系实验仪器,亟感缺乏,本学期已向校董会子扬先生募得仪器三套,价值约八千单位,惟添置零星机件及修理费,不得不由学校负担,另化学系药品必需添置,教育系附设之小学设备,必需津贴,在私校经费来源有限,而教学特殊设备又必需添置之时,惟有呈请准予补助;

4. 本校为抢救失学,不得不将免减费额予以扩大。本学期核准免减费学生二四四人,免减费总额为一六八三四单位,较上学期核定数额,超过八千余单位,此项超出之数额,虽经列入预算,实际上,预算赤字无形随之增高,在政府对清寒学生积极奖助之决定下,请准将超出之数额,赐予全数补助;

5. 本学期因系科加强学习之进行,有关研钻自学之参考书籍,应须及时添置,连同医药方面必需之添置费,拟请酌予补助;

6. 按本校本学期教师待遇,不特较国校为低,即与私校如约翰、沪江、大同、大夏等校相比,亦较低少,如教职工薪再打折扣,势必影响教学之情绪。且学校已多方实行精简,并已向校董方面,设法募得实验必需之仪器,而学期预算赤字,仍有两万数千单位,教职工薪八、九、十三个月,暂照八折支给,在政府对私校积极支持,逐步改造之原则下,为做到教职工薪不再有折扣之地步,拟请按照实际需要,赐予补助。

二、经费收支情况——另详附呈之预算

三、申请补助方式及数额——拟请核发本学期一次的补助金额二一〇九二折实单位,细数分列如下:

1. 赴苏州进修教授二人,一学期薪金数　　　　　二五九二单位

2. 解缴总工会文教费　　　　　三〇〇〇单位

3. 特殊设备费(土木、化学、附小)　　　　　五五〇〇单位

4. 助学金超出数额　　　　　八〇〇〇单位

5. 图书、医药补助费　　　　　二〇〇〇单位

除请补助上数外,其余请校董会设法。

四、附本校本学期各种比例数字

1. 薪资占总支出之比例数	72.09%
2. 行政费占总支出之比例数	13.57%
3. 助学金、总工会费占总支出之比例数	9.17%
4. 设备图书、医药体育占总支出之比例数	4.96%
5. 专任教师(包括助教)与学生数之比例	1:13.25
6. 职员与学生数之比例	1:32.18
7. 工友与学生数之比例	1:35.4
8. 教职员工与学生数之比例	1:7.42
9. 职工与教师之比例	1:1.27

附三: 华东军政委员会教育部关于申请补助的批复

一、你校一九五〇年十二月四日光(50)字第四三五号呈件均悉。

二、我部决定补助八〇〇〇份折实单位,分配如下:

工资:赴华东人民革命大学政治研究院学习教授二人薪金二五九二份折实单位;

减免费补助:你校因减免费名额扩大,我部补助五四〇八份折实单位。

三、以上补助费即希照我部所发预算表式及面告适用科目造具预算一式四份,呈备核转,并照预算数字切实执行,不得移用科目,如有变更,应先呈部同意,即希知照。

华东军政委员会教育部部长吴有训

一九五一年二月九日

附四: 关于向华东军政委员会教育部呈送上学期补助费预算及单据请予核销的报告

兹遵照钧部一九五一年二月九日教秘财字第000903号拟发的补助本校八〇〇〇份折实单位的预算表一式四份,连同全部单据,备文呈报,敬祈察准核销!

谨呈华东军政委员会教育部

附呈文件如文[1]

全衔校长廖〇〇

一九五一年六月廿三日

---

[1] 原文注:附件全部送出,本文内无附件存卷。

附五： 华东军政委员会关于一九五〇年度第一学期补助经费准予核转的批复

一、一九五一年六月廿三日光(51)字第三二九号文及附件均悉。

二、你校所送一九五〇年度第一学期经费补助报销业已审核完竣,尚无不合,准予核转。至于补助赴革大学习教授二人工资之多余部分按会计制度规定,应经呈部同意后始能移用他项,现姑准核转,以后希予注意。

华东军政委员会教育部部长吴有训

一九五一年七月廿三日

关于向华东教育部呈送办学经费情况的报告

　　兹遵照钧部四月廿三日教秘财字第〇〇四〇八七号通知之规定,将本校一九五〇年度第一学期各项收入百分比、各项支出百分比、收支对照表及一九五〇年度第二学期收支情况(至四月底止)及百分比、教职员工工资清册、经费预计、经费情况补充报告每种一式三份,以上共计册表廿七份,备文呈报敬祈察核准予分别存转!

　　谨呈华东军政委员会教育部

　　附呈之件如文

全衔校长廖〇〇

一九五一年五月十一日

附一：　一九五〇年度第一学期收支百分比

各项收入百分比		各项支出百分比	
学费	63.47%	教员薪津	50.16%
杂费	17.84%	职员薪金	14.73%
宿费	4.28%	校工工津	8.49%
实验费	2.01%	图书	1.01%
杂项收入	2.06%	医药费	0.51%
新生入学费	2.33%	体育开支	1.01%
校董会往来	3.35%	总工会会费	1.47%
补助金	3.76%	实验用费	2.16%
利息	0.90%	行政费	17.67%
	100.00%	设备费——化学系	1.52%
		设备费——土木系	0.76%
助学金占学费收入 12.25%		设备费——光华小学	0.51%
			100.00%

附二：　光华大学一九五〇年度第一学期收支对照表

科　目	收　入		科　目	支　出	
	人民币	折实单位		人民币	折实单位
收入之部			支出之部		
上期结存	2 495 681 175	4 817.37	教员薪津	49 445 099 400	99 036.26
学费	67 606 404 500	135 000.00	职员薪金	14 537 978 100	29 079.85
杂费	18 897 126 600	37 934.00	校工工津	8 401 652 000	16 741.52
宿费	4 446 232 000	9 120.00	图书	1 019 252 300	2 000.00
实验费	2 129 154 900	4 264.64	医药费	501 390 000	1 000.00
杂项收入	2 206 127 600	4 356.86	体育开支	1 002 566 300	2 000.00
新生入学费	2 498 773 000	4 960.00	总工会会费	8 022 615 100	16 536.50
暂记存款	1 876 780 600	3 724.63	实验用费	1 433 101 300	2 897.15
校董会往来	3 582 619 400	7 123.35	行政费	2 129 154 900	4 264.64
补助金	4 033 600 000	8 000.00	学生欠费	17 318 842 900	34 877.55
利息	963 043 100	1 910.00	设备费——化学系	1 611 771 100	3 446.69
单位溢价		1 252.63	设备费——土木系	1 493 467 000	3 000.00
			设备费——光华小学	742 714 200	1 500.00
			暂记欠款	498 220 000	1 000.00
			现金	1 639 949 800	3 223.29
			银行往来	85 279 975	169.13
				852 588 500	1 690.90
	110 735 542 875	222 463.48		110 735 542 875	222 463.48

附三：　一九五〇年度第二学期收支百分比（二月一日至四月卅日）

各项收入百分比		各项支出百分比	
学费	74.19%	教员薪津	47.55%
杂费	17.70%	职员薪金	16.15%
宿费	5.62%	校工工津	13.62%
实验费	1.65%	图书	0.93%
杂项收入	0.47%	医药费	1.20%

（续表）

各项收入百分比		各项支出百分比	
新生入学费	0.20%	体育开支	1.49%
利息	0.17%	总工会会费	1.18%
	100.00%	实验用费	2.55%
		行政费	12.11%
助学金占学费收入 13.59%		教学设备费	3.22%
			100.00%

附四：　光华大学一九五〇年度第二学期收支对照表（二月一日至四月卅日）

科　目	收　入		科　目	支　出	
	人民币	折实单位		人民币	折实单位
收入之部			支出之部		
上期结存	2 312 808 755	4 805.38	教员薪津	17 595 416 100	34 724.49
学费	50 300 418 400	100 634.00	职员薪金	5 898 123 000	11 795.55
杂费	14 195 969 700	24 022.00	校工工津	5 024 262 800	9 940.32
宿费	2 862 710 000	7 700.00	图书	249 205 700	685.00
实验费	1 184 990 800	2 320.00	医药费	440 850 000	880.10
杂项收入	319 154 000	638.00	体育开支	546 185 000	1 089.84
新生入学费	135 466 000	270.00	助学金	6 800 920 000	13 668.00
暂记存款	636 776 100	1 174.41	总工会会费	546 271 600	859.73
利息	116 009 300	232.00	实验用费	956 581 500	1 864.62
			行政费	4 474 402 500	8 845.80
			学生欠费	4 563 784 200	9 990.72
			教学设备费	1 042 440 000	2 354.62
			暂记欠款	12 599 496 900	24 083.00
			短期存款	10 000 000 000	19 113.00
			现金	339 088 375	650.00
			银行往来	987 275 400	1 887.00
	72 064 303 075			72 064 303 075	

附五：　私立光华大学一九五○年度第二学期教职员工工资清册

私立光华大学一九五○年度第二学期教职员工工资总表(一九五一年四月)

页　数	项　目	工资额	实支额	备　考
二	教员	13 022.2	9 787.54	
四	助教	2 488.98	2 012.32	
六	职员	4 885.5	3 824.85	
八	工友	3 074.4	2 626.08	
	总计	23 471.08	18 250.79	

附注：本表工资单位系折实单位。

私立光华大学一九五○年度第二学期教员工工资表(一九五一年四月)

职　别	每月时数	每小时待遇	每月工资额	实支工资额	备　考
教授	154.6	6	9 276	6 778.2	内专任十九人每人50单位,共950单位不打折扣,8 326单位照七折计算。
副教授	338	5.5	1 859	1 391.3	内专任六人每人50单位,共300单位不打折扣,1 559单位照七折计算。
讲师	238	4.4	1 047.2	778.04	内专任三人每人50单位,共150单位不打折扣,897.2单位照七折计算。
五年制专修科	240	3.5	840	840	
总计	2 362		13 022.2	9 787.54	

附注：

（一）专任教师,每月工资额内有50单位不打折扣,此外及兼任教师以七折计算。

（二）教授、副教授、讲师每周任课满九小时者均为专任,教授每月工资额为216单位,副教授工资额每月为198单位,讲师每月工资额为158.4单位。

私立光华大学一九五○年度第二学期助教工资名册(一九五一年四月)

职　别	姓　名	工资额	实支额	备　注
助教	陈育华	110	92	
助教	张志寨	142.5	114.75	
助教	戚德均	142.5	114.75	
助教	陈培正	120	99	
助教	祖鑫林	110	92	
助教	王娴贞	158.5	125.95	

（续表）

职　别	姓　名	工资额	实支额	备　注
助教	吴　玲	142.5	114.75	
助教	沈卉君	166.98	131.89	
助教	张金安	140	113	
助教	裘佩熹	110	92	
助教	王济身	165.75	131.03	
助教	陆兆堃	156.25	124.38	
助教	郭松镠	163.35	129.35	
助教	章青松	144.15	115.91	
助教	吴立煦	120	99	
助教	童载新	140	113	
助教	孙畹秋	144.15	115.91	
助教	邵贻裘	42.35	29.65	
助教	张立耀	70	64	
总计		2 488.98	2 012.32	

附注：

（一）册内除邵贻裘一人工资额全部七折计算外，其他各有50单位不打折扣，50单位以外者均以七折计算。

（二）除兼任助教邵贻裘、助理张立耀二人外，专任助教陈育华等十七人，每人平均工资额为139.8单位。

私立光华大学一九五〇年度第二学期职员工资名册（一九五一年四月）

职　别	姓　名	工资额	实支额	备　注
校长	廖世承	352	261.4	
校长室秘书	朱有瓛	220	169	
校长室职员	陈楚善	165	130.5	
代教务长兼注册组主任	姚舜钦	264	199.8	
注册组副主任	陈养浩	198	153.6	
注册组组员	单月湖	181.5	142.05	
注册组组员	吴士骏	176	138.2	
注册组组员	陈养贤	153.5	122.45	
注册组缮写员	沈旭生	130	106	
图书馆副主任	童养年	165	130.5	
图书馆办事员	张雅仪	136.5	110.55	
图书馆办事员	顾仁忠	136	110.2	

（续表）

职　别	姓　名	工资额	实支额	备　注
图书馆兼任职员	李永圻	50	50	
总务长	张祖培	264	199.8	
文书组主任	王本慈	198	153.6	
文书组副主任	陈学儒	181.5	142.05	
文书组办事员	周如璇	142.5	114.75	
事务组主任	毛寿恒	220	169	
事务组办事员	顾仲贤	148	118.6	
事务组办事员	南麟岳	135.5	109.85	
出纳组主任	周承咸	198	153.6	
出纳组组员	张长赓	181.5	142.05	
出纳组兼任组员	郭松镠	44	30.8	
医务组主任	谈兴中	176	138.2	
医务组护士	姚莲宝	159	126.3	
会计室主任	王有枌	220	169	
会计室会计员	王光烈	153.5	122.45	
实验室助理员	陈新章	136.5	110.55	
总计		4 885.5	3 824.85	

附注：

（一）册内除郭松镠一人工资额全部七折计算外，其他各有50单位不打折扣，50单位以外者均以七折计算。

（二）除兼任职员李永圻、郭松镠二人外，专任职员廖世承等二十六人，每人平均工资额为184.29单位。

私立光华大学一九五〇年度第二学期工友工资名册（一九五一年四月）

职　别	姓　名	工资额	实支额	备　注
合作社工友	周鉴之	100	85	
教员休息室工友	万惠卿	100	85	
男生宿舍工友	张德钊	100	85	
油印工友	樊贵明	100	85	
化学实验室工友	方锡刚	98	83.6	
信差	章立	98	83.6	
传达室工友	杨少卿	98	83.6	
办公室工友	秦金桃	98	83.6	
生物系工友	郁启灏	96	82.2	

（续表）

职　别	姓　名	工资额	实支额	备　注
实验室工友	殷克诚	96	82.2	
办公室工友	郭畴诗	96	82.2	
收发室工友	李文治	96	82.2	
办公室工友	彭圣有	96	82.2	
教室工友	樊贵祺	96	82.2	
教室工友	陆守瑜	96	82.2	
打钟工友	张阿才	96	82.2	
图书馆工友	李锡根	96	82.2	
体育组工友	姚根生	95	81.5	
园地工友	秦福祺	95	81.5	
教室工友	沈里仁	94	80.8	
男生宿舍工友	殷启方	94	80.8	
男生宿舍工友	王在亮	92	79.4	
老虎灶工友	蔡廷章	90	78	
女生宿舍工友	薛　妈	88	76.6	
医务组工友	严阿龙	105.9	89.13	
门警	孟繁玉	112.5	93.75	
门警	张桂生	112.5	93.75	
门警	吴绍文	112.5	93.75	
木工	袁绍忠	123.5	101.45	
水电工	张云程	123.5	101.45	
厕所临时工友	郭振新	80	80	
总计		3 074.4	2 626.08	

附注：

（一）册内除郭振新一人工资额全部七折计算外，其他各有 50 单位不打折扣，50 单位以外者均以七折计算。

（二）工友周鉴之等三十一人，每人平均工资额为 99.17 单位。

附六：私立光华大学一九五一年春学期行政开支细目（1951.4.20）

修缮	换电线，修钢窗、厕所、桌椅、灶及厨房、水管、玻璃五箱、脚踏车雨蓬、铁床、宿舍地板及门窗、政治助教宿舍、政治委员会隔板、政治教员眷属宿舍、修理全部屋漏及消防设备，其他	7 000
水电	自来水、电灯、老虎灶燃料	6 700

（续表）

保险费	图书、仪器、男女生宿舍、小学部	800
邮电	电话、电报、邮票	1 000
捐税	1951 年上期地价税,春夏二季房捐,女生宿舍捐税;学杂费、收据印花税	2 000
文具	从略	800
纸张	白报纸五令、油光纸十令、毛边纸一令、牛皮纸 100 张、招贴纸五令	800
印刷	注册证、上课证、保证卡、考卷、报名单、总成绩清单、招生简章、收据、收支传单等	1 000
广告费	招生广告 800 单位,其他	1 000
校具	黑板五块、大礼堂讲桌一只	500
杂项设备	灯泡、电灯材料、锁五打、门警夏季制服三套、热水瓶三打、玻璃杯十打、播音机租费、灭火机换药水、淋浴设备、政治教员眷属宿舍小火表、其他	1 300
杂支	办公室报纸、驻卫警经费、因公车资、毛巾三打、清洁用具、洋烛、铅壶、铅桶、清垃圾费、茶点费、其他	2 000
交通费	职员月季票二张,校外送信津贴、其他	500
租金		1 300
预备费		2 000
合计		28 700

附七：私立光华大学一九五一年春学期预算（一九五一年四月二十日）

收入之部		
学费	大学部 765 人,每人 130 单位	99 450
学费	五年制 65 人,每人 94 单位	6 110
杂费	大学部 765 人,每人 37 单位	28 305
杂费	五年制 65 人,每人 21 单位	1 365
宿费	340 人,每人 20 单位	6 800
新生入学费	27 人,每人 10 单位	270
杂项收入		500
收入总计		142 800
支出之部		
教员薪津		95 100
职员薪津		29 000
校工工津		18 700

（续表）

教学设备费		4 500
总工会会费		2 850
图书		4 000
体育开支		2 500
医药费		1 000
助学金	学费总10%	10 556
行政开支	细目另详	28 700
支出总计		196 906
不敷		54 106

说明：
（一）教授薪照上学期预算约减一万单位。
（二）助学金实际数字约超出八千多单位，拟请求教部津贴。

附八：　私立光华大学经费情况补充报告

　　一、本校校董会并无基金，在以往学校经费极度困难时，曾由校董私人捐助，惟所捐助的，为数甚微，因所有校董，均系学校挽请担任，其中有经济能力者极少，不能真正负起对学校筹措经费的责任。

　　二、在上海解放后的一学期中，本校校友会因鉴于学校经费的拮据，曾应学校的请求，设法一次补助清寒学生助学金四千余折实单位，此种补助不能继续下去。

　　三、解放以来校内教职员工，已经设法精简廿四人，所开学程数，亦经予以精简一百零六门，至目前为止，为配合教学上的实际需要，已不能再为精简。至于克服困难的具体准备：1. 停开系科——如历史、社会、政治、法律四系拟停开。政治法律两系少数高年级学生，拟予转学或向他校借读，中文系数理系拟停止招生。2. 照目前情况，希望学生人数能达一千二三百人，则学校收支可以接近平衡。

　　四、一九五一年上学期，除扩大免减费以外，经已呈请补助四万四千折实单位，计教职工薪折扣补助三万六千单位，教学设备一千五百单位，政治学习参考书二千单位，特项修缮四千五百单位，下学期希望学生数增多，则申请补助费数额当可减少。至于本学年如增招学生七百余人，则现有设备及师资均无问题，如能招足一千二百人以上时，仅希望补助减免费及重点系科添聘之专任教师薪金暨教学设备费（如土木系科及增设的化工专修科等教学设备）。

附九： 华东军政委员会教育部关于奉中央教育部令调查私立高等学校经费情况的通知

私立光华大学：

一、奉中央教育部本年四月三日高一字第二八九号函略以进一步正确执行公私兼顾政策，拟进行了解各区私立高等学校一九五〇年度的经济情况，希指定专人将私立高等学校的经费收支情况进行调查，务希深入了解周详正确报部。

二、希你校就下列范围详细报告：

（1）一九五〇年度第一学期的收支情况要有具体的数字和各项百分比（应逐项填注）。

（2）一九五〇年度第二学期的收支情况（至填报日止）的具体数字和各项百分比以及该期全部概算。

（3）校董会筹措经费有何办法或困难，详述其原因。

（4）原有其他方面经费补助是否能继续下去（或只能在某个时期），详加说明。

（5）学校本身对其经费困难的估量，并准备如何克服。

（6）全年希望政府补助多少才能维持现状，根据现有设备能否增招学生，若增招学生是否仍须补助，怎样计算。

三、以上各点务须真实报告，缮写一式三份，并检附你校教职员工工资标准表、平均工资数及以往各项开支标准说明，于文到七日内送部以凭汇转。

部长吴有训

一九五一年四月廿三日

关于请荣毅仁填写校董调查表的函

毅仁先生大鉴：

　　顷由守恒先生转告，祗审先生已允担任光华校董，曷胜感幸！

　　兹特检奉校董履历调查表一份，敬希察收为荷。即便填就掷还，尤所企祷！

　　专此，即请大祺。

　　附表一份

廖○○谨启

一九五○年十二月十三日

关于派员前往华东教育部领取图书的报告

　　兹遵照钧部教高字第〇〇〇五八号通知,派员南麟岳先生持同领据前来取领配发之书籍,敬祈察核予发给!

　　谨呈华东军政委员会教育部

全衔校长廖〇〇

一九五一年一月十二日

附: 华东军政委员会关于请派员前来领取书籍的通知

　　兹有书籍一批,发给你校,书名册数见附表,供参考之用,希即派人前来领取。

　　附书名册数表一份

　　此致光华大学

华东军政委员会教育部

一九五一年一月一日

书　　名	册　数
Petterssen: Introduction to Meteorology, 1941	1
Rayner: Elementary Surveying vol.1, 2nd ed. 1943	8
Poorman: Strength of Materials, 3rd ed. 1937	5
Riegel: Industrial Chemistry, 4th ed. 1942	2
Conant: The Chemistry of Organic Compounds, 1939	5
Page: Lessons in Electricity, 1936	10
Moore: Textbook of Materials Engineering, 6th ed. 1941	13
Poorman: Applied Mechanics, 4th ed. 1940	5
Walker, Lewis, Mcadams & Gilliland: Principles of Chemical Engineering, 3rd ed. 1937	5
Woodruff: Foundations of Biology, 6th ed. 1941	9
Holman & Robbins: General Botany, 4th ed. 1939	1
Messer: An Introduction to Vertebrate Anatomy, 1938	7

关于向华东教育部呈送一九五一年春招生简章的报告

查本校一九五一年春季招生简章,业经第六次校务会议提出修正,理合检同原简章抄件一份,备文呈报,敬祈察核指示祗遵!

谨呈华东军政委员会教育部

附呈简章一份

全衔校长廖〇〇

一九五一年一月廿三日

附一: 私立光华大学招生简章(一九五一年一月修订)

(一)招考院系科

文学院:中国文学、外国语文、教育各系

商学院:经济、会计、银行、工商管理、国际贸易各系

专修科:甲、二年制会计、合作、保险各专修科

乙、五年制(高中第一学期肄业学生)财经专修科、土木专修科

(二)报考资格:凡志愿为人民服务,身体健康具备下列条件之一者,均可报名投考

(甲)各院系及二年制专修科一年级新生:

1.曾在公私立高级中学毕业,有毕业证书或升学证明书者

2.曾在后期师范学校毕业有毕业证书及毕业后服务满二年之证件者

3.曾在公私立高级职业学校或中等技术学校毕业,有毕业证书及毕业后服务满二年之证件者

4.凡具有高级中学毕业之同等学力有下列证明之一者:

(1)修满高中二年,并持有一年以上自修证件者

(2)县以上人民政府或市人民政府教育行政机关之证明

(3)县以上或解放军团以上政治机关之证明

（乙）凡具有下列条件之一者,考试成绩虽稍差,得从宽录取:

1. 有三年以上工龄之产业工人

2. 参加工作三年以上之革命干部及革命军人

3. 少数民族学生

4. 华侨子弟

具有上述条件之学生,须于投考时缴验有关机关部队工厂团体之文件。

（丙）五年制专修科招收高中第一学期已肄业学生

（三）报名手续

投考本大学者须在规定期内来校办理下列报名手续:

（甲）缴验证件(验毕即发还,但录取入学时必须缴校)

（乙）亲自填具报名单

（丙）缴最近二寸本身脱帽正面相片四张,须同一底板印出者,背面注明姓名籍贯

（丁）缴纳报名费一万元(考生膳食自理,丙丁两项概不退还)

以上各件缴验不齐全者,不得报名。

（四）考试科目

甲、笔试:

一年级生应试科目:

甲组(文、商学院各系及会计、合作、保险专修科)

1. 政治常识;2. 国文;3. 外国语(英语或俄语);4. 数学(代数、平面几何、三角);5. 理化;6. 中外历史;7. 中外地理。

乙组(五年制专修科)

1. 政治常识;2. 国文;3. 外国语(英文);4. 数学(土木专科考代数、三角,财经专科考几何);5. 理化;6. 史地。

注意:外国语分英语及俄语,报名时须预先声明考英语或俄语,为照顾目前若干地区中学外国语教学的实际情况,得另行规定外国语成绩计算办法(外文系例外),但录取后须根据成绩分别补修。

乙、口试、体格检查。

（五）考试时间——见附表

（六）报名考试日期——登报公告二月十三、十四日

（七）报名考试地点——上海虹口欧阳路二二一号本校

（八）录取揭晓——除在本校公布外,另函分别通知各录取新生

（九）入学手续——另函通知

附告:考生可乘一路、十一路电车及五十二路公共汽车自外滩至四川北路底下车经

山阴路(施高塔路)转四达路直达本校

入学考试时间表

时　　间			一	二	三	四
			8∶10—9∶50	10∶10—11∶50	1∶10—2∶50	3∶10—4∶50
一年级生	第一日	甲组∶文、商学院各系；会计、合作、保险专修科	政治常识	国文	外国语	理化
		乙组∶五年制专修科	政治常识	国文	外国语(英文)	理化
	第二日	甲组∶文、商学院各系；会计、合作、保险专修科	数学	中外地理	中外历史	口试
		乙组∶五年制专修科	数学(土木专科考代数、三角,财经专科考几何)	史地	口试	口试

附二： 华东军政委员会教育部关于核准招生简章的批复

私立光华大学：

一、一九五一年一月二十三日光(51)字第二九号呈暨招生简章均悉。

二、所呈拟于春季招生事,应予照准;惟须将各系科应报名额补报凭核为要！

部长吴有训

一九五一年一月廿九日

附三： 关于向华东军政委员会教育部呈送春季拟招新生名额的报告

兹遵照钧部一月廿九日教高行字第六五六号批复,谨将本校春季各系科拟招新生名额开列于次：

一、文学院——中文系一〇名,外文系一〇名,教育系一〇名；

二、商学院——经济系一〇名,会计系三〇名,银行系一〇名,国际贸易系一〇名,工商管理系二〇名；

三、二年制专修科——会计专修科三〇名；

四、五年制专修科——土木专修科三〇名,财经专修科三〇名。

以上拟招名额,理合备文呈报,敬祈察核备查！

谨呈华东军政委员会教育部

全衔校长廖〇〇

一九五一年二月一日

附四：　华东军政委员会教育部关于核准一九五一年春季拟招新生名额的批复

光华大学：

一、一九五一年二月一日光(51)字第四七号呈悉。

二、所补呈各系科拟招新生名额事，准予备查，覆希知照！

部长吴有训

一九五一年二月五日

关于向华东教育部呈送学校概况的函

兹遵照大部电话指示,特将本校概况一份奉上,敬祈察核!

此上华东教育部高等教育处曹处长

附奉本校概况一份

私立光华大学启

一九五一年一月廿九日

附: 私立光华大学概况

一、简史

本校是在一九二五年五卅惨案后,从反帝文化侵略,收回国家教育权的具体斗争中,脱离圣约翰大学而创设的,于今已有廿六年的历史。

在抗日战争期中,大西路原校舍,被日寇焚毁,留沪师生仍坚持与敌人在文化上继续奋斗,并在蓉设立分部。抗日战争胜利后,购得欧阳路现校址为校舍,惟在蒋匪帮反动统治之下,备受摧残,终遭勒令疏散。

解放战争胜利,人民的光华,赢得新生,校董会改组,现由秉志担任主席,校董廖世承担任校长,大中两部学生,约有二千数百人。

二、行政组及系科名称

本校现行组修及系科名称,详如下图:

三、教职员工及学生数

教员:专任四五人,兼任八六人。

职员:三三人。

工友:三〇人。

学生:一〇六二人。

文学院二七人、理学院三〇三人、商学院五五七人、五年制专修科八五人。

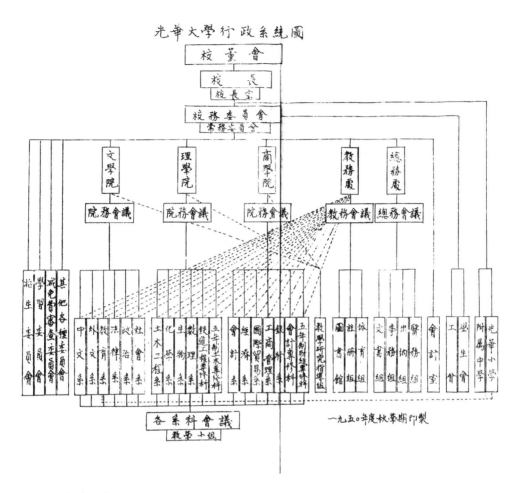

四、重要设备

一九五〇年度第一学期重要设备调查表

土木系设备：测量仪器有经纬仪十架，水准仪八架，密水准仪一架，平板仪五架及材料试验，硬度试验机等。

化学系设备：无机药品二百九十六种，有机药品一百九十五种，普通仪器二百四十二件，特殊仪器五十四种上，图书（系内）一百四十八册。

生物系设备：仪器一千九百十一件，标本四千二百二十三种，药品六十三种，书籍六十三种。

数理系设备：仪器一千〇三十一件，书籍一百〇一册。

图书馆书籍：中文书四千六百七十五册，西文书五千四百三十册；

日文书贰千册，线装书一万四千五百八十七册；

合订本杂志一千四百三十册，散本杂志二千三百七十册；

合订本报纸二百二十五册，未订报纸一百二十册。

五、本学期重要工作

本学期来,除在已有之基础上,继续进行系科调整,课程修订,教学改进,设备充实等具体工作外,其他比较重要工作,有如下列各项:

1. 动员学生参加土改工作——在听取有关演讲及报告后,即进行动员组织,实际参加土改工作之应届毕业学生,计有廿七人;

2. 动员学生参加治淮工作——在参加动员大会,听取报告后,即在校内动员组织,师生并开规模盛大的欢送会,实际参加治淮工作之土木系应届毕业学生先后共计廿三人,另有助理一人;

3. 大力开展抗美援朝、保家卫国运动——在组织方面,成立抗美援朝保家卫国运动委员会;在学习方面,扩大组织时事学习委员会,举办五个单元之大课讲演,举行时事专题讲演共计十四次,各小组展开各单元学习会报,并分别举行时事学习座谈会及时事测验等;在宣传方面,在校内布置宣教环境,出编墙报,举行抗美援朝保家卫国文娱晚会,各系学生下厂宣传等;在行动方面,全体学生参加“一二·九”示威大游行,全体教授参加上海市大专院校教授大游行,在校举行支持约大驳斥美帝谬论大会,热烈捐献子弹五三七五发,慰问袋十七只,并发出慰问信多封;

4. 鼓励学生参干运动——在校成立军干校保送委员会,通过各种讲演、座谈、学习、讨论、思想斗争、教育说服,参加报名并完成体格检查之同学计一〇四人。经市招生委员会正式录取的共廿七人,曾在校热烈举行欢送大会;

5. 进行冬防反特工作——在校成立冬防反特工作筹备委员会,通过传达报告、专题演讲及学习有关反动党团特务人员登记之法令后,并在校举行控诉匪特暴行大会。现此项工作,正结合本校具体情况,在继续推展中。

关于向华东教育部呈请增设农业专修科的报告

　　本校鉴于农业建设的重要，在一九四六年时，即有创办农业专修科之拟议，惟按农科之办理，首重实习，故以先办农场，为其基础。一九四八年本校设办光华大学农场，一方供给生物系及附中学生田间实习，俾使理论联系实际，一方直接生产。两年以来，经济上已可自给自足。一九五〇年曾参与组织上海市园艺展览会及上海市巡回农业展览会，以开展推广工作。

　　兹为适应新民主主义经济建设具体需要，培养农业技术人才，除充实农场设备外，又拟于本年秋季，增设农业专修科。兹谨将本校创设农业专修科计划草案暨附设农事试验场计划草案各一份，备文呈报，敬祈察核指示祇遵！

谨呈华东军政委员会教育部

附呈之件如文

全衔校长廖〇〇

一九五一年二月一日

附：华东军政委员会教育部关于增设农业专修科应从缓议的批复

光华大学：

　　一、一九五一年二月一日光字第四九号呈及创设农业专修科计划草案悉。

　　二、经我部审核认为该专修科所定任务过多，而且专任教师很少，其他设备等条件亦较差，因此所拟增设专修科一节，应从缓议为要！

部长吴有训

一九五一年四月十六日

关于请华东教育部发还学生成绩卡的报告

兹因查对学生成绩,亟须成绩卡片应用,特派单月明先生前来钧部,请准将本校学生成绩卡片全部发还!

谨呈华东军政委员会教育部

全衔校长廖○○

一九五一年二月十三日

附一： 上海市军事管理委员会文化教育委员会高等教育处
关于调用解放前档案文件的通知

本处为了解你校解放前之教学及行政情况,兹派本处金大均、吴贻红等同志前来调用你校解放前之全部档案文件等,希予接洽并即调给为荷。

此致光华大学

上海市军事管理委员会文化教育委员会高等教育处

一九五○年十二月廿九日

附二： 关于请华东军政委员会教育部发还教务处档案及学生证件的函

关于本校教务部分档案、学生证件及成绩卡等,前经钧部人事科调去。兹因毕业学生就业,亟需查对档案起见,除成绩卡已经领回外,拟请准将已调去之教务处档案及学生证件全部发还。

理合备文呈请,敬祈察核示遵!

谨呈华东军政委员会教育部

全衔校长廖○○

一九五一年二月二十五日

附三： 关于请华东军政委员会教育部发还秘书室全部卷宗的函

华东军政委员会教育部：

　　本校正在赶办结束清点工作，兹因历届教职员纷向学校索取证明文件，为负责查对，以便核发起见拟请准将前此调去之有关秘书室全部卷宗，赐予发还。

　　理合备文呈请核示祗遵！

　　谨呈华东军政委员会教育部

私立光华大学校长廖世承

一九五一年八月三日

关于向华东教育部呈送注册上课日程的报告

　　本校在学期开始之际,因进行课改及办理免减审核工作,所有注册上课日期,须稍展缓,定于二月廿一、廿二日注册,廿四日上课,业经电话核准。

　　除布告外,理合专案备文呈报,敬祈察核备查!

　　谨呈华东军政委员会教育部

全衔校长廖○○
一九五一年二月十六日

附： 华东军政委员会教育部关于注册上课日程安排准予备案的批复

光华大学:

　　二月十六日光(51)字第六五号呈悉。你校本学期定于二月二十四日上课,准予备案。

华东军政委员会教育部部长吴有训
一九五一年二月廿日

关于向华东教育部呈送举办保险训练班的报告

　　我校等受中国人民保险公司华东区公司之委托，为培养人民保险工作干部，以应新民主主义保险事业发展的需要举办训练班，统一招生，分校训练，训练期限定为三个月，业经商得中国人民保险公司华东区公司同意，训练期满，甄审及格者由我校等保送至中国人民保险公司华东区公司统一分派华东区各地工作。除中国人民保险公司华东区公司另函报告钩部外，特检附下列各件呈请钩部鉴核准予备案并批示祗遵，实为公便。

　　谨呈华东军政委员会教育部

　　（一）招生简章

　　（二）招生广告

　　（三）课程表及教授名单

　　（四）中国人民保险公司华东区公司委托函抄本各三件

光华大学校长廖世承

大同大学校长平海澜

上海法政学院院长笪移今

一九五一年三月六日

附一：　光华大学、大同大学、上海法政学院联合招考保险训练班学员简章

　　我校等为培养人民保险工作干部以应新民主主义保险事业发展的需要特举办保险训练班（统一招考分校训练）

　　（一）名额：每校各一百名

　　（二）报考资格：凡年在十八岁以上三十岁以下高中毕业或同等学历者

　　（三）报名日期：自即日起至三月十六日止

　　（四）报名地点：江西中路二五五号新华银行总行

　　（五）考试日期：三月十八日上午八时起

（六）考试地点：新闸路（近小沙渡路口）大同大学

（七）考试课目：政治常识、国文、数学、珠算、口试及体格检查

（八）报名手续：

甲、缴验学历证件及区级以上政府证明文件或户籍证件

乙、如有工作经验者须缴服务证件

丙、缴最近二寸半身脱帽相片二张（录取与否概不退还）

丁、缴报名费五千元

戊、填写报名单领取准考证

（九）学费：一律收六十个折实单位

（十）修业期限：三个月

（十一）附注：训练期满结业甄审及格者由本校等保送至中国人民保险公司华东公司统一分派华东区各地工作业经呈准华东教育部在案。

附二：　华东军政委员会教育部关于同意举办保险训练班的批复

私立光华大学：

一、一九五一年三月六日光(51)字第一一一号呈悉。

二、除私立大同大学教室过于拥挤，殊足影响学生之健康与学习，不得再行增设此班外，至私立光华大学暨私立上海法政学院所请接受中国人民保险公司华东区委托代办训练班一事，准予备查，覆希知照！

部长吴有训
一九五一年三月十六日

附三：　关于举办保险训练班已获华东教育部同意致中国人民保险公司的函

一、贵公司本年二月廿八日保东人(51)字第一二二八号大函，早经奉悉。

二、兹接受委托代办保险训练班，并经呈奉华东军政委员会教育部三月十六日教高行字第〇〇二一〇九号批复，准予备查在卷。

三、相应专函奉复，敬希查照！

此致中国人民保险公司

校长廖〇〇
一九五一年四月十九日

附四： 中国人民保险公司关于委托办理训练班的函

　　本公司为适应新民主主义保险事业的发展，急需培养大量工作干部。兹拟委托贵校举办保险训练班，暂定学员名额为一百人，相应函达惠洽。

　　此致光华大学

经理　谢寿天

副理　林震峰　孙文敏　张仲良　姚达人

公历一九五一年二月廿八日

关于向华东教育部申请扩大减免费名额补助的报告

一、本校本学期申请扩大减免费名额补助的预算,业经依据学校的具体情况,编造完毕;

二、按本校本学期因确实贫苦之学生过多,亦原有之减免费额不敷分配,其中因家境确实清寒,生活确实困难,无法筹缴学费,迄未来校注册者固极待补助,争取入学;至因限于原有之减免费额,请求复议,情亦极为殷切,如不能适当地予以补助,即将无法继续学业;

三、理合检同本校申请扩大减免费名额补助的预算一份,备文呈请察核,准予按照本校本期订收学费一三〇份折实单位之全数补助 81.7 名额!

谨呈华东军政委员会教育部

附呈之件如文

全衔校长廖〇〇

一九五一年三月十五日

附一: 华东军政委员会教育部关于核准扩大减免费 9750 折实单位的批复

一、你校光(51)字第一二四号文收悉。

二、准你校扩大减免费金额九七五〇折实单位(每名按一三〇折实单位,合计七五个名额)。

三、希据我部扩大减免费指示,切实负责办理核定工作,核定后,如有多余款项,应连同总结、总计表、申请名册一并报部!

华东军政委员会教育部部长吴有训

一九五一年四月十三日

附二： 关于向华东军政委员会教育部呈送扩大减免费人数统计表等报告

一、本校本学期申请扩大减免费名额，业经呈奉钧部四月十三日教高教字第〇〇二八九六号批复，核准本校扩大减免金额九七五〇折实单位（每名按一三〇折实单位，合计七五个名额）等因；

二、经已召开校评议委员会，遵照核定金额，慎重评核完毕；

三、复按本校本学期核准分期付款之总数额，已达二万伍千余单位之巨，其中已完成注册手续而经济情况确有困难，经已掌握极少数予以照顾外，其余大部分申请扩大减免，均未核准；

四、理合依照规定，检同本校申请扩大减免费人数统计表、申请名册各二份暨评议总结报告一份，备文呈报，敬祈察核准赐拨发补助！

谨呈华东军政委员会教育部

附呈之件如文

全衔校长廖〇〇

一九五一年五月三日

1951 年第一学期申请扩大减免费人数统计表

校名等别 \ 人数项目	私立光华大学					全校学生人数				830 名		备　注
	甲等	乙等	丙等	丁等	戊等	已等	庚等	辛等	壬等	合计（按甲等算）	百分比	甲等130 乙等120 丙等110 丁等100 戊等90 已等80 庚等70 辛等60 壬等50（李果原免94 单位列入100 单位丁等，阮武德原免94 单位列入90 单位戊等）
上学期核定数												
本学期核定数	21	8	10	16	11	13	7	9	6	75	9%	
本学期金额	2 730	960	1 100	1 600	2 990	1 040	490	540	300	9 750		
评议会核定												
核批意见												

评议会负责人（签名盖章）：姚舜钦　曹軒　　　　　　　　1951 年 5 月 2 日填报

关于向新泾区政府汇报大西路农事试验场情况的函

迳启者：

关于本校大西路农事试验场场地情况，经已派员前来面为陈述，当邀洞鉴。特再书面分述经过情形如次：

一、按大西路本校校舍，在抗日战争期中，被日寇全部焚毁，仅为本校牌坊两座，荒地一片。

二、嗣后有当地居民，擅行在荒地上耕种，事前固未得学校同意，事后亦未收租金，所有校舍焚余之三和土，亦为被卖罄尽，其时本校因限于经济，对上项土地未予利用。

三、解放后，本校因需要关系，经函请贵区政府及公安局协助，将被耕种之土地收回自用。

四、在一九四九年八月，由校方及校友会合办光华农场，至一九五〇年五月由校方指定为学生试验实习之用。

五、在一九五〇年冬季，计划改为农业专科的农事试验场，所有设办计划，业于本年一月四日呈报华东教育部。

六、所有历年地产税，均经遵照规定按期缴纳。

以上各项，相应函达，敬希查照，惠予转知新生乡乡政府存案为荷！

此致新泾区人民政府

私立光华大学启

一九五一年三月廿一日

关于向华东教育部呈送暑期毕业及招新人数的报告

　　兹遵照钧部三月十二日教高行字第一七九六号代电规定,将本校一九五一年暑期毕业及招考新生人数报告表一式二份备文呈报,敬祈察核备查!

　　谨呈华东军政委员会教育部

　　附呈报告表二份

全衔校长廖○○

一九五一年三月廿四日

附一:　华东区高等学校 1951 年暑期毕业及执教新生人数报告表

学校名称:光华大学

院系＼人数＼类别		五一年暑期招生		五一年暑期毕业	备　注
		最大容量	拟招人数		
文学院	中国文学系	60	40	1	
	外国语文系	60	50	1	
	政治系			9	
	法律系	60	40	4	
	教育系	60	50	11	
	社会系			5	
	小计	240	180	31	
理学院	土木工程系	120	100		
	化学系	80	60	4	
	生物系	40	40	1	
	数理系	40	30		
	小计	280	230	5	

（续表）

类别 院系 人数		五一年暑期招生		五一年暑期毕业	备　注
		最大容量	拟招人数		
商学院	经济系	80	60	28	
	会计系	80	60	32	
	银行系	80	60	5	
	工商管理系	80	60	36	
	国际贸易系	80	60		
	小计	400	300	101	
专修科	铁路专修科	60	50		
	会计专修科	160	120	10	
	小计	220	170	10	
五年制专修科	土木专修科	60	50		
	财经专修科	60	50		
	小计	120	100		
总计		1 260	980	147	

附二：　华东教育部关于限期造报应届毕业生及暑期招生名额的代电

华东区公私立各高等学校：

　　为做好华东区高等学校五一年暑期招生准备工作，希即根据你校师资、设备、毕业生人数、教室宿舍容量及经费情况，估定你校各系科最大容量及五一年暑期拟招考新生人数，连同本学期各系科应届毕业生人数，务希于五月二十五日前分别详细报部为要（由各厅、局、处及各业务部门直接领导的学校，应与有关部门联系估定招生人数）。

华东教育部

一九五一年三月十二日

关于向华东教育部呈送值班制度等情况的报告

　　兹遵照钧部二月十四日教秘字第九八四号关于建立值班制度之通知,将本校职员假期轮值表一份,备文呈报,敬祈察核备查!

　　谨呈华东军政委员会教育部

　　附呈本校职员假期轮值表一份

全衔校长廖〇〇

一九五一年四月六日

附一: 光华大学职员假期轮值表（1951 年 3 月 31 日）

日　　　期	值日职员	
4 月 1 日（星期）	毛寿恒	周仲池
4 月 3 日（春假）	南林岳	单月湖
4 月 4 日（春假）	顾仲贤	陈养贤
4 月 5 日（春假）	毛寿恒	沈旭生
4 月 8 日（星期）	南林岳	张长赓
4 月 15 日（星期）	顾仲贤	陈养浩
4 月 22 日（星期）	毛寿恒	陈楚善
4 月 29 日（星期）	南林岳	王玉斐
5 月 1 日（劳动节）	顾仲贤	陈学儒
5 月 4 日（青年节）	毛寿恒	张雅仪
5 月 6 日（星期）	南林岳	顾仁忠
5 月 13 日（星期）	顾仲贤	童养年
5 月 20 日（星期）	毛寿恒	张长赓
5 月 27 日（星期）	南林岳	郭松镠

(续表)

日　　期	值日职员	
6 月 3 日（校庆）	顾仲贤	王本慈
6 月 10 日（星期）	毛寿恒	周如璇
6 月 17 日（星期）	南林岳	陈楚善
6 月 24 日（星期）	顾仲贤	王有份
7 月 1 日（星期）	毛寿恒	沈旭生
7 月 8 日（星期）	南林岳	周如璇
附注	办公地点：二楼事务组 办公时间：上午 9—12 时　下午 2—5 时 电话：02 - 60080	

附二：　华东军政委员会教育部关于建立值班制度的通知

上海市私立高等学校：

为在例假、星期及日常办公以外时间，加强本部与各校工作上的联系，与及时处理临时事项起见，希你校建立值班制度，并将值班室电话及值班具体时间报部为要！

部长吴有训

一九五一年二月十四日

关于向华东教育部呈送期中考试日期的报告

案奉钧部四月十一日教高行字第〇〇二八二号通令,以饬于四月二十日至二十五日期间举行期中考试等因,查本校本学期期中考试业经四月九日第九次校务会议议决提前在四月廿三日至廿六日考试完毕,兹奉前因,理合备文呈复,敬祈察核备查!

谨呈华东军政委员会教育部

全衔校长廖〇〇

一九五一年四月十三日

附: 华东军政委员会教育部关于提前举行期中考试的通令

上海市公私立高等学校:

本市(上海)所有公私立高等学校,凡本学期原定于四月下旬至五月上旬期间举行期中考试者,统限于四月二十日至二十五日期间考试完毕,希各知照为要。

华东军政委员会教育部部长吴有训

一九五一年四月十一日

抄致有关业务部门、上海市教育局

关于向华东教育部呈送学期预算及申请补助的报告

一、本校上学期预算，计不敷二三五九七折实单位，复经钧部核发补助八〇〇〇单位，校董会补助七〇〇〇单位，教职工薪照九五折签发，始得使全部收支，接近平衡。

二、本学期学生人数较上学期减少二百卅余人，各系科课程，虽又经精简，教薪照上学期预算约减一万单位，而预算不敷数字，仍有五万四千余单位之巨。

三、依据本学期预算不敷数字五万四千余单位之实际情况(扩大减免费并未包括在内)，全体教职工薪，只能按六折发放。为求教职员工不致因待遇折扣过大，而影响工作情绪起见，所有二三四各月份教职工薪，均暂照七折支发。

四、按本校教职员工，除低级职员及全体工友薪资已于上学期调整外，其余教授及高中级行政工作人员之原待遇，不特较国立大学为低，即与私立大学如约翰、沪江、大同、大夏相比，亦较低少，如薪金再有折扣，势必影响教学工作情绪之逐步提高。

五、基于以上之具体情况，除请由校董会设法补助五千至一万单位外，其余四万四千单位，拟请如数核发补助，俾教职工薪，不至再打折扣，若干特项修缮之工程，及教学设备之添置得顺利进行。

六、理合检同学预算一份，请求补助费主要用途表一份，备文呈请察核，准赐补助并指示祗遵！

谨呈华东军政委员会教育部

附呈学期预算一份，请求补助费主要用途表一份，备文呈请，察核准将补助并指示祗遵。

谨呈华东军政委员会教育部

附呈学期预算一份，补助费主要用途表一份，又闸北水电公司及市公安局消防处原函副本各一份。

(全衔)校长廖〇〇

一九五一年四月廿三日

附一： 光华大学一九五一年春学期预算（1951.4.20）

收入之部		
学费	大学部 765 人，每人 130 单位 0	99 450
学费	五年制 65 人，每人 94 单位	6 110
杂费	大学部 765 人，每人 37 单位	28 305
杂费	五年制 65 人，每人 21 单位	1 365
宿费	340 人，每人 20 单位	6 800
新生入学费	27 人，每人 10 单位	270
杂项收入	报名费、借用礼堂、津贴等	500
收入总计		142 800
支出之部		
教员薪津		95 100
职工薪津		29 000
校工工津		18 700
教学设备费		4 500
总工会会费		2 850
图书		4 000
体育开支		2 500
医药费		1 000
助学金	学费总收入 10%	10 556
行政开支	细目另详	28 700
支出总计		196 906
不敷		54 106

说明：

1. 教授薪照上学期预算约减一万单位。

2. 助学金实际数字约超出八千多单位。请求教部津贴。

附二： 光华大学一九五一年春学期行政开支细目（1951.4.20）

修缮	换电线，修钢窗、厕所、桌椅、灶及厨房，水管，玻璃五箱，脚踏车雨蓬，铁床宿舍地板及门窗，政治助教宿舍，政治委员会隔板，政治教员眷属宿舍，处理全部屋漏及消防设备，其他	7 000
水电	自来水、电灯、老虎灶燃料	6 700

（续表）

保险费	图书仪器、男女生宿舍、小学部	800
邮电	电话、电报、邮票	1 000
捐税	1951 年上期地价税、春夏二季房捐、女生宿舍捐税、学杂费收据、印花税	2 000
文具	从略	800
纸张	白报纸五令、油光纸十令、毛边纸一令、牛皮纸 100 张、招贴纸五令	800
印刷	注册证、上课证、保证卡、考卷、报名单、总成绩单、招生简单、收据、收支传票等	1 000
广告费	招生广告 800 单位、其他	1 000
校具	黑板五块、大礼堂讲桌一只	500
杂项设备	灯泡、电灯材料、锁五打、门警夏季制服三套、热水瓶三打、玻璃杯十打、播音机租费、灭火机换药水、淋浴设备、政治教员眷属宿舍小火表、其他	1 300
杂支	办公室报纸、驻卫警经费、因公车资、毛巾三打、清洁用具、洋烛、铅壶、铅桶、清垃圾费、茶点费、其他	2 000
交通费	职员月季票二张、校外送信津贴、其他	500
租金		1 300
预备费		2 000
合计		28 700

附三： 光华大学一九五一年春学期申请补助费主要用途表

项　目	折实单位	说　　明
一、教职工薪折扣补助	36 000	本学期教职工薪各不打折扣，需请补助如上数
二、教学设备	1 500	拟装设 50W 扩音机一具，以便师生员工上政治大课用，计需添置费如上数
三、政治学习参考书	2 000	本学期起，为了加强时事政治学习起见，已成立"政治学习阅览室"，有关学习参考书刊亟待充实，需费如上数
四、特项修缮	4 500	校舍屋顶，年久失修，时近雨季亟待修理，估计需修理费一五〇〇单位。又消防设备，迭经闸北水电公司及市公安局消防处来函（抄录原函副本附呈）
总计	44 000	催速修理，无法再延时，估计需修理费三〇〇〇单位，合如上数

附四：　关于请华东军政委员会教育部将本学期补助费提早核发的函

一、本校本学期申请补助费的具体情况,业经检同学期预算暨补助费主要用途表,于四月廿三日以光(51)字第一七九号呈请核示在卷;

二、兹因学期行将结束,学校现存经费仅有九千五百余单位,而七月份教职工薪,即照七折计算签发,数亦不敷。六、七两月份行政费开支,更感筹措困难;

三、按本校教职工待遇,既较低薄,且在暑假期中,又无收入,希望钧部核赐补助,补足折扣,藉以减轻生活上之顾虑,情亟殷切;

四、理合据情备文呈请察核,准将本校本学期补助费提早核发。

谨呈华东军政委员会教育部

全衔校长廖〇〇

一九五一年六月十一日

附五：　关于请华东军政委员会教育部唐守愚副部长提早核发补助费的函

守愚部长先生:

关于本校申请本学期补助费一案,前经造具用途表呈部核夺。兹因学期行将结束,学校经费,极感支绌,不仅七月份教职工薪照七折签发,数尚不敷,即六七两月份行政费,并感难以开支。复以全体教职员工待遇低薄,在暑假期中,又无收入,希望大部核赐补助,藉以减轻生活上之顾虑,情尤殷切。除由校备文呈请提早核发补助费外,特再奉陈,敬祈察准,无任拜感!

专此,祗致敬礼。

廖〇〇谨启

一九五一年六月十一日

附六：　华东军政委员会教育部关于核发 1951 年 2 至 7 月份补助费的批复

一、你校光(51)字第一七九号呈、光(51)字二八六号呈、六月十一日廖世承校长致我部唐副部长函暨附件等均悉。

二、兹核定你校本年二至七月份各项补助经费共计 178 239 628 元,希即备据来部洽领。

三、附审核意见书一份,希即遵照办理为要。

附审核意见书一份

部长吴有训

一九五一年六月廿五日

光华大学 51 年 2 月—7 月补助经费预算审核意见书(1951 年 6 月 21 日)

科　目	原申请数	核准补助数	说　明
工资	36 000 单位	125 747 628 元	1. 预算表列教职工薪津共计 142 800 单位,较工资名册多列 1973 单位,应核减。 2. 教职工薪津平均按 20% 补助(连原发数 10% 共计 90%),应核减 10 459 单位,兹说明如下:你校原工资标准兼任教学人员工资较公立学校高 1/3(公立学校教授每小时 4.5 单位,你校 6 单位);职员每月平均工资(184 单位)较公立学校平均工资(160 单位)高 15%(高级职员如校长并不高);工友平均工资(99.17 单位)较公立学校工友平均工资(84 单位)高 17.8%;如全部补助则必影响公立学校,故以 20% 补助核发。你校专任教授可高于这个比例,兼任教授则应低于这个比例(高级职员如校长等可按照教授比例发给),希你校自己掌握。 3. 核准你校 23 566 单位(每单位 5 331 元),折合人民币如上数。
教学设备费	1 500 单位	7 996 500 元	全部同意每单位 5 331 元折合人民币如上数(购扩音机用)
政治学习图书费	2 000 单位	10 662 000 元	全部同意每单位 5 331 元折合人民币如上数(购参考书用)
特项修缮费	4 500 单位	33 672 000 元	1. 申请校舍修理——西部平顶、饭厅、大礼堂部分完全同意拨发 1 500 单位,每单位 5 331 元,计 7 996 500 元; 2. 消防设备修理费原申请数为 3 000 单位,系 2 月份估价,最近估价为 25 677 000 核准拨发。
合计	44 000 单位	178 239 628 元	附注:上项各款专款专用,应以原始单据报部核销。

关于向华东教育部呈送收听广播情况的报告

　　兹遵照钧部四月廿六日未列字第〇〇四一六一号通知,将本校师生员工参加收听华东人民庆祝五一国际劳动节广播报告一份,备文呈报,敬祈察核备查!

　　谨呈华东军政委员会教育部

　　附呈报告一份

全衔校长廖〇〇

一九五一年四月廿七日

附一: 光华大学师生员工参加收听"华东人民庆祝五一国际劳动节广播大会"的情况报告

　　一、收听人数

　　1. 在图书馆集体收听两日共一五八人;

　　2. 部分同学在华东团校收听;

　　3. 其余师生员工在各宿舍及分散在各里弄家庭中收听,其人数无法统计;

　　4. 廿五、廿六两日适在期中考试期间,以致影响集体听讲人数。

　　二、群众反映

　　1. 听了饶主席、陈市长、刘长胜主任、各劳动英雄、战斗英雄的讲话,都感到十分兴奋,一致拥护首长的报告,保证坚决镇压反革命,支援中朝战士,反对美帝武装日本,拥护五大强国缔结全面和约,保证参加五一大游行。

　　2. 听了对日帝美帝以及匪特的控诉,大家一致地提高了对敌人的仇恨心理。

　　3. 大会内容丰富,群众情绪高涨,这对新爱国主义教育的发展,是起了很大作用的。

　　4. 因为播音时间每项有四小时之久,且迟至十一时结束,对于翌日有课业学生之听讲情绪,不无影响。

附二： 华东军政委员会教育部关于动员师生收听"华东人民庆祝五一国际劳动节广播大会"并及时将收听结果上报的通知

为继续深入开展抗美援朝与镇压反革命的宣传教育,并动员华东广大人民参加庆祝"五一"大游行,华东人民广播电台,特定于本月二十五、二十六两日,每晚六时三十分至十时三十分,举行"华东人民庆祝五一国际劳动节广播大会",希尽可能地组织全体师生员工收听,将收听人数与群众反映,在二十八日以前书面汇报本部。

右通知上海市公私立高等学校

华东军政委员会教育部

一九五一年四月廿六日

关于请华东教育部核准商学院系科更名的报告

兹为配合国家财经建设,明确院系名称,拟请:

一、将原有商学院改称财经学院;

二、工商管理系改称企业管理系;

三、国际贸易系改称贸易系;

四、银行系改称财政金融系;

五、铁路专修科改称路工专修科;

自下学期起各该系科内容亦计划照更改名称,加以修改或补充,理合专案备文,呈请察核准予备案!

谨呈华东军政委员会教育部

全衔校长廖〇〇

一九五一年五月十六日

附一：　华东军政委员会教育部关于系科更名应先上报改称后课程内容的批复

光华大学:

一、一九五一年五月十六日光字第二三三号呈悉。

二、希你校先将商学院及铁路专修科改称后各系科的课程内容报部再核。

部长吴有训

一九五一年五月廿五日

附二：　关于向华东军政委员会教育部呈送拟更名系科课程内容的报告

一、关于本校商学院及各系科请求更改名称一案,业奉钧部五月廿五日教高行字第〇〇四七六〇号批复,饬先将商学院及铁路专修科改称各系科的课程内容,呈报再核

等因;

　　二、按本校商学院拟以政治经济学为基础,而以马列主义观点与方法,教导学生学习财政经济方面的理论和实践,培养财经工作人才,适应国家经济建设之需要,故拟将原名改称为财经学院;

　　三、又因鉴于学习财政金融基本理论与政策之重要,拟将原设之银行系改为财政金融系,增设有关新民主义财政金融之必要课程,使具有独立研究与处理中国财政金融问题的能力;复因鉴于城乡物资交流国内贸易之益趋重要,拟将原设之国际贸易改为贸易系,学习国内外贸易基本理论与必要技术,培养了解形势、掌握政策,在新民主义建设中,从事国内外贸易工作的人才;再参照钧部领导拟订之财经学院各系课程草案,关于企业管理系的课程内容,与本校工商管理系课程内容相符,同时为了表示重视工业企业起见,拟将原设之工商管理系改为企业管理系;

　　四、至于原有之铁路专修科,本校于去年暑假后添设,参照专修科课程草案,订定贰年四学期暂行课程,旋与有关业务部门华东交通部联系,经由该部于一九五〇年十月十三日以交(二)字第〇四五二号公文复开:"根据中央教育部精简大学课程之拟订,土木系铁路公路二组,似可合并为路工组,且公路工程干部在现阶段颇为缺乏,亟待大量培植以应建设需要,故'铁路工程专修科'似可改称'路工专修科',包括铁路公路二门,俾毕业学生工作范围较广",复因土木系本身除结构外,公路亦为重点,基于上述原因,乃参照《高等学校课程草案》第五八页土木工程系铁路及道路工程组课程内容,及土木工程暨水利工程方面各种专修科课程草案(初稿)内,铁路工程专修科与公路工程专修科课程内容,经系内教授讨论,订定"路工专修科"暂行课程,并拟改称为路工专修科;

　　五、以上各项,理合检同商学院改称后的课程内容一份,计十三纸,铁路专修科改称后的课程二份,暨改称后各系科师资表二份,备文呈报,敬祈核示祗遵!

　　谨呈华东军政委员会教育部

　　　附呈之件如文(略)

　　　　　　　　　　　　　　　　　　　　　　全衔校长廖〇〇

　　　　　　　　　　　　　　　　　　　　　　一九五一年五月卅一日

附三: 华东军政委员会教育部关于同意商学院及铁路专修科等更改名称的批复

光华大学:

　　一、一九五一年五月卅一日光字第二六九号呈悉。

　　二、我部同意你校所提商学院改称财经学院,国际贸易系改称贸易系,工商管理改称企业管理系,银行系改称财政金融系,铁路专修科改称路工专修科及关于各系科调整课程内容之意见。

三、除转呈中央教育部核备外,覆希知照。

部长吴有训

一九五一年六月十日

关于向华东教育部呈送学制改革书面意见的报告

兹遵照钧部五月十四日未列字第〇〇四四七九号通知,将本校教育系教授廖世承、朱有瓛对研究学制改革提出的书面意见一份,备文转呈,敬祈察核!

谨呈华东军政委员会教育部

附呈之件如文

全衔廖〇〇

一九五一年五月十七日

附一: 关于学制问题的意见

甲、对于一般原则性的意见

一、我们建议各级学校的任务,应明确地规定在学制草案内。

二、各级学校的联系以及条条路可入高等学校,最好在总纲内加以说明。

乙、对于学制草案的意见

一、初等教育

1.幼儿教育的年限暂定为四岁至七岁(十足年龄,下同)。

2.小学教育的年限,我们赞成中央教育部所拟的学制草案,改为五年一贯制,七岁至十二岁。

理由:(1)为了满足人民对文化的要求,为了适应国家的建设需要,我们主张新学制年限必须缩短,时间必须经济。

(2)小学高年级教材颇有重复,减少一年,不致降低程度。

对反对意见的答复:

(1)现行农村初级小学改为五年一贯,增加教学上很大困难,效果必然降低。

我们认为土改后农民学习要求提高,可以读五年。少数农村不能设五年小学的,不妨暂设三年小学,学生修毕后,可以转入五年的小学。

（2）中国学前教育不发达，五年达成规定教学的目标尚是问题。

我们认为我国学前教育不发达，小学改四年是有问题的。改五年，问题并不大。如能精简教材，遴选教师，改五年后，决不致影响教学效能，小学教师的素质是非常重要。素质不佳，六年小学还是达不到规定的教学目标的。

（3）五年一贯制目下不行，可否先采三二制，逐渐改为五年一贯。

我们在上面已经说过，五年一贯是原则，如少数农村因客观条件不够，不妨先办三年小学，逐渐改为五年。各期教育分段太多，于升学及教材衔接各方面，都有不便。

二、中等教育

我们赞成中等学校仍为六年，暂分初高两级，各三年。

理由：

（1）学制改革是极其复杂的问题，现时各地初级中学校数较为发达，在短期内改六年一贯制，不易实行。

（2）初级中学易为工农开门。

（3）各类技术学校亦须打好普通教育的基础，如在五年制小学后即推行技术教育，分化似嫌过早。

对反对意见的答复：

（1）主张中学改为五年一贯制。

我们认为试验五年一贯制的中学，都选择优良的教师学生做试验，不适合一般学生的条件。目前中学的功课已相当繁重，如再缩短一年，势必加重学生负担，影响身心健康。

（2）我们赞成技术学校不必一律规定为初高级各三年，可以把初级技校定为三年或二年，高级技校三或四年。

理由：

（1）技校年限应按不同的业务来规定。

（2）技校学生在外服务数年后，仍可转入高级技校进修，总之，条条路可通大学。

三、高等教育

我们赞成高等学校以四年为原则，某些院系三年或五年。我们不赞成高等学校定三年为原则，因现时大学生的基本教育训练尚嫌不够。

**附二：　华东军政委员会教育部关于转发中央教育部解决学制改革问题研究提纲
并希提出书面意见的通知**

中央人民政府教育部拟于最近解决学制改革问题，为充分吸收各方意见，并印发学制研究提纲。今特转发，希予研究讨论，对提纲中所列问题（全面或部分问题）于五月十九日前提出书面意见寄交我部。

　　此致光华大学

　　附：学制研究提纲一份。

华东军政委员会教育部

一九五一年五月十二日启

附三：　学制研究提纲

　　中央人民政府教育部正在进行学制改革的研究,并希望在今年上半年能对中华人民共和国的新学制有所确定。这是由于旧学制在许多方面已经不适合于新的要求;同时为了有效地实施基础教育和培养国家建设人才,必须及时地把新学制确定下来。学制改革是关系我国建设首先是教育建设的一个极其重大,同时亦是极其复杂的问题。学制改革主要地要根据我国教育建设的总方针:就是教育必须为国家建设服务,学校必须向工农开门。同时要根据各级学校应有的任务和对学生的要求;要依照儿童和青年身心发展的规律;要顾到目前国民经济的水平和将来国民经济的发展前途;从中国教育现有基础出发并参考苏联教育建设的经验来规定各级各类学校的年限及其相互间的衔接与沟通。学制改革的讨论应和对旧学制的批判结合起来。

　　兹列问题二十则作为讨论和研究时的参考:

　　一、初等教育

　　1. 幼儿教育的年限和入学年龄(十足年龄,下同)应该如何规定?

　　2. 小学教育的年限与入学年龄应该如何规定? 要不要分段? 如何分段?

　　3. 义务教育的年限应该如何规定?

　　二、中等教育

　　4. 普通中学的年限与入学年限应该如何规定? 要不要分段? 如何分段?

　　5. 各类技术学校的年限应该如何规定? 要不要分段? (如初级中级)? 各级任务如何? 应该如何与小学及初中(假定普通中学分段的话)衔接? 对于各种艺徒学校、短期技术训练班在学制上的地位和年限应否有规定,如何规定?

　　6. 师范学校的年限与入学年龄应该如何规定? 要不要分前期后期(或初级中学)两种? 要不要分科(如幼稚师范、体育师范等)? 在目前简易师范有无存在必要? 简师应为几年? 其任务如何? 与小学衔接或与初中衔接?

　　7. 各类中等学校之间应如何衔接和沟通?

　　三、高等教育

　　8. 大学各院系和各种专门学院的年限应该怎样规定? 要不要设预科? 学位如何

规定？

9. 研究院的年限应该如何规定？学位如何规定？

10. 各种专科学校的年限应该如何规定？各种专修科的年限和任务如何规定？

11. 师范专科学校的年限应该如何规定？其任务应该怎样规定？

四、工农教育、补习教育

12. 工农速成中学教育照暂定年限（三年）是否能完成任务？

13. 工农干部文化补习学校照暂定年限（二年）是否能完成任务？

14. 工农业余教育在学制上应如何规定？

15. 工农教育的师资应如何培养？

16. 在职干部业余补习教育的年限、级别应该如何规定？

五、其他

17. 成人补习教育在学制上应如何规定？

18. 少数民族中、小学的年限应如何规定？

19. 技术学校的师资如何培养？由哪种学校来培养？

20. 艺术学校应分几级？其年限与入学年龄应如何规定？艺术专科学校的年限应如何规定？五年制的艺术专科学校（招收初中毕业生）应否保存？

关于向华东教育部呈送欢迎国际学联组织演讲会工作计划的报告

兹送上本校欢迎国际学联组织演讲会具体工作计划一份，敬祈察核！

谨呈华东军政委员会教育部

（全衔）校长廖○○启

一九五一年五月十八日

附一：　光华大学欢迎国际学联组织演讲会具体工作计划

甲、会前准备

一、宣传

1. 利用黑板报、大字报、漫画、标语、广播等宣传工具介绍国际学联来我国参观访问以及组织演讲会的意义。

2. 激发同学的国际主义精神，热爱国际学联的组织，以实际行动搞好新民主主义学习，大张旗鼓镇压反革命来欢迎国际学联执委的莅临。

3. 练唱《东方红》、《民主青年进行曲》、《国际学联歌》等。

4. 普遍练唱，造成热烈昂扬的气氛。

二、组织

1. 以光华大学同学为主，大学部参加约九百余人，中学部约六十人。

2. 大会布置由土木系同学担任，演讲台上中央悬挂毛主席像、国旗，两侧挂红旗，礼堂两面贴布国际学联徽章，台口横幅题以"光华大学同学邀请国际学联代表演讲会"，两旁直幅字句俟口号标语发下再行决定。

3. 大会招待由各系产生负责人。

4. 大会纠察由组织之纠察队负责。

5. 大会保卫工作（包括电话、要道、茶水等）由党支部、青年团指定负责人负责办理。

6. 礼品由学生会赠送斗争及生活照片，并号召各系同学准备富有教育意义由同学创造的礼物，经大会筹备会礼品组检查后献送。

7. 组织名单及学生会主席欢迎词内容，容待补送。

乙、大会程序

1. 由学生会、青年团、工会、学校行政负责人各一人组织主席团，并由学生会主席担任执行主席，主持大会。

2. 由学生会代表前往欢迎，代表团汽车驶进校门，由主席团学生会各系会代表三十人热烈鼓掌迎接代表下汽车，并一一握手。

3. 由欢迎代表及腰鼓队引入大会会场，全场同学一致起立鼓掌，唱国际学联歌，代表登台入座。

4. 主席致欢迎词后请国际学联代表演讲，并由鼓动宣传员掌握情绪配合上下高呼口号及鼓掌。

5. 演讲毕，献花，放唱片，在同学热烈鼓掌声中进行献礼品。

6. 献礼毕，同学起立鼓掌，唱民主青年进行曲，由主席团及代表与腰鼓队等，欢送代表团出场，上汽车。

附二： 关于向华东军政委员会教育部送呈欢迎国际学联莅校演讲会欢迎词的报告

兹将本校学生会主席在欢迎国际学联莅校演讲会上的欢迎词内容抄录一份，送请察核！

谨呈华东军政委员会教育部

附呈送之件如文

（全衔）校长廖〇〇启

一九五一年五月廿一日

欢迎词（光华大学学生会主席朱世和）

亲爱的国际学联的代表们：

今天我们全光华的师生员工，以无比的热情和兴奋的心情来热烈欢迎我们的国际战友，并向你们以及你们所代表的全世界各国民主青年致以崇高的衷心的战斗敬礼！你们为了保卫世界和平、争取青年美好的将来和进一步加强全世界民主学生的团结与友谊，今天来到了本校，我们感到无上的光荣和愉快。

国际学联成立五年来，一直团结着世界学生反对帝国主义，为争取和平、民族独立、民主教育而斗争，成为我们青年保卫世界和平斗争中的一支重要力量。

国际学联不仅在解放以后给我们很多帮助，而且早在解放以前，在我们中国学生反美反蒋的历次斗争中，国际学联及许多国家的学联就不断地用各种方式支援我们、慰问我们，中国学生和全世界的学生一直就紧紧的团结在一起，为着我们共同的目的而奋斗。

今天我们能够热烈的盛大的欢迎国际学联执委会的代表们，是在中国人民解放斗争取得伟大胜利和中国人民抗美援朝辉煌胜利的今天举行的，使我们衷心的感谢我们的伟大领袖毛主席和中国共产党的英明领导。同学们，让我们为我们祖国的伟大胜利和国际战友的到来而欢呼吧！

我们光华的同学同全世界民主学生一样热爱着民主与和平。在解放以前，我们光华同学和全国人民在一起和美蒋反动匪帮展开英勇的斗争。解放前夕，我们组织了人民保安队，迎接解放。依靠了毛主席、中国共产党、中国人民解放军，我们获得了光辉的胜利。解放以后，在毛主席和中国共产党的英明领导下，我们过着自由民主的生活和学习，全校师生员工加强团结，进行了新民主主义的学习，在伟大爱国主义的旗帜下学习文化科学知识，锻炼身体，培养自己成为为人民服务、新民主主义建设中的有用人才。祖国为我们每一个同学安排了光明灿烂的美好前途。

我们是胜利了，帝国主义是不甘心的，他们还企图发动新的战争。为了保卫祖国，保卫世界和平和我们青年美好的前途，我们全体同学参加了全国抗美援朝的爱国运动，一百零五位同学报名参加军干校，彻底粉碎美帝国主义的侵略阴谋。

今天国际学联代表们的到来，给我们全光华人以更大的鼓舞，我们保证坚决执行国际学联执委会的一切决议，支援殖民地附属国青年学生的斗争，我们要继续进一步开展抗美援朝运动，肃清一切反革命分子，保护学校，与一切破坏我们学习的敌人作坚决斗争，我们全体同学为了伟大祖国，为了保卫世界和平的事业而加紧学习。

让我们高呼：

国际学生联合会万岁！

全世界青年大团结万岁！

反对侵略！保卫和平！

我们伟大的祖国万岁！

毛主席万岁！

斯大林万岁！

会场横幅

（中）：光华大学同学邀请国际学联代表演讲会

（二旁）：

1. 全世界青年学生，高举起进步和知识的火炬，坚决为反对美国侵略保卫世界和平而斗争！

2. 彻底肃清反革命，加强学习，练好身体，为建设强大的祖国及青年幸福前途而努力！

关于向中央教育部呈送土木等课程草案意见的报告

兹遵照钧部本年四月廿一日高三字第三七○号函，嘱将本校土木、生物两系对修正理工两学院有关各该系课程草案所提出的书面意见计两份备文呈报，敬祈查核！

谨呈中央人民政府教育部

附呈之件如文

全衔校长廖○○

一九五一年五月廿八日

附一： 关于生物学系最低设备标准草案初稿的意见

（一）书籍方面

1. 一般地说，俄文书所列太少，杂志亦均未曾开列。

2. 脊椎动物解剖学所列基本读物太少，尤缺各类解剖指导专书。

3. 动物生理学所列书籍中缺少无脊椎动物生理教材，对于说明发展规律就减少了具体资料。

4. 胚胎学的参考书所列太少，应加选择列入。

（二）仪器药品方面

1. 植物形态学以 20 人作单位仅有四架显微镜，离实际需要太远，且需用放大镜。所有仪器标本均需专橱陈列安放。

2. 胚胎学实验应添列培养各种动物胚胎所需仪器，如保湿箱等，又需制片的仪器药品。

3. 动物切片学在高教课程改革草案上为动物技术学，应包括培养无脊椎动物及剥制动物标本所需的设备。

（三）实验材料方面

1. 植物分类学未列标本，除有代表性之各科腊叶标本及浸制杯本外，尤应选取中国特产的经济植物，俾便而爱国主义教育相结合，此外适当的挂图也是需要的。

2. 普通植物学所列相当丰富，应加整理与选择。

3. 动物生理学方面，有关无脊椎动物学生理实验设备亦应加入。

4. 普通动物学玻片标本方面缺乏原生动物、海绵、水螅、蠕虫类及文昌鱼等动物整体及横切面制片标本，这些是必需的基本实验材料。

（四）植物生态学最低设备

1. 书籍

Oosting, Herry G. "The study of plant communities", 1948, W.H. Freeman CO.

Gates, Frank C. "Field manual of plant Ecology", 1949, Mc Graw Hill CO.

卢鋆编著：中国气候总论，正中，一九四七

李庆逵、李连捷合译：中国的土壤，地质调查所土壤专报，一九三六。

2. 挂图：中国气候、土壤植物分布图，世界气候、土壤、植物分布图

3. 仪器

电烘箱一个，水平器一只

公尺五根，侧针六只合成一组（每三人合用一组）

雨量计二只，风力计一只

干湿球温度计一只，水银气压计一只

最高最低温度计一组，温度计一只

台秤（附砝码）一只

土壤抽样铁铲（二寸高，三寸径，有盖）十只

土壤筛一套，掘土器一只

花盆廿只，木柄钢制掘沟器一或二只

生物学系

五、廿二

附二：　土木系各位教授根据教学情况对于学习时数方面所提意见如下：

课　　程	原定时数	拟改时数
工程画（一） 工程画（二）	2 - 3 - 3 - 8 2 - 4 - 2 - 8	2 - 3 - 6 - 11 2 - 3 - 6 - 11
结构学（四）	2 - 0 - 4 - 6	3 - 0 - 6 - 9
工程材料	3 - 0 - 2 - 5	（一）3 - 0 - 2 - 5 （二）3 - 0 - 2 - 5
电机工程	3 - 0 - 5 - 8	4 - 0 - 7 - 11
钢筋混凝土结构设计（一）	1 - 5 - 3 - 9	2 - 4 - 3 - 9

关于内容更改三课程如下：

课　　程	原内容	拟改内容
基础工程	各种基础的理论，基础钻探施工方法	各种基础的理论与实施的方法，基础钻探施工方法

附三：　中央人民政府教育部关于请全国各高等院校对拟修正理、工两学院相关课程草案提意见的函

全国各高等院校：

一九五〇年六月第一次全国高等教育会议之后，我部曾拟订高等学校各系课程草案分发各校，作为制定课程及教学计划的参考。其中关于理、工两学院数学、物理、化学、地质、生物、机械、电机、化工、土木、水利、地质工程等十一系课草案拟于今年暑假以前加以修正，为此函知你校希即转知有关各系根据实施情况总结经验，对各该系课程草案提供意见，于五月十五日以前汇送我部，俾作修正时的参考。

中央人民政府教育部
一九五一年四月二十一日

关于向中央教育部报送中文等系课程修订意见的报告

一、钧部本年五月八日通知暨寄送之文学院中、外文系课程草案的课程表修正初稿各一份,祇收敬悉。

二、经转交有关各系研究讨论,提出意见如次:

1. 中文系提:语言学、文字学拟请列为三年级的必修科。

2. 外文系提:

(1) 任务一条拟修改为"培养外语师资、翻译人才及进一步研究外国文学的准备";

(2) 二年级课程中,"文艺学"四分拟改为"文学选读"六学分。理由:未对文学作品有初步认识而谈文艺理论,易流于空洞。

(3) 三年级"论文选读"四学分拟改为选修,另添"应用文"六学分(必修)。理由:应用文较合于一般学生需要。三年级"文学选读"八学分拟改为六学分。理由:因"应用文"为六学分,较"文艺学"多出二学分。

(4) 四年级"文学选读"八学分,"英国文学史"六学分,拟合并为"英国文学史及作品选读"共十学分,内中四学分为较有系统地选读英国文学作品,以配合英国文学史的讲授,另增"文艺学"四学分。

三、以上各项意见,理合备文呈报,敬祈察核!

谨呈中央人民政府教育部

全衔校长廖○○
一九五一年六月四日

附: 中央人民政府教育部关于请对中文、外文系课程草案的
课程表修订初稿提出意见的函

光华大学:

兹寄送文学院中文、外文系课程草案的课程表修正初稿各一份,请你校交有关各系研究讨论,提出意见于五月卅日前汇集直寄我部,以作再度修正的参考。

中央人民政府教育部

一九五一年五月八日

关于向中央教育部呈送政治思想教育进行情况的报告

兹遵照华东军政委员会教育部五月二日教高政字第四二六六号通知之规定,将本校政治思想教育进行情况,计"新民主主义论的教学"、"社会发展史的教学"、"学生时事学习"、"学生课外活动"及"教职员工警政治学习"等五项报告共五份,备文分呈,敬祈察核备查!

谨呈中央人民政府教育部

附呈之件如文

全衔校长廖○○

一九五一年六月九日

附一：　新民主主义论的教学报告

一、校名及校址

私立光华大学　　上海虹口欧阳路

二、担任教师

曾乐山　姚舜钦　程应镠(职别、专任或兼任、简单履历附本报告篇末)

三、选修人数

三四〇人

四、讲授提纲及参考书

主要依照华东教育部所发的"新民主主义论讲授提纲"讲授,学生主要参考书：

1.毛泽东：新民主主义论

2.毛泽东：中国革命与中国共产党

3.毛泽东：论人民民主专政

4.毛泽东：《共产党人》发刊词

5. 毛泽东：湖南农民运动考察报告

6. 毛泽东：论联合政府

7. 刘少奇：国际主义与民族主义

8. 中国人民政治协商会议共同纲领

五、学生的主要思想情况

1. 关于中国革命领导权问题上，不少同学怀疑工人阶级能领导革命，不相信工人阶级的革命性，彻底性，大公无私性……怀疑五四、北伐、抗战是工人阶级领导的。

2. 谈到中苏关系问题时，不少同学怀疑苏联对中国的友谊是否"真诚""可靠"，喜欢算旧账。少数同学对苏联的认识很差，怀疑苏联的国力，部分同学听到"以苏联为首的世界和平民主阵营"时问，为啥要"以苏联为首"。

3. 讨论到反对美帝侵略保卫世界和平、抗美援朝时，部分同学对美帝仍存在着幻想，恐惧的思想，引不起仇视、蔑视、鄙视的心理。

六、教育方针

1. 肃清封建的买办的法西斯主义的思想，树立正确的观点和方法，发展为人民服务的思想。

2. 逐步提高学生的觉悟程度，克服有意拖延不愿改造的思想，同时着重防止用粗暴的方法，急于求成的偏向。

3. 以"自由思考，追求真理，修正错误"的方法，逐步改造与克服非民族的非科学的非大众的思想，建立完整的为人民服务的思想。

4. 反对美帝侵略，保卫世界持久和平，肃清崇美、亲美、恐美思想，贯彻抗美援朝卫国保家、巩固人民民主专政、严厉镇压反革命的爱国主义教育，培养并发扬与国际主义所结合的新爱国主义的思想。

七、教育方法

1. 正课未教之前，先作学习动员报告，端正学生的学习观点与学习态度，讲明学习目的、内容和方法。

2. 每一单元教学之初，指出该单元的范围、重点、要求及参考书，并指定主要参考书之一，令学生作读书报告，提出问题。

3. 根据学生所提的问题，补充讲授提纲进行讲授。每一单元教完之后，针对主要问题，进行小组讨论，然后再根据小组讨论未能解决或重新提出之重要问题，作重点的解答与补充。

4. 在教学过程中，尽量启发学生暴露与分析思想，然后针对其主要思想，有的放矢的以系统理论知识有重点的加以解决。

5. 尽量联系目前全国人民的重点政治任务，如抗美援朝、镇压反革命等进行教学。

八、教学组织

1. 领导教学的最高组织为政治教学委员会,由政治教员、各班班指导员(业务教授兼任)组成,内设常务委员会,由政治教员组成,负责教学工作。

2. 在政教会领导下,全校分成十六个学习班,每班请一位教授为班指导员,并设正副班长各一人,协同政教会推动工作。

3. 各学习班分成若干小组,由六人至十人组成。

九、同学对政治课的反映

有的采取无所谓态度,可有可无;有的存着不得已而学习的思想,"为着学分,不能不学";有的认为政治课不必要学,"看过了,没有什么可学的";有的说"系统理论知识读不进去";有的对政治课有抗拒情绪。大多数都没有明确认识到搞好政治课学习是搞好政治学习、提高政治认识与觉悟的重要一环,自然也有同学明确政治课的重要,并颇能认真学习。

政治课教授简历

姓名	性别	年龄	籍贯	学　历	经　历	专任兼任	职　别
曾乐山	男	30	广东	国立西南联合大学毕业	西南联大、北大助理研究员,复旦、牙专、航务学院政治教员	专任	讲师兼政治教学委员会主任
姚舜钦	男	49	江苏武进	光华大学文学士	光华大学秘书、注册主任、副教务长、教授等	专任	教授兼副教务长注册主任
程应镠	男	36	江西新建	国立西南联合大学文学士	云南大学、上海师专、法政学院等讲师、副教授	兼任	教授

附二： 社会发展史的教学报告

依照华东教部教高政字第〇〇四二六六通知所发调查提纲拟就

1. 校名及校址

私立光华大学　　上海虹口欧阳路二二一号

2. 担任教师

本学期由姚舜钦先生担任(职别、专任或兼任、简单履历见新民主主义论的教学报告)

3. 选修人数

本学期因所招春季始业生不多,仅开一班,选读者 34 人

4. 讲授提纲及参考书

依照华东教部所发教学计划并参照艾思奇所著社会发展史讲授提纲进行教学

主要参考书如下：

(1) 社会发展简史(解放社)

(2) 历史唯物——社会发展史讲授提纲(艾思奇)

(3) 辩证法唯物主义与历史唯物主义(斯大林)

(4) 从猿到人(恩格斯)

(5) 论国家(列宁)

(6) 中国革命与中国共产党(毛泽东)

(7) 论联合政府(毛泽东)

(8) 新民主主义论(毛泽东)

(9) 论人民民主专政(毛泽东)

(10) 人的阶级性(刘少奇)

(11) 论共产党的修养(刘少奇)

(12) 学习社会发展史参考资料(三联书店)

5. 学生的主要思想情况

(甲) 有一部分落后的学生对于马列主义的立场观点方法不易接受，近虽不显明反对，但常时提出责问式的问题，以示不满之意，对于解答之问题，有默认者，有明白表示赞同者，有虽不表示反对而实际仍存怀疑或甚至依旧固执地不满者。

(乙) 有一部分进步的学生，对于马列主义虽能接受，但停留于理论的浮面上，不能深入，更不能贯彻到行动中去；往往遇到具体事实与个人利益冲突时，不仅立场摇动，连到对于理论也不相信了。

(丙) 有一部分中间的学生，往往以第三者的态度来学习马列主义，认为是处于现社会应有的常识，不能联系自己的实际，以改造思想，甚至有以为必修科的关系，且教育当局与学校方面既很重视，不得不用心学习者，也有仅在得学分者。

6. 教育方法

开始二周先作政治课学习动员，并说明学习社会发展史的目的、内容与方法，嗣后依照规定的各个单元顺序进行。

每个单元开讲之前，嘱学生先阅读参考书籍，而特别对于社会发展简史阅读后，须作读书札记交阅，每章读书札记须分(1) 读书札要、(2) 问题、(3) 心得三项，分别写明。

根据读书札记所提问题，充实内容，进行讲授。讲授时并说明每个单元的范围、重点和要求，每个单元讲授完毕后，再就学生所提问题之重要者，作成讨论提纲，嘱学生再看参考书，并举行小组讨论，在小组讨论时尽量联系实际进行。

就学生小组讨论所未能解决之问题或新提出之重要问题作解答报告以结束一个单元。

在各个单元开讲之前嘱学生交阅读书札记，可督促学生阅读书籍后再行听讲，易于理解讲辞，且不致乱提问题，所提问题亦较有意义。

上学期上海举行"从猿到人"的大规模展览会，对于教学方面颇多帮助。本学期没有像上学期那样的展览会领导学生参观，又没有图表模型给学生看，因此，教学上较上学期困难些。

抓紧具体事实或实际运动，如抗美援朝、参加军干、镇压反革命分子等，以进行教学为贯彻理论与实际一致的最好教学方法。惟联系实际，和学生联系自己的思想，以进行思想改造，尚嫌不够，须设法进一步推进；对理论的了解也不够深刻，拟于小组讨论后，试行大班讨论，渐次使学生进入批评与自我批评，不过在教学时间上颇难办到。

7. 教育方针

教学组织与同学对政治课的反映，见新民主主义论的教学报告。

附三：　学生时事学习

（一）校名及校址

私立光华大学　上海虹口欧阳路 221 号

（二）组织机构

本校学生时事学习统由政治教学委员会负责，政治教学委员会系由委员 20 人组成，委员人选除政治教员三人与政治助教三人为当然委员外，余由本会筹备处推聘各院系业务教授担任。在政治教学委员会之下设立常务委员会，由政治教员两人、政治助教三人组成，执行有关政治教学经常工作，每周定于星期六下午召开工作会议以检讨上周工作，并布置下周工作。

政治教学委员会将全校 20 个科系编成十七个学习班，每班设立正副班长各一人（每班人数以 30 人至 50 人为原则），每个学习班分成若干小组，每组设立正副小组长各一人（每小组以六人至十人为原则）。

（三）参加学习总人数

全校共计九五五人，内保险训练班一二〇人，系五月十五日开始上课，所以时事学习亦在此时才开始。

（四）学习内容和学习参考资料

由于配合形势要求，本学期时事学习内容和学习参考资料约略分成三个阶段：

第一阶段是三月二日至三月卅日，在这阶段里，除了华东教育部高教处曹未风副处长在开学典礼上作了"目前形势与新民主主义学习观点"报告外，都是关于反对美帝武装日本以及订立爱国公约方面的报告；第二阶段是四月十三日至六月八日，以镇压反革命学习为压倒一切的中心内容；第三阶段是六月十五日至六月廿九日，我们结合新爱国主义进一步深入镇反学习与运动，激发同学热爱祖国的情绪，使对伟大祖国的建设具无限的信心。

现在将第一、第二阶段内学习的一些具体内容分述如下：

（1）三月二日（星期五）第一次政治大课由华东教育部高教处曹未风副处长作报告，讲题是"目前形势，本学期工作以及学习观点问题"。

（2）三月九日（星期五）第二次政治大课，请交大教务长陈大燮先生报告"反对美国重新武装日本"。

（3）三月十六日（星期五）第三次政治大课，请抗日战士及李白烈士夫人报告"反对美帝武装日本的意义"。

（4）三月廿三日（星期五）第四次政治大课，请出席和大代表黄宗英先生报告"出席和大经过及祖国的国际地位"。

（5）三月卅日（星期五）第五次政治大课，请王芸生先生作"目前形势的报告"。

（6）四月十三日（星期五）第六次政治大课，请刘克林先生（《大公报》编辑）主讲"怎样读报"（以镇压反革命问题贯穿中心内容）。

（7）政治教学委员会主办第一次"画报剪贴展览"，共十三幅，均以镇压反革命为中心内容。

（8）政治教学委员会布置下列学习资料，结合政治大课报告及当前时事政策举行第二次时事测验。

指定学习资料：

a.中华人民共和国惩治反革命条例

b.彭真同志关于镇压反革命活动和惩治反革命条例问题的报告

c.为什么必须坚决镇压反革命（《人民日报》社论）

（9）四月十七日（星期五）举行第七次政治大课，本校廖校长传达上海二届二次人代会的决议与精神，并由黄逸峰同志（交通部部长）报告关于镇压反革命问题，全体师生员工并举手通过，拥护缔结和平公约，反对美帝武装日本，拥护人民政府严厉镇压反革命。

（10）四月廿七日晚，公安机关逮捕潜伏在本校的八个反革命分子，翌日（廿八日）政治教学委员会召开学习班班长小组长联席会议，说明逮捕反革命分子问题，并动员参加"五一"大游行。

（11）四月廿九日（星期日）市区代表在逸园举行控诉反革命分子罪行大会，本校组织三百余同学在校收听转播。

（12）四月卅日（星期一）全校师生员工下午二时起召开"镇压反革命大会"，内容为宣布并控诉本校被捕匪特分子罪行。

（13）五月四日（星期五）第八次政治大课，请陈仁炳先生讲"'五四'的意义及镇压反革命问题"。

（14）五月十一日（星期五）第九次政治大课，请王中同志报告镇压反革命问题，同时肃反委员会委员在大课时间举行宣誓。

大课以后即举行第三次全校性小组讨论，讨论提纲主要是对本校已逮捕的反革命分子的活动情况提供补充材料，并提出对这些反革命分子的处理意见。

同学主要意见：

一、许多同学认为潜伏在学校内的特务罪行只是"挑拨离间，破坏团结"，罪行很小，像陈小毛之流的反革命分子才可恨，这些人没有什么。

二、对于处理意见，同学感觉得很棘手，一部分同学提不出，有些同学多提出判五年以上有期徒刑。

同日政治教学委员会收到指定全校同学按照指定"提纲内容"作的报告——"镇压反革命分子学习心得与'五一'游行前后的感想"（称为小结同学不习惯，故称感想，目的为巩固前一阶段的收获）。

提纲内容：

a. 学习以前和现在你对于镇压反革命的认识。

b. 你对于公安部门逮捕潜伏在本校的反革命分子的看法怎样？有什么感想？

c. 今后你打算如何进一步协助人民政府做好镇压反革命工作，并如何继续提高自己的政治认识。

d. 本校此次参加"五一"大游行的同学占总数百分之九十以上，打破过去任何一次记录，你在游行前后有什么体会？

（15）北四川路区在虹口公园召开控诉反革命罪犯大会，本校师生员工参加者一百五十人。

（16）五月十八日（星期五）第十次政治大课，请人民法院庭长王容海先生作报告，讲题"人民政府怎样镇压反革命及青年学生怎样协助人民政府镇压反革命"。

（17）五月廿五日（星期五）第十一次政治大课，请周而复同志（上海市委统战部部长）报告讲题"新爱国主义及一九五一年的形势与我们的任务（即当前工作）"。

（18）五月廿九日政治教学委员会公布下列五种文件，全体同学必须学习，并根据这五种文件结合当前时事政策定于下星期五（六月八日）政治大课时间举行全校性的第三次时事测验。

1. 什么是反革命分子（王子野，《时事手册》第十五册）

2. 关于镇压反革命问答(《时事手册》第十五册)

3. 罗瑞卿同志关于处理反革命罪犯的报告

4. 进一步深入与展开镇压反革命的群众运动(《人民日报》社论)

5. 放手发动群众检举与控诉反革命分子(《解放日报》社论)

(19)五月卅一日下午一时半起本校组织九百余同学在大礼堂收听在逸园举行控诉反革命罪犯的转播大会,至四时半始宣布散会。

(五)主要思想情况

(甲)在第一阶段里

Ⅰ.一般同学不知道美帝在武装日本,并且认为一旦日本武装起来,对世界和平的威胁是相当大的,但是对美帝为啥要武装日本,它武装日本有哪些困难却无确切的认识。通过学习扭转了这种思想,同时更明确了团结广大人民,反对美帝武装日本的重要性。

(乙)在第二阶段里,主要思想表现在两方面:

Ⅱ.(1)通过镇压反革命学习,同学初步明确了反革命分子的危害性,镇反的正义性与必要性,但无深刻的体验,因此,对反革命分子还仇恨不起来,另一方面怎样与反革命分子进行斗争一点,大多数同学都不明确。

(2)对文化特务的危害性认识得更不够。

Ⅲ.本校八个反革命分子于四月廿七日晚被捕以后,一些积极的同学都说,这批家伙早就该逮捕了,今后我们更有信心搞好工作了;中间的同学表示惊异,认为被逮捕的八人中有的平日表现得很进步,怎么原来是特务;落后的同学怕自己被怀疑是特务。

(六)所费时间

每周平均约六小时。

(七)有何收获和存在哪些问题

1.同学听了新民主主义学习观点的启发报告,明确了"群众运动、文娱体育活动、时事政策学习"亦为正规学习的一部分,而且是重要的一部分,因此纠正大部分同学过去偏重业务科的纯技术学习观点,像学生会系科会的号召,大部分的同学都能响应,而且非常重视,就是一个显著的例子。

2."政治大课"民主秩序建立了,过去在听大报告时讲话的同学很多,而且中途离开的同学亦时有发现,现在这些现象都没有了。

3.崇美心理减少了,像过去开口闭口都能听到美国货好、美国一切都好的说法,现在很难听到了。

4.本校走读同学占半数以上,过去有些走读同学常常将"美国之音"带到校中来作小广播,这种现象现在没有了。

5. 通过了镇压反革命的学习和四月廿七日晚上本校八个反革命分子被逮捕以后,本校同学基本上已经发动起来了,正像团市青委所说"光华翻了个大身",邪气下降,正气上升,但有少数同学仍企图逃避参加斗争,他们的说法是:

a. 二十年来政治上几个反复(日本、汪伪、国民党、人民政府),事实证明不闻不问的人最占便宜,谁也搞不到他的头上,所以最好还是中立态度,搞好功课。

b. 不要积极,也不要落后,最好是"中庸"之道。

存在问题:

1. 就落后同学说,必须帮助他们作更大的进步,使他们了解政策,解除思想顾虑,大胆的暴露,大胆的进步。

2. 就中间同学说,必须继续提高他们的爱国热忱,进一步提供材料,检举密告反革命分子。

3. 就进步积极同学说,必须使他们主动团结中间落后的同学,孤立暴露特务分子。

4. 肯定本校仍有反革命分子存在,如黄匪大中捕后就先后发现反动标语"黄大中是好学生"、"黄大中是冤枉的",当全校百分之九十以上同学参加"五一"大游行时,竟发现这样的反动的言论"杀鸡给猴子看"。

(八) 学习反映

1. 对镇压反革命学习,有些同学感觉老一套。

2. 通过了本校八个反革命分子被捕以后,落后的同学都积极起来,他们认为如果再落后的话,会被匪特利用的。

附四: 学生课外活动报告

1. 校名及校址

光华大学　上海虹口欧阳路 221 号

2. 种类和性质

A. 体育活动:

(1) 球类:

篮球:经常有同学玩,人数很难估计。

排球:参加的有 300 多人,目前进行系级赛,每天有五六场。

足球:玩的人数不多(女同学没有参加)。

(2) 早操:每天进行,住宿同学有一半以上参加。

B. 文娱活动:

（1）歌咏团：人数不定，练习新歌为主。

（2）剧团：有一百人左右参加，演话剧为主。

（3）舞蹈组：正式参加有五六十人，非正式的有一百多人，各班各系选出学习舞蹈的同学，请了教舞蹈的教授，每星期六 4:00—6:00 到校教授，平时每逢星期一、三、五下午五时至六时半同学集中操场上舞蹈，但目前组织还不够健全。

（4）乒乓组：有二三十人参加。

（5）京剧团：由喜欢京剧的同学组成。

（6）口琴组：在考虑组织中。

3. 所需时间：（每周平均数）参加课外活动项目多者，每周大约十二小时至十四小时。

4. 同学反映：对舞蹈感兴趣同学普遍要求参加体育活动，对于新民主主义体育不是只为少数人出风头的思想有一定的认识，但认识到搞好身体是为了祖国还是体会得不够的。

5. 有哪些经验和问题

A. 经验：通过"五一"大游行后同学们开始活跃，过去舞蹈在光华是不习惯的，在五一大游行那天，当队伍休息时大家就开始舞蹈，同学开始对舞蹈感到兴趣，以前不参加活动的也喜欢参加了。

对于剧团方面，开始时搞剧团工作的人很少，通过几次运动涌现出很多演剧的天才。

B. 问题：

（1）领导不强，干部不多。

（2）体育组还有一笔体育经费，但文娱部没有拨出专供文娱活动的经费。

6. 有何建议

a. 同学要求有健身房。

b. 同学要求有文娱室，为了学校里没有文娱室，同学空课的时候没有地方去，影响到图书馆的民主秩序。

附五： 教职员工警政治学习报告

一、校名及校址

私立光华大学　上海虹口欧阳路 221 号

二、参加学习总人数：一〇八人

教师　五二人

职员　二四人

工警　三二人

三、学习组织机构如何？由谁领导？

学习由工会文教委员会统一领导，工作人员名单如下：

工会主席　　　　　吕思勉

副主席　　　　　　姚舜钦

文教主任委员　　　朱有瓛

委员　　　　　　　方锡刚

学习工作委员　　　曾乐山（主持新民主主义研究会）

　　　　　　　　　伍纯武（主持政治经济学研究会）

　　　　　　　　　姚舜钦（主持唯物辩证法研究会）

各小组组长　　　　王本慈　薛迪符　吕思勉　秦素美

　　　　　　　　　祝永年　胡昭圣　童养年　郁启灏

　　　　　　　　　杨文龙　李文冶　周鉴之

工友学习互助组指导　张祖培　陈育华　毛寿恒

四、学习内容和学习参考资料

1. 时事政策学习

（1）镇压反革命及反美重新武装日本文件学习（新华书店活页文选及解放报社论）

（2）收听庆祝"五一"节与镇压反革命控诉播音大会（人民电台）

（3）收听爱国主义播音讲座（上教工会、人民电台联合举办）

（4）其他如华东教育部、上教工会、本校行政及工会举办的各种演讲会

2. 政治理论学习

（1）新民主主义研究会——学习资料：毛主席——新民主主义论，新民主主义论学习提纲（上教工会出版），胡华——中国新民主主义革命史

（2）政治经济研究会——学习资料：政治经济学习提纲（上教工会），王思华——政治经济学教程

（3）唯物辩证法研究会——学习资料：辩证唯物论学习提纲（上教工会），斯大林历史唯物主义与辩证唯物主义，毛主席实践论学习文件（文汇报发行）

3. 工友政治学习——每星期五举行大课，结合时事政策请教师轮流作报告（主要内容为抗美援朝、土地改革、镇压反革命）

五、学习方法

1. 由工会各小组组长领导进行时事政策学习；

2. 由各研究会主持人领导进行理论学习；

3.由华东教育部上教工会或工会文教委员会布置启发报告或播音讲演；

4.根据研究提纲预定进度进行自学；

5.举行各小组或全校性的讨论会座谈会等；

6.由各小组按期向工会文教委员会汇报学习情况以资检查。

六、主要思想情况

1.在基本上都认为政治学习是必要的，但在实际上因种种关系未能经常持久普遍深入；

2.有一部分仍不免认为政治学习是满足政治常识的需要，而未能确切体验到是改造思想，尤其是对于旧知识分子更感需要的；

3.有一部分认为政治学习确属必要的，但在行动方面是可以超政治的；

4.有一部分在理论上强调"立场、观点、方法"的重要，但在实际上还嫌体会得不够，认识得不足，运用得欠妥，尤其是关于"立场"问题显得更严重，遇见具体问题，如最近轰轰烈烈地严厉镇压反革命就模糊起来了。

七、有哪些收获

1.政治认识提高——由于不断的学习，教职员工警的一般政治认识已逐步提高。这在各次游行的热烈参加尤其在抗美援朝运动镇压反革命运动的大力开展，充分得到表现，同时也表现在教材的改进上，工作的热情上，初步批判旧教材，建立阶级观点，劳动观点与群众观点；

2.师生员工警团结加强——这表现在薪津减低而工作情绪反见提高，以及多次的群众性集会上，例如解放后的"六三"校庆，师生员工警都能通力积极参加工作，一致拥护并实行精简节约的政策；

3.新爱国主义和国际主义的教育逐步发展——这在各种爱国运动中，在教材教法的改变中，在欢迎世青代表、国际学联代表的先后来校讲演中，以及苏联教育顾问的莅校参观中，已具体的得到体会，得到发展。

八、存在哪些问题

1.在理论上大家都理解到要向劳动人民服务，但在实践上，总还不够努力；

2.大家都理解教育为政治服务，为工农服务，但纯技术观点，自由主义的思想，还没有彻底清除；

3.大家都理解到学习的重要，但还不够结合实际，在教学上不免犯教条主义经验主义的偏向，即在学习工作上，有时犯了形式主义，不够发动群众，因此学习的主动性和积极性不坚强；

4.学校兼任教师较多，且多住宿校外，集会时间不易排定。

九、教职员工警对政治学习的反映

1. 大多数教职员工警对学习情绪一般的都很高,教授方面尤其对于业务学习与理论学习,均能理解到"教育者自身必须先受教育"的名言,但也有少数人觉得负担过重;

2. 职员因人数少,事务忙,部分人员对学习觉得负担过重;

3. 工友方面对时事政策与兴趣尚浓厚,对文化学习情绪并不过高。

十、建议——希望教育行政及工会及时加强领导

附六：　华东军政委员会教育部关于汇报政治思想教育进行情况的通知

华东区各大公私立大专院校

奉中央人民政府教育部通知,为了了解全国高等学校政治思想教育的进行情况,规定"新民主主义论的教学","社会发展史的教学","学生时事学习","学生课外活动"及"教职员工警政治"等五项调查提纲,兹特遵照翻印转发,希你校按照各该项目提纲,于五月底以前,分期作出简要汇报,一式两份。一份迳寄中央教育部,一份寄我部参考。

部长吴有训

一九五一年五月二日

关于向华东教育部呈送体育健康教育工作计划的报告

一、钧部三月十四日教高教字第〇〇二〇一〇号关于加强学校体育教育的指示敬悉。

二、本校体育健康教育工作计划,业经六月七日第十二次校务会议一致通过。

三、理合遵照规定,将上项计划一份备文呈报,敬祈察核备查。

谨呈华东军政委员会教育部

附呈之件如文

全衔校长廖〇〇

一九五一年六月十二日

附一： 光华大学体育健康教育工作计划

一、组织体育文娱委员会。该会隶属于校务委员会之下,由校内各团体联合组成(包括学校行政四人、工会一人、学生会五人、党团各一人),任务为统一领导推动全校性体育文娱活动。

二、加强体育正课,增添上课时数。本学期一二年级每周上课二小时(上学期二年级上课一小时),三四年级每周上课一小时,拟在下学期三四年级同样争取上课二小时;为照顾女生生理的发育和健康,与男生分别上课;对于身体有缺陷者另设特别班,每周上课一小时。

三、厉行早操。住校同学必须参加,并争取部分走读同学及教职员工参加。

四、广泛开展课外体育文娱活动。

1. 举行全校文娱体育干部大会,发扬同学参加体育文娱健康活动的自觉性,使体育文娱活动,能真正成为群众性全校性的运动。

2. 成立技巧训练班。

3. 成立舞蹈训练班。

4. 举行系际排球联赛。

5. 举行小型足球联赛。

6. 开放游泳池。

五、举行体格检查，每学期施行总检查一次。

1. 健康检查：关于普遍心肺透视，拟在本学期进行宣传工作，在下学期注册前施行。

2. 施行防疫种痘工作。

六、增加体育卫生设备

1. 添置移动双杠一架。

2. 添置棕垫二张。

3. 添置杠铃、铁哑铃、健身设备。

4. 改善沐浴设备。

附二：　华东军政委员会教育部关于加强学校体育健康教育的指示

华东区各公私立高等学校：

一、根据几个学校在去年进行学生体格检查的结果，并根据学生参加军事干部学校时体格检查的结果，可以知道目前学生的健康情况是不很好的，患各种疾病者占相当大的百分比。这种情形，必须坚决予以改变。为增进学生健康，提高学习效率，并为使他们在离校后能更好地服务于国家的经济建设与国防建设，各校在实施新民主主义的教育任务中，应大大提高对体育健康教育的重视，应将体育健康教育视为新爱国主义教育中的重要部分。

二、为加强学校体育健康教育的领导，各校可在校长（校委员）之下设立专门委员会之类的组织，悉藉与各部门沟通联系，相互配合。具体的领导及经常工作则仍应归教务处体育组担任。体育组主任或主任教授应参加教务会议。并可列席校务会议（校委会会议）。

三、各校各级应普设体育健康课程，一二年级必须开设两小时（每周），三年级以上各级争取一样开设两小时（每周），至少应开设一小时（每周）。全体学生必修，不计学分，其学时不在学生每周学习时间五十小时的最高限度之内。

四、各校应建立集体的早操制度。

五、在体育课及早操之外，各校应大力开展其他课余群众性的体育文娱活动，由学校行政指导、推动，学生会负责主持、发动，所需时间不算在学生每周课外活动六小时最高限度之内。

六、各校在本学期开学后一个半月内，全体师生应根据当地医药条件普遍进行一次透视，透视结果应汇报本部，并提出处理计划。原则上对患有活动性肺病的学生，必须坚决隔离其膳宿。

七、对于女学生的体育健康教育，应注意给予特殊照顾。

八、为保证实施以上各点，各校必须设法获得所需要的场地，设置一定的体育卫生设备，拨出一定的经费，并在排定课程表时，划出一定的课外体育文娱活动时间。

九、为保证实施以上各项，应求得全校师生认识一致，各方积极配合。各院系负责人及教授都有责任启发鼓动学生参加体育健康活动，并在做好精简课程这一工作上求得配合。应充分发扬学生参加体育健康活动的自觉性，使凡此项活动真正成为群众性的全校性的运动。

十、各校除应作好以上各点外，尚需注意整顿学校环境卫生，加强对医务、卫生机构的领导，加强对学生伙食的管理等，在各方面求得具体配合。

十一、希各校在接到本指示后，即由学校最高行政机构召集各部门进行讨论并拟订专门计划，报部备查。

抄致各省、市、行署文教（教育）厅、局、处及各有关业务部门

部长吴有训

一九五一年三月十四日

关于向华东教育部呈送应届毕业生应修学分总数的报告

一、钧部五月廿八日教高字第四八四四号关于毕业学分的几项临时规定之指示敬悉。

二、本校本届应届毕业生应修学分总数,业经六月七日第十二次校务会议提出讨论并决定如次:

1. 文理商学院一年级 120 学分,二年级 124 学分,三年级 128 学分,四年级 136 学分(不能低于 132 学分);

2. 土木系一年级 120 学分,二年级 126 学分,三年级 132 学分,四年级 140 学分(不能低于 138 学分);

3. 专修科一年级上 60 学分,一年级下 64 学分,二年级上下各 70 学分。

以上呈部核定后施行。

三、理合专案备文呈报,敬祈察核示遵!

谨呈华东军政委员会教育部

全衔校长廖○○

一九五一年六月十二日

附一:　华东军政委员会教育部关于同意一九五○年度应届毕业生毕业学分总数的批复

私立光华大学:

本年六月十二日光(51)字第○○二九三号呈悉。你校新订一九五○年度各院系应届毕业生毕业学分总数,我部原则同意,惟应加"修满规定年限及修毕全部必修课程与主要选修课程(按照教学计划规定),并经考试成绩及格者"之规定,以昭明确。

复希知照为要!

部长吴有训

一九五一年八月廿六日

附二： 华东军政委员会教育部关于毕业学分问题几项临时规定的指示

华东区公私立各大专院校：

华东各高等学校过去所订毕业学分数，一般是依每学期修读二十学分（或更多学分）的标准订出来的，此项标准在实施课程改革以后已不适用，故有多数学校纷来询问关于应届毕业生的毕业学分应如何订定的问题，本部将作如下临时规定：

一、应届毕业生毕业的必要条件：1. 修读每学期教学计划内必修课程及主要选修课程，经考试评定及格（必修课程包括政治课程在内）；2. 修满规定修业年限，其每学期修读课程及学分标准均依本部及学校规定选读者（之前照各校规定标准，一九五〇学年度起每学期每周以四十四学时或十五学分为标准）。——（注：最后一学期的每周学习时数，视教学之需要，得以三十学时或十学分为最低限度。）

二、应届毕业生应修学分总数，即可依据上项所述两个必要条件的精神自行拟订，并专案报部核定后施行。

三、应届毕业生中如有学年已满而学分未足者，如缺修必修课程在三学分或九学时（或选修课程在六学分或十八学时）以内者，得于本年暑期内补课，经考试及格，即准毕业，并分配工作，但须事先报部核备。暑期补课条件不具备时，仍需留校补修。惟如仅缺选修课程三学分或九学时以内者，得报部核准带到工作岗位上补修。

希知照办理！

部长吴有训

一九五一年五月二十八日

关于公布六三校庆工作总结的布告

本届校庆,由于全校同学踊跃参加工作,集体负责劳动,肯定了不少成绩,大家热爱学校的精神值得表扬。但因校庆筹备,时间匆促,展览部门,又较繁多,在工作进行中,不免存在着偏差。兹将工作总结,公布于后,仰各知照。

此布!

一九五一年六月十三日

光华大学一九五一年"六三"校庆工作总结报告

一、目的

本届校庆是环绕着下列各项具体目的而进行工作的:"发扬六三反帝爱国精神、深入抗美援朝运动、坚决镇压反革命、师生团结、展开新民主主义学习!"

二、筹备经过

1. 组织机构——成立第廿六周年校庆筹备委员会。

2. 分配职务——筹备会分秘书、总务、出版、招待、文娱、新爱国主义展览、各实验室展览、体育、安全九组。

3. 开展工作——各组照拟定计划开展工作。

三、工作一般

1. 纪念大会——六月三日上午九时在大操场举行纪念仪式,首由廖校长报告纪念大会的意义及建校历史与克服困难,开展各种爱国工作暨镇压反革命工作的经过情形,继请华东教育部高教处曹未风处长致词,附中包代校长报告,约大校务委员会副主任委员潘世兹先生讲话,工会代表薛迪靖先生、学生会主席朱世和同学报告,校友代表蒋孝沣先生讲话,接着学生纠察队全体队员宣誓,献旗献礼后,宣读各地贺电贺信,并对清洁比赛及早操最勤的各室同学代表分别给奖,最后奏乐散会,校友进行聚餐。

2. 展览工作——六月三日下午,六月四日整天,六月五日下午及晚间开放各实验

室,并举行各种展览会,分列如次:

a. 第一部分: 科学普及展览

(1) 一楼 107 室土木系仪器展览室;

(2) 二楼 206 室动植物展览室,207 室药物展览室;

(3) 三楼 310 室空气电学物理仪器展览室,311A 室油脂展览室,312B、313 室土木系科普展览室;

(4) 四楼 403 室染科展览室,405 室幻灯放映室,406 室夏令卫生展览室。

b. 第二部分: 图书馆新爱国主义展览会

c. 第三部分: 光华小学教育系教学展览

3. 体育活动——

a. 六月三日下午举行以球类比赛为主的部分体育活动

b. 六月九日整天举行体育大会

4. 文娱活动:六月三、四日晚间由光华剧团主持,1. 乐队演奏(青年会中学),2. 花鼓(本校腰鼓队),3. 口琴演奏,4. 话剧——民主青年进行曲。

四、主要收获

1. 普遍提高了政治认识——通过了这次校庆,全校师生员工,在纪念光华建校时反帝爱国的史实,以及廿六年来艰苦奋斗的经过,再结合到抗美援朝运动、镇压反革命运动中的许多体验,大家的政治认识,更普遍地提高了一步;

2. 充分表现出自觉自愿的精神——本届校庆有百分之九十五以上的师生员工,卷入各种工作的热潮中,大家自觉自愿的精神,弥足珍视,纠察队同学负责精神,更值得表扬;

3. 加强了团结力量——师生员工集体劳动,集体负责,充分表现出团结力量的加强;

4. 助长了教学情绪——在各种展览工作的进行中,以及向群众解释说明中,助长了师生的教学情绪,并提高了同学们的业务水平;

5. 增进了对学校的信心,这次的校庆内容的丰富,参观群众的踊跃,师生工作的积极,以及各方给予的赞誉与鼓励,使全校师生员工对学校前途,益增其信心;

6. 扩大了对社会的影响——由于各种展览,有的确切季节(如夏令卫生展览),有的结合实际(如科普展览),有的配合时事(如反特展览),故连日来参观群众,十分拥挤,其中尤以各工厂工人兄弟为数更多,日间展出,继之以夜,这对社会的影响是广泛地、巨大的;

7. 建立了劳动观点——从六月二日全校大扫除的举行,大会司令台的搭立,以及各展览室的布置——这些具体行动中,师生员工的劳动观点,更进一步的建立了;

8. 涌现出新的积极分子——在文娱活动以及各种展览与劳动服务进行中,涌现出不少新的积极分子；

9. 约翰光华胜利会师——六月三日约翰师生代表在校委会副主委潘世兹先生的率领下，与光华的师生胜利会师了，大家尽情的欢呼，无比的兴奋，喊出"约翰光华是一家"最亲热的口号！

五、几项缺点

1. 因为筹备工作发动较迟，同时又因为展览的部门比较繁多，因此各部工作难免发生偏差。

2. 出版组出编的纪念手册，由于(1)集稿时间匆促；(2)装订又费时日；(3)集中精力在征求广告；(4)稿件无校对时间等具体原因，致仅将政治教授名单及政治教学委员会主任姓名排印，但未将学校行政重要部门之"政治教学委员会"及全体委员专栏排入适当地位。按政治教学委员会在学校中占极重要地位，与其他委员会的性质是不同的。本学期政教会成立以来，工作努力，对于全校师生的政治学习，思想改造以及各种爱国运动，都起了极大的领导作用。这次手册上没有排印，是错误的。此外，全体工友名单及铁路专修科亦未列出，又漏抄三位助教，一位办事员，校对时亦没有发现。这些错误的造成，在缮校工作方面，显已犯了粗枝大叶的毛病，而在行政方面，没有能及时发现错误，纠正错误，这对今后工作的处理，又添了可重视的经验与教训。

3. 在总务工作方面，还嫌事前分工不够精密，在工作进行中，仍感未能更多的发动群众参加工作的缺陷。

4. 各种展览工作，分工仍嫌不够灵活，下厂邀请二人参观，仍感工作做得不够积极。

5. 部分展出工作，多系初次摸索，缺乏经验，甚至有一部分向外界借来的作品，未能全部展出。

6. 充任解释工作的人员，事前准备功夫，仍感不够充分。

附一： 关于向华东军政委员会教育部核准举办校庆展览六月四日停课一天的报告

本年六月三日（星期日）为本校第廿六校庆纪念日，为庆祝反帝建校的节日起见，除举行纪念会外，校内各实验室，拟自六月二日起至四日止，同时开放展览，并举行校史展览、科学普及展、夏令卫生展览、反特展览等，惟六月四日（星期一）可否停课一天，俾各项展览工作，得照预定计划进行之处，特经第十二次常务委员会议议决，专案呈请核示，理合备文呈请核示祗遵！

谨呈华东军政委员会教育部

全衔校长廖〇〇

一九五一年五月廿八日

附二： 关于请华东军政委员会教育部派员指导廿六周年校庆纪念的报告

六月三日为本校廿六周年校庆纪念日,定于是日上午九时半起在本校大礼堂举行纪念仪式,下午举行各种展览会及体育活动,理合备文呈请察核,准予派员莅校指导!

谨呈华东军政委员会教育部

全衔校长廖〇〇

一九五一年五月卅一日

附三： 关于请华东军政委员会教育部核准备案体育大会的报告

本校为纪念"六三"廿六周年校庆纪念,特定期于六月九日上午八时至下午六时,在本校体育场举行体育大会(天雨顺延,照常上课),理合备文呈报,敬祈察核备查!

谨呈华东军政委员会教育部

全衔校长廖〇〇

一九五一年六月六日

附四： 关于为配合六三校庆定期举行体育大会的布告

为了配合本届校庆纪念,更进一步的开展体育活动起见,特定于六月九日(星期六)上午八时起至下午六时止在本校举行全校性的体育大会,希全体同学热烈参加,是日各课暂停。

此布!

校长廖〇〇

一九五一年六月八日

关于呈送协助毕业生分配工作委员会委员名单的报告

　　一、本校前于四月廿八日第十次常务委员会时，即经议决，组织毕业生就业指导委员会，并经召开会议，商讨工作之进行。

　　二、嗣后复于六月七日第十二次校务会议时，提出遵照规定，组织协助毕业生分配工作委员会，当经指定校长，教务长，三院院长，政治、教育、法律、外文、生物、化学、工管、银行、经济各系主任，政教会主任，工会代表一人，学生会代表二人，党团支部代表各一人，毕业班同学代表三人，共计廿三人为委员，并推校长、教务长、三院院长、政教会主任、工会代表一人、学生会代表一人、党团支部代表一人、毕业班同学代表二人，共计十一人，为常务委员，原有毕业学生指导委员会取消。

　　三、兹将本校协助毕业生分配工作委员会委员名单，备文呈报，敬祈察核备查！

谨呈华东军政委员会教育部

附呈之件如文

全衔校长廖○○

一九五一年六月十八日

附一：　光华大学协助毕业生分配工作委员会委员名单

一、委员

　　廖世承（校长），姚舜钦（代教务长），吕思勉（文学院院长），祝永年（代理学院院长），薛迪符（商学院院长），朱有瓛（教育系主任），吕思勉（兼代政治系主任），冯志栋（法律系主任），周煦良（外文系主任），秦素美（生物系主任），胡昭圣（化学系主任），唐如尧（工管系主任），何仪朝（银行系主任），蔡正雅（经济系主任），曾乐山（政治教学委员会主任），李志远（工会代表），朱世和、曹干（学生会代表），陈一飞（党支部代表），张立耀（团支部代表），章宗涉、罗昌淑、韩荣芳（毕业班代表）。

二、常务委员

廖世承(校长),姚舜钦(代教务长),吕思勉(文学院院长),祝永年(代理学院院长),薛迪符(商学院院长),曾乐山(政治教学委员会主任),李志远(工会代表),朱世和(学生会代表),陈一飞(党团支部代表),章宗涉、罗昌淑(毕业班同学代表)。

附二：　华东军政委员会教育部关于转发中央教育部加强毕业生分配准备工作指示的通知

华东区各公私立高等学校：

奉中央人民政府教育部五月卅一日厅人字第一二五一号关于全国公私立高等学校今年暑期毕业生统筹分配工作对各校加强准备工作的指示。兹将原指示及附高等协助毕业生分配工作委员会组织规程草案随文抄发,希即根据指示精神及该项组织规程进行筹组;并将各校协助毕业生分配工作委员会之委员名单报部备案为要!

附：中央教育部五月卅一日厅人字第一二五一号指示及附件"高等学校协助毕业生分配工作委员会组织规程草案"。

部长吴有训
一九五一年六月五日

附三：　中央人民政府教育部关于全国公私立高等学校今年暑期毕业生统筹分配工作对各校加强准备工作的指示

各大行政区教育(文教)部、河北省文教厅：

中央人民政府政务院决定,全国公私立高等学校(革命大学、军政大学、各业务部门直接领导的学校不在此指示范围内)今年暑期毕业生工作,由中央人民政府人事部负责,中央教育部协助进行统筹分配。为保证这一工作顺利进行,需要各校加强准备工作,特商同人事部,规定下列各点,希转你区各校公布执行。

(一)根据中央人民政府政务院一九五〇年六月及一九五一年一月、四月院令精神,分配毕业生工作应按工作需要与学以致用相结合的基本原则进行,并在可能范围内适当照顾学生的困难问题,各校应本此精神就目前新中国建设的实际情况,说明祖国对于各项建设人才的迫切需要,动员毕业学生响应政府统筹分配的号召,自觉自愿的参加统筹分配,使他们充分认识服从政府分配,走向国家建设最需的岗位,就是热爱祖国最具体的表现,也是最光荣的行为。学生中如有希望自找职业者(不能去公家办理的工商企业、文教事业等部门中进行自找工作),应尽量说服教育与争取。

（二）一年来全国学生在伟大的爱国主义教育下,政治觉悟普遍有了提高,特别在参加军事干校和抗美援朝运动中,表现了对祖国的无比热爱,各校应即在此思想基础上,开始采用专题报告、讨论会、座谈会、动员会与结合政治课的方式,有计划有步骤地对毕业生进行系统的思想教育,启发他们热爱祖国,树立全心全意为人民服务的人生观,其重点可包括:(1)统筹分配的意义;(2)结合时事学习说明新中国建设的远景和个人的发展前途;(3)加强组织观念,响应祖国号召;(4)根据学生具体思想情况进行教育,解除其顾虑。

（三）为贯彻统筹分配的原则,避免分配工作中不必要的混乱,真正做到有计划地合理地使用人才,各高等学校不得接受任何方面的洽聘,如有向学校洽聘者,若系公家单位,可告其按行政组织系统向分配毕业生主管部门(中央人事部或各大行政区人事部)申请;若系私营(立)机构,可向其说明政府统筹分配公私兼顾的原则,请其向当地分配毕业生主管部门申请。

（四）各校拟留聘本届毕业生担任助教或其他工作者,均应报请中央或各大行政区教育部(文教部)批准并商得中央人事部同意后再行任用,希勿自行决定。如须招考或选拔招考研究生者,亦须由六月底以前办理结束(办法另定,不日公布),以免妨碍分配工作的进行。

（五）根据一九五零年暑期华北区高等学校毕业生分配工作的经验,要做好这一项工作,需要各校有力的配合。因此,建议各校考虑成立一个协助毕业生分配工作委员会,由学校行政负责人(校长、教务长、系主任等)、学生会、毕业生代表组成,并邀请工会参加,必要时亦可邀请校内党团支部参加〔组织规程另附〕),负责进行说服动员,反映同学意见及协助其他有关困难问题等工作。

（六）毕业时间决定仍依照校历规定为六月卅日。如毕业后仍未能及时分配妥当工作者,学校应负责组织政治学习。其原享受助学金者,应继续发给,直至走上工作岗位;其未享受而生活有特殊困难者,亦可提出申请(故意拖延不肯服从分配者不在此例),不得任其自行分散回家,以免造成分配工作中的困难。

附:高等学校协助毕业生分配工作委员会组织规程草案

部长马叙伦

一九五一年五月卅一日

附四： 高等学校协助毕业生分配工作委员会组织规程草案

一、为了保证高等学校毕业生统筹分配工作的顺利完成,各校成立协助毕业生分配工作委员会。

二、本委员会由校长（校委会主任委员）及教务长负责组织之，校长（校委会主任委员）为主任委员，教务长为副主任委员（具体工作可由教务长多负责任），受当地政府分配毕业生的主管部门的领导。

三、委员应包括：

（1）校长（校委会主任委员）、教务长、副教务长、各院长、各系科主任及研究所主任（如有系科主任因其他工作不能参加者，可指定系内熟悉情况之教师一人参加）。

（2）学生会及毕业班级会代表（代表数目由各校商定之）。

（3）教导科及人事科（处、室或组）负责人。

（4）邀请工会代表参加。

四、为便利进行具体工作起见，委员会可酌情聘若干干事帮助工作。

五、委员会的工作范围：

（1）贯彻政府统筹分配毕业生的精神，协助进行分配本校毕业生的工作。

（2）根据分配原则对毕业生进行思想教育，组织其学习有关分配工作的文件，说服动员其服从组织分配。

（3）保持与统筹分配毕业生主管部门的联系，传达其决议，反映学生情况及问题，并及时提出对分配工作的建议。

（4）对违反统筹分配原则的事项有检查制止之责。

（5）凡有关分配毕业生工作的事项或问题，均可以委员会之名义迳与分配毕业生之主管部门商洽解决。

（6）总结本校毕业生分配工作，汇报教育部和人事部。

六、委员会的会议制度得根据各校情况自定之。

七、本规程对各大行政区所属高等学校如有不适当之处，各区教育（或文教）部可根据此精神进行修改，并报中央教育部备查。

关于请华东教育部核准曾乐山代表吕思勉出席华东师大筹委会的报告

本校文学院院长吕思勉先生已利用暑期回返家乡武进,所有华东师范大学筹备委员会议拟由政教委员会主任曾乐山先生代表出席。

理合备文呈报,敬祈察核赐准!

谨呈华东军政委员会教育部

全衔校长廖○○

一九五一年七月卅日

附一: 华东军政委员会教育部核准曾乐山代表吕思勉出席师大筹备会议的批复

一、一九五一年七月三十日光(51)字第四○二号呈悉。

二、你校吕思勉先生返乡,华东师范大学筹备委员会筹备会议准由曾乐山先生代表出席。

华东军政委员会教育部部长吴有训

一九五一年八月四日

附二: 华东军政委员会教育部关于召开华东师大第一次筹备委员会的通知

顷为积极展开华东师范大学各项筹备工作起见,特经我部部务会议议决成立华东师范大学筹备委员会,并决定陈琳瑚、曹未风、凌彦、刘佛任、廖世承、欧元怀、邵家麟、姚舜钦、朱有璇、张祖培、薛迪符、吕思勉、黄敬思、吴泽、程俊英、陈旭麓、刘佛年诸先生暨原私立光华大学及原私立大夏大学学生会代表各一人共十九人为筹备委员,并指定陈琳瑚、曹未风、凌彦、刘佛任、廖世承、欧元怀、刘佛年及学生会代表每校一人共九人为常务委员。择于本月廿四日(星期二)上午九时在本部召开第一次筹备委员会。

兹特通知,并希转知你校学生会推派代表一人,准时出席为荷!

此致光华大学

华东军政委员会教育部部长吴有训

一九五一年七月廿一日

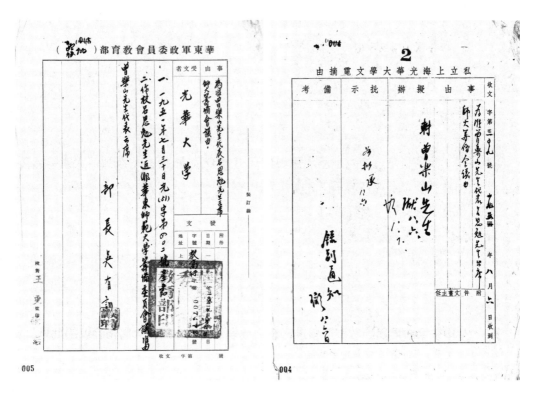

关于向中央教育部报送新教材编译情况调查表的函

　　兹遵照钧部六月五日高四字第六三四号通知,将本校教师新教材编译情况调查表一份备文呈报,敬祈察核!

　　谨呈中央人民政府教育部

　　附呈调查表一份

全衔校长廖○○

一九五一年八月四日

光华大学新教材编译情况调查表

1951 年 6 月中央高教司制

院别	系别	课程名称	教师姓名	职位	教科书名称	编制者	译者	编译情况（已完成/正在编译/拟编译）	印行情况（全部印出或部分印出）	售价	备注
财经学院	会计系	政府会计	王逢辛	教授	中国政府会计教程	王逢辛		已完成	正在排印中,本年八月底可以出版	未定	立信会计图书用品社出版
商	国贸	经济地理	王文瀚	教授	本国经济地理	王建瀚 周淑贞		已大部分完成,约二十万字	尚未印出		暑假可全部完成
财经	经济	财政学	李 湘	教授	新财政学			正在编著			暑假可编完
文	中国语文	中学国文教学法	赵善诒	教授	中学国文教学法讲义	赵善诒		编制中			

附：中央人民政府教育部关于填报高等学校新教材编译情况调查表通知

各高等院校：

两年来，各高等学校普遍感到缺乏合用的教材。社会科学方面，许多课程的教材内容，基本上不能适合新社会的需要；自然科学方面，则绝大多数的教材是外国原文书，不但使学生在学习时增加困难，也不符合爱国主义教育的精神。

为了解决教材缺乏的问题，自以由政府统筹处理，作长期努力，集合全国教师的力量，有计划、有步骤地编译新教材及审查已有的教材以资应用为宜。目前各校已有若干教师开始适应客观需要，编译新的教科书、讲义等，我部认为这是应予鼓励的，应尽可能使这些新编译的教材在各校互相流通，使教师们得以互相参考，藉以改进教学。

为此，我部特制定调查表格一种，随文附发。希你校即向全体教师进行调查（教材以外的专门著作不包括在内）。各项教材并应标明售价，保留版权，以利流通。

希于文到后两星期内，将此项调查表资料依式填报我部为要。

附件如文

抄致各大行政区教育（文教）部

中央人民政府教育部

一九五一年六月五日

关于请姚舜钦等及时汇报华东师大筹备情况的函

舜钦、迪符、祖培、有瓛诸兄均鉴：

　　承于今晨八时半到达京站，现寓和平门外师范大学转全国初等及师范教育会议来京代表宿舍三楼二十号，筹备事有累清暑，感感！

　　行装甫卸，余容后陈。

　　此致敬礼

廖世承谨启

五一、八、廿五

永年先生暨全体同仁均候

世和同学均此

筹备会中重大决议望随时见告

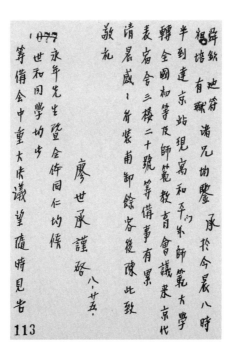

附： 关于向廖世承汇报师大筹备进展的函

茂公校长：

八月廿五日赐示敬谂，吾公已安抵首都，同深欣忭。

学校诸务，尚能稳步进行，差堪奉慰廑注。

上周六曾在校欢迎师大有关筹备委员莅临报告，即席讲话的有佛年先生、侠任处长、欧校长及陈旭麓先生等，根据两位刘先生报告，师大决在大夏原址设办，部分人事短期内即可决定。我校教职员迁往住宿问题，当尽量设法照顾。尔时餐叙，情极融洽！

师大筹备会自上周四举行常会后，直至今日始接教部电话通知，定期于本周五（八月卅一日）召开全体会议。我们将约定在出席会议之前，在校先行交换意见。至于全体会议新的决定事项，容再专陈报闻！

专肃不一，谨致敬礼。

职　拜上
一九五一年八月廿九日

关于向华东教育部呈送体育师资情况调查表的报告

　　兹遵照钧部八月廿一日教体字第七九二六号通知之规定,将本校体育师资情况调查统计表一份,备文呈报,敬祈察核备查!

　　谨呈华东军政委员会教育部

　　附呈之件如文

全衔校长廖○○赴京开会

教务长姚○○代行

一九五一年八月廿七日

附一： 华东区光华大学体育师资情况调查统计表

项目 数字 类别	现有师资			现有师资专业水平		
	合　计	专　任	兼　任	专科 毕肄业	普通大学 肄毕业	其　他
教授						
副教授						
讲师	2	1	1	1	1	
助教	1	2				
备注	本校学生人数 850 人,体育正课一二年级每周二小时,三四年级每周一小时,专任教师除担任正课 12 小时外并负责指导早操及课外运动(不计钟点费)。根据目前情况,由于教师的政治水平提高,积极发挥为人民服务的热忱,现有师资勉可敷教学之需,如将来情况发展,学生人数及体育钟点增加时,就不敷分配了。 1951 年 8 月 27 日						

附二： 华东军政委员会教育部关于填报体育师资情况表的通知

华东区各公私立高等学校：

为了解华东区各大专院校体育师资情况，特发来调查表格壹种，希即填写于九月十五日前报部为要。

附华东区各大专院校体育师资情况调查统计表一份（略）

部长吴有训

一九五一年八月二十一日

关于邀请同济复旦等校院莅校参加欢别大会的函

迳启者：

华东师范大学将届开学期，我光华与大夏两校同学因院系调整即将分别转入同济、复旦、财经、交通专科等校，分别在新的光荣岗位上开展新民主主义学习。本校订于十六日下午一时半起举行全校师生员工欢别大会，会后摄影聚餐，晚间并举行文娱晚会。

特专函奉请，惠临赐教为荷。

此致同济、复旦、大夏、交通专科、财经等校校长、院长先生，总务长、教务长、秘书长、事务主任、工会、学生会

光华大学校长室、工会、学生会

一九五一年九月十四日

附： 华东军政委员会教育部关于并出系科图书设备应随之转移的通知

大夏大学、光华大学：

你校合并成为华东师范大学后，所有并出之系科，除教员、学生全体并出外，必要之图书设备亦应随之转移。希即即照办理。

抄致复旦大学、上海财政经济学院

华东军政委员会教育部部长吴有训

一九五一年九月五日

关于向华东交通专科学校移交路工专修科等的函

迳启者：

　　兹将本校路工专修科及五年制土木、财经两专修科学生名册一份,相应备函奉达,敬希察照为荷。

此致军政委员会教育部

私立光华大学校长室启

一九五一年九月十五日

附：　华东交通专科学校关于并入学生安排的函

　　一、贵校本月十八日来函敬悉。

　　二、贵校路工科学生四十名可转入本校五年制二年级土木科,土木科学生四十名可转入本校五年制二年级,土木科财经系学生二十三名可转本校五年制二年级交通管理科。

　　三、贵校拟转入本校教授请列名册、仪器设备请列清册交付本校。

　　四、兹由王超然同志前来贵校,请洽谈并请查照为荷。

此致光华大学

华东交通专科学校启

关于向华东教育部呈请为毕业生颁发证书的报告

案查本校本学期与法政学院接受中国人民保险公司华东区公司委托举办保险训练班,业经呈奉钧部三月十六日教高行字第二一〇九号批复准予备查在案。

本校即与法政学院联合招生,各录取壹百贰拾名于五月十五日起开始上课。按照规定期限训练期满,将该生等学业成绩及思想总结迳送中国人民保险公司,业经该公司核定,除中途退学外,计有壹百拾四名通知前往办理报到手续,再经短期集训后甄审录用等情。

查该班学生受训期满,拟由本校给予毕业证书,理合检同名册,备文呈报,敬祈察核。该项毕业证书应否呈送验印,仰候示遵!

谨呈华东军政委员会教育部

全衔校长廖

一九五一年九月廿四日

附一: 华东军政委员会教育部关于保险训练班毕业证书送部验印的批复

光华大学:

一、九月廿四日光(51)字第四九五号呈件均悉。

二、你校保险训练班毕业学生证书,可以送我部验印,但须由你校先送中国人民保险公司华东区公司审查后再由该公司转送我部验印。

三、复希知照!

部长孟宪承

一九五一年十月五日

附二： 关于与中国人民保险公司华东区公司会同向华东军政委员会教育部呈送保险训练班毕业学员证书验印的报告

一、按查本公司为适应新民主主义保险事业的发展,需要培养大量工作干部,曾于一九五一年上半年委托前私立光华大学暨上海法政学院代办保险训练班,当时两校各招学员壹百贰拾名,设办及招生经过,曾经前私立光华大学呈报在案。

二、前光华大学接受中国人民保险公司华东区公司委托代办保训班于一九五一年五月中旬开课至九月中初步业务训练期满,除中途退学六名外,得全部训练成绩者,共壹百拾肆名。

三、本公司将初步期满之学员,再行集中予以短期学习,然后甄别分派各地公司工作,该班学员中除部分不合条件,不予分配工作外,计分配到达工作岗位并安心服务者共八十四名。

四、前光华大学对于该班毕业学员之结业证书验印一节,经于一九五一年九月廿四日以光(51)字第四九四号呈请核示,旋于同年十月五日奉钧部教高(三)字第〇一〇四八八号批复略开:"你校保险训练班毕业学生证书,可以送我部验印"等因在案。

五、兹会同造送该班毕业学员名册乙份连同结业证书八十四张,呈请钧部赐予验印颁发,俾便给领。

六、再该班受训学员除部分不按照规定参加本公司之短期集中学习,决定不给结业证书外,其他还有① 尚在继续受训者一名,② 不服从分配工作者八名,③ 离职者二名,④ 不派工作者十名,以上四类学员之结业证书,应否照发,呈请钧部核示后,再行遵办。

七、理合会同呈报,敬祈鉴核示遵。

谨呈华东军政委员会教育部

附呈名册一份、结业证书八十四张

中国人民保险公司华东区公司经理〇〇〇

前私立光华大学校长廖〇〇

一九五二年五月九日

附三： 华东军政委员会教育部关于代发验印保险训练班结业证书的批复

华东师范大学:

一、一九五二年五月九日光(52)束字第十七号报告及附件均悉。

二、前光华大学于一九五一年上半年接受中国人民保险公司华东区公司委托代办保险训练班学员八十四名之结业证书，业经验印完毕随文发还，希即转发。

三、尚在继续受训之一名学员系其训练期满成绩及格而服从分配工作者可以发给结业证书，至于不服从分配工作者八名，离职者二名及不合条件而不派工作者十名，一律不准毕业不发给结业证书。

华东军政委员会教育部

一九五二年八月廿六日

抄送：中国人民保险公司华东区公司

关于办理光华结束工作时间的布告

　　查本校各系科同学在上周内业已分赴师大、同济、上海财经学院、华东交通等校报到，办理入学注册，关于转学事务，已胜利完成。

　　现在本校大部分教职员均已往中山路华东师范大学办公，关于办理光华方面结束事务工作，特规定每周星期一三五上午九时至十一时为洽办时间，合亟布告，希各知照。

　　此布！

校长廖世〇

一九五一年九月廿四日

关于向华东教育部呈送校务委员会结束会议经过的报告

按本校各项结束工作行将完成，曾于九月廿九日召开校务委员会结束会议，当即议决本校校务委员会即日结束，并呈报钧部备案，未了事务授权校长处理。谨将结束会议经过及记录备文呈报，敬祈察核备案。

谨呈华东军政委员会教育部

附呈记录三份

私立光华大学校长兼校务委员会主席廖世〇

一九五一年十月九日

附：私立光华大学第十五次校务会议（即结束会议）记录

时间：一九五一年九月廿九日下午五时

地点：南京东路新雅酒楼

出席者：吕思勉、秦素美、吴逸民、何仪朝、廖世承、朱世和、邓传森、方锡刚、周煦良、钟钟山、祝永年、胡昭圣、薛迪符、李志远、唐如尧、蔡正雅、冯志栋、姚舜钦、陈养浩、朱有瓛、曾乐山、胡先佺、张祖培

主席：廖世承

记录：陈学儒

主席报告：

一、今日举行最后一次校务会议，亦即光华大学校务会胜利结束，完成任务。

二、报告昨日举行校董会结束会议决定事项如下：

1. 推定秉农山、吕诚之两先生代表校董会参加华东师大接收典礼。

2. 校董会保存之剩余现金约陆千单位，议决除留一千单位作为结束用费外，其余作为酌贴附中借薪利息及大学部在办理移交期间员工之酬劳（一、酬劳对象以院长、系主

任、助教、职员及工友为限；二、酬劳数目按照各人原薪作比例分配）。

三、学生方面欠缴学校学杂各费约有三千单位，此项欠费一时无法催缴，拟于移交时到单备查。

姚教务长报告：

此次各系科转学状况及同学情绪。

讨论事项：

一、本校校务会应即结束报部备案

决议：校务会即日结束，并呈报华东教育部备案，未了事务授权校长处理。

二、本校游泳池去年及上学期盈余共有四〇一三八〇〇元，应如何处理案

决议：悉数捐献。

三、上学期行政费一切收支账目请推代表审查案

决议：推定薛迪符先生代表工会、唐如尧先生代表教授、邓传森同学代表学生会进行审查。

四、本校办理结束及迁移地址应否登报通告案

决议：俟结束全部完成后登报通告。

五、治淮返校土木系四下学生将补课补考等手续办好后应准予毕业案

决议：俟该生等各项手续办好后准予列入一九五〇年度第二学期毕业。

六、学生已领转学证书及退学证书者再来请求办理复学手续应如何处理案

决议：不予考虑。

主席：廖世承

记录：陈学儒

三、教职员管理

关于请杨熙靖继任合作社经理的函

熙靖先生惠鉴：

辞合作社经理书诵悉，该社历年来规模甚小，发展綦难，本期幸得长才主持，深信必能日起有功，幸无过谦，为盼另筹，聘书并奉。

顺颂公绥

廖○○

卅七年九月廿九日

附： 杨熙靖请辞合作社经理的函

兹因本人能力薄弱，对于合作社资金无力筹划，拟请准予辞去经理一职，另聘贤能接替，无任盼祷之至。

敬上合作指导委员会

奉还原聘书一件

杨熙靖上

九月二十日

关于请朱公谨继任校政会议常务委员的函

公谨先生道席：

　　敬启者。十一月十三日大书拜悉一一。朱校长奉派出国之顷，适值风雨如晦之秋，校政措施诸待策筹，仍恳先生赐念时艰，惠允共济，实所企感者也。

　　专此奉达，诸请察照，敬颂筹祺。

弟廖〇〇拜启

中华民国卅七年十一月廿四日

附一：　朱公谨向朱经农请辞校政会议常务委员的函

经农先生道右：

　　顷奉教言，承属担任常务委员一席，弟俗务缠身，无法兼顾，特此恳辞，尚祈另推贤能，是所盼祷。

　　专此奉复，即颂教绥。

　　校政会诸公均此不另。

宗弟公谨启

十一、十三

附二：　朱经农请廖茂如、朱公谨、容启兆等出任校政会议常务委员的函

敬启者：

　　兹经第四十三次校政会议议决，在经农出国期间，校务由校政会议诸委员共同负责。惟时值非常，环境瞬息万变，为加强校政会议起见，除加聘吕诚之、薛观澄、王志稼三先生参加校政会议外，并请台端为该会常务委员，尚希俯允是幸。

　　此致廖茂如、朱公谨、容启兆先生

朱经农敬启

十一月十二日

关于挽留张芝联继任大学部秘书和附中副校长的函

芝联先生惠鉴：

　　敬复者。一月廿七日大函祇悉一一。台从佐助大学部秘书及附中副校长职务，苌筹足多，且时值艰屯，诸待共济，至请毋再谦辞，是所企感。

　　专此，复颂台绥。

廖○○敬启

中华民国卅八年二月五日

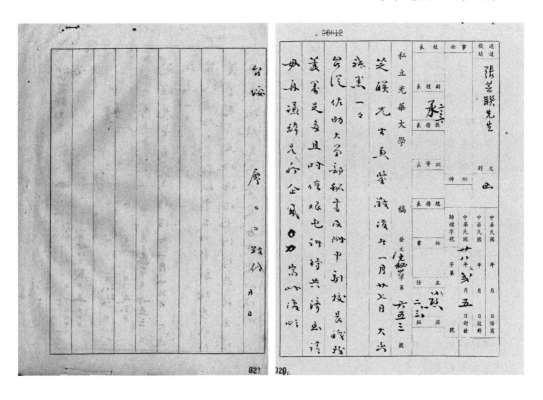

附： 张芝联关于请辞大学秘书及附中副校长的函

茂如吾师赐鉴：

　　谨呈者。生在校滥竽数职，一无建树，殊深惭怍。自下学期起，生拟专力研教，除图书馆一职有助教学继续担任外，大学秘书及附中副校长二职请准予赐脱，俾以全力从事学术研究。前蒙面允所请，兹再奉呈，务请赐准是幸。

　　敬请道安。

生张芝联叩上

中华民国卅八年一月廿七日

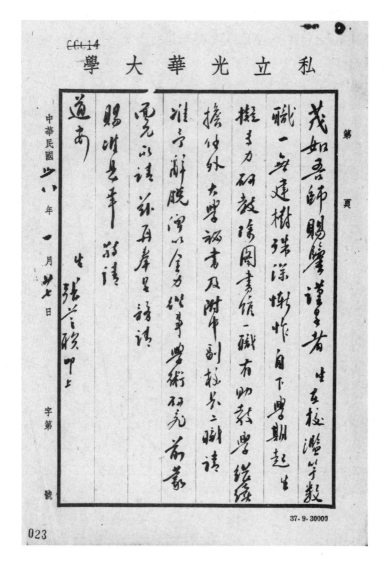

关于同意薛迪符推荐张芝联继任会计主任的函

迪符先生大鉴：

　　二月七日，惠示敬悉。先生赞襄校务近二十年，贤劳千万，佩感同深。承告尊务丛繁，扫系事实。为表尊重台嘱起见，校中会计主任名义经请芝联先生替兼，至于副主任一席，并已转请张先生迳行决定。今后校政，仍请随时匡助，实所企盼。

　　专复，敬颂筹祺。

廖○○敬复

中华民国卅八年二月廿八日

附一： 薛迪符推荐张芝联继任的函

茂如先生钧鉴：

　　迪符自复校以来，对于校中会计处职务，因在外工作关系，很少兼顾，年来幸赖芝联兄从旁协助，得免陨越。兹以学期又将开始，对于会计主任一职，拟请改聘芝联兄担任，以资熟手。务乞赐予批准，无任感盼。

　　专此，敬请教安。

薛迪符启

二月七日

附二： 薛迪符请辞会计主任的函

迳启者：

　　迪符以在国信职务较忙，对于校中会计主任一职，无暇兼顾，特呈请辞职，乞赐照准。

　　此上廖代校长。

薛迪符敬启

二月七日

关于廖世承代理光华大学校长的通告

迳启者：

　　本校校长朱经农先生，去岁十一月奉部派参加在黎巴嫩举行之联合国文教会第三次大会，赴美后即向校董会提出辞呈，最近在美西雅图专心著述，一时不克返国，再度函请辞职，已经校董会照准。自本学期起，改聘廖世承副校长为代理校长，自卅八年三月一日起正式视事。

　　相应通告，即希查照为荷。

　　此致

光华大学校长室启
二月廿八日〔1〕

---

〔1〕　1949 年 2 月 28 日。

关于教育部案核备廖世承代理校长的报告

教育部代部长陈钧鉴：

　　本校校长朱经农于卅七年冬奉派出国参加联合国文教会议，并考察欧美近年教育实施，朱校长近在美国专事著述，一时不克返国，经已函准本校校董会辞去校长职务，自本学期起，由校董会改聘廖世承为代理校长。世承遵于卅八年三月一日起代理校长职务，理合电呈察核赐准备案，实感公便。

私立光华大学代理校长廖○○

光秘卅八寅(东)[1]叩

---

[1]　寅(东)，三月一日，此处指 1949 年 3 月 1 日。

关于聘任陈楚善为训导处管理组主任的函

迳启者：

　　兹聘请台端兼任本校训导处管理组主任（自中华民国卅八年三月至本年七月底止），相应函达，即希查照为荷。

　　此致陈楚善先生

代理校长廖世承

中华民国卅八年三月廿一日

附：　陈楚善请辞训导处管理组主任的函

敬恳者：

　　窃职猥以庸才，谬蒙委以重任，感德之余，而虞力不能胜，与其陨越将来，无如早让贤路，谨此呈请钧长准予辞去兼训导处管理主任，尤为感恩无既矣。

　　谨呈廖校长

职陈楚善谨呈

三月廿五日

关于请上海电信局为廖世承住宅装设电话的函

迳启者：

　　本校廖代校长，现寓山阴路一九一弄三四号，近因时局日趋紧张，校政处理益见丛繁，而校内机宜之指示，以及与校外各大学机关消息之传通，有时常在夜晚行之，需用电话之处至觉切迫。

　　相应专函奉达，请烦贵局查照，惠予派员在上开寓所内装设电话，实纫公谊！

　　此致交通部上海电信局

私立光华大学启

中华民国卅八年四月廿一日

附一：　关于请交通部上海电信局迅赐派员在廖世承住宅装设电话的函

迳启者：

　　本校廖代校长因公务需要，请准在山阴路一九一弄三四号寓所内，装设电话一节，经于本年四月廿一日以光秘（卅八）字第七二六号，函请惠办在卷，惟时隔两旬，尚未奉复，深用恳系。

　　兹因公务处理需要切迫，特再函达，务请贵局查照，迅赐派员前往装设电话，无任感荷！

　　此致交通部上海电信局

私立光华大学启

中华民国卅八年五月九日

附二：　关于请交通部上海电信局郁秉坚局长迅赐派员装设电话的函

秉坚局长吾兄君大鉴：

　　敬启者。弟因校务处理暨与各学校机关切取联络起见，亟需在山阴路一九一弄三四号寓所内，装设电话，早经于两旬前，由校函请贵局查照惠赐办理有案。兹因需要切迫，特再函恳吾兄迅将派员惠临敝寓装设，不胜盛铭之至。

　　专恳不一。

　　敬颂筹祺

弟廖○○
中华民国卅八年五月九日

关于同意担任光华大学校长的函

敬复者：

　　顷奉大书，承以光华大学校长职务见委，曷胜感篆。惟世承前在代理校政期间，虽已竭献绵力，总感绩效毫无，所有困难情形迭经提向大会陈述。今既复荷颁委，亦唯有暂时勉力以赴，尚祈察照！

　　此致私立光华大学校董会王主席校董

廖〇〇谨启

中华民国卅八年八月廿四日

附一： 关于向上海市人民政府高教处呈送光华大学校长廖世承简历的报告

　　查本会为商讨决定本学期学校重要方针，经于本年八月十二日召开解放后第一次校董会议，佥以代校长廖世承先生在代理校政期间主持校务卓著绩效，当经决议正式聘请大学校长，记录在卷。相应检同廖校长简历一份，函请察核备查，至纫感荷！

　　此致上海市人民政府高等教育处

私立光华大学校董会主席校董王费佩翠

中华民国卅八年九月廿一日

　　廖世承(茂如)，五十八岁，江苏嘉定人。

　　上海南洋公学、北京清华学校毕业，美国勃朗大学博士。

　　历任国立南京高等师范副教授兼附中主任、国立东南大学教授兼附中主任、私立光华大学副校长兼附中主任、国立暨南大学师资专修科主任、国立中央大学社会教育系主任、国立师范学院院长、私立光华大学附中校长兼代理大学部校长职务。

附二： 廖世承关于请求辞去校长职务的函

诸位校董先生道席：

　　世承奉命代理校长职务，倏已七月，时艰责重，深虞陨越。值此光明来临之际，校务革新有望，衰弱之躯愿备位教授之列，所有大中校长职务，伏恳自即日起准予辞去，不胜感祷之至。

　　专此，敬颂道安。

廖世承谨启

六月四日

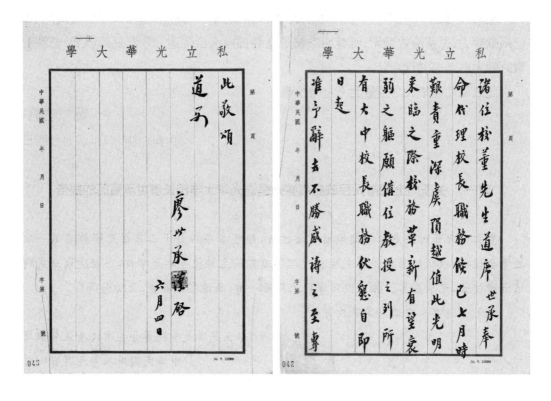

关于向上海市高教处报送拟开新学程等的报告

　　查本校本学期拟开新学程,计有新民主主义论、新哲学、政治经济学等,拟聘上海市人民响应巴黎拥护世界和平大会筹备会秘书处副主任叶以群先生为本校兼任副教授讲授新民主主义,本校专任教授姚舜钦先生讲授新哲学,私立大同大学专任教授本校兼任教授张一凡先生及国立交通大学专任教授本校兼任教授杨荫溥先生分别讲授政治经济学。

　　所有以上新开学程暨拟聘教授相应专函陈报,敬祈察核示遵,至纫感荷!

　　此致上海市人民政府高等教育处

校长廖○○

中华民国卅八年九月廿一日

附一：　上海市高等教育处关于核准聘请叶以群等四人为政治课教授的函

　　九月二十一日光秘(38)字八一七号公函暨附件均悉。你校聘请叶以群、姚舜钦、张一凡、杨荫溥四先生为政治课教授,予以照准。

　　相应函复查照为荷!

　　此致私立光华大学

高等教育处

一九四九年九月廿七日

附二：　关于向上海市人民政府高等教育处政治教育股报送政治学教授姓名住址等的函

敬复者:

　　接奉贵处本年十二月廿三日大函以嘱将本校担任政治课教授之姓名住址电话及授课时数一并呈报等由,自应遵办。

兹随函附奉本校政治课担任教授一览表一份，敬祈察核备查！

此致上海市人民政府高等教育处政治教育股

附表一份

私立光华大学启

一九四九年十二月廿六日

附三：　私立光华大学政治教授一览表

姓　名	教授学程	教授时间	住　址	电　话
叶以群	社会发展史 A	星期一、三 10—11	汾阳路 79 号	68840
	社会发展史 B	星期一、三 11—12		
	社会发展史 C	星期一、三 9—10		
姚舜钦	社会发展史 D	星期一、三 10—11	亨利路亨利坊一号	(02)60080(光华)
	社会发展史 E	星期四 10—12		
	社会发展史 F	星期二、四 1—2		
	新哲学	星期一、三、五 11—12		
	唯物辩证法	星期一、三 1—2		
杨荫溥	政治经济学甲	星期二 8—9 星期四 8—10	山阴路兴业坊 52 号	(02)62389
张一凡	政治经济学乙	星期四 2—4 星期六 2—3	安福路 191 弄 22 号	78937

关于社会系停办后请应成一继续任教的函

成一先生大鉴：

敬启者。最近校中举行第七次临时校务会议，当经议决学生数较少之学系裁并，社会系在暂行停办之列，暂停各系系主任由校奉教授聘书请担任共同科目(任教聘书已另送奉)。先生执教光华，历有年所，贤劳千万，同深感篆，仍祈惠赐继续维助，企祷之至。

崇此不一，敬颂著祺。

弟廖○○谨启

中华民国卅八年九月七日

附： 关于聘请应成一担任"近代社会学理论"教授的函

敬启者：

本校文学院社会系本学期拟增开"近代社会学理论"一学程，每周授课三小时，该项课程聘请台端担任，至希俯允为荷。

此致应成一先生

校长廖世○

卅八年九月十九日

关于聘请周煦良担任教授的函

敬启者：

　　本校文学院外国语文学系本学期拟增开"英文散文选读及习作(甲)上"一学程，每周授课三小时，该项课程聘请台端担任，至希俯允为荷。

　　此致周煦良先生

校长廖世○启
卅八年九月十九日

关于请复旦大学惠允谢循初继续在校任教的函

敬启者：

前为协商挽留本校生物系主任王志稼先生等继续在校任教一节，曾于本年九月廿八日以光秘(卅八)字第八二○号函达在案，谅邀鉴詧。

兹有本校文学院教育系教授谢循初先生，为贵校专任教授，近向敝校提辞教职。按谢先生在校任课已有十余年之久，深得学生信仰，一旦任其辞去，实无法延揽相当良师递补其缺。用敢再为奉达，敬希贵会俞允谢先生仍在本校继续任课每周六小时，务乞惠准，俾学校与学生两获其益，则无任感祷之至。

此致复旦大学校务委员会

私立光华大学校务委员会主席廖○○

卅八年九月卅日

附一：　复旦大学转达上海市人民政府高等教育处关于谢循初先生任课意见的复函

敬复者：

兹准贵校(卅八)光秘字第八二二号函请同意谢循初先生兼课六小时，当经转请核示去讫。兹奉上海市人民政府高等教育处函示，谢先生兼课钟点应予减少，或在复旦改为兼任等因，奉此，相应函复，即希查照为荷！

此致私立光华大学

国立复旦大学启

一九四九、十、十五

附二： 关于谢循初先生兼课每周改为四小时致复旦大学的函

敬复者：

　　顷准贵校一九四九年十月十五日（卅八）第〇七六号大函以谢循初先生兼课问题业经上海市人民政府高等教育处核示兼课钟点应予减少或在贵校改为兼任转嘱查照等由，自应遵照办理，现谢先生在本校兼课钟点已予减少，每周改为四小时，以符贵校对于专任教授兼课之规定。

　　准函前由，相应复请查照惠予同意为荷！

　　此致国立复旦大学

私立光华大学启

一九四九年十月十九日

关于聘请吕思勉为图书馆馆长的函

敬启者：

　　兹聘请台端兼任本校图书馆馆长，敬祈俯允担任为荷！

　　此致吕思勉先生

校长廖〇〇

中华民国卅八年十月十三日

关于聘请黄宗瑜担任教授的函

敬启者：

　　本校商学院会计系"运输学"一学程，每周授课三小时，拟请台端担任，特函奉达，至希俯允为荷。

　　此致黄宗瑜先生

校长廖○○

中华民国卅八年十月十三日

关于请上海市高教处核准王志稼为兼任教授的函

　　查本校原任生物系主任王志稼先生本学期拟请仍准在校专任各缘由,前经于本年十一月三日以光秘字第八五二号函陈在卷。

　　兹因王先生已就复旦专任教务,本校决自十一月份起改聘担任兼任教授,每周讲授植物形态学二小时,经济植物学二小时,原有系主任职务,另聘该系教授周蔚成先生代理,相应专函奉达,敬祈察照惠准兼任,至为感荷!

　　此致上海市人民政府高等教育处

校长廖○○
一九四九年十一月十五日

附一: 关于请上海市高等教育处核准王志稼先生照旧专任的函

　　查本校生物学系,原为系主任王志稼先生擘划创设者,三年以来,标本仪器之充实,研究实验之认真,成绩展进,似有足多。加以连续讲教,为时既久,学生信仰,益觉坚深。本学期王先生因应复旦大学之聘,关于本校原有专任职务,虽经擎函复旦,惠允照旧两面专任,但尚未获答复。因之学生情绪,极感惶恐。素仰人民政府对于私立学校与国立学校,期望进步,同属深切。而私立学校延聘人才之困难,又属实在。相应专函奉恳,敬祈贵处察核,赐念本校需要之特殊情形,仍准王先生在本校照旧专任,至为感祷。

　　此致上海市人民政府高等教育处

校长廖○○
一九四九年十一月三日

附二: 关于请秉农山先生转商复旦卢于道院长允许王志稼先生两校专任的函

农山先生道右:

　　敬启者。光华生物系原由先生与志稼先生策划创设者,三年以来,成绩斐然。本学期王先生因应复旦之聘，关于此间原有专任职务，虽经擘函复旦惠允照旧，但尚未获答复，因之学生情绪益感惶恐。

兹闻卢院长于道先生已南返抵沪，可否烦请先生赐念光华生物系创办之匪易，代商卢院长即允王先生两面专任，并将两校共同需要之特殊情形报请高教处迅予批准，则拜嘉之感，不仅弟一人已也。

专此奉恳，祗颂著祺。

弟廖○○拜启

一九四九年十月廿七日

附三：　关于请复旦大学允准王志稼先生在本校专任耿淡如等先生在校兼课的函

敬启者：

本校生物系为系主任王志稼先生一手创设，三年以来，苦心筹划，成绩斐然。然最近本会开会师生一致推王志稼先生为理学院院长，足征推崇与爱戴之盛！又教授耿淡如、应成一、胡继纯三先生，先后在校任课，或十余年，或四五年，连续讲教时久，学生信仰益深。以上诸先生均因贵校延揽为专任教授，业经提出辞职，旋经本会会议议决一致坚决挽留，敬希贵校体会私立学校延聘人才之困难，惠允王先生改为兼任，仍在本校专任，如万不获已，则只稍须双方兼顾，两面专任，并允耿、应、胡三教授，仍在本校继续任教，每周各担任六小时课务。素谂人民政府期望私立学校与国立学校有同样之长足进步，故规定有特殊需要之师资，得由有关学校互相协商。相应专函奉达，务恩查照惠允所请，不胜感荷！

此致国立复旦大学校务委员会

私立光华大学校务委员会主席廖○○

中华民国卅八年九月廿八

附四：　关于聘请王志稼先生担任理学院院长的函

迳启者：

兹聘请台端为本校理学院院长，相应函达，至祈俯允担任为荷！

此致王志稼先生

校长廖世○

中华民国卅八年九月十六日

关于聘请周蔚成代理生物学系主任的函

迳启者：

　　自一九四九年十一月份起聘请台端代理本校理学院生物学系主任，特为奉达，至祈俯允担任为荷！

　　此致周蔚成先生

校长廖〇〇

一九四九、十一、十五

关于为孙贵定子女豁免学费致孙夫人的函

孙夫人礼鉴：

　　惠书敬悉。贵定先生学术湛深，士林推仰，不幸积劳仙逝，良用哀悼。

　　当经本校第六次校务委员会议议决，由校缮发证明书，此后孙先生子女在本校附中或大学部肄业，学费全部豁免，并与有关学校商定日期举行追悼会，劝募子女助学金。

　　谨此奉闻，尚祈鉴察，专复不一。

　　祗颂台祺

廖世承谨启

一九五○年一月九日

附一： 廖世承请各校豁免孙贵定子女教育费用的证明书

　　查本校孙故教授贵定先生，生前报备教育历数十年，不幸于一九四九年十二月间，积劳病故，身后备极萧条，遗有子女三人。嗣后孙先生子女求学期间，所有教育费，实属无力负担，请各校予豁免。

　　特此证明。

　　此证

私立光华大学校务委员会主席廖世承

一九五○年一月九日

附二： 厦门大学教职员服务证明书（第三十五号）

孙贵定先生在本大学担任职务及期间如左：

（甲）自十二年八月至廿六年七月计十四年担任教育心理学教授

（乙）自十三年三月至十三年七月计半年担任教务主任

　　　自十四年五月至十五年六月计壹年担任编译处主任

（丙）自十二年十二月至十四年七月计壹年半担任英文秘书

　　　自十四年二月至十五年一月计壹年担任大学秘书

（丁）自十五年八月至十八年七月计三年担任校长办公室秘书

　　　自十五年八月至十九年七月计四年担任教育科主任

（戊）自十八年九月至十九年二月计半年担任代理校长

（己）自十九年八月至廿五年七月计六年担任教育学院院长

前后服务期间总计拾肆年。

特此证明

私立厦门大学校长林文庆

中华民国廿六年七月

附三： 关于证明孙贵定先生身后萧条致无锡农民协会的函

迳启者：

　　本校孙故教授贵定先生，生前在本校任教十余年，不幸于一九四九年十二月间，积劳病故，身后确属萧条，特函证明，敬希查照为荷！

　　此致无锡农民协会

私立光华大学启

一九五〇年十一月九日

关于请朱公谨洽商吴逸民代理数理系主任的函

公谨先生大鉴：

　　敬启者。一月廿三日惠书祗悉一一。尊意当经提请第七次校委会议，佥以吴逸民先生系在同济专任，在别校兼课并无问题，若兼主任职务，是否有不便之处，仍请即便与吴先生一洽，并将结果示知，以便遵办。

　　专此奉复，敬颂筹祺。

弟廖〇〇

一九五〇年一月卅日

附一：　朱公谨关于推荐吴逸民代理数理系主任的函

茂如吾兄校长大鉴：

　　迳启者。日前祝永年兄帅过访，承以下学期数理课程事见商，想见校中重视数理，提倡实学之至意，殊深快慰。惟弟牵于教务，未能时常到校，深恐耽误系务，所有主任一职拟请吴逸民教授代理。吴君本校校友，学识俱优，务请允准为荷。

　　专此，敬候近祉。

弟朱制公谨顿首

一九五〇、一、廿三

祝院长暨校务会诸公均此

附二：　关于聘请吴逸民先生代理数理系主任的函

敬启者：

　　兹聘请台端代理本校理学院数理系主任职务，自一九五〇年二月一日至七月卅一日止,相应专函奉达,敬祈查照惠允为荷。

　　此致吴逸民先生

　　　　　　　　　　　　　　　　　　　　　　校长廖〇〇

　　　　　　　　　　　　　　　　　　　　一九五〇年二月二日

关于致谢王志稼等不受车马费的函

志稼、荫溥、绍虞、未风先生大鉴：

敬启者。校中历次校委会议，承荷先生于讲教百忙之中，出席参加，既累车步之劳，复耗交通之费，深所感篆！

原拟于学期终了之际，酬奉区区，又为出席议会诸先生，一致逊却，益佩高见，谨申谢悃，尚祈朗照。

专此，祇颂筹祺。

弟廖〇〇拜启

一九五〇年二月一日

关于聘请吕思勉代理文学院院长钟钟山代理中文系主任的函

敬启者：

在蒋竹庄先生请假期内，所有文学院院长、中文系主任职务聘请台端代理相应专函奉达，敬祈查照惠允为荷！

此致吕思勉先生、钟钟山先生

校长廖〇〇

一九五〇年二月二日

附一：　关于请吕诚之先生代理文学院院长、钟钟山先生代理系主任致
蒋竹庄先生的复函

竹庄先生道右：

一月廿日惠示祗悉，尊意业经提请第七次校务委员会议议决，在先生三个月休息期间，照请吕诚之先生代理文学院院长，钟钟山先生代理中文系主任，仍恳颐养之余，照常到校赐助一一。

专此奉达，敬颂筹祺。

廖〇〇谨启

一九五〇年一月卅日

附二：　蒋竹庄先生关于请假三个月并请吕思勉、钟钟山分别代理文学院院长和
中文系系主任的函

茂如先生鉴：

启者。鄙人年老力衰，拟作短期之休息，自二月起请假三个月，文学院长请吕诚之先生代理,中文系主任请钟钟山先生代理,除分函吕、钟二先生外,专此函陈,至希俯允是荷。

　　专颂台安。

蒋维乔启
一月二十日

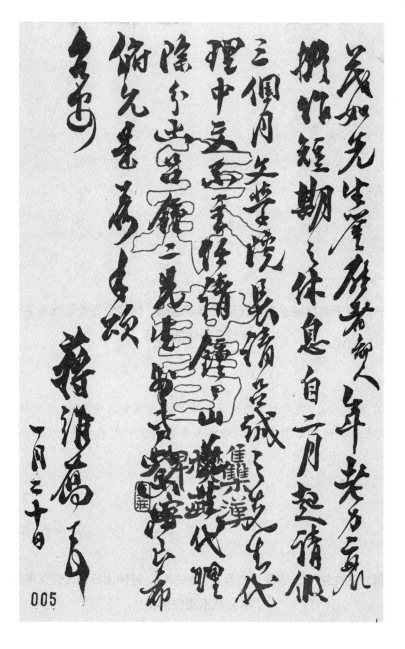

关于聘请刘佛年担任教授的函

佛年先生大鉴：

　　敬启者。敝校下学期教育系将开设"教育哲学"一学程，每周三小时。素仰先生研究精深，拟请惠允担任讲授，余托朱有瓛先生趋前面洽。

　　专此，祗颂筹祺。

廖○○敬启
一九五○年二月六日

关于向上海市高教处报送拟聘政治课教授名单的报告

 顷奉大处本年二月六日高大政字第三八三号公函以饬将下学期聘请政治课教授先行报核等由，自应遵办。

 兹将学校下学期拟聘政治教授名单开奉，敬希察核示遵！

 此致上海市人民政府高等教育处

 附名单一份

校长廖○○

一九五○年二月八日

附一： 私立光华大学一九四九年度第二学期拟聘政治课教授名单

学　　程	学　分	教　　授
中国革命问题甲	3	叶以群（续聘）
中国革命问题乙	3	叶以群
中国革命问题丙	3	叶以群
中国革命问题丁	3	姚舜钦（续聘）
中国革命问题戊	3	姚舜钦
社会发展史上	3	姚舜钦
政治经济学上甲	3	陈彪如（复旦大学教授）
政治经济学上乙	3	李湘（新聘）
政治经济学下甲	3	杨荫溥（续聘）
政治经济学下乙	3	张一凡（续聘）

 陈彪如略历：北平清华大学法学士、美国哈佛大学政经系毕业得硕士学位，曾任国立暨南大学教授兼系主任、复旦大学教授

 李湘略历：上海光华大学法学士、美国纽约大学经济系硕士，曾任光华大学经济系教授

附二： 上海市人民政府高等教育处关于拟聘政治课教员的批复

二月八日光(50)字第三十五号来函暨附政治课教员名单悉，准聘叶以群先生担任"中国革命问题"两班，杨荫溥先生担任"政治经济学"三小时，姚舜钦先生暂担任"中国革命问题"两班，自传存核。

陈彪如、张一凡二先生先行上课，俟补送自传后再行审核。

李湘先生容审核后另文批复，所遗"中国革命问题"两班介绍李崇厚先生担任。

即希查照为荷！

此致光华大学

处长唐守愚

一九五〇年三月十五日

关于聘请朱有瓛为教育系主任的函

敬启者：

　　兹聘请台端兼任本校文学院教育系主任，自一九五〇年二月一日起至本年七月卅一日止，特函奉达，至希查照惠允担任为荷。

　　此致朱有瓛先生

校长廖世〇

一九五〇年二月十五日

关于请复兴中学为施蛰存儿子减免学杂费的函

　　查本校教授施蛰存先生公子在贵校高中部三年级乙组肄业,本学期应缴学费拟请惠予减免,相应专函证明,即希查照为荷!

　　此致复兴中学

校长廖○○

一九五○年二月廿四日

关于核准于瑞熹担任政治经济学教授的报告

案奉大处本年三月十六日高大政字第○二○七○号公函尾开，"至未修《新经济学》或政治经济学之应届毕业生应另外开班，以四学分计算，由政治教授精简该课内容，于半年内修毕"等由，自应遵照另开上项精简之政治经济学四学分。

兹拟聘请于瑞熹先生担任该课教授，按于先生日本东京帝大经济系毕业又继续研究二年，相应专案报请察核迅示祗遵！

此致上海市人民政府高等教育处

校长廖○○

一九五○年三月廿二日

附：上海市人民政府高等教育处关于核准于瑞熹先生担任四年级"政治经济学"教授的函

三月廿二日光(50)字第八七函悉。准聘于瑞熹先生担任你校应届毕业生"政治经济学"教授，但须补送自传一份备核，相应函复，即希查照为荷！

此致光华大学

处长唐守愚

一九五○年三月廿五日

关于聘请曾乐山担任新民主主义论课程教师的函

敬启者：

　　本学期选读"新民主主义论"人数过多，拟增设戊组一班，每周三小时，自四月二日起开始上课，该项课程敬请台端担任，特函奉达，至希惠允为荷！

　　此致曾乐山先生

校长廖〇〇

一九五〇年三月廿九日

关于聘请冯志栋代理法律系主任的函

敬启者：

本校文学院法律系主任职务拟请台端代理，特此奉达，至希察照惠允为荷。

此致冯志栋先生

校长廖〇〇

一九五〇年四月一日

关于聘请胡昭圣担任化学系主任的函

昭圣先生：

　　七月廿八日惠书祗悉。母校化学系主任职务，先后已数经接洽，最后决定奉聘先生担任，既邀赐允，实深欣感！

　　兹附奉聘书一件，尚请察收。再下期各系课程，函待会商决定再行呈部。甚盼台驾于八月六日或七日抵校，以便洽商进行。关于令亲图谋一节，容有机会，再为推毂。

　　专此不一，祗颂暑祺。

　　附奉聘书一份。

廖○○敬启
一九五○年八月二日

关于请吕思勉物色中文系主任的函

诚之先生大鉴：

　　敬启者。关于中文系系主任职务，经与赵善诒先生洽谈，据赵先生表示，可允担任，惟渠已接受附中国文科主任之聘，芝联先生又坚不同意渠在大学任职，此议只得作罢。该系系主任遗职，可否请先生兼代，由赵先生协助，或另行物色人选之处？仍候卓裁见复。

　　专此奉达，敬颂暑祺。

廖○○敬启

一九五○年八月四日

关于保送教授参加华东人民革命大学研究院学习的函

接准贵会八月五日台函,以嘱保送教授参加华东人民革命大学研究院学习进修等由,兹保送本校副教授李湘、专任教授王文瀚两先生参加,相应检附李先生等简历两份,函请查照洽办为荷!

此致上海教育工作者工会市委员会

附件如文

校长廖〇〇
一九五〇年八月九日

王文瀚　四十二岁　江苏宝应　中央大学毕业　专任教授
经济地理并兼附中课务
经济地理甲乙各三小时

一九四九年

李湘　男　安徽合肥　卅五岁
学历:光华大学毕业,纽约大学经济学硕士,光华大学副教授
担任课程:
上学期担任课程九小时
政治经济学,计划经济,财政学
本学期担任课程九小时
政治经济学,中国经济史,财政学

附一: 上海教育工作者工会市委员会关于通知李湘、王文翰前来办理手续的代电

光华大学鉴:

你校教员李湘、王文瀚二同志经推选前来要求参加华东人民革命大学政治研究院

学习，已由本委员会保送到华东军政委员会教育部，顷得该部核复，尚与条件相合，即可参加体格检查，即希查照并通知其本人于本月十二日（星期六）下午三时以前，亲至南京西路一二八八号（西康路口）本委员会组织部办理有关手续（需照片二张）以便参加体格检查。

上海教育工作者工会市委员会真[1]

附二：　中国教育工会上海市委员会关于李湘、王文翰完成
华东革大学习转介回校的通知

顷接华东军政委员会教育部教秘人字第五二九号函，略称"一九五〇年暑假由你会保送参加华东人民革大政治研究院学习之上海各私立及教会学校教员，今年二月结业，内现职人员即将介绍回你会，转介回各校"等由，准此。查贵校前经介绍参加学习者，有李湘、王文瀚等二人，相应先期函请查照为荷。

此致光华大学校长

中国教育工会上海市委员会主席　方明
副主席刘佛年、吴若安、王子成
一九五一年二月廿一日

---

[1]　真，即十一日，此处指 1950 年 8 月 11 日。

关于聘请周蔚成继续担任课务的函

蔚成先生大鉴：

　　八月十五日惠书敬悉。关于尊任课务实已无法再让谦辞，敬希仍赐协助担任讲授，至为公感！

　　专此，祗颂研祺。

　　附奉聘书并请察收。

廖○○敬启

一九五○年八月十六日

附： 周蔚成先生关于请辞担任课务的函

廖校长大鉴：

　　敬启者。上月杪晚以办事与教学之无方，恳于新旧年度交替之际，准予卸除职教任务，以免影响同学学习，未获明察，只允辞去代理系主任，仍以教课见委，愧憾何如！

　　兹将舍间转来之一九五○年—五一年聘约一纸敬谨奉璧，即祈台收为幸！

　　耑上，敬颂钧安。

周蔚成谨启

一九五○、八、十六

关于聘请郭绍虞继续担任课务的函

绍虞先生大鉴：

迩奉八月十五日大教敬悉——，尊任中文系课程，虽时间较少，但对系内贡献实属巨大，务请先生百忙抽闲，赐允担任讲教，企感之至。

专此，祗颂筹祺。

附奉聘书并请察收

弟廖○○敬启
一九五〇年八月十六日

附：郭绍虞关于请辞担任课务的函

茂如先生大鉴：

顷接聘约，至感厚意。□□以校事过烦，精神不能兼顾，曾于上期结束后与教务处谈过，请姚先生转达，想邀鉴及。

兹特奉还聘书，并请谅解下情，准予暂时离校，不胜感荷。

耑此，敬颂道安。

弟绍虞谨启
八月十五日

关于请中山中学为陈养浩子女减免学杂费的函

迳启者：

　　本校职员陈养浩君之子女陈觉新、陈德新、陈育新在贵校初一、五上、三下肄业，该员服务教育，家境清寒，且子女众多，不胜负担，务请依照优待教育工作者子女办法予以酌减学杂各费，俾可继续升学、肄业，相应函达，即祈惠予照准，是为至感。

　　此致常熟私立中山中学、县立学前中心小学

校长廖世○

一九五○年八月廿四日

附： 陈养浩请求出具减免子女学杂费证明的函

敬呈者：

　　职养浩之子女在常熟中小学肄业，拟恳发给证明信，证明职子女众多、家境清苦，予以酌减学费，敬请赐准为祷。

　　此致廖校长、朱秘书

职陈养浩谨上

八、廿一

　　陈觉新：常熟中山中学初一

　　陈德新、育新：常熟学前中心小学五上、三下

关于聘请姚舜钦代理教务长的函

敬启者：

　　自一九五〇年秋学期起，本校教务长职务，敬请先生代理，相应函达，即希查照为荷！

　　此致姚舜钦先生

校长廖〇〇

一九五〇年八月廿八日

关于聘请周予同等担任特约讲席的函

　　本校教育系为充实教学内容,提高钻研水平起见,自本学期起,特设教育学术讲座,邀请专家,轮流作专题讲演。先生著述宏丰,士林景仰,拟请担任特约讲席,敬祈俞允,无任企荷!

　　此致周予同、谢循初、萧孝嵘、刘佛年、许杰先生

校长廖〇〇

一九五〇年九月六日

关于聘请耿淡如兼任政治系主任的函

敬启者：

　　兹聘请台端兼任本校文学院政治系主任(任期一九五〇年八月至一九五一年七月止)，相应函达，务祈惠允担任为荷！

　　此致耿淡如先生

校长廖世承

一九五〇年九月九日

关于核准伍纯武代授政治经济学的报告

查本校本学期政治经济学上丙组，原经聘请于瑞熹先生担任讲授，为时已将四周，现于先生因中苏友好协会职务繁忙，不能继续教授，拟改请本校国际贸易系主任、东吴大学法学院政治经济学教授伍纯武先生代授，是否有当，理合备文呈报，敬祈察核迅示祗遵！

谨呈华东军政委员会教育部

全衔校长廖〇〇

一九五〇年十月十二日

附：　华东军政委员会教育部关于同意伍纯武代授政治经济学的批复

私立光华大学：

一、一九五〇年十月十二日光(50)字第三五八号呈悉。

二、准你校政治经济学改由伍纯武代授。

三、复希知照！

部长吴有训

一九五〇年十月十九日

关于请胡先佺担任会计学课程的函

敬启者：

　　本校本学期所开"会计学(上)"一学程选读人数过多,拟添开丁组一班,每周上课四小时,该项课程自十月份起,特请台端担任。相应奉达,务希惠允为荷。

　　此致胡先佺先生

廖世○

一九五○年十月十三日

关于吕思勉担任文学院长事复蒋维乔函

竹庄先生道右：

迩奉惠示，敬悉一一。

此间文学院院长职务在上学期原请诚之先生代理。本学期起，谨当遵命办理，仍望先生随时赐予教益，实深盼祷。

专复不一，敬颂道绥。

廖○○谨启

一九五○年十一月一日

附： 蒋维乔先生关于建议文学院院长由吕诚之实任的函

茂如先生鉴：

近在高教会中得时时把晤，深为欣维。

据闻光华文学院长，诚之兄仍是代理名义，在呈报教育部是否仍用贱名，果尔则名实不符，殊非所宜；且此次高等私校立案规定校（院）长必须专任，于诚明立案颇有障碍。

为此恳请卓裁，迅将诚之兄实任，是所盼祷，至希赐复为荷，专颂台安。

蒋维乔启

十月卅日

关于请赵国华担任机械工程教授的函

敬启者：

本校"机械工程"一课，原任教授刘正炯先生中途辞职，拟请台端自十一月份起担任讲授，附奉聘书一件，至希察收惠允担任。再十月份以前之教薪，业经致送刘先生收领，尊任教薪，自十一月份起致奉，补课钟点费，当另增奉，戋戋之数，聊表谢忱，并祈鉴谅为荷！

此致赵国华先生

附奉聘书一件

全衔校长室启

一九五〇年十一月一日

附一： 祝永年先生关于刘正炯辞职续聘赵国华的报告

兹因担任"机械工程"教授刘正炯先生另召高就，提出辞呈，不得不另聘前交大造船系主任赵国华先生继任，请自即日起发给聘书。又因刘先生缺课二星期，兹已商得赵先生同意于二个星期日补授，该项钟点费六小时，拟请自刘先生名下扣除，并加发与赵先生。"机械工程"上课时间决定改于每星期一上午八时至十一时，请教务处一并布告周知。

此呈姚教务长、廖校长

土木系祝永年

十、卅一

附二： 刘正炯先生辞职的函

茂如校长、永年院长吾兄勋鉴：

弟顷应贸易部中国进口公司之聘，主持各部门之调查研究事项，事繁任重，对于在光华所授之课,势难兼顾,用特函恳,准予辞去土木工程系兼任教授职,即希查照惠允为荷,余不一一。

　　专此,敬候教安。

弟刘正炯启

一九五〇、十、廿七

关于保送凌式玉赴华东人民革命大学学习的报告

兹据本校前女生体育讲师凌式玉先生函告"本人前蒙备函向华北大学研究院保送学习,旋因华北大学房舍不敷,人额早满,希就地解决学习问题。今闻华东人民革命大学设有研究院,拟请代向华东统战部申请,准予保送参加学习,以遂求取进步之初衷"等语前来,查凌式玉先生自一九四六年八月至一九四九年七月,连续在本校担任女生体育讲师,相应检同华北大学复函一件,备函代为申请。

敬希查照惠准保送并赐复为荷!

此致华东统战部

附原函一件

校长廖○○

一九五○年十一月八日

附: 凌式玉请廖校长致函华东统战部保送其进入华东革大研究院学习的函

廖校长尊鉴:

前蒙本大学函介保送入北京粘花寺华北大学政治研究院学习,据华大复示"据学校情况,因房舍限制,人额早满,并已开始学习,希凌先生就地解决学习问题"等情,兹今华东人民革命大学于苏州举办政治研究院,参加学习之入学条件与北京华大研究院相同,恳请证明式玉前在本大学住教及曾申请学习之经过,致函本市百老汇大楼,向华东统战部申请审核,俾能由该部保送参加学习为人民服务是祷。

专此。敬请教安。

后学凌式玉谨上

十一月五日

关于华东纺织管理局准予黄庆华担任国贸系课程的函

敬启者：

　　兹以贵局专门委员黄庆华对于商业管理方面经验丰富，本校拟聘请担任国际贸易课程，每周三小时，敬希惠允同意为荷。

　　此致华东纺织管理局

私立光华大学

一九五一年二月廿一日

附： 华东纺织管理局关于同意黄庆华任教的函

　　光(51)字第八一号函洽悉，同意我局专门委员黄庆华在你校担任国际贸易系课程，每周三小时，即希查照。

　　此致私立光华大学

中央人民政府纺织工业部华东纺织管理局

一九五一年二月廿八日

关于请徐中玉担任文艺学课程的函

敬启者：

本校本学期经聘徐中玉先生担任文艺学三小时，每周授课时间，仅周六来校一次，连续讲授三小时，相应函达，即请查照为荷！

此致沪江大学校务委员会

光华大学

一九五一年三月廿九日

附一： 沪江大学不同意徐中玉兼任课程的复函

接读贵校光(51)字第一四五号函，谨悉贵校拟请我校徐中玉先生，在周六兼任文艺学三小时。查我校徐中玉先生兼任图书馆长，公务甚忙，除已兼任复旦课务外，如再兼任贵校课务，恐有妨碍，拟请另聘担任，相应函复，请予鉴谅为荷！

此致私立光华大学

校务委员会主任余日宣

副主任委员蔡尚思

公元一九五一年四月三日

附二： 关于请沪江大学暂准徐中玉兼任课务的函

一、本年四月三日沪字第(51)一〇〇号大函敬悉。

二、查我校经请贵校徐中玉教授兼任文艺学一课，时间定在星期六下午，一次授完，徐教授在贵校亦担任该项课程，且教学时间在每周周六下午进行，似于公务，无多妨碍。

三、兹准前由，除俟另聘适当人选再为调整外，特再函达，敬祈查照惠念我校具体之困难，暂准同意聘兼，以免课业中断，无任感荷！

此致沪江大学校委会余主任委员日宣、蔡副主任委员尚思、章教务长靳以

校长廖○○

一九五一年四月六日

附三： 沪江大学关于徐中玉先生兼职时数超过规定未便赞同在光华任课的复函

一、接读贵校光(51)字第一五五号大函,敬悉。

二、对于贵校具体之困难,深为同情。但我校规定,教授在外兼课,最多以四小时为限。徐中玉先生已在复旦大学兼课二小时,如再在贵校兼课三小时,即已超过限额,与规定抵触,故难赞同。相应函复,即希查照为荷!

此致光华大学

校务委员会主任余日宣

副主任委员蔡尚思

公元一九五一年四月十一日

关于请华东教育部核准参加土改教师的报告

一、本校教师参加土改者,计有代理教务长姚舜钦,商学院教授李志远,助教王光烈、祖鑫林,暨兼课教授夏炎、张一凡、程其襄、胡文淑等;

二、在出发参加土改期间,除教务长职务,推请商学院院长薛迪符暂代外,其余所缺课务,均拟俟参加土改工作完毕返校后,再行补授;

三、理合备文呈报,敬祈察核!

谨呈华东军政委员会教育部

全衔校长廖

一九五一年三月卅日

附: 华东军政委员会教育部关于准予备查参加土改教师的批复

私立光华大学:

一、一九五一年三月三十日光(51)一四八号呈悉。

二、准予备查,覆希知照!

部长吴有训

一九五一年四月十日

关于请华东教育部核准参加新法学研究会学习的报告

案奉钧部三月廿九日教秘人字第二三八〇号通知,以培养新法学师资,饬妥选人员前往北京中国新法学研究院学习等因,当经转据本校法律系主任冯志栋签报称"遵经召集本系教授四人座谈,佥认此次的学习机会颇为难得。惟各教授在我校授课,皆系兼职,另在他校亦担任课程,如前往北京学习,势必放弃他校职务,是故暂时不能参加"等情,查本校法律系仅三四年级开班,学生人数不多,所有教师大多兼任,且人数亦少,均属实情。兹奉前因,理合备文呈复,敬祈察核,准免选送!

谨呈华东军政委员会教育部

全衔校长廖〇〇

一九五一年四月六日

附一：冯志栋关于无法安排教师前往学习的签报

奉教育部通知"为培养新法学师资,希妥选法律系讲师以上人员壹名前往北京中国新法学研究院学习"等因,经招集本系教授四人座谈,佥认此为原职原薪的学习机会,颇为难得,惟各教授在我校授课,皆系兼职,另在他校亦担任课程,如前往北京学习,势必放弃他校职务;又各教授所担任课程,皆有专长,无法互相兼代,如另行罗议人才代理,必将影响我校原有之预算,以致本系教授,虽有参加学习、争取加紧改造的意思,但因事实上发生困难,暂时不能参加。现只可设法创造条件,争取在中国新法学研究院下一期招生时参加学习。理合签请鉴核。

谨上校长廖

冯志栋谨签

一九五一年四月四日

附二：　华东军政委员会教育部关于妥选人员前往中国新法学研究院学习的通知

光华大学：

　　为培养新法学师资，北京中国新法学研究院委托我部保送若干名大学法律系讲师以上人员前往学习，为期五个月，在学习期间原职原薪，学习期满后仍回原校任教。其条件须思想进步、身体健康而能坚持学习者。兹分配你校壹名，希妥为选送，于四月五日前报部审查，听候通知赴京报到入学。

部长吴有训

一九五一年三月廿九日

关于向华东教育部呈送各院系拟添聘助教名额的报告

　　兹遵照钧部三月廿二日教秘人字第〇二二六二号通知之规定,将本校下学期拟添聘助教名额开列如下:

　　一、文学院教育系拟添聘助教一人,帮助教学实习及搜集资料。

　　二、商学院工管系经济系国际贸易系拟合设经济研究室,如下学期经济条件许可,拟强聘助教二人,一主持统计工作,一搜集及整理资料。

　　三、理学院土木系拟增聘助教一人,襄助测量实习工作;又数理系拟增聘助教一人。

理合备文呈报,敬祈察核!

谨呈华东军政委员会教育部

全衔校长廖〇〇

一九五一年四月六日

附: 华东军政委员会教育部关于华东区各高等学校
下学期增添助教名额的通知

华东区各公私立高等学校:

　　(一)兹为有计划地继续培养高等教育师资并适应今后经济国防等建设事业之迫切需要起见,在国家财政经济许可之前提下,各校得就本身实际情况与可能条件酌增若干助教名额作为培养师资之用。望即依照下列原则拟具适当名额于四月十日前报部备核,以便本部研究处理:

　　1. 个别系科原有助教人数确属不敷目前教学工作上之需要者,得考虑增补之。

　　2. 与国家经济国防建设有密切关系之重点院系(如理、工、医等)具有一定培养师资之条件者,可酌量增加名额。

　　3. 各校政治助教之配备,由本部统一考虑决定之。

　　(二)关于上项增添助教人选之来源暨应行具备之条件等项,容再另行通知。各校在本部未有统一布置前,任何人不得先行自相延洽,以免引起某些不必要之影响。

(三)希即知照办理为要!

部长吴有训

一九五一年三月二十二日

关于请华东教育部核准应届毕业生留校任政治助教的报告

一、本校自本学期设置政治教学委员会统一领导政治教学实施以来,在政治课的教学,政治讲座的举行暨小组讨论,时事测验,以及各种爱国运动,均有具体成绩表现。兹为在现有的基础上更好的开展政治教学的工作起见,迭经本校政治教学委员会多次开会讨论,一致认为必需自下学期起,添聘政治助教至少二人。

二、为了这一具体需要,经慎重考虑并已征得同意,拟将本届应届毕业同学罗昌淑(工管系)、唐馥梅(教育系)二人留校担任政治助教工作,因该生等对同学情况熟悉,易于开展工作。

三、是否有当,理合专案备文呈请察核示遵!

谨呈华东军政委员会教育部

全衔校长廖○○

一九五一年六月廿五日

附：华东军政委员会教育部关于拟聘政治助教的批复

光华大学:

一、六月廿五日光(51)字第三三四号呈悉。

二、关于你校为应政治教学需要,提名增聘助教两名问题,已予登记,俟统一分配工作时予以考虑。

三、复希知照!

部长吴有训

一九五一年七月六日

关于姚舜钦代行校长的布告

敬启者：

　　廖校长奉中央教育部邀约于八月廿三日起至九月中旬止去京出席师范教育会议，在离校期间，所有校务托由教务长代行，相应转达，敬希查照为荷！

　　此致姚教务长

校长室启

一九五一年八月廿二日

附：　关于赴京期间由姚舜钦代行校务请华东军政委员会教育部备查的报告

　　奉中央人民政府教育部八月十一日来函，以自八月廿七日至九月十日举行第一次全国初等教育会议及师范教育会议，特邀于八月廿四、五两日去京报到等因，在〇〇离校期间，校务托由代教务长姚舜钦先生代行，理合备文呈报，敬祈查照！

　　谨呈华东军政委员会教育部

全衔校长廖〇〇

一九五一年八月二十二日

关于向华东教育部转呈何杰才因病无法参加学习的报告

案奉钧部九月三日教人(三)字第八三七三号通知,以嘱考虑伍纯武、何杰才先生参加政治研究院学习事,除伍先生之体格检查表及自传另案呈报外,何杰才先生处业经书面通知,兹由姚教务长前往访问与之洽谈,兹接何先生九月五日来函谓"本月四日云云……"等语,理合据情备文转呈,敬祈察核!

谨呈华东军政委员会教育部

全衔校长廖〇〇赴北京开会教务长姚〇〇代行

一九五一年九月七日

附一： 何杰才教授关于因身体原因无法参加学习的函

谨启者:

本月四日接奉尊处转到华东教育部通知拟调鄙人等参加革大政治研究院学习,诵悉之余,深以得此进修机会为幸。何奈鄙人在暑中患香港脚甚剧,迄今步履维艰。入秋后复患湿温,尚在医治之中。故对于目前参加学习,心虽向往,病体实所不许。一俟康健完全恢复,鄙人当自动申请补行学习,在未能恢复健康之前不得不暂停教育工作,以资休养,至希尊处复陈华东教育部为荷!

此复光华大学校长室

何杰才谨启

九、五

附二： 华东军政委员会教育部关于何杰才先生如健康能坚持学习应仍参加政研院学习的函

私立光华大学:

一、九月七日光(51)字第四六四号呈悉。

二、你校何杰才先生,请求缓去政研院学习一节,如系健康不佳,可将体格检查表报来再议。如能坚持学习,应体会我部有计划培养师资之意图,仍以参加此次学习为宜。

三、即希知照!

部长吴有训

一九五一年九月十三日

附三: 关于向华东军政委员会教育部呈送何杰才教授体格检查表的报告

一、关于本校政治系兼任教授何杰才因病未能前往参加革大政治研究院学习,请求俟康健完全恢复后申请补行学习一节,呈奉钧部九月十三日教人(三)字第八七三二号批复,略以"如你健康不佳可将体格检查表报来再议,如能坚持学习,应体会我部有计划培养师资之意图,仍以参加此次学习为宜"等因,本校遵即通知何教授。

二、顷据何先生缴来体格检查表乙份,并称:"1. 华东教育部九月十三日教人(三)字第八七三二号批复于月之十六日转到;2. 翌日(十七日)即至同济医院登记体格检查,因登记人多,延至今日(九月廿三日)始得轮及检查;3. 兹将体格检查表附上;4. 鄙人素患失眠与手颤二病,为光华政治系同学所周知,医生谓失眠与手颤乃老年人神经衰弱之症,为普通体格检查所不及;5. 惟鄙人自知因失眠而精神常感痿顿,身体常感疲乏,不适于纪律化之学习生活,因手颤而不能书写,不能作学习笔记,更有碍于学习工作。"按何先生前曾向校声称患有失眠症,去秋胡继纯先生赴北京革大政治研究院学习,请何先生代课,因体弱辞不接受,至手颤不便书写,确为政治系同学所周知。

应否准其请假,俟健康恢复后补行参加学习之处,理合检呈体格检查表,备文呈请察核指示祗遵!

谨呈华东军政委员会教育部

附呈之件如文

私立光华大学校长廖世〇

一九五一年九月廿七日

四、学生管理

关于请厦门大学校长汪伯明允学生借读的函

伯明校长兄生道席：

　　敬启者,兹有学生潘荣桂于民国卅七学年度第壹学期在敝校商学院经济系二年级上期肄业,该生在学时期品学均尚优良,拟于下学期向贵校借读壹学期,特函奉介,至希惠予照准,同深感荷。

　　专恳,敬颂公绥。

弟廖○○敬启

中华民国卅八年元月十三日

关于卅七年度第二学期开学日期暨学杂费的布告

查本校卅七年度第二学期开学注册缴费日期,暨学杂宿费数额,业经第四十九次校政会议议决,规定如次:

(甲) 二月七日开学: 旧生补考登记

八日: 旧生补考登记

十、十一、十二日: 缴费注册(十日一年级注册,十一日二年级注册,十二日三、四年级注册)

十四、十五日: 补考及新生注册

十七日: 正式上课

(乙) 旧生学费: 叁石五斗米之代价

杂费: 壹石米之代价

宿费: 壹石贰斗米之代价

新生学费: 叁石五斗米之代价

杂费: 壹石米之代价

(以上各费一次缴清)

缴费地点: 上海新华银行总行及支行

以上各项合亟布告,仰各知照。

此布!

光华大学

中华民国卅八年二月三日

关于学生不同日期缴费应折合白米市价的布告

凡在规定时期即二月十、十一、十二、十三日缴费之学生,应缴白米代价,每市石以金圆券陆千元折算,合亟布告,仰各知照此布!

中华民国卅八年二月十日

附一: 关于二月十四日缴费折合白米代价致会计室的通知

迳启者:

凡在二月十四日(星期一)缴费之学生,其应缴白米代价,每市石以金圆券捌千元折算,相应函达,即希查照办理为荷。

此致会计室

校长室启

中华民国卅八年二月十四日

附二: 关于二月十七日缴费折合白米代价致会计室的通知

迳启者:

凡在二月十七日(星期四)缴费之学生,其应缴白米代价,每市石以金圆券玖千元折算,相应函达,即希查照办理为荷。

此致会计室

校长室启

中华民国卅八年二月十七日

附三： 关于二月廿一日缴费折合白米代价致会计室的通知

迳启者：

凡自二月廿一日起缴费之学生，其应缴白米代价，每市石以金圆券壹万元折算，相应函达，即希查照为荷。

此致会计室

校长室启

中华民国卅八年二月廿一日

附四： 关于二月廿五日缴费折合白米代价致会计室的通知

迳启者：

凡自二月廿五日起缴费之学生，其应缴白米代价，每市石以金圆券壹万贰千元折算，相应函达，即请查照办理为荷。

此致会计室

校长室启

中华民国卅八年二月廿五日

附五： 关于三月一日缴费折合白米代价致会计室的通知

迳启者：

凡自三月一日起缴费之学生，其应缴白米代价，每市石以金圆券壹万肆千元折算，相应函达，即请查照办理为荷。

此致会计室

校长室启

中华民国卅八年三月一日

附六： 关于三月四日缴费折合白米代价致会计室的通知

迳启者：

凡在三月四日（星期五）缴费之学生，其应缴白米代价，每市石以金圆券壹万陆千元折算，相应转达，即希查照办理为荷

此致会计室

校长室启

中华民国卅八年三月四日

附七： 关于三月七日缴费折合白米代价致会计室的通知

迳启者：

凡在三月七日（星期一）缴费之学生，其应缴白米代价，每市石以金圆券贰万元折算，相应转达，即希查照办理为荷。

此致会计室

校长室启

中华民国卅八年三月七日

附八： 关于三月十日缴费折合白米代价致会计室的通知

迳启者：

凡在三月十日（星期四）缴费之学生，其应缴白米代价，每市石以金圆券贰万肆千元折算，相应转达，即希查照办理为荷。

此致会计室

校长室启

中华民国卅八年三月十日

附九： 关于三月十四日缴费折合白米代价致会计室的通知

迳启者：

凡在三月十四日（星期一）缴费之学生，其应缴白米代价，每市石以金圆券叁万肆千元折算，相应转达，即希查照办理为荷。

此致会计室

校长室启

中华民国卅八年三月十四日

附十：　关于三月十七日缴费折合白米代价致会计室的通知

迳启者：

　　凡在三月十七日（星期四）缴费之学生，其应缴白米代价，每市石以金圆券叁万捌千元折算，相应转达，即希查照办理为荷。

　　此致会计室

校长室启

中华民国卅八年三月十七日

附十一：　关于三月十九日缴费折合白米代价致会计室的通知

迳启者：

　　凡在三月十九日（星期六）缴费之学生，其应缴白米代价，每石以金圆券肆万贰千元折算，相应转达，即希查照办理为荷。

　　此致会计室

校长室启

中华民国卅八年三月十九日

附十二：　关于三月廿一日缴费折合白米代价致会计室的通知

迳启者：

　　凡在三月廿一日（星期一）缴费之学生，其应缴白米代价，每石以金圆券肆万陆千元折算，相应函达，即希查照办理为荷。

　　此致会计室

校长室启

中华民国卅八年三月廿一日

附十三：　关于三月廿三日缴费折合白米代价致会计室的通知

迳启者：

　　在三月廿三日缴费之学生，其应缴白米代价，每石以金圆券伍万伍千元折算，相应转达，即希查照为荷。

此致会计室

校长室启

中华民国卅八年三月廿三日

附十四：　关于三月廿八日缴费折合白米代价致会计室的通知

迳启者：

  凡在三月廿八日缴费之学生，其应缴白米代价，每石以金圆券陆万元折算，相应转达，即希查照办理为荷。

  此致会计室

校长室启

中华民国卅八年三月廿八日

附十五：　关于三月三十一日缴费折合白米代价致会计室的通知

迳启者：

  凡在三月三十一日缴费之学生，其应缴白米代价，每石以金圆券柒万元折算，相应函达，即希查照为荷。

  此致会计室

校长室启

中华民国卅八年三月卅一日

附十六：　关于四月八日缴费折合白米代价致会计室的通知

迳启者：

  凡在四月八日缴费之学生，其应缴白米代价，每石以金圆券拾贰万元折算，相应函达，即希查照为荷。

  此致会计室

校长室启

四月八日

附十七：　关于四月十一日缴费折合白米代价致会计室的通知

迳启者：

在四月十一日缴费之学生，其应缴白米之代价，每石以金圆券贰拾万元折算，相应函达，即希查照为荷。

此致会计室

校长室启

中华民国卅八年四月十一日

附十八：　关于四月十四日缴费折合白米代价致会计室的通知

迳启者：

凡在四月十四日缴费之学生，其应缴白米之代价，每石以金圆券叁拾万元折算，相应函达，即希查照为荷。

此致会计室

校长室启

中华民国卅八年四月十四日

附十九：　关于四月十八日缴费折合白米代价致会计室的通知

迳启者：

在四月十八日缴费之学生，其应缴白米之代价，每石以金圆券陆拾万元折算，相应函达，即希查照为荷。

此致会计室

校长室启

中华民国卅八年四月十八日

附二十：　关于四月廿一日缴费折合白米代价致会计室的通知

迳启者：

在四月廿一日缴费之学生，其应缴白米代价，每市石以金圆券壹佰万元折算，相应函达，即希查照为荷。

此致会计室

校长室启

四月廿一日

附二十一： 关于四月廿二日缴费折合白米代价致会计室的通知

迳启者：

在四月廿二日缴费之学生，其应缴白米代价，每石以金圆券壹佰伍拾万元折算，相应函达，即希查照为荷。

此致会计室

校长室启

中华民国卅八年四月廿三日

关于学生毛善征无法补考致杜月笙的复函

月笙先生大鉴：

　　敬复者。祗奉二月廿三日惠示,敬悉一一。敝校此次招收新生业经放榜多日,尊嘱之件委实无法报命。毛生既有志深造,俟下期考试时再为注意何如?

　　专复致歉,尚祈亮鉴为幸。

　　敬颂筹祺

弟廖○○敬复

中华民国卅八年二月廿八日

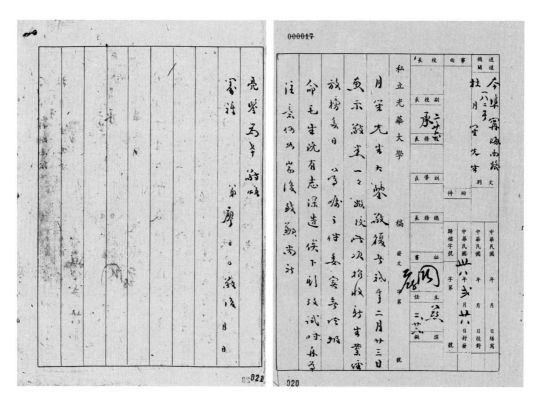

附：杜月笙请求给予毛善征补考机会的函

茂如先生道席：

　　敬启者。学生毛善征此次投考贵大学商学院经济系春始一年级，其报名号码为301号，以从原籍宁波赶来时间不及，致第一试算术部门未克参与，恳为转请先生特赐通融，予以补考机会。毛生志切深造，情殊惶急，用为备函奉干，至祈惠允。素稔先生提挈后学，嘉惠士林，度能加以玉成也。

　　顺颂道安。

弟杜镛敬启

二、廿三

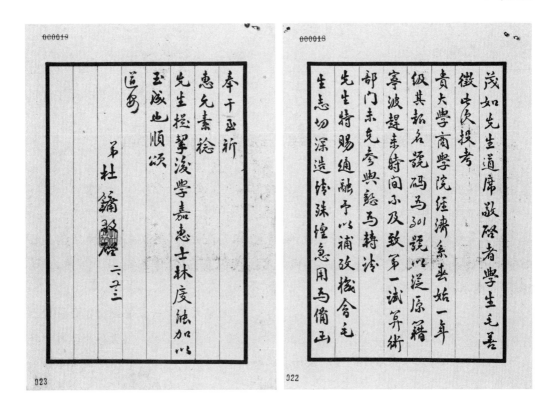

关于光华大学三一聚餐会贺信的复函

大学部三一聚餐会全体会员公鉴：

　　三月十日,台函祇悉,世承接代校政,适逢艰屯,承荷书贺,益滋感惕。际兹初履之时,参择与革之处,正多所冀。诸君本爱护母校之热忱,时加匡助,尤所企盼,不尽一一,籍颂台祺。

廖〇〇敬复

中华民国卅八年三月十五日

附： 光华大学三一聚餐会关于廖世承担任校长的贺信

茂如校长赐鉴：

　　久钦山斗,景仰时殷。

　　顷闻母校校董会推选先生主持校政,逖听之余,同深忭贺,金以先生文章道德久已推重于士林,时雨春风定可加惠于后学,回顾母校,称庆得人,谨修芜笺,同伸贺意,祇请道安,惟希朗照。

光华大学三一聚餐会全体会员谨上

卅八年三月十日

　　通讯处：上海北京东路 130 号一楼任城收转

关于请上海市轮渡公司为学生购买优待船票的函

迳启者：

　　兹据本校通学生汪道奋报称"家居浦东，每日往返须搭乘轮渡渡江，所费不赀。近悉该公司有优待公教人员及学生办法，请为证明"等语，兹特备函证明，即希贵公司查照，惠予购买优待乘船票，是为至荷。

　　此致上海市轮渡公司

光华大学校长室

民国卅八年三月十九日

附：　学生汪道奋请求学校开具证明以购买优待船票的报告

敬启者：

　　学生汪道奋（学号八九九六），家居浦东，每日来往学校，需搭乘市轮渡渡江，近悉该公司有优待公教人员及学生办法，凡学生可持学校证明文件，申请购买优待票，特此具函呈请，希缮发学生在学证明书壹纸为祷。

　　此呈光华大学秘书处钧鉴

学生汪道奋敬上

卅八、三、十八

关于向教育部呈送学生人数及粮价调查表的代电

教育部代部长陈钧鉴：

　　案奉钧部本年三月十一日第八七八号代电尾开"……又为明了该校现有学生人数及粮价情形,特检发调查表二份,饬仰于文到三日内,即行据实填列,迅速报部,以凭核办"等因,遵。已将上项调查表学生人数栏据实填列,并根据上海市社会局,本年一二月份粮价证明单,填列当地粮价,奉电前因,理合检呈上项填就之调查表二份,电请察核。又三月份粮价容俟上海市社会局粮价证明单填送到校后,再为增报,合并呈明。

　　　　　　　　　　　　(全衔)代理校长廖〇〇光秘卅八寅梗[1]叩

附一： 私立光华大学学生人数及当地粮价调查表（卅七学年度第二学期）

项　别		核定人数	实有人数	备　注
公费生	全公费生	三	三	
	半公费生	十一	十一	
	奖学金生			
	匪区救济金生			
自费生		现有人数一四七九人		
合计		一四九〇人[2]		
最近粮价变动情形		一月份平均价格每石市价一三三八.〇〇元 二月份平均价格每石市价九〇五五.〇〇元 三月份平均价格每石市价		

　　　　　　　　　　　　　　　　　　　　　　　　代理校长廖〇〇

　　　　　　　　　　　　　　　　　　　　　　三十八年三月　日填报

---

[1] 即 1949 年 3 月 22 日。
[2] 原文如此。

附二： 教育部关于垫发三月份学生膳费及填报调查表的代电

光华大学：

　　本部对各院校公费生救济生膳费忝念素殷，唯奉核定预算过低，致变应不易，使于该校同感困难。现经核准以米价每斗陆百元，副食费基数提升为十元，拨部统筹转发。惟查该地米价业又超过此数，本部除再呈院追加外，为体念学校困难及学生生活起见，特提高照当地粮价增垫。兹电汇三月份学生膳费七万元，仰希查收。

　　又本部为明了该校现学生人数及粮价情形，特检发调查表二份，仰于文到三日内，即行据实填列，迅速报部，以凭核办。

教育部印

中华民国卅八年三月拾一日发出

关于光华近况致马邹德一校友的复函

德一同学惠鉴：

多年阔别，系念时深。顷接三月十三日来书，籍悉一一。

母校自经抗战炮火，大西路校舍已全部毁去。复原之初，即经勘定欧阳路新校址，地约五十余亩，屋舍亦尚高敞，并于去岁由校备价承购永久使用矣。

本学期起，朱校长经农光先生奉派出国参加联合国文教会议，一时不能归来，校政由世承接代。校中多年老教授，容启兆、蒋竹庄、吕思勉、谢循初、孙贵定、耿淡如、朱公谨诸先生现仍在校讲教，弦歌依旧，未减当年。余详附寄之光华通讯，不再赘告。

校中前因鉴于学生人数骤增，宿舍不敷分配，经已议定新建宿舍两幢，嗣以物价踊腾，原有预算不敷甚巨，致未继续兴工，引为憾事。

今后校讯当饬陆续寄来，藉慰足下远念母校于千里之外也。

专复不一，顺颂时祉。

廖〇〇启

中华民国卅八年三月廿八日

附：马邹德一给廖世承的信

世承校长夫子有道：

凤侍绛帐，仰承陶冶，遥睽榘范，弥殷向往。

溯自离校来宁，与少云[1]主席结婚，倏逾十余载，寄迹塞外，关山间阻，对母校虽

---

[1] 即马鸿逵(1892—1970)，甘肃河州（现宁夏）人，回族，西北军阀马福祥之子。1910年毕业于兰州陆军学校。1913年任袁世凯总统府侍从武官，袁死后回甘肃任新军分统。1921年升任第五混成旅旅长，驻绥远。后归冯玉祥，任国民一军第七师师长，驻宁夏。1929年叛冯投蒋，历任宁夏省政府主席、十五路军总指挥。抗战时马鸿逵任第八战区副司令长官兼十七集团军总司令。1949年去台湾。1970年在美国病故。邹德一，江苏吴县人，1933年秋就读于光华大学文学院，肄业一学期后嫁给马鸿逵做五姨太，1956年在美国离婚。

少联系,但未尝一日忘怀,今后倘有所能助,当竭力以赴也。

专函布臆,敬颂道祺。

生马邹德一拜启

三十八年三月十三日

关于严禁学生私用电炉煤气的布告

　　查水电煤气价目,自经按月照电话指数计算以来,本校每月水电费用为数益巨。值兹物力艰难之际,自应尽量节省,嗣后如有学生私用电炉煤气情事,一经发觉,当予严处。

　　特此布告,仰各知照。

　　此布。

私立光华大学
中华民国卅八年三月卅日

关于请教育部照国立院校待遇预发公费生膳费的请示

私立光华大学呈稿发文光秘(卅八)年字第七二〇号

案据本校公费生马尚健、潘景山等报称"窃生等膳费,向由教部按月拨发,惟因时局关系,上海区各国立专科以上学校公费生膳费闻已预发至本年十月份。生等为实际生活需要,拟恳转呈准予依照国立院校公费生膳费预发办法同一待遇,俾能安心向学"等情,前求理合备文呈请察核指令祗遵!

谨呈教育部部长杭

(全衔)代理校长廖〇〇

中华民国卅八年四月十六日

附： 公费生马尚健等请学校转呈教育部按照国立院校同一待遇预发膳费的报告

窃生均为教部公费生,膳费向由教部按月拨下。惟因时局关系,上海各国立专科以上学校,公费生膳费业已由教部预发至十月份,而本校迄今尚未有经费发下,生等恐今后膳费无着,特恳乞钧座转呈教部,依照国立院校公费生膳费同等拨下,以俾生等安心求学,实为公便。

谨呈秘书室

公费生马尚健、潘景山等同呈

四月十四日于光华大学

关于致谢赵家璧校庆赠书的复函

　　本校廿四周年校庆纪念承荷贵社赠送美国文学丛书一套,至为感激,除将上项丛书陈列图书馆以备研考外,特此专函复谢,尚祈鉴照为荷!

　　此致晨光出版社赵家璧先生

代理校长廖〇〇

卅八年五月八日

关于向万竹小学借用教室的函

查迩来沪市局势日趋紧张,本校校址适在郊区,现仍有无家可归之男生四十七人、女生十一人留住校内,拟请贵校准予拨借教室两间,俾可暂为迁住,藉策安全。相应函恳,请烦查照惠允借用,至为感荷!

此致万竹小学许校长

代理校长廖〇〇

中华民国卅八年五月十七日

附: 关于感谢万竹小学借用宿舍的函

迳启者:

此次敝校学生借用贵校校舍住宿,厚蒙照应,无任感激,用特专函申谢,尚祈察照。

此致市立万竹小学许校长

代理校长廖〇〇

中华民国卅八年五月卅日

关于介绍学生拜谒周谷城欢迎莅校讲演的函

谷城先生大鉴：

　　敬启者。荷承俞允于本月十三日（星期三）上午九时莅校讲演，同深感篆。兹由敝校学生会代表趋谒，特函奉达，谨致欢迎之忱，尚祈察照为幸。

　　耑此，祗颂筹祺

廖○○敬启
一九四九年十二月十二日

关于派遣盛一飞等前往中央研究院借阅图书的函

迳启者：

久仰贵所庋藏科学图书丰富，为海上唯一宝库。兹有敝校理学院化学系毕业班学生盛一飞、盛序龄、何如福、徐传创、徐立平、沈梅英、朱定彝等七名写作毕业论文，须博览丛书，俾资参考，特为备函介绍该生等趋前借阅书籍，务祈惠允，无任感荷。

此致中央研究院化学研究所

私立光华大学校长廖世〇

一九四九年十二月十三日

关于发布刘佛年演讲的布告

　　本日上午十时至十一时敦请刘佛年先生在大礼堂演讲"斯大林与中国革命"，希本校全体同学准时（依照教务处排定座位入座）前往听讲，特此布告，仰各知照。

　　此布！

校长廖○○

一九四九年十二月廿一日

关于推介刘清如等赴中央研究院担任助理员的函

迳启者：

　　兹有本校理学院化学系一九四九年春季学期毕业生刘清如、吴玲在校肄业，品学兼优，拟申请在贵所充任助理员，用特备函介绍，至祈惠予照准，提携后进，无任感纫。

此致国立中央研究院化学研究所

私立光华大学校长廖世〇

一九四九年十二月二十二日

附： 学生刘清如、吴玲请学校出具介绍信的函

迳启者：

　　学生刘清如（学号六八六四）、吴玲（学号六九二一），理学院化学系，现因去国立中央研究院登记申请所需，特恳代写介绍书一封以用为荷。

此致校长室秘书处

学生刘清如、吴玲同上

十二月廿二日

关于邀请上海市劳动局长马纯古来校演讲的函

纯古局长先生大鉴：

前承于百忙中莅校讲演，此间数百学子于恭聆高论之余，益深钦仰，拜感之情，谨此驰谢，尚祈朗照。

兹再恳者，敝校商学院银行系应届毕业生，经已洽定利用寒假期间，在人民银行上海分行实习，藉资学练。其余"会计"、"工商管理"、"国际贸易"、"经济"四系学生实习场所尚待觅定，可否烦请赐代介绍，如承俞准，则更所企祷，并此奉达，敬颂筹祺。

廖○○谨启

一九四九年十二月廿六日

关于毕业学生学分学年均须修满致之江大学的复函

迳复者：

一月十三日大函袛悉。本校遵照主管教育行政机关之规定,学生在校学分学年均须读满方得毕业,是以四年级学生其学分已满,但尚差一个学期之情事,已不复存在。

承询特复,尚希查照为荷!

此致之江大学

私立光华大学启

一九五〇年一月廿三日

附： 之江大学关于询问学分提前修完学生学费缴纳办法的函

迳启者：

贵校对于四年级学生其学分已满但距毕业尚差一个学期,该生等学费是否仍照章缴纳,抑予酌减或经豁免?

至希惠予示复为荷!

此致光华大学

之江大学启

一、十三

关于拟借上海法学院教室呈请华东教育部核准的报告

查本校本学期法律系学生除黄枬荣已参加军干校外,尚有袁鋆荪、周翔熊、杨君琦、王昭仪、毛惠娟、陈明伦、严临英、王克仁、严文雄、崔昇安、奚玉龙等十一名。本年一月间有同学十名响应本市人民法院的号召,临时参加清理积案工作,以减轻人民讼累,为期三月,方可完毕。现开学在即,而清理工作,尚在进行,势难中途停辍。

兹据该系参加清理积案工作同学声称"生等响应政府机关号召,参加清理积案工作,现正努力使理论结合实际,为人民服务,暂时不能按照校内所定的上课时间来校上课,请求于每日下午五时后及星期日上课,以示照顾"等情前来,惟本校上课时间,前经全校多数同学反应,并经校务会议议决,为照顾同学的自修及体育文娱活动起见,每日下午五时后及星期日,以不排课为原则,该生等所请窒碍难行。

复经该系师生座谈协商,一致请求"于清理积案期内,所有本系课程,拟请临时借用上海法学院法律系的教室在夜晚上课,政治课程则在上海法学院法律系借读,而仍在本校注册"各等语,是否可行,理合据情呈报,敬祈察核示遵!

谨呈华东军政委员会教育部

全衔校长廖○○
一九五○年二月十七日

附: 华东军政委员会教育部关于同意法律系参加
清理积案同学借上海法学院上课的批复

光华大学:

一、一九五一年二月十七日光(51)字第六七号呈为你校法律系学生袁鋆荪等十人于参加上海市人民法院清理积案期间借用上海法学院法律系教室夜晚上课、政治课在上海法学院法律系借读等情悉。

二、准予备查,复希此照。

部长吴有训

一九五一年二月廿二日

抄致上海法学院法律系

关于学生毕业办法致震旦大学胡文耀的复函

迳复者：

二月十一日大函敬悉。依照主管教育行政当局之规定,大学各院系学生必须修满八学期方得毕业。本校于一九五〇年暑期后即无学期不足可予毕业之办法。

相应复请察照为荷！

此致震旦大学胡校长

私立光华大学校长室启

一九五〇年二月廿一日

附： 震旦大学校长胡文耀询问学期不足学生毕业办法的函

迳启者：

据敝校法律系四年级学生声称,各私立大学法学院法律系已修毕七学期之同学得与修毕八学期之同学同时毕业,先给毕业证明书,待暑假时再给正式毕业证书等语。贵校如何办法,希详予见示,以便敝校采取同样步骤。

无任感盼。

此致光华大学廖校长

震旦大学校长胡文耀谨启

一九五〇年二月十一日

关于向华东教育部呈送应届毕业生就业统计表的报告

　　案奉钧部本年一月十三日东教高学字第二八一一号通知,以饬呈报应届毕业生之就业情况等因。查本校本届应届毕业生中,除应东北招聘团之聘,志愿前往东北工作,已准提前举行考试,并已成行之学生计有十四名外,其余应届毕业生,现正在校参加期中考试,须于一个月后,方得参与毕业考试。兹奉前因,理合先就已赴东北工作之学生,造具就业人数统计表一份,备文送请察核备查!

　　谨呈华东军政委员会教育部

　　附呈统计表一份

全衔校长廖○○

一九五○年五月十七日

附一： 私立光华大学一九五○年应届毕业生已就业人数统计表

院　　系	已就业人数	离校日期	服务机关	地　点
理学院土木工程系	7人			
理学院化学系	1人			
商学院经济系	2人			
商学院会计系	2人	五月十日至十五日	应东北招聘团之招聘	东北
商学院工商管理系	1人			
商学院会计专修科	1人			
共计	14人			

附二： 华东军政委员会教育部关于呈报应届毕业生就业情况的通知

私立光华大学：

　　本部为欲了解华东各校应届毕业生之就业情况，特发出如下通知：

　　一、你校应将毕业学生之已就业人数列出院系、班级、离校日期以及服务机关、地点等，作出统计，限文到三日内备文报部。

　　二、以后如有应届毕业学生离校时，应按上项办法具报。

部长吴有训

副部长唐守愚　沈体兰

一九五〇年五月十三日

关于毕业生领取华东教育部分配动员大会听讲证的通告

　　关于本届毕业生工作分配问题,业经华东教育部召集会议,当经决定本星期三(七月十二日)上午召集文学院毕业生,星期四(七月十三日)上午召集理商学院毕业生,分别作工作分配报告。本校文学院毕业同学应于本周二(七月十一日)下午二时至四时,或本周三(七月十二日)上午八时前,理商学院毕业同学应于本周三(七月十二日)下午二至四时,迳来秘书室领取听讲证,按照规定时间及地点,前往听讲,事关切身工作问题,希遵照办理为要!

　　右通知(　　　　)同学

校长室

一九五〇年七月十一日

附一: 华东军政委员会教育部秘书处关于发给毕业生听讲票的通知

　　兹发给文、法、教、美、体、音各科本期毕业生听讲票六十五张,理、工、农、商各科本期毕业生听讲票八十六张,并附听讲须知一份,请转知听讲学生切实遵照为荷!

　　此致光华大学

华东军政委员会教育部秘书处

七月十一日

听讲须知

一、地点

(1) 文、法、教、美、体、音各科本期毕业生听讲地点在江苏路愚园路西中西女校大礼堂。

(2) 理、工、农、商各科本期毕业生听讲地点在上海市人民政府大礼堂。

二、时间

(1) 在中西女中听讲日期：本月十二日(星期三)上午九时。

(2) 在上海市人民政府听讲日期：本月十三日(星期四)上午九时。

(3) 听讲者要遵守时间在上午八时半前到场入座。

三、听讲学生，以本期毕业生为限，本期以前毕业学生及非毕业暨本届毕业学生已离校就业者，概不得入场听讲。

四、接受本部所发入场券的本期毕业的学生，不得藉故转让他人以及非本届毕业学生持用。

五、至上海市人民政府大礼堂听讲人员，一律由河南中路便门出入。

附二： 关于派人前来领取毕业生参加分配工作动员大会听讲证的函

兹派校工前来领取本校本届文理商毕业生参加工作分配动员大会听讲证，计一六〇份，理合备文呈请察核准予发交来人带下以便转发。

谨呈华东军政委员会教育部

全衔校长廖〇〇

一九五〇年七月十日

关于向华东教育部呈送缺少学分之毕业生名单的报告

查本校应届毕业生中,学分不足者,计有十人,在分配工作时,该生等应否即行参加,俟参加工作后再行补修? 抑或先在暑校补修后再行分配之处? 理合造具缺少学分之应届毕业生名单一份,备文呈请察核迅示祗遵!

谨呈华东军政委员会教育部

附呈缺少学分之应届毕业生名单一份(略)

全衔校长廖○○

一九五○年七月十五日

附: 华东军政委员会教育部关于缺少学分毕业生处理办法的批复

光华大学:

一、七月十五日光(50)字第二二四号及七月十七日光(50)字第二二九号呈件均悉。

二、你校本届毕业生中学分不足者,准予先行参加工作。惟缺少在五学分以上者,不能毕业;如缺少在四学分以下者,又是选修科目,可由校拟定补读及审查办法,呈送我部审核。

部长吴有训

关于呈请华东教育部核准社会系学生借读复旦的报告

查本校社会系去年今年均停止招生,现仅有四年级生五六人,开班设课,既不经济,教学进行,忌多滞碍。兹为提高学生学习兴趣,减轻学校负担起见,拟自下学期起,向国立复旦大学社会学系借读,是否可行,理合备文呈请核示祇遵!

谨呈华东军政委员会教育部

全衔校长廖○○

一九五○年八月廿六日

附一: 华东军政委员会教育部关于社会系四年级不准借读复旦大学的批复

光华大学:

一、八月二十六日光字第二九五号呈悉。

二、你校社会系因停止招生,所有四年级学生,拟自下学期起向国立复旦社会系借读一节,所请碍难照准。我部意见你校可向上海沪江大学或东吴大学借读,希迳自接洽,如有困难,我部可以协助,此复知照!

部长吴有训

一九五○年九月二日

附二: 华东军政委员会教育部关于社会系借读复旦的申请不予批准的复函

私立光华大学:

一、顷接你校社会系学会一九五○年九月九日呈称"窃生谭其粤等七名肆业于本市上海私立光华大学社会学系四年级上学期,因本系人数过少,不但校方课程难开,且后无来者,兼之在七人当中大多数无力负担学杂费用,而学校对本系向来采取漠视态度,每学期所开课程七折八扣,直至目前为止尚无系主任,故无人领导我们正课学习,长此下去,影响同学学习情绪匪浅。生等为克服学校困难及照顾同学前途起见,故请求校方曾经呈报教育部备案未准,但生等认为再有请求之必要。其理由:

1. 本系课程一向是复旦大学教授兼课,为响应精简及经济起见,可予合并复旦,且对课程内容及性质并无变动及脱节之虞。

2. 本校对本系同意合并复旦,而复旦社会系亦甚表欢迎,且按前次上海法学院之会计等系合并于上海商学院而成立经济学院是为一例,据此请求教育部加以考虑。

3. 合并后对本校可以节省开支,对同学可减轻负担,相互克服困难之原则下请教育部准予照顾。

以上均为实际之客观条件,据实呈报,恳祈钧部鉴核,给予照顾,则不胜迫切待命之至"等语。

二、关于该系学生借读事,前据你校暨国立复旦大学先后呈请到部,并经分别批复难予准行各在案,仍希遵照前批转知该系为要!

部长吴有训

一九五〇年九月廿一日

关于请华东教育部核准学生提前分配工作的报告

（一）兹有本校一九四九年度第二学期学分已修满之七学期学生夏建民、邹恒祐、陈有新、张泉、赵训彝、周惠宏、赵镇东、陈振华等八人，拟请准予提前分发工作；

（二）以上学生中，陈振东原在贸易部土产公司实习，赵镇东原在人民银行信托部实习，该生等拟请求准分派各该原实习机关工作；

（三）遵照钧部本年八月十五日教高学字第四八六○号通知关于学年未届提前参加工作暂行办法之规定，理合缮造名册一份，备文呈报，敬祈察核示遵！

（四）再本校一九四九年度第二学期学分已修满之七学期学生陈迎元、许立功二人，在学期考试前提前赴东北就业，可否先照七学期修满学分办理，俟学生届满再行准予毕业之处，并祈核示！

谨呈华东军政委员会教育部

全衔校长廖○○

一九五○年九月七日

附一：　华东军政委员会教育部关于学分已修满七学期学生分配工作的批复

光华大学：

一、九月十二日光（50）字第三二一号呈悉。

二、关于七学期已修满学分，要求提前分配工作的学生，经研究后，决定分发该生等于下列各部门工作。

（1）政治系学生二人及经济系学生一人分配去华东劳动部工作。

（2）法律系学生二人分配去华东司法部工作。

（3）工商管理系学生三人分配去华东人民银行工作，内中二人如原实习机关拟留用，可照准。

以上各生希即转知前来我部办理介绍手续。

三、土木系学生考期前离校去东北工作者,该生等缺课是否超过学校原有规定,希具报备核。

部长吴有训

一九五〇年九月卅日

附二： 关于向华东军政委员会教育部呈复土木系学生考期前离校去东北工作者缺课情况的报告

案奉钧部九月卅日教高学字第〇〇六四七六号批复关于决定分配本校学分已修满七学期学生工作一案尾开"三、土木系学生考期前离校去东北工作者,该生等缺课是否超过学校原有规定,希具报备核"等因,查土木系学生考期前离校去东北工作者,该生等缺课并未超过学校原有规定,理合备文呈复,敬祈察核!

谨呈华东军政委员会教育部

全衔校长廖〇〇

一九五〇年十月九日

附三： 华东军政委员会教育部关于拟定应届毕业生未参加毕业考试及学分不足或学年未届提前参加工作的暂行办法的通知

私立光华大学:

关于各专科以上学校应届毕业生未参加毕业考试提前参加革命工作,及学分已修满(七学期)学年未满,或学年已满而学分不足就提前参加工作,其毕业问题,我部待拟订暂行办法如下,希各校遵行:

1. 应届毕业生未参加毕业考试,及学分已修满(七学期)学年未满,或学年已满而学分不足,如提前参加工作,须经学校呈准我部后方可就业,否则不发给毕业证书。

2. 应届毕业生未参加毕业考试,即提前参加工作,其缺课以不超过学校原有规定为原则,所缺课程由校向毕业生服务机关联系,请其负责按期将学生工作情况报校由学校评定分数,代替成绩,如及格准予毕业,发给毕业证书。

3. 学分已修满(七学期)学年未满的应届毕业生,提前参加工作,但须至学年届满时,才准毕业。

4. 学分未修满而学年已满的学生,如其所缺学分系非必修课并不超过四个学分,经呈准后可以参加工作,其所缺学分的补救办法,可参照第二条规定办法。

5. 毕业论文(可以专题报告代替)不交者不准毕业,如经核准参加工作者,应在工作期间补交。

6.二、四两条规定补救办法,学校应与毕业学生工作机关接洽,不能由学生个别报告。

部长吴有训
一九五〇年八月十五日

附四：　华东军政委员会教育部关于补充说明教高学字第六八四〇号通知第三条规定意义的通知

光华大学：

查我部一九五〇年八月十五日教高学字第四八六〇号通知第三条关于："学分已修满(七学期)学年未满的应届毕业生,提前参加工作"的规定,各校学生多有误解,以至提出要求将应在第八学期所习课程提前学习而超过学校原有规定,以致造成选习课程的紊乱现象,我部为了纠正这种现象,特补充说明如下：

学生在七学期肄业期满时读完学校规定的全部课程,是指一般学生在入学肄业时每学期选修课程并未超出学校原有规定(如学校规定学生每学期选修课二十学分,最多不得超过二十四学分),努力学习至七学期已将全部课程读完,得准要求提前参加工作,但须专案呈报我部批准后方得离校就业,并非每个同学在七学期开始时,选读课程超过学校原有规定(如学校原有规定每学期学生选修课程最多不得超过二十四学分,而学生在校课程尚缺少学分,要求提前在七学期全部选读完了),而将应在第八学期选修课程一并在第七学期选读完了者。

前项补充说明,各校应切实掌握执行,以免学生在选课中发生紊乱现象。

部长吴有训
一九五〇年十月十四日

附五：　华东军政委员会教育部关于前颁专科以上学校学生学分已修满而学年未届及学年已满而学分不足得申请提前参加工作暂行办法自即日起停止适用的通知

光华大学：

查关于专科以上学校学生学分已修满而学年未届(已读完七学期)及学年已满而学分不足得申请提前参加工作问题,我部曾于一九五〇年八月十五日及十月十四日以教高学字第四八六〇号及六八四〇号通知施行在案,近有少数学校学生误解前项办法规定的精神,自二下起每班级一般均纷纷竞选学分,希望争取在修满七学期时提前申请参加工作,此种情形,不但影响了学生毕业程度,且更妨碍身体健康,与我部订立此项规定的原旨大相违背,且遵照中央人民政府教育部"关于实施全国高等学校课程改革的决定"规定:高等学校学生每学期每周实际学习时间(包括上课、实习、实验、自习等)以四十四小时为标准,最多不得超过五十小时,则自一九五〇学年度起各校各系科必须按照此项规定原则制定课程及教学计划严格实施,因此今后七学期修满应修毕业学分的情况,应不复存在。

鉴于上述种种情况的改变,我部前颁高等学校学生学分已修满而学年未满及学年已满而学分不足者得申请提前参加工作的暂行办法自即日起应予停止适用。惟为照顾少数学校部分学生实际情况起见,截至一九五〇年度第一学期止暂准继续个别申请,但各校应将申请学生历年修习学程、学分及毕业学分总数,分学期造册呈报凭核,希知照为要。

部长吴有训

一九五〇年十二月十三日

关于请华东教育部援例准应浚达等分配工作的报告

顷据本校一九四八年度第二学期学分已修满之七学期学生应浚达、顾国华报告,请求转呈准予分发工作等情前来,查该生等毕业问题曾经函奉前上海市人民政府高等教育处一九五○年三月十六日高大私字第二○六九号指示必须修满学年及政治课方得毕业,复查与该生等情形相同之学生周礼德前经呈奉钧部本年七月十五日教高学字第四○一八号批复准予参加土改工作在案,该生等可否援例并遵照钧部本年八月十五日教高学字第四八六○号通知关于学年未届提前参加工作暂行办法之规定,准予分发工作,所缺政治课,俟在工作单位补行学习之处,理合据情转报,敬祈察核示遵!

谨呈华东军政委员会教育部

全衔校长廖○○

一九五○年九月十九日

附: 华东军政委员会教育部关于一九四八年度第二学期学分修满

学生不得提前毕业分配工作的批复

光华大学:

一、九月十九日光(50)字第 332 号呈悉。

二、我部教高学字第 4860 号通知,系限于一九五○年暑期学分修满而学年未满之学生之要求工作,经我部核准后,可分配工作。

三、你校学生应浚达、顾国华系一九四八年度第二学期学分修满学生,不能适用上列条例,无法分配工作。

部长吴有训

一九五○年九月廿七日

关于请华东教育部核准汤雪梅等分配工作的报告

　　一、案据本校一九四九年度第二学期学分已修满之七学期学生汤雪梅、严大东、黄志瑞等三人报请准予提前分发工作前来,拟请援照钧部九月卅日教高学字第〇〇六四七六号关于决定分配本校学分已修满七学期学生工作一案之批复,赐准提前分发工作。

　　二、又据一九四九年度第二学期已届满第八学期之学生沈梅英、王季萍、宋定昌、邱启远、夏伯训、邱仁佐、徐邦裕等报告,在暑假统一分配工作时,因有不及格学程,须在暑校补读,未能参加统一分配,现以所缺学分,早经在暑期班补足,请求准予补行分发工作等情前来,经已转提第十八次校务会议暨改组后第一次常务委员会议议决,准予毕业记录在卷,并已于九月廿七日以光(50)字第三四一号呈送一九五〇年暑期毕业未接受分配工作名册内,分别列入(内徐邦裕一名,已去市委会工作,未经列入)。近复据各该生等迭次请求催派工作前来,拟请准予核派,俾遂为人民服务之愿望。

　　三、最近又据八学期毕业学生汤国英、高美珍、沈绍平及七学期学生严大东等联名请求,以原在中国纺织机器制造公司实习已届八月,现该公司拟予留用,拟转请准予分派该公司工作等情前来,查学生汤国英、高美珍、沈绍平前在该公司实习期间,因有继续留用之希望,故未参加统一分配。兹据前情,拟请准将汤国英等三人及严大东,一并分派中国纺织机器制造公司工作。

　　以上各项,理合分别造具名册,备文补报,敬祈察核,迅示祗遵!

　　谨呈华东军政委员会教育部

全衔校长廖〇〇

一九五〇年十月廿日

附： 华东军政委员会教育部关于七学期学生学分修满学生及
补修满学分予以毕业生工作问题的批复

光华大学：

一、十月二十日光(50)字第三七六号呈悉。

二、你校一九四九年度第二学期已修满之七学期学生汤雪梅等请求提前分发一节，因暑期统一分配工作已结束，应俟寒假时参与分配。

三、八学期学分已补修满之本届毕业生沈梅英等六人，既已列报在一九五〇年暑期毕业生未接受分配工作名册，可暂准分配工作，希通知该生即来我部一谈。

四、汤国英等三人，既未参加统一分配，现拟在中国纺织机器制造公司工作一节，我部无法予以介绍。

五、复希知照！

部长吴有训

一九五〇年十一月九日

关于参加一二·九抗美援朝大游行的布告

在朝鲜前线的捷报不断地传来,我们更有充分的信心,一定能够击败美帝,完成伍修权代表在联大所表示的人民志愿。但是美帝在挫败之余,绝不肯就此罢休,所以我们应该从好的方面争取和平,从坏的方面准备斗争。现在本市各大专学校正在提高警惕,准备万一,沉着应变,将抗美援朝、保家卫国运动,更做得积极而普遍深入。

我光华大学具有反帝光荣的传统历史,自须在这一运动中,争先赶上。上海市学联已发出"一二·九抗美援朝大示威游行"的号召,相信我校同学必能全体踊跃参加,为了更好的准备及展开工作起见,特经第四次常务委员会议议决:

(一) 期中考试有改变方式之必要。本周四(十二月七日)起,照常上课,如有未考各课,一律改自下周起,由教师酌定,在原有上课时间内,分别举行。

(二) 本周四下午二时起,在大礼堂举行本校传达上海各界人民抗美援朝、保家卫国代表会议报告暨驳斥美帝谬论大会,全体同学必须参加,做好我们的积极支前、扩大宣传、参加国防建设等一切准备工作。

合亟布告周知,此布。

一九五〇年十二月六日

关于向华东教育部呈送参加军干校学生名册的报告

　　兹遵照钧部一月十八日教高学字第〇〇〇三三八号通知,将本校确实参加军干校学生名册一份,备文呈报,敬祈察核备查!

　　谨呈华东军政委员会教育部

　　附呈名册一份

全衔校长廖〇〇

一九五一年一月二十二日

附一: 私立光华大学参加军事干校同学名册（一月二十日）

姓　名	性　别	院系别	年　级	备　注
黄枬荣	男	文、法律	三	
乐凤梅	女	文、教育	二	
张祖芳	男	理、土木	二	
王正民	男	理、土木	二	
胡润森	男	理、土木	二	
王忠棣	男	理、土木	二	
邱建民	男	理、土木	二	
陆俊坤	男	理、土木	一	
言茂仁	男	理、土木	一	
朱瓒	男	理、土木	一	
黄昌平	男	理、土木	一	
唐来翘	男	理、化学	一	
徐允中	男	理、化学	一	
吴文波	男	理、生物	一	

（续表）

姓　名	性　别	院系别	年　级	备　注
王俊凤	女	理、生物	一	
章啸者	男	理、铁专	一	
杜敦绍	男	理、铁专	一	
樊贻芬	女	商、会计	四	
张康骎	男	商、会计	三	
薛孔震	男	商、会计	二	
杨炽昌	男	理、土专	一	
陈家勃	男	理、土专	一	
陈伟中	男	理、土专	一	
吴国填	男	理、土专	一	
董阳开	男	理、土专	一	
谢佑慰	男	理、土专	一	
徐惠全	男	商、财经	一	

以上共计 27 名。

附二：　华东军政委员会教育部关于报送参加军干校学生情况的通知

公私立高等学校：

　　查各校动员学生参加军干校工作即将结束，兹为了解你校确实参加人数起见，即希将你校参加军事干校学生分别院系、年级、性别，造册报部为要！

部长吴有训

一九五一年一月十八日

抄致各省、市、行署文教（教育）厅、局、处、有关业务部门

关于转院转系办法的布告

兹将第七次常务委员会议通过之转院转系办法公布于后,此布!

一九五一年二月一日

本校转院转系办法

一、入学后肄业一学年可申请转院转系。

二、入学后肄业二学年只可转系,不得申请转院。

三、一年级新生入学后第一学期内不得申请转院系。

四、一年级新生入学后肄业满一学期,如因特殊原因得申请试转,经核准试转后方得正式承认转院转系资格。

五、在大学肄业二学期之转学生,得申请转院转系;在大学肄业三学期或四学期之转学生得申请转系而不得申请转院。

六、凡学生入学后申请转院转系以一次为限,且经核准转出他系后不得再申请转回原系。

七、文商学院一年级学生申请转入理学院者,必须在本校招生时参加一年级新生数学、物理、化学三科入学考试合格后方得核准转系。

八、凡申请正式转院转系或试转者均须于注册开始前将申请书送至教务处,汇齐后由转院转系审核委员会开会核定。

关于定期接种牛痘的布告

案奉华东教育部二月二十四日教高字第一三〇〇号通知,以嘱全力配合上海市人民政府卫生局为贯彻政务院号召展开彻底种痘工作等因,自应遵照办理。

兹规定自三月五日(下星期一)起开始种痘,希全体同学在每日上午九至十一时前往医务室接种,以保健康。

此布!

一九五一年三月二日

附： 华东军政委员会教育部关于接种牛痘的通知

上海市各高等学校:

接上海市人民政府卫生局来文称"一、查天花为全国范围内流行最广之传染病,在三五年内消灭天花已为中央人民政府确定之政策,并经颁布种痘暂行办法,通令全国各地执行在案。本市天花流行,历年来从未间断,去年十月后流行益见猖獗,罹病者先后已逾二千人,危害人民健康,影响社会经济,至深且巨。我局遵照中央指示,经于去年秋冬季展开重点种痘工作,惟因各项政治任务颇多,各方面未能充分配合,加以本市人口密集流动频繁,致未能戡止传染。为贯彻中央消灭天花政策,扑灭本市天花唯一有效办法,为切实遵照政务院颁布的种痘暂行办法,动员一切力量,展开普遍彻底之种痘工作。为迅速完成任务,必须由各方面大力配合。二、兹检附上海市一九五一年春季普种牛痘计划及中央政务院种痘暂行办法各一份。三、查在短期内完成全市普种工作,有赖市区各医学院校动员员工予以配合。希即转饬各校予以重视,贯彻中央种痘政策,完成下列任务:(一)各院校员工及其家属迅速种痘;(二)组织宣传队活报、演讲等,向民众展开宣传工作,掀起普种热潮;(三)组织种痘队(站)全力配合所在地区政府完成分配的种痘任务,并与本局取得联系,除利用课余假日外,必要时可准予停课一二日以利工作"等语。兹即随文附发上海市一九五一年春季普种牛痘计划及中央政务院种痘暂行办法各一份,希配合这一工作为要!

部长吴有训

一九五一年二月廿四日

关于鼓励李钧源等在京同学努力工作的复函

钧源同学并转在京工作的全体同学：

二月廿八日来信已收到，并经公开揭布，师生阅读之余，欢慰之情，溢于言表！你们的工作分配，既已适当的决定，想很快的就要开始，深望你们在工作之前的业务学习期间，虚心学习，仔细钻研，为工作做好准备，为业务打好基础，更望你们在已有的基础上，及时地提高政治水平，加强同学间的团结，完成人民赋予你们的工作任务，为祖国的独立与幸福而努力奋斗！

致以敬礼

廖○○手启
一九五一年三月七日

附一：　分配去京工作的李钧源给学校的信

校长、主任老师：

时间真快，不觉我们离别了母校掐指已经有整两周了。两周，这是多么悠长又是多么的匆促啊！我们是光华的儿女，我们时刻都在惦念着光华的母亲们，我们永远地为光华而祝福着！

又是一学期的开始了，学校又得忙了，想必各位师长暨在校同学们都好吧！我们本早想给学校写信的，先是抵京后玩儿的忙碌，至后是等待工作分配的关系，致一延再延，我们感到有太多的不是哩。

我们光华大伙儿都很好，与我们同来京的，还有交大、约翰、大夏、复旦、立信等校的同学（我们光华负责总领队），大家相处得好如是兄弟姊妹一样。抵京后中央对我们的接待很好，现在大致每个同学都已分配好了工作，我们都服从了组织的分配，且是勇敢地愉快地走上了光荣的工作岗位。这是最值得告慰于各位师长与校同学们的。

中央是重视我们的统一分配的，原则上是掌握了"学用一致与工作需要"的决定，同

学们也都很满意,现在我且将各系同学分配情况介绍如下:

经济系:李钧源(铁道部)、陈龙(海关总署)、段光旭(外交部)

会计系:胡惠钧(卫生部),会专:李佩珍(新闻总署)

工管系:李曙(文化摄影局)、鲍秋萍(政务院)

政治系:陈自铭(救济总会)、孙悦臣(政务院)

化学系:朱定彝(卫生部)

目前我们的工作地区都在北京,我们现在都还未开始正式工作,而是暂时进行业务的学习,我们的待遇是政务院统一规定的,大致都属工资制,见习期内支240斤小米(折价24万元)。

北京的生活我们已经习惯了,这里并不苦,相反的,我们感到很满意,我们觉得我们之能来北京是光荣的,是可骄傲的!

今后我们当用加倍的努力,努力工作,我们更以虚心的心去学习一切,我们保证做一个人民的好勤务员、工作岗位上的小螺丝钉。完了。

致革命的敬礼!

你们的学生李钧源谨上

二、廿八

附二: 在京工作的李钧源的回信

校长、各位老师:

多谢您在百忙中寄我的信,全体同学看了太高兴了,我们一致地向您下保证,保证在工作中虚心的学习和仔细的钻研,为工作做好准备,为业务打好基础,我们更在已有的基础上,及时地提高政治水平,并加强同志同学间的团结,以完成人民赋予我们工作的任务。

再者,我们要先告慰您的。我们全体在京工作的同学,大伙儿都挺好的,七学期参加分配的同学们我们常时见面,他们的工作大致都已适当的决定了。他们也都挺好的。

在北京,我们光华的校友很多,每逢例假日我们都有小聚会,我们先后在北海、故宫、天坛玩得是那么的快乐,是那么的高兴,我们庆幸自己生长在这伟大的时代!

是一个多礼拜前吧,中央人事部、中央教育部和全国学联都先后举行了两次晚会,欢迎我们,参加的有两百多来京分配工作的同学和数十位各部的首长,我们光华并代表全体同学上去讲话,我们感到很是光荣,晚会里还有电影,政府给我们的招待太好了。

　　附上相片两张,这是来京前在校摄的,特添印放大了两张,给母校留作纪念。

　　光华上课已经有一个月了吧!我们每时每刻都在想念着,想念着各位师长和每一位同学。我们盼望着在不久的将来,能再重回到母校,或者我们就会师在北京!完了。

　　谨致革命的敬礼!

学生李钧源谨上

三、十九

　　问好母校的同学们!

关于向华东教育部呈送暑期应届毕业生统计表的报告

　　兹遵照规定,将本校今暑(一九五〇年度第二学期)应届毕业生人数统计表(表四)一式三份备文呈报,敬祈察核备查!

　　谨呈华东军政委员会教育部

　　附呈之件如文

全衔校长廖〇〇

一九五一年三月廿三日

附一：　私立光华大学一九五〇年度第二学期应届毕业生人数统计表（表四）

院别	系(科)别	组别	入学程度	修业期限	毕业生人数			备　注
					计	男	女	
文学院	中国文学系		高中毕业	规定四年	1		1	
	外国语系		高中毕业	规定四年	1		1	
	政治系		高中毕业	规定四年	9	6	3	4人已分配工作
	法律系		高中毕业	规定四年	4	3	1	
	教育系		高中毕业	规定四年	11	1	10	2人已分配工作,1人未注册
	社会系		高中毕业	规定四年	5	1	4	
理学院	土木工程系		高中毕业	规定四年				
	化学系		高中毕业	规定四年	4	8	1	
	生物系		高中毕业	规定四年	1	1		

（续表）

| 院别 | 系(科)别 | 组别 | 入学程度 | 修业期限 | 毕业生人数 | | | 备　　注 |
					计	男	女	
商学院	经济系		高中毕业	规定四年	28	25	3	3人已分配工作
	会计系		高中毕业	规定四年	32	16	16	13人已分配工作,其中1人自行就业,1人参干
	银行系		高中毕业	规定四年	5	2	3	2人已分配工作
	工商管理系		高中毕业	规定四年	36	29	7	9人已分配工作
	会计专修科		高中毕业	规定二年	10	1	9	
总计					147	88	59	内33人七学期修满学分提前分配工作,1人自行就业,1人参干

1951 年 3 月 28 日填

附二：　华东军政委员会教育部关于催报各校之今暑毕业生人数统计表的通知

华东区各公私立高等学校：

　　查我部前奉中央人民政府教育部二月一日厅人字第三七二号函为规定全国高等学校毕业生须按期填报各项表式等因,已于二月廿七日以教秘人字号一三八〇号通知你校遵照办理在案。

　　兹为预早统筹划今暑毕业生之工作,希你校将今暑毕业生之人数统计表(表四)速即报部为要！

部长吴有训

一九五一年三月十九日

关于鼓励孙悦臣努力为人民服务的复函

悦臣同学：

　　四月八日来函，诵悉——，台从分配在政务院工作，经办业务，已能熟谙，闻之深为欣慰！仍盼在已有之基础上，益加努力，并全心全意为人民服务，与在京同学，多多联系，期于不同工作中交流经验，争取提高，母校师生，嘱望同殷也！

　　耑复并颂进步。

廖○○

姚○○启

一九五一年五月十二日

附：　分配在政务院工作的孙悦臣给校长、教务长的信

校长、教务长钧鉴：

　　虽然生来京已快近二月了，因为心绪不宁，苦恼，沉闷——爸病，与工作繁忙，因此没有来信慰问，请恕罪。

　　北京天气比较干燥，快近二月的时候，除二次雪外，只下过一次雨，而且雨期很短，感到最讨厌的就是风沙，并且风是常发的。

　　这次统一分配来京的同学，都分配到中央各部门工作，并且大多数同学都感到满意，因为能按照学用一致的原则分配的。生被分配到政务院秘书厅资料室工作，并且现在所搞的是政法军事部门，从前这工作无适当的同志，因此要政治系同学来搞。当初生对这工作感到非常棘手，现在虽能应付，可是尚须清理积压工作，并且计划在上半年度完成，因此感到特别繁重。至于分配到政务院的，母校的同学就有三个，还有二个，一个是会计专科的鲍秋苹同学，她在修建公司工作，还有一个是经济系的段光旭同学，他分配到财务处工作。

最后希望能随时教导,如生在校时一样,这是生所盼望的。

就此敬请教安。

生悦臣谨上

四月八日

关于向华东教育部呈送申请助学金及报销名册的报告

　　兹将本校本年五月份申请人民助学金人数异动表及具领人民助学金报销名册各一式两份,备文呈报,敬祈察核!

　　谨呈华东军政委员会教育部

　　附呈之件如文

全衔校长廖〇〇

一九五一年五月廿四日

附一： 一九五一年五月份申请人民助学金人数异动表

校名 等别 人数 月份异动		光华大学				全校学生人数		836		备注
		甲等	乙等	丙等	丁等	折合甲等合计	百分比	研究生津贴	百分比	
上月核定		42	16			54.5	6.2%			
本月变动	增	1	1							甲等一名由评议会决定降至乙等,甲等新增一名乙等放弃一名。
	减	1	1							
评议会核定		42	16							
核批意见										

五月四日填报

附二： 关于核准人民助学金甲等名额的批复

光华大学:

　　一、光(51)字第 245 号呈悉。

二、自五月份起准你校人民助学金每月 54.5 个甲等名额，以后如有异动须将变动情况和异动表报部核定。

华东军政委员会教育部部长吴有训

一九五一年六月十日

关于向中国科学院补报章宗涉体格检查书的函

　　本校前此保送生物系应届毕业生章宗涉参加中国科学研究院研究实习员的审查，所报表件尚缺少体格检查书，兹据该生补报前来，理合检同该生体格检查书一份，备文补报，敬祈察核！

　　谨呈中国科学院

　　附呈之件如文

全衔校长廖○○

一九五一年六月廿八日

附一：　中国科学院研究实习员研究生招收委员会关于录取章宗涉的通知

　　你校保送研究生及研究实习员，内有章宗涉等壹名，经审查合格，业予录取。其报到证明，请由你校出具（未交毕业证件的仍应补交），程途安排，听由人事部门统筹，即希查照并转知为荷！

　　此致光华大学

中国科学院

51、7、28

附二：　中国科学院、中央教育部关于保送研究实习员及研究生的通知

　　中央教育部及中国科学院决定在一九五一年暑期联合招收中央教育部所属高等学校研究生及中国科学院研究实习员，中央人事部亦已同意。此项决定之办法已经中央教育部及中国科学院首长联署交各大行政区教育部（或文教部）执行，并在同时以相同文件迳交各高等学校。兹将招收研究实习员研究生简章，表格样式两种，中国科学院各研究机构一九五一年招收研究实习员分所统计表及中央教育部所属高等学校研究部一

九五一年暑期招生研究生系科表等件寄达你校。所需表格可照样式复制，并请依照规定办法办理保送事宜。

　　此致光华大学

中国科学院

中央人民政府教育部

一九五一年六月八日

关于请华东教育部核示毕业生缺修学分处理办法的报告

　　关于本校今暑应届毕业生中有问题者(缺修学分应补读)如何处理,业经本校协助毕业生分配工作委员会议讨论,分别按照个别情况提出意见如次:

　　一、应可奋(政治系)缺少选修学分二学分,毕业论文二学分,共计四学分,拟俟集中学习后,先去岗位上工作,将来以缴送工作报告,代补所缺学分;

　　二、胡雏英(会计系)学分已修满,在校学习八学期,惟在一九四八年秋学期,因战争关系离校,未能按期参加大考,故未有成绩,拟准予毕业,并参加集中学习;

　　三、齐武(会计系)在校八学期,有一学期未参加大考,故无成绩,缺少毕业论文二学分,拟先准参加集中学习,俟在岗位上工作后,缴送工作报告及格,再准毕业;

　　四、刘世祥(经济系)去年七学期读满学分,当时呈准提前分配工作有案,比因该生不愿参加工作,而继续在校学习,复以该生学期中因病未能参加大考,可否准予毕业?

　　五、叶汉光、周国贞(化学系)均缺必修普通物理四学分,拟准先参加集中学习,完毕后再行补读,俟补读及格后,准予毕业。

　　以上各项,理合据情备文呈报,敬祈察核迅示祗遵!
　　谨呈华东军政委员会教育部

全衔校长廖〇〇
一九五一年七月十六日

附一:　华东军政委员会教育部关于应届毕业生应可奋等五人准参加集中学习的批复

光华大学:

　　一、本年七月十六日、十九日光(51)字第三七二及三八八号两呈均悉。

　　二、你校本年度应届毕业生缺修学分者应可奋、胡雏英、齐武、叶汉光、周国贞等五人准先参加集中学习,刘世祥的毕业及工作问题俟其病愈后再议,复希知照!

部长吴有训
一九五一年七月廿六日

附二：　关于向华东军政委员会教育部补呈应届毕业生叶汉光、周国贞实验成绩的报告

在本校今暑应届毕业生中计有化学系学生叶汉光、周国贞，因普通物理下四学分未能及格，前经于七月十六日以光(51)字第三七二号呈报在卷。惟查该生等实验成绩均已及格，如实验及格成绩，作为一学分计算，则仅缺三学分，理合据情备文补呈，敬祈核定并请准予参加集中学习！

谨呈华东军政委员会教育部

全衔校长廖〇〇

一九五一年七月十九日

关于转入上海财经学院学生如期前往报到的布告

　　顷准上海财经学院来函称"关于你校并入本院的各系同学,自九月二十日至廿二日止办理报到缴费注册手续,过期不得补行注册,即希转知"等情前来,合亟布告,仰各遵照为要。

　　此布!

一九五一年九月十七日

附：　国立上海财政经济学院关于并入学生如期报到的函

　　关于你校并入本院的各系同学,自九月二十日至廿二日止办理报到缴费注册手续,过期不得补行注册,用特函达,即希查照转知为荷!

　　此致光华大学

上海财经学院启
一九五一年九月十四日

关于转知同济大学开学日期的布告

顷准同济大学来函称"我校业已开学,即将正式上课,请即转知你校土木系复学学生于九月十九日来校报到,廿、廿一日体格检查,廿四日注册,即请查照办理"等情前来,令亟布告,希各同学遵照为要。

此布!

校长廖世〇
一九五一年九月十八日

附：　同济大学关于并入土木系复学生报道日期的函

一、我校业已开学,即将正式上课,请即转知你校土木系复学学生于九月十九日来校报到,廿、廿一日体格检查,廿四日注册。

二、即请查照办理。

此致光华大学

同济大学启
一九五一年九月十七日

关于光华成都分部学生证明材料办理致谢霖的函

霖甫先生：

久未道候，深为系念。近维贵体康健，为颂无量。

光华于一九五一年夏奉命与大夏两校的基础改建为华东师范大学后，光华即开始办理结束工作。因忙于师大建校事务，致与先生缺乏联系，殊为歉仄。对于光华结束工作方面，以处理毕业生问题最为复杂。廿余年枝枝蔓蔓的问题要一旦理[清]楚深感困难。为了解放前各届毕业生补领毕业证书，去年曾与大夏联合在"解放日报"登过通告，现在来校登记者，不过十分之一二，现拟继续在本月份内刊登通告，至二月底为止，除办理给发毕业证书外，其他的请发肄业证明书以及转学复学等事务决定概不受理了。

关于成都分部毕业生的证书问题，查旧卷中上海总部曾代办 1945 年度第二学期及 1946 年度第一二两学期证书送去伪教育部验印后全无下落，1947、1948 两年度因时临解放未及办送。现在上海总部旧卷中存有二十七年六月至三十八年六月止毕业生总名册一本，1945 年度第二学期至 1948 年度第一二两学期照片册七本，1947、1948 两年度成绩册四本，因成绩、照片等簿册不全，未曾列入总部结束工作之内，亦未向华东教育部报请备案，故有时分部毕业生向此间申请办理毕业证明书（因无前半期 1937 年度至 1945 年度上生照片册核对）未能及时地处理，均向你处洽办。

成都分部一切结束工作幸赖先生在川主持，解决了许多问题，尽力偏劳，衷心感激。此间自抗战胜利至解放，人事屡更，文卷零乱，错综复杂，整理棘手，关于分部毕业生问题，仍请先生继续维持，倘或要向华东教育部备案，拟请再检寄总名册一本来沪。如要沪本部办理分部各届毕业生证明书，尚需 1937 年度至 1945 年度上六年半的毕业生照片簿册，方可凭册核对办理之。

如何之处，还祈尊裁，特函奉达，并致敬礼。

弟廖○○敬启

一九五三年二月六日

附一： 谢霖关于成都分部毕业生办理证明致廖世承的函

茂如先生大鉴：

久疏音问，至为系念。

接奉一〔二〕月六日大函，藉悉一切，东南解放之后，我光华大学在一九五一年夏奉命与大夏大学简就两校基础改建为华东师范大学，当时看见报纸上载有此消息后，深庆我光华大学得到反帝收回教育权之善果以及政府措置之英明，更闻先生参予华东师大，今得函示，信如所闻，留川师生无不额手。

蓉分部留在成华大学之借读学生早已于一九四九年六月完全结束，所有毕业学生名册、照片均已在解放前陆续办全寄申，其后申江解放报载伪国民政府逃出南京之时，伪教育部竟将之卷付之一炬，是我光华大学历届送去盖印未曾发还之毕业证书当均在其中矣。蓉分部毕业生有来问者，概以此等情形语之矣。惟有因就业而要母校给予证明者，初以母校本部远在上海，继以光华大夏两校已经并为华东师大，即使代函请求母校本部办理，亦不能应他们之急，爰对毕业各生有来请求者即用"光华大学成都分部结束办事处"名义填给毕业证明书，下款系写"前副校长驻川负责人谢霖"字样，此项证明之件颇能发生证明效力，迄今已及三载，蓉分部毕业学生很少尚未就业之人，以后如尚有蓉分部之毕业生至尊处请办证件者，仍可嘱其来向我处办理，以归一律，且简便也。

至蓉分部全体毕业学生，此间写有总册，并印有《光华大学分设成都始末记》（内附大中小三部毕业生名录），颇足为诸生证明毕业资格之用，另邮各寄一本，尚乞察收备查。

至于蓉分部毕业生应否另向华东教育部备案一节，搜集照片即非易事，鄙见似已无必要矣。

专复，此致敬礼。

弟谢霖敬启

公元一九五三年三月十八日

外另邮寄（一）成都分部大学各系专修科毕业生名录乙本

（二）光华大学分设成都始末记两本（内一本专赠茂如先生）

附二： 谢霖关于毕业生陈楚祥办理毕业证明的函

茂如先生大鉴：

敬启者。原上海光华大学毕业生陈楚祥来称他于 1941 年春在上海光华大学文学院历史系毕业(学号四〇三八号),未领毕业文凭,他现在成都"四川财经学院"任副教授。日前得悉母校本部结束工作组尚在办理解放前毕业生登记事项,他已遵照规定由他现在服务的机关(四川财经学院)出具证明书,并另备半身照片三张函请吕诚之先生为洽办。惟他近年来与吕先生缺乏联系,恐该信或递不到,他在信封上注明请光华另一毕业同学郑永年君代为洽办,特托弟将此情代为陈明,乞赐查明一办。按陈楚祥同学既系在1941年毕业,则当时之验印证书或系早存校内待领,如果确是此项情形,则请将该原已验印之毕业证书检出寄交弟处转给。

统祈示复,此致敬礼。

弟谢霖敬启
公元一九五三年三月十八日

附三: 关于陈楚祥毕业证明正在办理的复函

霖甫先生大鉴:

接奉华大字第1953字六七两号函及毕业生名录乙本,始末记两本均敬收悉。

光华蓉分部毕业生申请发给毕业证明文件,承示惠允仍由蓉分部结束办事处办理以归一律,以后如有前来申请,当遵嘱转知该生等向你处洽办,多多烦渎,感谢之至。

寄来的毕业生名录乙册,查上海卷内尚存乙册,如不向华东教育机关办理备案,此册我处多了一份。尊处如需要备查等用,我们当即挂号寄还,如何,候示照办。

沪总部一九四一年毕业生陈楚祥申请补领证书一节,该生照片等件业由吕诚之先生转交来校,正在办理报请主管教育机关备案,一俟手续办竣,当将证件寄发,请行转知为荷。

专此奉复,并致敬礼。

弟廖世〇敬启
五三年四月廿一日

关于请华东高教局准予言茂仁免试入读同济的报告

一、顷据前光华大学学生言茂仁家长言心哲先生来函,略以"小儿言茂仁曾肄业于光华大学理学院土木工程系,一九五一年二月间适值政府号召青年参干,小儿为响应政府号召曾在该校带头参加,经政府分配在中央公安干部学校学习,结业后分派在北京中央公安部工作。现在政府各部门为储备将来建设人才起见,正在选拔青年干部进入高等学校学习,以资深造。本人近接小儿来信,得悉他的组织上已要他今夏仍回到高等学校完成其所习的学业,因此拟请填发肄业证明书,转请高等教育部免予考试,回到他原来所属之系科学习"等语前来。

二、查该生于一九五〇年度第一学期在光华理学院土木工程系一年级肄业,在该年度的第二学期开始之时,响应政府号召参干离校,现该生经组织上同意他继续复学,但光华的土木工程系于五一年夏并入同济大学,该生所请复学,可否请你局介绍他到同济免试入土木系一年级学习。

三、检呈中央人民政府公安部政治部五三年七月二日(53)公政治发字第 10701 号函一件,敬请核示!

谨呈华东行政委员会教育局

附件如文

前私立光华大学校长廖〇〇

一九五三年七月廿三日

附： 中央人民政府高等教育部华东高等教育管理局关于同意言茂仁
免试入同济大学土木工程系一年级学习的批复

前光华大学结束工作组:

一九五三年七月廿三日光束字第八二号报告悉。关于前光华大学土木工程系一年级肄业学生言茂仁申请于下学期免试入同济大学土木系一年级学习一节,由于该生系一九五一年二月参干学生,且中央公安部已批准其继续升学,为照顾该生起见,我局同意其于下学期免试入同济大学土木系一年级学习。

中央人民政府高等教育部华东高等教育管理局

一九五三年八月十日

五、大学总务

关于成立消费合作社光华大学分社的通告

本社昨经第一次筹备会议议决成立,故招股事宜,亟待展开,希当选筹备委员暨各教职员踊跃认股,共策群力,而谋大众福利。

附：本社第一次筹备会会议记录壹份

筹备主任廖世承

中华民国三十六年三月十九日

附： 上海市专科以上学校教职员生消费合作社光华大学分社
筹备处第一次筹备会议纪录

时间：中华民国三十六年三月十八日上午十时

地点：本校三楼会议室

主席：廖副校长世承

纪录：沈曾圻

出席者：廖世承、容启兆、陈青士、胡祖荫、沈延国、张祖培、姚舜钦、徐竞、沈曾圻、严洪开、谢冠英、郭华山、李大伟、徐昌鲁、倪绍琮、方正、朱子开、诸蘅、黄如意、施际平、沈秉元、张铸华、唐天麟、王有枌(沈曾圻代)、张启曾(吴镜清代)

甲、主席报告(略)

乙、筹备工作及筹备经过情形报告(略——唐天麟同学)

丙、设立合作分社修正章则解释(略——胡祖荫先生)

丁、讨论事项

1. 合作社是否需要独立存在,抑或附属于总社案(主席交议)

议决：决定附属于总社。

2. 本校分社应如何征集资金案(主席交议)

议决：除由校方付出提倡股金(保证金)法币肆佰万元外,同学方面由各筹备委员及各学会负责人负责征集,最低标准可征得法币贰百万元,征集教职员股款由筹备委员负责。所有股款限于本月底前(三月三十一日前)统集汇缴本校会计室。

3. 业务人员应如何选定案(主席交议)

议决:经理由校方推举先生一位担任之,另请总社方面遴派实际主持业务工作者一人,主持本社所有有关业务方面事情,其他事务会计等职由同学分任之。

4. 本社筹备处应如何推选筹备委员常务委员案(唐天麟同学提)

议决:推举廖副校长为筹备主任,沈延国先生、胡祖荫先生、沈曾圻同学、唐天麟同学为筹备委员,本日出席之教职员及同学为筹备会当然委员。

戊、散会

关于校舍被占致上海电信局等部门的函

迳启者：

本年一月十日起，本校大中两部校舍，已被国防部联勤总部陆军第一训练处官兵及装甲部队占用，所有使用电话、水电消耗次数无法控制，除由本校迳与接洽外，相应专函奉达，即希查照为荷！

此致上海电信局、闸北水电公司

私立光华大学启

中华民国卅八年贰月二日

附一： 上海电信局关于电话缴费情况的复函

接准贵校光秘（卅八）字第六四八号函，以大中两部校舍为军队占用，电话使用次数无法控制，调查照等由。查用户电话在未变更户名以前，所有逐月应缴话费，仍旧由原用户负责缴付，相应函复，即希查照为荷！

此致光华大学

交通部上海电信局

卅八年二月五日

关于请闸北水电公司重新核算应缴水电费的函

迳启者：

　　本校为欠水电费事曾荷派员催缴，转由本校派员前来贵公司洽商办法，因未获有结果，深用怅歉。

　　兹为迅求合理解决起见，除卅七年十二月份水电费如数照缴外，至于卅八年一月份适在寒假期中，本校实际耗用水电数量当与卅七年一月份数量相同，其超出部分显为驻校各军事单位所耗用，而不应由本校负担者。可否即请按照本校卅七年一月份耗用水电度数乘以本年一月份水电价格作为本校卅八年一月份水电费应缴数额，以昭公允之处。

　　仍请查照惠复，以便照缴为荷！

　　此致上海闸北水电公司

私立光华大学
中华民国卅八年三月五日

关于请上海市地政局局长沈振家勘丈校基的函

振家局长吾兄惠鉴：

　　前此餐聚，畅谈为快。

　　启者。敝校欧阳路校产承购有日，惟因未经丈量，以致无法请领所有权状。兹为确保学校产权起见，可否烦请吾兄提早派员来校勘丈？如荷见允，同深感篆。

　　专此不一，祗颂公祺。

廖○○敬启
中华民国卅八年三月廿八日

附：　市地政局沈振家关于校基毋庸勘丈的复函

茂师道鉴：

　　顷奉手谕，以光华大学欧阳路校基尚未丈量，承谕派员来校勘丈。经饬科查明原契已附有地形图，可毋庸勘丈，刻已在绘制图稿，一俟完竣，即可饬签。

　　知关垂注，谨此奉闻。

　　敬请道安。

受业沈振家
谨启四月一日

关于中山路平房及校门均可转让致中央银行的复函

接准贵行本年四月八日秘字第一五〇五号函,以所购中山路基地上平房及校门可否转让嘱复等由。查前项基地上校门及平房,均可转让。惟平房内住户亦请贵行自行处理。

兹准前由,相应复请查照办理为荷!

此致中央银行

私立光华大学启

中华民国卅八年四月

附：　中央银行关于请将所购中山路基地上校门一座拆迁或转让的函

查本行所购贵校中山路基地，即将建筑宿舍。该基地上，尚有平房一幢、茅房一间、校门一座，除茅屋住户已由本行派员接洽迁让外，其平房及校门应请从速拆迁，如校门不欲拆迁，可否转让本行应用。

特此函达，即希查照，见复为荷。

此致光华大学

中央银行秘书处副处长张锐
卅八年四月七日

本学期之设施^[1]

本校为争取国家主权,于五卅惨案时成立,迄今已二十有四年矣。淞沪战事发生,大西路校舍悉为敌人炮火所毁,乃在市区租屋,暂维弦诵。其间所历困苦,难以言状。胜利后,几经交涉,得迁入欧阳路新校址;前年又添建清永图书馆及德生堂,去冬复备价向敌产管理处购进新屋及基地;于是规模粗具,渐有复兴之象矣。缅怀前校长张公咏霓暨诸校董之辛苦经营,以及历届同仁之努力匡襄,使本校仍得有今日之进展,饮水思源,感慨系之。

胜利之初,校政由朱经农先生主持,去冬朱先生奉派出国,辞校长职,校董会乃聘世承代理校务。自维薄德,鲜有建树,值此扰攘之秋,更不敢多所更张,亦惟萧规曹随,使一切设施,得顺利进行而已。

本学期之设施,可得而言者,约有数事:

一、谋同仁生活之安定:在此米珠薪桂之时,物价不断上涨,早晚之间,市价可变易数次,私校教职员收入有限,实有饔飧不继之虞。学校惟有在可能范围内,紧缩开支,保持币值,以增加员工之薪津,俾同仁待遇不致去标准过远。

二、教课力求认真:时局扰攘,生活压迫,各校教授学生之情绪,均不能安定。因之研究学术之空气,似不如以前浓厚,即日常课业有时亦多怠忽。本校为未雨绸缪计,开学时曾发通函,恳请各教授注意此点,如因事缺课,亦请设法补授,务使教者心安,学者气顺,教育之效能,不致因环境而受影响。

三、师生情意务期沟通:聚千百人于一堂,旨趣不同,见解迥异,隔阂自所难免。加以师生之间,平素接触甚少,学生稍有不快,即蕴积于心,久而久之,遂一发而不可收拾。历来学潮之发生,溯其原因,大抵然也。本校素以"师生合作"为揭橥,今后更当本此宗旨,务使下情得以上达,学校困难,亦能使全体学生理会,彼此了解,彼此体谅,为整个团体谋幸福。

---

[1]　原载《光华通讯》1949 年 4 月复字第 4 期。

四、提高办事精神：我国政府之"无能"，为世所诟病。所以然者何，办事精神低落也。或存五日京兆之心，或抱隔岸观火之念，遇事推诿，泄沓成风。然此风不革，各机关莫由得救。以学校为喻，苟人人在本位努力，以全校福利为前提，增进效率为己任，则纲举目张，学校必有崭新之气象，一草一木，均有精神。世承不敏，顺与同仁共勉焉。

五、添建校舍，充实设备：物质与精神，相为表里。有辉煌之校舍，而后有振奋之精神。本校校舍不特未达辉煌之境界，抑且不敷应用。本学期拟添建大学男生宿舍一所，完成附中女生宿舍，并相款兴建校友堂。至各系科设备及图书，亦拟分别充实。

语云："言之匪艰，行之惟艰。"愿我们同仁同学念本校创业之艰难，守成之不易，毋怠毋荒，念兹在兹，使我光华，望实俱孚，日进无疆，以无负社会人士之期望也。

关于递交学校调查表致王裕凯的函

裕凯吾兄校长惠鉴：

　　顷奉上海市专科以上学校联谊会函嘱填写调查表，以便向教部请求优发私立专科以上学校补助费、教授研究费、职员进修费及工友津贴等，兹遵照填就，备函奉上，敬希鉴察，惠予汇案办理，渎神之处，同深感荷。

　　专此。敬颂教绥。

　　附调查表乙纸

弟廖世○拜启

中华民国卅八年四月十六日

附一：　上海市私立专科以上学校调查表（三十七年度第二学期）

姓　　名	私立光华大学
本学期学生人数	1 490 人（内男生 1 151 人，女生 339 人）
本学期专任教员人数	57 人
本学期专任职员人数	47 人
本学期兼任教员人数	71 人
本学期兼任职员人数	465 人
本学期住宿教职员人数	25 人
本学期各院系总共开设学程数	272 门
本学期每周各院系总共开设开课时数	768 小时
本学期每月教职员薪金总额	G.Y. 4 500 000
本学期校工校警人数	校工 39 人，校警 3 人。
本学期每月校工校警工资总数	G.Y. 247 350

（续表）

姓　　名	私立光华大学
学校行政方面有无特殊开支？	1. 本校供给全体职员及校工膳食，职员每人每月合白米六斗，校工每人每月合白米五斗； 2. 本校住宿职员之水电全部由学校供给； 3. 本学期开学之初，校舍为三单位军队驻扎，所耗水电数额至巨，损坏校具及设备更不计其数，修缮费一时尚无法估计。
本学期学生交费情形	386 人 600 石
备　　注	（一）教职员工人数以本年二月份人数为标准； （二）教职员工薪工总数以本年二月份为标准，不加倍数； （三）行政特殊开支，包括供给住宿教职员之水电柴火以及免费供膳，等等。

附二：上海市私立专科以上学校联合会关于填写有关调查表以便向教部请求优发各项补助的函

敬启者：

本会第十九次例会，于四月十一日下午三时假清华同学会举行，曾议决向教部请求优发私立专科以上学校补助费、教授研究费、职员进修费及工友津贴，记录在卷。兹特制奉调查表一份，至祈校惠予填写，于二日内卷送本市茂名北路四十号光夏商业专科学校王校长裕凯汇办为荷！

此致廖校长茂如

上海市私立专科以上学校联谊会启

大夏大学代发

四月十二日

关于请伦信地产公司代为照料暂存图书仪器的函

迳启者：

敝校为疏散起见，现有图书仪器若干箱（另附清单）暂存贵公司栈房内储藏，拟请代为照料，如遇必须出清时，在接到通知后自当照办。

相应奉恳，敬希查照惠允为荷！

此致伦信地产公司

附清单一份

私立光华大学

中华民国卅八年五月二日

关于致谢华北煤业公司代为寄存白煤木料的函

迳启者：

　　本校奉令疏散，兹有自用白煤 21.75 吨（壹百柒拾贰大箩）暨木料叁百贰拾贰根，暂行寄存贵公司堆栈内储藏，承荷划免栈租，益征贵公司维助大学教育之热忱，实深铭感。

　　相应函达，敬烦查照见复为荷！

　　此致华北煤业公司潘经理

全衔代理校长廖○○

三十八年五月三日

关于请上海军管会搬运留放本校器材军火的函

迳启者：

　　本校校舍内前由国民党联勤总部堆放大批汽车材料机油及军火弹药等，已报告当地保甲长及贵军驻校部队，务请贵会迅即派员查点，设法搬运，俾本校得早日复课。

　　相应函达，至祈鉴察是为至荷！

　　此致人民解放军上海军事管理会

代理校长廖世承

中华民国卅八年五月廿八日

附：　关于请上海市军管会前来搬运铁条的函

迳启者：

　　查本校在上海解放前曾由前国民党后勤部堆置大批陈旧器材于操场四周，在解放后已由贵会后勤接管会第五处接管，并经陆续运出，但至今仍有铁条十数捆，堆置原处，经向接管会第五处原址（北海宁路 64 号）报告，惟该处现已迁移，深恐时日经久，原有铁条损坏或散失，且有碍本校体育活动之进行，拟请惠予派员前来移运。

　　相应奉达，敬希察照办理并见复为荷！

　　此致上海市军管会

私立光华大学启

一九五〇年五月廿四日

关于请上海市工务局派员疏通校区下水道的函

　　查本校附近欧阳路一带因地下道淤塞,一遇天雨污水四溢,校内走道亦被侵泞,以致学生进出履步极感困难。按本校环近学校林立(有中正、华华、江淮等校),居民亦复众多,地区下水道之疏通似急不容缓。

　　相应耑函奉达,至希查照惠予派员察勘,并设法疏通,实纫感荷!

　　此致上海市工务局

代理校长廖〇〇

中华民国卅八年六月廿九日

附: 上海市工务局沟渠工程处关于已派人积极疏导阴沟积水的复函

　　前准贵校六月廿九日光秘(38)字第七七〇号函请疏通欧阳路一带阴沟一案,当经转函本局第五区工务管理处查明核办,去后据复,"该处阴沟因地形低洼且沟管直径及坡度较小,雨量过巨时退水较缓,致易积水,现已派工用摇车积极疏导,以收实效"等语前来,相应函复,即希查照为荷!

　　此致光华大学

上海市工务局沟渠工程处启

卅八、七、廿六

关于华东人民革命大学借用校舍的复函

迳复者：

　　七月十四日大函敬悉，嘱借课室及宿舍一节，自应照办。查本校在暑假期间，照实际情形，借住人数最多不能超过五百人，其地点可借住第二宿舍五间，第三宿舍二大间，底层教室一〇四、一〇五号两间，二楼教室四间，至图书馆，因须自用，无法拨借，相应复请查照为荷！

　　此致华东人民革命大学

私立光华大学启

中华民国卅八年七月十五日

附一： 华东人民革命大学关于暑期借用校舍开学的函

敬启者：

　　兹为便于我校开学上课，特向贵校借用全部课室及宿舍，兹先介绍吕股长等先来校居住，到希面洽并给予各种协助为盼！

　　此致光华大学

华东人民革命大学办事处启

7.14

附二： 关于致华东人民革命大学第三部万钧等同意晤谈的函

敬复者：

　　奉七月十九日大函拜悉一是，承约晤谈，竭诚欢迎。世承拟于八月一日上午九时在敝校校长室恭候公驾，藉聆教益，专此奉复，至祈鉴察为荷！

此致华东人民革命大学万主任、林副主任、邓副主任

私立光华大学代校长廖〇〇

中华民国卅八年七月卅日

附三： 华东人民革命大学第三部关于与廖世承晤谈的函

廖代校长：

　　前晚我们由苏州移来贵校，因忙于整顿内部及去总校联系，今日始得抽出时间，希与阁下晤谈，藉祈指教，请指定时间、地点，以便接谈，可否，祈函复。

　　此致

　　敬礼

华东人民革命大学三部主任万钧

副主任林冬白

副主任邓正戈

七、十九

关于无多余校舍出借致北洋大学的函

接准贵校本年六月廿七日校秘字第一六〇号大函,以暑期在沪招生拟借用本校地点举办,嘱查照惠允见复等由,查本校校址业经华东人民革命大学借用,前嘱歉难照办,相应复请查照为荷!

此致国立北洋大学

代理校长廖〇〇

中华民国卅八年七月十九日

附: 国立北洋大学关于借用校址举办招生的函

一、本校暑期招生拟于平津沪汉分设考区,并规定七月二十八至三十一日报名,八月八、九两日考试;

二、关于上海招考区拟借用本校地点举办,特函奉商,敬希惠允见复为荷!

此致光华大学

函复本校校址已借给华东人民革命大学

国立北洋大学校务委员会席刘锡瑛

中华民国三十八年六月廿七日

关于请上海市财政局核减房捐的函

迳启者:

　　接奉贵局(5)字第一六一三二号通知以本校五六两月份应缴纳房捐,计金额肆拾叁万玖千叁百伍拾陆元,自应依限照缴,惟查本校系私立文化教育机关,经费素极不足,房捐数字过大,实感不胜负担。除遵将五六两月份房捐,先行照数缴纳外,用特函请台察惠准,赐予核减,并见复为感。

此致上海市人民政府财政局

代理校长廖○○

中华民国卅八年七月廿二日

附:　上海市人民政府财政局关于无法核免房捐的通知

　　一、该校呈壹件为请免征五六月份房捐。

　　二、查本市各私立学校五六月份房捐免征问题,业经本局与市政教育处会同决定,凡各学校申请免征房捐案件,须先向市政教育处登记审核合格后,再转函本局办理。

　　三、兹查该校未向市政教育处依限填报办理登记,所请减免房捐无从核办,所有五六月份捐款,希即照缴。

右通知私立光华大学

上海市人民政府财政局局长顾准

副局长朱如宫

一九四九年九月廿号

关于迁让借用校舍致华东人民革命大学的函

敬启者:

本校大中两部将于九月初中旬先后开学上课,所有校舍必须于开学前从事修整。贵部借用本校校舍承先于八月底前迁让,相应函达,至祈察照,惠赐于九月初前迁让完毕,俾便布置,至纫感荷。

此致华东人民革命大学第三部万主任、林副主任、邓副主任

代理校长廖○○

中华民国卅八年八月十七日

附一: 华东人民革命大学第三部关于迁让校舍需校本部处理的复函

敬复者:

本部借用贵校校舍历经数旬,诸多烦扰,荷蒙照顾,无任感荷。

贵校开学在即,理应早日迁出,惟敝部属于华东人民革命大学之一部分,一切行政管理教务工作,均听从校本部指示,敝部本身无权处理。除将来函转达敝校本部外,望祈直接与舒校长、刘副校长商洽,俾便早日解决,免使贵校开学受到影响。

此致光华大学廖代理校长

华东人民革命大学第三部主任万钧

副主任林冬白

副主任邓止戈

中华民国三十八年八月十九日

附二: 关于请华东人民革命大学转商第三部将借用本校校舍迅速迁让的函

敬启者:

本校校舍前经贵校第三部借用,当接洽借用之初,承允于本校开学之前迁让。兹因

本校大中两部即将于九月初中旬开学上课，所有校舍屋间亟待修整布置，相应专函奉达，敬希察照惠商第三部迅将迁让，至纫感荷！

此致华东人民革命大学舒校长、刘副校长

校长廖〇〇

中华民国卅八年九月五日

关于请上海市地政局核减地价税的函

接奉贵局卅八年下期地价税缴款书暨地价税纳税须知,按上项地价税须知第三条(丙项)"私有土地供学校医院本身使用,经主管机关审核,认为办理确有成绩者减半征税"之规定,自应遵照办理。

兹经本校函准上海市军管会文管会高等教育处核发证明文件到校,相应检同原发证明文件一件,函请查照惠赐依章减半征税并烦见复为荷!

此致上海市地政局

附送上海市军管会文管会高等教育处证明文件一件

代理校长廖○○

中华民国卅八年八月廿日

附一: 上海市军管会文管会高等教育处关于私立光华大学符合地价税征收减半情况请地政局照章核减的函

准私立光华大学函为该校拟请依照地价税征收暂行办法第三条丙项规定减半纳税,并谓该校设办已经二十四年,先后毕业学生数万人,在"五卅"反帝斗争中具有光荣历史,设备教学方面亦有相当成绩等由,查所述各节尚均属实,相应函请查照,依章予以减收为荷。

此致地政局

上海市军管会文管会高等教育处

一九四九年八月十七日

附二: 关于请上海市军管会文管会高等教育处开具相关证明以便地价税减半的函

接准上海市地政局卅八年下期地价税缴款书暨地价税纳税须知,按上项地税须知第三条(丙)项"私有土地供学校医院本身使用,经主管机关审核,认为办理确有成绩者减半征税"之规定,自应遵照办理。

查本校为争取国家主权,于"五卅"惨案时建立,在反帝文化侵略之意义上确有其光荣之历史。设办至今已有二十四年,先后毕业学生数逾万人,其间对于教师之慎重延聘,课业之认真考核,以及图书之添购,设备之充实,似已竭其应有之努力。

兹准前由,相应函陈本校设办之梗概。敬希察核,并将证明,俾可获得地价减半征税之待遇。至纫盛荷!

此致上海市军管会文管会高等教育处

代理校长廖〇〇

卅八年八月十一日

附三：　关于法华区原有空地已售出四十亩请上海市地政局核减地价税的函

接奉贵局卅八年下期地价税缴款书,以通知本校所有法华区五图辰圩二号及十三号各坵应缴地价税暨上期欠税数额等由,查本校在大西路(法华区)原有空地计壹百零壹亩肆分柒厘肆毫肆,内有肆拾亩业于卅七年十月售与伪中央银行承受,应请在原有亩数内予以删除,相应检还原数地价税缴款书全份,函请查收核办为荷!

此致上海市地政局

附还原发卅八年下期地价税缴款书全份

代理校长廖〇〇

中华民国卅八年八月十五日

附四：　关于请上海市地政局核免及减征华法区地价税的函

查本校欧阳路校产地价税前为申请减半征税,经于本年八月廿日以光秘(卅八)字第七九四号函连同上海市军管会文管会高等教育处发给之高秘文字第0027号证明书件送请贵局惠赐核减在卷。

兹奉发下本校所有法华区校产土地地价税缴款书,除将其中业经售出之土地地价税缴款书迳转上海市人民银行请照缴付外,其余本校部分卅八年下期地价税,拟请并案惠赐减半征税。

又卅八年上期及历年欠税,并请照奉予以全部核免,相应抄附本校法华区校产土地负担部份清单一份,函请查照惠允,分别办理,并见复为荷。

此致上海市地政局

附清单一份

校长廖〇〇

中华民国卅八年八月卅一日

附五： 土地税减免申请书

查本校所有坐落引翔区土地（见后附表）系作校舍用,拟请按照规定予以核减卅八年地价税。兹附上主管机关证明文件计壹件,送请查核办理为荷！

此致上海市地政局

申请人：光华大学校长廖世承

住址：欧阳路二四一号

附注：主管机关证明文件壹件于本月廿二日附于呈钧局呈文中（请查钧局二三七二号投文收据）

土地税减免申请表

业主姓名	地籍					面积（亩）	地价税	使用情形	备注
光华大学	区	图	圩	号	丘		税额		
光华大学	引翔		藏	9	12	3.345	43 900 元	校舍	
光华大学	引翔		藏	8	11	0.567	7 400 元	校舍	
光华大学	引翔		藏	8	29	0.881	11 600 元	校舍	
光华大学	引翔		藏	8	35	0.031	900 元	校舍	
光华大学	引翔		藏	8	23	0.908	11 900 元	校舍	
光华大学	引翔		藏	8	24	1.556	20 400 元	校舍	
光华大学	引翔		藏	8	26	0.392	5 100 元	校舍	
光华大学	引翔		藏	8	27	0.528	6 900 元	校舍	
光华大学	引翔		藏	8	28	0.527	6 900 元	校舍	
光华大学	引翔		藏	8	3	5.291	69 400 元	校舍	
光华大学	引翔		藏	8	9	2.537	33 300 元	校舍	
光华大学	引翔		藏	8	16	0.739	9 700 元	校舍	
光华大学	引翔		藏	8	22	1.530	20 100 元	校舍	
光华大学	引翔		藏	9	4	1.427	18 700 元	校舍	
光华大学	引翔		藏	9	6	1.338	17 600 元	校舍	
光华大学	引翔		藏	9	7	1.456	19 100 元	校舍	
光华大学	引翔		藏	9	22	2.511	33 000 元	校舍	
光华大学	引翔		藏	9	24	1.752	23 000 元	校舍	
光华大学	引翔		藏	9	16 甲	0.147	1 900 元	校舍	
光华大学	引翔		藏	11	16	23.372	306 500 元	校舍	

附六：　上海市人民政府地政局关于核准减半征税的通知

查该户前请减免所有引翔区八图藏圩九、十一号等各丘面积共五〇亩八分三厘五毫一九四九年下期地价税一案，经本局派员查明，该丘土地使用情形核与规定相符，应准减半征税。

如全部税款原已完清，可持凭原缴款收据，连同本通知及所附新缴款书，迳赴乍浦路六十六号本局闸北引翔区地价税核算处办理退缴税款手续。

如尚未清缴，应即持凭本通知及所附新缴款书于文到三日内向上开地点投缴，并将原缴款书一并交还注销为要。

附发新缴款书贰拾份

右通知业主光华大学

上海市人民政府地政局局长汪维恒

副局长谢祝珂

一九四九年十一月一日

关于致谢薛迪符王华照劝募助学金的函

迪符、华照吾兄大鉴：

　　敬启者。学期开始以还，光华学生申请免减费者为数甚众，其中业经严格审查，计已核准之免减费总数已达一○三三五单位，荷承兄台赐助代向诸校友先生劝募助学金，高情千万，曷胜代感。除仍请大力继续劝募，俾获更多之成效外，所有已经募得之款，便请示知数额，并烦饬送过校，以便充抵，尤深感篆。

　　专此奉达，祗颂筹祺。

弟廖○○敬启

中华民国卅八年十月十一日

关于请上海市财政局减免房捐的函

迳启者：

　　兹遵照上海市人民政府公布《秋季房捐征收办法》第九条丙项之规定,除函请高等教育处赐予证明迳转贵局外,相应函达,敬祈察照惠准减免半数。

　　再本校前所缴纳之五六两月份房捐,并请比照退还半数,至为感荷!

　　此致上海市人民政府财政局

私立光华大学启
一九四九年十月十二日

附一: 上海市人民政府财政局关于准予减免房捐的复函

　　一、贵校十月十二日光秘字第八三〇号函壹件,以秋季房捐除函请高等教育处证明外,请准减免;并前缴五六月份房捐,请退还半数捐款。

　　二、经查五六月份房捐准予减免半数,希将原缴款收据送局,以凭退款。

　　三、又秋季房捐准予免征三分之二,希即检送原缴书到局,以凭修正。

　　此致光华大学

上海市人民政府财政局启
1949 年十一月廿叁日

附二: 关于请高等教育处转函财政局核准减免房捐的函

　　查本校本年下期地价税,申请减半缴纳一案,前承贵处于一九四九年八月十七日发给高秘文字第〇〇〇二七号证明函件,当经函转地政局,业荷核准减半缴税,实深感篆。

　　兹因本校各月房捐系由财政局核征,爰特依照房捐征收办法第九条丙项之规定,拟请贵处赐予同样性质之证明文件,并烦迳转财政局,俾可获得房捐减免之待遇。

再本校本年五六两月房捐已照全部缴纳,亦请转函比照退还半数。

除分函财政局外,相应奉达,敬祈察核惠准办理,至纫感荷!

此致上海市人民政府高等教育处

校长廖○○

一九四九年十月十二日

关于请上海地政局派员勘丈大西路校产地基的函

　　查本校大西路地产(土地区图号码附后)，虽经丈量，尚未树立界石，兹因开辟光华农场，地基范围亟须确定，拟请贵局派员，会同本校，前往勘丈，以便界立基石，相应专函奉达，请烦查照惠准办理为荷。

此致上海市人民政府地政局

校长廖○○

一九四九年十月廿五日

附： 私立光华大学校产清单

大西路部分：陆拾壹亩肆分柒厘贰毫

法华区五图辰字圩：

号	丘	市亩	原证号数		新状号数
2	431	28.192	田单		
2	37	1.029	土地证法	3 273	12 512
2	49	1.563	土地证法	2 681	12 514
2	51	0.433	土地证法	8 144	12 515
2	53	0.625	土地证法	7 715	12 516
2	45	0.485	土地证法	2 278	12 513
2	44	1.328	土地证法 土地证法	3 048 3 049	49
2	96	1.008	土地证法	2 467	12 521
2	43	15.954	土地证法	13 244	7 836
2	43 甲	8.685	失证	13 245	10 986
2	48	0.941	图稿	6 687	9 656
2	50	0.756	图稿	6 689	9 657
13	15	0.473	图稿	8 034	12 834

关于请上海市北新泾区接管委员会等协助劝导在大西路校产上擅自耕种居民迁让的函

迳启者：

敝校大西路原有校地自校舍毁于战火后，历年荒废，地价税则每年照缴。兹为挹注漏卮，并积极增加生产，配合政府政策，达成繁荣经济之目的起见，特会同校友发起在该校地组织"光华农场"，刻已准备就绪，急待着手办理。惟有若干附近居民未经商得敝校同意，自动开辟兴种，过去敝校以本身既一时无法利用，遂未加以阻止，亦未向其收租，此次开办农场之议决定后，即分别通知请于一月后迁让。惟时逾三月，"光华农场"又急待开办，该居民等故意拖移迄未迁去。为特函达，至祈惠予协助敝农场负责人李宗道君及本校派驻管地人警士张桂生，分别劝导该擅自耕种之居民等立即迁出，以利敝校生产事业之进行为荷。

此致北新泾区接管委员会、上海市公安局北新泾分局

(全衔)光华大学启

一九四九年十月廿八日

关于赠送上海市学生首届代表大会书籍及书签的函

迳启者：

自十一月十日起至十四日止，贵会假本校召开首届大会，集议群贤，气象千万。本校师生员工，同感欣佩！

值兹大会行将闭幕之际，特备赠《中国学生运动的当前任务》七百册，连同书签七百份，藉表区区纪念之忱，尚请查收为荷！

此致上海市学生第一届代表大会秘书处

附书七百册、书签七百份

私立光华大学启

一九四九年十一月十四日

附一：　上海市学生第一届代表大会秘书处关于会议延期的函

迳启者：

本会大会业经决定延期一日至十四日闭幕，贵校大礼堂须继续借用一日。

诸多烦扰，容再致谢。

此致光华大学

上海市学生第一届代表大会秘书处

一九四九年十一月十三日

附二：　上海市学生第一届代表大会秘书处关于感谢赠书的函

迳启者：

兹收到贵校赠送《中国学生运动的当前任务》七百册连同书签七百份，欣领之余，不胜感激，本会当代转赠各代表以资纪念。

谨奉寸笺,聊表谢忱。

此致光华大学全体师生员工

上海市学生第一届代表大会秘书处谨启

一九四九年十一月十四日

附三： 上海市学生第一届代表大会秘书处关于感谢光华大学对会议支持的函

迳启者：

上海市学生第一届代表大会已告闭幕,此次会议期间,借用贵校礼堂、校舍、膳厅,并蒙惠赠书籍、书签等物,感谢之至。同时,贵校全体师生员工在精神上予以热烈支持,使本会得以顺利进行,尤为感激。

特奉芜函,聊表谢忱。

此致光华大学

上海市学生第一届代表大会秘书处谨启

1949 年 11 月 15 日

关于请上海市工务局派工修理四达路的函

查本市各区路面，近已积极修建，并已由市区修展至郊区。贵局对路政建设之新猷，同深佩仰！

本校附近欧阳路山阴路间之四达路，因路面久失修补，损坏不堪，平时车辆行人已感不便，一遇天雨，则更觉泞泥难行，本校师生往返，尤深受其苦。

特函奉达，请烦查照，惠予迅派工人修理，以利交通，至为感荷！

此致上海市人民政府工务局

校长廖○○

一九四九年十一月十四日

附：　上海市人民政府工务局关于拟于明年初修补四达路路面的复函

一、准贵校十一月十四日光秘字第八六一号函嘱迅修欧阳路山阴路间四达路路面以利交通等由。

二、经勘得该段道路除欧阳路及山阴路两端各有一部分沟管外，中间大部并无沟管，本局现因限于经费，一时尚难全部埋设，以致不能改建较高级之路面，同时对于路面养护，亦增加困难。

三、为配合本局工程计划与经费情形，该段路面拟于明年初酌加修补。

四、相应函达，至希查照为荷！

此致光华大学

一九四九年十二月九日

关于请闸北水电公司派员履勘水表的函

迳启者：

　　接准贵公司十二月份账单，查第六六六号水表用数量与上月相同，而本校近来使用格外节约，且寒冬时季用量较少，何以仍有如此数字，殊为疑惑。据查该呈水表设置于水中，恐有表坏漏水影响，务请贵公司迅即派员会同本校事务组履勘校正，以免遭受水表不准确之巨大损失。

　　特为奉函，至希察照为荷。

　　此致闸北水电公司

私立光华大学校长室启

一九四九年十二月廿九日

关于请闸北水电公司修理消防龙头的复函

迳复者：

　　本年一月十三日业字第二五八九号大函祗悉。承示修理校内损坏之消防龙头一节，至为感激。惟因学期瞬将结束，限于经费，拟在下学期开学时提前修理，并拟俟修理完毕后再行缴付补封费以便补封。

　　相应奉复，敬希查照为荷！

此致商办闸北水电公司业务科

私立光华大学校长室启
一九五〇年一月十七日

附： 商办闸北水电公司关于尽速修理消防龙头的函

　　一、查贵校内部消防龙头大多损坏，应请速即修理以防火警时无法使用。

　　二、贵校全部消防龙头封印损坏，应请缴付补封费后再行补封，并希以后妥善保管，勿再私拆。如再私拆，应按窃水章则补偿水费，幸祈注意。

　　三、专此布达，即希查照办理并见复为荷！

此致光华大学

商办闸北水电股份公司业务科启
一九五〇年一月十三日

关于请上海市地政局将法华区减半征税的函

迳启者：

　　本校大西路(法华区)十二丘土地面积卅三亩二分八厘一九四九年下期地价税,已准贵局一九四九年十一月十九日市地四发字第三三八〇号通知,准照减半征税在卷。

　　惟查上开法华区尚有五图辰圩二号四三丘一部分地皮前经售与伪中央银行,最近由校派员趋前来接洽,承蒙贵局将该项地皮临时划分,并将一九四九年下期地价税分别掣发税单两张。本校负担税款部分已于一月卅日照数全部缴付,相应专函奉达,敬希查照惠准,援例照章予以减半付税,并烦见复为荷!

　　此致上海市人民政府地政局

私立光华大学启

一九五〇年一月卅一日

附一：　上海市人民政府地政局关于拒绝减半征税的复函

　　一、一九五〇年一月卅一日光(50)字第三〇号大函诵悉。

　　二、查一九四九年下期地价税申请减免案件,业经本局公告于上年十月三十一日截止在案。且该地系属荒地,并非贵校本身自用,所请减半一节,未便照办。

　　相应复请,查照为荷!

　　此致光华大学

上海市人民政府地政局启

二月十三日

附二：　上海市人民政府地政局关于核准减半征税的通知

　　查该户前请减免所有法华区共 12 丘土地(见清单),共面积三十三亩二分八厘〇毫一九四九年下期地价税一案，经本局派员查明，该丘土地使用情形，核与规定相符，应准减半征税。即希持凭本通知及所附新缴款书，于文到三日内，迳赴大西路七三〇号本局法华区地价税核算处缴税，并将原缴款书一并交还注销为要。

　　附发新缴款书十二份

　　又核准减免地价税土地清单乙纸（缺）

　　右通知业主光华大学

上海市人民政府地政局局长汪维恒

副局长谢祝珂

一九四九年十一月十九日

关于同意华东人民革命大学借用礼堂的函

　　顷准贵校二月十日大函,以借用敝校教室举行二期招生考试等由,自应照允借用,相应复请查照为荷。

　　此致华东人民革命大学

校长廖〇〇

一九五〇年二月十四日

附：　华东人民革命大学关于请求借用校舍招生考试的函

　　敝校第二期招生工作,业已开始进行,为准备举行新生考试,拟请借用贵校校址作为考试教室,现着万钧同志前往洽商,请予接见并望允诺给予协助为荷!

　　此致光华大学

华东人民革命大学校长舒同

副校长温仰春

二月十日

关于向交通大学借用材料电工水力试验的函

　　查本校因现有设备不敷应用,所有材料、电工、水力三项试验在本学期经费竭蹶无法添置之情况下拟向贵校借用,仍恳体会私校之困难,惠赐允准并烦见复为荷!

　　此致国立交通大学吴校长

校长廖〇〇

一九五〇年二月廿五日

附: 国立交通大学关于无法借用试验的函

　　顷接贵校本年二月廿五日光(50)字第44号公函敬悉一一,查本校学生人数较前增多,所有各项学生实验设备尚感不敷应用,承嘱借用本校材料电工水力试验一事,歉难应命。

　　特函奉复,敬希谅察为荷。

　　此致私立光华大学

国立交通大学主任委员吴有训、副主任委员陈石英

一九五〇年三月三日

关于请上海市高教处等再次核免春季房捐的函

查本校本年春季房捐,为数计有五八八四二五〇元,虽经于三月廿一日照缴清讫,惟以本校本学期学生人数,较前减少甚多,且在校寄宿学生,多属家境清寒,宿费照上学期数额,实无法提高。在开学之始,基于学校实际收入之十分竭蹶,教职工薪照七折发放,而预算赤字,仍有数万单位之巨,凡此均为本校实际之情形。贵处(局)对于私校经费困难,轸注至切,相应专案函请察核(照),准予转函财政局,将已缴之春季房捐,再赐免减退还,未缴之夏季房捐,亦照核减,至为感荷!

此致上海市人民政府高等教育处、财政局

校长廖〇〇

一九五〇年三月廿五日

附一： 上海市财政局关于不能再次核减春季房捐的复函

你校三月二十五日来函,嘱再减免本年春季房捐一节,经核你校春季房捐,业经按照高教处函送大学减免房捐清册所列减免三分之二在案,所请再减一节,格于规定,未便照办,即希查照为荷。

此致私立光华大学

上海市人民政府财政局局长顾准

副局长朱如宫

1950 年 4 月 8 日

附二： 上海市人民政府高等教育处关于所请转商减免春季房捐应毋庸议的复函

三月二十五日光(50)字八九号公函悉。现值政府财政困难,各季房捐,仍应照缴,减轻政府负担。所请转商减免并退还已缴春季房捐一节,应毋庸议。

相应函复，查照为荷！

此致私立光华大学

上海市人民政府高等教育处处长唐守愚

一九五〇年三月三十一日

关于请上海市地政局减半征收地价税的函

　　查本校欧阳路校产一九四九年下期地价税,前经检同证明书件,于一九四九年八月廿日以光秘(卅八)字第七九四号函请核减,旋奉贵局一九四九年十一月一日市地四发字第二三一一号通知应准减半征税各在卷。关于本校一九五〇年上期地价税,拟请援照前案,准予减半缴纳。

　　相应函达,敬希查照,并见复为荷!

　　此致上海市人民政府地政局

校长廖〇〇

一九五〇年五月十一日

关于致谢旅大行政公署工业厅捐赠图书的函

迳复者：

六月五日大函暨附件均经祇收，除珍藏以供阅览外，特致谢忱。兹寄上敝校《廿五周年纪念册》及敝校校友陈文麟著《棉纺织厂成本会计》各一本（另寄），敬启察收为荷！

此致旅大行政公署工业厅

私立光华大学启

一九五〇年七月十一日

附： 旅大行政公署工业厅关于寄赠资料藉资交换的函

私立光华大学：

贵校五月廿日来函已悉，关于索取本厅印行之参考资料等情，现将本厅资料已另包寄上十一种。至云拟购一节，本厅为了交流经验，愿以刊物与贵校互换参考资料，尚希不吝珍品，由邮寄下。

特此奉达，即希查收见复为荷！

此致敬礼

旅大行政公署工业厅

六月五日

关于请王子扬捐赠土木工程仪器的函

子扬先生道右:

敬启者。日前大驾莅校参观,并承指导,无任幸感。

先生倡导工程事业,钦仰退迩。在敝校土木系师生,为教学与实习,亟须与业务部门切取联系之际,有赖先进提携奖掖之处,正复繁多。惟以敝校目前情况,土木化学两系器材设备,甚感缺乏,于前途发展,影响至大。惠蒙俞允资助,益佩高深。兹特缮奉土木系需添仪器清单各一份,敬祈察夺。如荷慨赐多方劝助,俾获早日添置,则拜感高风,不仅承一人额手已也。

专此奉恳,祇颂筹祺。

廖○○敬启

一九五○年七月卅一日

附一: 王子扬先生捐赠土木工程仪器的函

兹启者:

前允捐赠贵校仪器,计经纬仪叁架,水平仪贰架,求积仪壹架。刻先饬人送上经纬仪二架,其牌号为:一、美国货 Gurley No.221715,二、日本货 Tamaya No.271,即祈检收。其余仪器正在洽购中,一俟办妥,即当续函专达。

此致光华大学

王子扬敬启

附二: 关于感谢王子扬先生捐赠仪器的函

敬复者:

大函奉悉,承蒙俞允惠赠经纬仪三架,水平仪二架,求积仪一架,并先将美国货

Gurley No.221715、日本货 Tamaya No.271 经纬仪二架见颁，祗领之余，曷胜感篆！

　　从此敝校土木仪器骤形充实，对师生教学与钻研，裨补足多，高深同仰，士林拜嘉。除由敝校校长不日提出校董会专案报告外，特先驰函申谢，尚祈察照为荷！

　　此致王子扬先生

私立光华大学启

一九五〇年九月十八日

关于请王守恒捐赠化学实验仪器的函

守恒先生大鉴：

　　许久不晤，慕念时殷。比维暑中佳适，为祝以颂。母校情形，一般尚称稳定。在校师生，在学习与改造之中，均能团结进步，堪以奉慰。

　　兹者学期结束，下期计划，正在进行，惟以土木化学两系器材设备，向感缺乏，影响教学进行，自属巨大。为光华之巩固与发展起见，应须及早添置。关于土木系需添之设备，已荷王子扬先生允予资助，其余化学系仪器药品，在学校经费极度困难之现状下，实已无法添补。

　　先生对母校之进展，关注深切，如蒙慨赐援助，俾便充实，则拜嘉之感，当不仅承一人已也。

　　专此奉恳，祗颂筹祺。

廖○○敬启

一九五○年七月卅一日

关于请二八九团机炮三连归还大西路借地的函

迳启者：

　　本校为利用大西路原有基地增加生产起见，拟于一九五一年一月前，向贵连先行收回借种之种地五亩，俾资进行，相应函达，敬希查照，惠予准备划还为荷！

　　此致二八九团机炮三连

　　　　　　　　　　　　　　　　　　　　私立光华大学启

　　　　　　　　　　　　　　　　　　　　一九五〇年八月十七日

关于请上海市教育局批准附设光华小学的函

查本校教育系为充实教学内容,增进学习效率,使在理论与实际结合之基础上逐步提高起见,拟自本年秋学期起,附设"光华小学"。兹将附小设办目的暨其有关之具体情况,分别胪述如次:

一、设办目的

1. 结合理论与实际,以贯彻教育系新课程标准,侧重教学实习之精神;

2. 抢救校区内失学儿童,实践基层教育向工农子弟开门(减免费额,特予放宽至百分之五十左右);

3. 学费收入除陆续添置设备外,抽出一部分作为清寒学生救济金(大多数任课教师均为教育系高年级学生,在实习教授指导下进行教学,并给予学分,故无薪给,因之教薪数目甚少)。

二、校舍设备

1. 利用新建房屋之半幢,辟为教室及各工作室(已由小学校董会绘呈校舍平面图);

2. 教学设备大部分由大学部拨给。

三、课程及教导——遵照局颁法令办理。

四、基金——由附小校董会筹募基金壹千伍百单位。

以上各项,相应备函报请查照惠予批准!

再附小基金,经已筹募之数,计有一五〇〇单位,较诸规定,当为低少。惟以基金之预筹,原为学校安全及意外之保障,本校附小设办性质,较有不同,一切意外,本校应为之负责,所有基金存款数字,并请准照核减,俾教学设备,得以充实,无任感荷!

此致上海市人民政府教育局

校长廖〇〇

一九五〇年八月廿八日

关于请上海市税务局减免秋季房捐的函

迳启者：

　　本校秋季房捐，业准贵局通知，应缴捐额计为人民币壹千壹百柒拾陆万捌千五百元，惟查本校夏季房捐，前经减免三分之二，秋季房捐之额，拟请照例减免，相应专函奉达，敬希查照惠准，并见复为荷！

　　此致上海市人民政府税务局

私立光华大学启

一九五〇年九月廿七日

附： 华东军政委员会教育部关于税务局已同意减免房捐的公函

光华大学：

　　关于你校减免房捐问题，业经我部提出减免比例，函请上海市税务局核酌，兹接覆同意并已转知该局各区分局在案，希你校迳往办理为要！

一九五〇年十月十八日

关于请上海市地政局将大西路土地改征农业税的函

(一)查本校大西路土地,原经照地产税缴纳,惟因上项土地,早经于上学期辟为农场,现正种植薄荷,供生物系学生实习,以及师生员工劳动生产之用,按该项土地使用情形,拟依照新解放区农业税暂行条例,改征农业税。

(二)如上项请求不能邀准,拟请根据一九四九年十一月一日市地四发字第二三一一号通知,减半缴纳地价税。

(三)相应专函奉达,敬希查核见复为荷!

此致上海市人民政府地政局

私立光华大学启

一九五〇年十月十四日

关于请光华农场筹备委员会设法维持的函

一、十月十九日来函已悉；

二、农场开支，在自给自足之原则下，希能自行设法维持；

三、每年地价税，应请列入农场预算；

四、因有垫款关系，每月场内收支情形，请缮造报告表，分送大中两部备查；

以上各项，相应复请查照办理为荷！

此致光华农场筹备委员会

私立光华大学启

一九五〇年十月卅一日

附： 光华农场筹备委员会关于请学校合作经营农场的函

茂如校长先生钧鉴：

敬陈者。光中同学会为团结同学、利用同学的技术经验与经济，于一九四九年十月在大西路母校基地创办光华农场，原拟以培植果树、苗木为主，而以栽种蔬菜作为维持目前开支。

本年一月，本场已有产品运销各学校医院团体，当时物价普涨，尤以食米上涨三倍而蔬菜仅涨一二成，蚀损日甚，除尽力撙节开支外，并改变种植计划，不种蔬菜，专种薄荷。复以流动资金无法维持至薄荷收割期，乃商得母校同意，于本年五月起，由校方出资维持。由于精打细算的经营，首期薄荷收入，除付还校方垫款外，尚余款折合中白梗廿七石。预估第二期收入（十月底）除去开支外，亦可余卅余石，故本年度做到保本或者稍有盈余。

为准备明年度扩充种植面积，已于本年八月廿四日，召开股东大会，商讨结果一致议决商请母校合作经营，以资充实力量，俾农场前途更易发扬光大。

查本农场为母校同学会合作事业之首举，创业匪易。目前经济已见好转，基础粗具,敬祈钧长对于合作办法赐予俯允,无任盼祷,耑函敬请教安。

光华农场筹备委员会谨启

一九五〇年十月十九日

关于请上海市税务局援例减半征收地产税的函

接准贵局交来本校欧阳路现校址一九五〇年下期地产税缴款书贰拾份,应缴税款计为壹千贰百捌拾万叁千玖百元正,嘱于本月十五日前缴付等由,查本校地产税额,早经前上海市军管会文管会高教育处,颁发减半征收之证明函件转送地政局,复准地政局一九四九年十一月一日以市地四发字第二三一一号通知,准减半征税各在卷。本校本年上期地产税,亦照应缴税款之半数缴纳。

兹特遵照上海市人民政府税字第卅二号布告第五条之规定,抄具前上海市军管会文管会高等教育处致地政局之原证明函件一份,备函送请查照,准予援例照减半征税为荷!

此致上海市人民政府税务局

附抄件一份(略)

校长廖〇〇

一九五〇年十一月二日

附: 上海市税务局关于下期地产税同意减免半数征收的复函

一、一九五〇年十一月二日光(50)字三九七号函件收悉。

二、所嘱减免北四川路区 24 号 3、9、11、16、22、23、24、26、27、28、29、35 丘及 25 号 4、6、7、12、22、24 丘 27 号 16、16 甲丘等土地本年下期地产税一节,同意照顾特殊困难减免百分之五十。

三、希即持凭本函及原缴款书暨附表前来外滩六号本局地方税处地产税科更正税款缴纳。

四、相应复请查照为荷!

附核定通知单乙份

上海市税务局兼局长顾准

一九五〇年十二月四日

关于请新泾税务分局将大西路校产改征农业税的函

一、本校大西路本年上期地产税,已于限期前如数缴清。

二、惟查上项基地,早经作为实习农场之用,请照该项土地实际使用情形,改征农业税。

三、复查上次土地经奉市地政局一九四九年十一月一日市地四发字第二三一一号通知,准予减半缴税在卷,在征农业税时,并请特别赐予照顾。

四、相应函达,敬希查照办理并见复为荷!

此致新泾税务分局

私立光华大学启

一九五〇年十一月二十日

附: 新泾税务分局关于申请核减地产税的复函

(一)一九五〇年十一月廿日光(50)字414号函悉。

(二)据申请将你校大西路之土地改征农业税一节,查该地区系为地产税区,完全征收地产税,所请难以照准。

(三)兹经将你校所有大西路之土地,根据实际情况核减三分之二以示照顾。

(四)关于公安四十团三营机炮连借用之土地,亦经派员了解准予免征。

(五)上项即希查照,并即携带图章来局办理退款手续为荷。

上海市人民政府税务局新泾区分局长曹安祥

一九五〇年十一月卅日

关于领取教育器材致华东教育部仓库支会的报告

　　兹遵照华东军政委员会教育部十二月十四日秘清字第○○八五六一号通知,推派本校事务组主任毛寿恒先生携同函据,趋前洽领中央配拨本校的教育器材,敬希查照,惠准迳发为荷!

　　此致华东教育部仓库支会

　　附领据一纸

校长廖○○

一九五○年十二月十九日

附: 华东军政委员会教育部关于领取配拨教育器材的通知

光华大学:

　　查关于中央配拨你校教育器材等件,现经我部仓库支会准备竣事,希你校迅即备具正式函据,派员至本市长宁路八六五号本部仓库支会洽领。

　　此项配拨器材,系奉中央人民政府教育部令指定作为补助你校一九五○年度教育费,并希知照。

华东军政委员会教育部部长吴有训

一九五○年十月十四日

关于请新泾区税务分局将借用之地免税的函

一、接准贵局送来本校大西路一九五〇年下期地产税缴款书,计应缴税款伍百零壹万陆仟叁百柒拾伍元,在元月十日前缴付等由。

二、按前开地区内四十三丘乙土地上,经由工务局借用四亩(附抄工务局证明函一件),解放军耕种六亩(上期种九亩证明书已在上期附缴),以上十亩,既非本校耕用,所有税额,应请全数豁免。

三、除以上十亩外,其余亩数,并请援照上期例,准予减免三分之二。

四、相应函达,即请查照办理并见复为荷!

此致新泾区税务局

附件如文

私立光华大学启

一九五〇年十二月廿九日

附：新泾税务分局关于减免地产税的复函

(一)一九五〇年十二月廿九日函悉。

(二)据申请减免解放军及工务局借用部分土地之地产税,希取得详细证明文件后,送局办理(须证明何时起何时止)。

(三)一九五〇年上期该地普减三分之二,下期地产税已照上期普遍减低,不能再予减免。

(四)即希查照办理为荷。

上海市人民政府税务局新泾区分局长曹安祥

一九五一年一月二日

关于向上海工业专科学校借用材料试验设备的函

迳启者：

　　兹因本校土木系设备比较缺乏，本学期应开之材料试验一课，有关材料试验之设备，拟向贵校商请借用。除由本校土木系主任祝永年先生曾一度与贵校黄蕴元先生面洽外，特函奉恳，敬祈察准并惠复为荷！

　　此致上海工专

　　　　　　　　　　　　　　　　　　　　　　　私立光华大学启
　　　　　　　　　　　　　　　　　　　　　　　一九五一年二月十九日

附一：　上海市立工业专科学校关于暂难出借材料试验设备的复函

　　接准贵校二月十九日光(51)字七六号大函，拟向本校借用材料试验设备等由，兹经提交实验室管理委员会研究决议"各处向本校借用新设备原则上自可予以考虑，但本校方在整理新设备，条件尚未完备，自己尚未开始试验，借用具体办法尚待研究，本学期尚暂难出借试用"在卷，相应函达，即祈查照为荷！

　　此致光华大学

　　　　　　　　　　　　　　　　　　　　　　　上海市立工业专科学校
　　　　　　　　　　　　　　　　　　　　　　　三月十五日

附二：　关于请上海市立工业专科学校新设备装竣后准借给试验的函

　　前准贵校三月五日(51)上工第八六号大函，以商借材料试验，已蒙原则同意，惟新设备尚未装备妥善，暂难出借试用等由，兹拟俟贵校新设备整理完备之后，于本学期内，由黄蕴元教授携同试样率领学生前来作冲击及扭力二项示范试验，特再函达，敬希察准并示复为荷！

此致上海工业专科学校

私立光华大学启

一九五一年三月廿六日

附三：　上海市立工业专科学校关于设备装备妥善再行奉告的复函

接准贵校三月廿六日光(51)字第一四二号函，"拟俟贵校新设备整理完备后，于本学期内，由黄蕴元教授携同试样率领学生前来作冲击及扭力二项示范试验"等由，查本校新设备尚在整理，借用办法亦尚待研究，经函复在卷，一俟新设备装备妥善再行奉告，相应函复，即祈查照为荷！

此致光华大学

上海市立工业专科学校

四月二日

关于同意华东工业部上海电机厂承受大西路土地的函

　　查本校大西路旧校舍,自经抗日战争全部焚毁之后,所余土地,因限于学校经济,未能充分利用。解放后,为应学生试验实习之需要,经于一九四九年八月间辟建光华农场。一九五〇年冬季,本校计划增设农业专修科,拟利用原有场地,改为农事试验场,所有设办计划业于本年一月四日呈报华东教育部核示。最近中央教育部视察团莅校,承提意见,认为在目前教育的需要情况下,大学系科应基于重点发展之原则进行,充实设备,多延揽专任教授,不宜多所添设,以免分散力量,故本校添设农专科之拟议又须重新考虑。复以本校本学期学生人数,较上学期减少约二百余人,经费来源短少,预算益感不敷。

　　贵厂因迁建需要,愿承受本校大西路旧校址土地,在协助国家工业建设,奠定现代化基础的总利益之下,本校自愿同意考虑,惟在土改进行期中,须请先与上海土改委员会洽商,经其指示后,再为会商进行。相应专函奉达,敬希查照并烦惠复为荷!

　　此致华东工业部上海电机厂

全衔主席校董秉〇[1]

校长廖〇〇

一九五一年三月二十二日

---

[1] 秉志(1886—1965),字农山,原姓翟佳氏,曾用名翟秉志、翟际潜,河南开封人,著名动物学家,中国近现代生物学的主要奠基人。1908年毕业于京师大学堂,1913年获美国康乃尔大学学士学位,1918年获康乃尔大学博士学位,1935年当选中央研究院评议员,1948年当选为中央研究院院士,1955年被选聘为中国科学院学部委员(院士)。时任光华大学主席校董。

关于致谢中央文化部赠送外文书籍的函

　　顷蒙惠赠贵局出版之外文书籍《原动力》、《李有才板话》、《毛主席延安文艺座谈会讲话》计三册,祗领之余,无任感篆!

　　特函申谢,尚祈鉴照!

　　此致中央文化部对外文化联络事务局吴庚长、陈玉两同志

私立光华大学廖○○

一九五一年三月二十三日

　　儒勉先生均候。

附: 中央文化部对外文化联络事务局吴庚长、陈玉赠送外文书籍的函

　　敬赠本局所出版之外文书籍《原动力》(*The Moving Force*)、《李有才板话》(*Rhymes of Li Yu-Tsai and Other Stories*)、《毛主席延安文艺座谈会讲话》(*Reden Auf der Beratung uber Literatur ünd Kunst Zu Yenan*)各壹册,敬请指教。

　　此致廖世承同志

中央文化部对外文化联络事务局吴庚长、陈玉

一九五一年一月十四日

　　李儒勉先生嘱笔问候。

关于不拟购置教育仪器致华东教育部的函

案奉钧部三月廿六日教秘财字第二四一九号通知,饬将本校向外购置仪器总价额及种类数量依限呈报等因,查本校购置教学仪器,本学期预算内,无可设法,兹奉前因,理合备文呈复,敬祈察核!

谨呈华东军政委员会教育部

(全衔)校长廖〇〇

一九五一年四月六日

附: 华东军政委员会教育部关于上报向外购置教育仪器情况的通知

光华大学:

中央教育部为统一代各高等学校向国外购置教学仪器,拟于最近期内派员赴国外采购,希在你校本年度教学费及临时费(私校则在预算许可范围内)预算范围内,需向外购置仪器之总价额,于三月三十日前报部,并望依据下列二项原则开列仪器种类数量清单,限四月六日前报来我部。

一、确实在国内购买不到,而必须向国外购置者。

二、确为当前教学上所必需者。

华东军政委员会教育部部长吴有训

一九五一年三月廿六日

抄致有关业务部门及所属各校

关于向华东教育部呈送水泥需用数量表的报告

兹遵照钧部四月十九日教秘字第四〇〇三号通知之规定,将本校一九五一年下半年水泥需用数量表一式三份,备文呈报,敬祈察核准予分别存转!

谨呈华东军政委员会教育部

附呈之件如文

全衔校长廖〇〇

一九五一年四月廿六日

光华大学一九五一年度下半年水泥需用数量表

编号   单位：公吨

月份	使用地点	包装	需用数量				备 注
			生产用	大修用	基本建设用	各种	
7	屋顶	纸包		小修用		伍纸包	
8	墙壁	纸包		小修用		贰纸包	
9	马路	纸包		小修用		叁纸包	
10							
11							
12							
总　计						拾纸包	

申请单位签章

填表注意事项:

(1) 按月需要量请填明包装(纸包、麻包、布包)。

(2) 本表务请于四月卅日前填送,以便列入分配计划,俾免需要时发生困难。

(3) 本表所列数字呈奉中央核定后即作为供应根据。

(4) 本表须填一式三份。

附： 华东军政委员会教育部关于填报一九五一年下半年水泥需用数量表的通知

华东区公私立各大专院校：

接华东军政委员会工业部函"奉中央财委会通知，一九五一年下半年，全国水泥实行统一分配，并饬将所有申请分配布置生产组织订货等一切手续，均于五月底前办竣，并奉华东财委通知，指定本部负责审核本区内各级行政机构及企业单位五一年下半年度水泥需要量，汇总转报等因。兹附送五一年度下半年水泥需用数量表一式三份，即请查照连同贵属单位需量一并于四月卅日前汇填送下"等由。

兹抄发五一年度下半年水泥需用数量表一份，希即按你校需要情况迅即照填需用数量，以便本部及时汇填转送。除厦门、福州两地因路远可展期至五月上旬外，其他各地如届期未报者，即认为并不需要。在五一年度下半年期间，不得再行申请分配。并希知照为要。

附发一九五一年下半年水泥需用数量表一份。

华东军政委员会教育部部长吴有训

一九五一年四月十九日

关于商请清华大学借用毛主席亲题校名底稿或寄校徽的函

迳启者：

本校师生员工佩挂之校徽亟持重新铸制，当经会议决定，拟向贵校借用毛主席亲题之"清华大学"原底稿纸，或将贵校现用之"校徽"寄借一枚，以资仿制（其余毛主席亲题之"光"字已向他方搜集），一俟仿铸完毕，当即挂号璧还。

相应奉恳，敬祈察准并复为荷！

此致国立清华大学

全衔校长室启

一九五一年五月九日

附： 清华大学拒绝借用毛主席题名字样的函

敬复者：

五月九日发光(51)字第二一二号函，敬悉。毛主席为本校所题"清华大学"字样底稿及照此字样所制校徽，均不便寄出借用，相应函复，尚希谅察为荷！

此致私立光华大学

清华大学启

一九五一年五月十四日

关于商请同济大学惠让生物课程教材标本等的函

迳启者:

我校生物系实验材料因限于经费不能尽量置备,历承国内各大学及学术机构大力帮助,互换标本,俾克达成新中国生产建设中所需生物科学人材训练之任务。本学期应同学之要求,新设寄生虫学课程实验所需标本,虽经多方搜集,尚未齐备。近悉你校医学院关于此类标本蔚为丰富,倘蒙惠让若干,则于我校教学之进行,裨益极多。你校热心为人民服务,夙著声誉,特函奉恳,定蒙慨允。附上清单一纸,即祈台察,至所需费用,理应由我校补偿,务请示知。

又你校姚永政教授所纂《人体寄生虫学教学用图》如属可能,亦恳惠赠两册,藉资借镜。

此致同济大学医学院

光华大学

一九五一年五月十五日

附一: 同济大学医学院关于寄赠书籍等的复函

迳复者:

五月十五日贵校光字(51)第226号台函奉悉,遵嘱奉赠本院姚永政教授著《人类寄生虫学教学用图》一册,即希检收。至寄生虫标本一节,本院亦可酌赠壹部分,俟整理齐竣,当再函知。

专复,即请查照为荷!

此致光华大学

附书一册

同济大学医学院启

公历一九五一年五月十八日

附二：　关于感谢同济大学医学院赠阅图册的函

迳启者：

五月十八日台函暨《人类寄生虫学教学用图》一册，均经祗收，除将赐赠之图册陈列本校图书馆以供阅览外，特函致谢！尚祈鉴照为荷！

此致同济大学医学院

私立光华大学启

一九五一年五月廿三日

附三：　同济大学医学院关于请前来领取遗赠标本的函

迳启者：

前准贵校光(51)字第二二〇号大函嘱斠赠寄生虫学教材及标本一节，经以医管字第 1923 号函复先寄《人体寄生虫学教学用图》乙册，标本部分俟检齐再告。

兹已检出上项可供遗赠之标本廿一种，开就清单，随函附奉，希加盖贵校校章后携同标本匣凭单，迳来本院寄生虫学馆洽领为荷！

此致光华大学

同济大学医学院启

公历一九五一年六月六日

关于请上海市税务局地产税援例减半缴纳的函

一、贵局交来本校一九五一年上期地产税缴款书贰拾份，应缴税款计为壹仟壹百叁拾捌万零陆百伍拾元，业经奉悉。

二、本校本学期因学生人数减少，经济情况，比较上学期更为困难，按本校上学期(即一九五〇年下期)地产税前准贵局一九五〇年十二月四日地产字第一七五三号公函，同意减免百分之五十在卷，本年上期地产税，拟请援例准予减半缴纳，以示照顾。

三、相应函达，敬希查照办理，并惠复为荷！

此致上海市人民政府税务局

校长廖〇〇

一九五一年五月廿一日

附：　上海市人民政府税务局北四川区分局关于免除上期地产税的复函

一、本年五月廿一日光(51)字第 238 号函收悉。

二、经征询华东教育部意见，以你校办理成绩良好，且经济确实困难，所有应缴本年上期地产税，特准全免以资照顾。

三、特此函复查照为荷。

上海市人民政府税务局北四川区分局局长张增瑷

一九五一年六月十二日

关于请求上海市地政局免缴公产租赁地租的函

一、你处六月十八日地字第〇四九一六六八号缴款书内载"公产租赁地租",应缴费额壹百另玖万肆千贰百元敬悉。

二、经查本校欧阳路现校址围墙内,确有公地七丘,计贰亩叁分陆厘五毫,惟本校本年上期地产税业经准予全免,上项公产租赁地租,亦请免予缴纳。

三、相应抄附上海市人民政府税务局北四川区分局,本年六月十二日川地字节第七二〇号原函一件,备函送请查照惠准全免,并见复为荷!

此致上海市人民政府地政局第二办事处

附件如文

私立光华大学启

一九五一年六月廿七日

附： 上海市人民政府地政局关于同意免除公地使用费的批复

一、一九五一年六月廿七日光(51)字第三四四号函,敬悉。

二、关于你校应缴的北四川路区廿四号十三—十五,廿五,卅一卅二等七丘公地 2.365 亩一九五一年度春季使用费计壹百另玖万肆千贰百元准予全免。

三、附件存。

此复。

上海市人民政府地政局局长汪维恒

副局长谢祝珂

一九四九年八月十日

关于上海纺织工学院使用校基致华东教育部的函

守愚、体兰部长先生：

关于我校在大西路旧址及附近土地使用问题，先后经与各方接洽，谨胪陈其经过情况于次：

一、前在本年二月九、十两日，市协商委员会举行扩大会议商讨郊区土改条例，承于小组讨论中曾及时提出光华全部校舍当年为日寇焚毁，现在旧校址有六十余亩土地，早经改为农事试验场，希望在土改进行时，特别予以照顾。彼时地政局汪局长亦在座，并有工商界代表为大夏新村申述意见，后由潘副市长总结发言，声明将来对个别特殊问题，可予特别考虑。

二、本年三四月间，上海电机厂曾一度拟使用我校旧址土地，在洽谈时，承亦经提出请予特别照顾的希望，旋因该厂厂址改设闵行，原议作罢。

三、七月间，复有华东纺织工学院戴维清先生来校口头接洽使用校地问题，当经答复：1. 须向校董会征求意见，并报呈教部请示；2. 光华缺乏宿舍，困难殊多，改师大后，困难依然存在，在新址内建造宿舍，势属必需，希望能予照顾；3. 农事试验场原有之农作物及房屋，须有适当处理。以上意见，除由承报经校董会核议请示办理外，并经两次出席师大筹备会议时提出报告，业经会议允予考虑。

四、近据光华农场主任告，纺织工学院亦同时使用毗连我校旧址的人民银行农场，对人民银行，以拨房屋一所作为照顾，事如实在，则照顾光华已有先例，可以援引。

五、日前华东纺织受理局俞同志又复持函来校接洽，经以实际情况答复：1. 尚未奉到教部及市府通知，校董会对此须向有关当局请示；2. 政府核定使用土地，我校自应遵行，惟以师大宿舍缺乏，教部经费困难，宿舍建筑费十余亿，能由业务部门特别照顾，确属需要，希望接受。

此案究应如何适当处理，特抄奉纺织受理局来件，请予核示，俾有遵循。

谨致敬礼

廖○○谨启

一九五一年八月三日

附一： 华东纺织管理局关于已获准使用大西路校地及
青苗等补偿问题致光华大学校董会的函

一、华东纺织工学院使用你校旧址及附近土地(新泾区辰子圩一、二、三、四号)已于七月二日准华东教育部六一五八号函复同意,并经上海市人民政府七月三十日以二七〇六号函核准各在案。

二、现以兴建校舍工作正在积极进行,大批建筑材料陆续运到,我局为争取时间完成任务,在市府核定使用土地范围内开始运用,至关你校原有青苗及农场草屋作价补偿问题,俟市府工作委员会决定补偿价格后,再行洽办。

相应函达,至希查照为荷。

此致光华大学校董会

抄致上海市人民政府地政局

中央人民政府纺织工业部华东纺织管理局启

一九五一年八月一日

附二： 华东纺织管理局关于纺织工学院使用土地之补偿问题致华东教育部的公函

(一)八月十一日教高行字第七六六九号函敬悉。

(二)纺织工学院使用新泾区辰字圩一、二号各块土地,计一百八十三亩余(包括光华大学旧址在内),业经上海市人民政府抄送八月四日(51)府办秘三字第二八〇一号致地政局指示,决定就中山路路东一八三亩范围内按照我局实际需用亩分征用,并指定地政局会同新泾区政府及其他有关单位协助处理一切土地征用补偿事宜等由过局。

(三)关于征用土地及青苗建筑物等之补偿问题,并已由上开各单位主动进行成立工作组,处理一切补偿事宜。光华大学被征用之土地青苗建筑物等补偿问题,亦属该组主要处理对象之一,现正切实展开工作,深入研究,以便进行处理。

(四)廖校长提请由业务部门特别照顾一点,如属光华与大夏合并后之师大,因业务发展,需用土地,政府必就使用需要,予以适当照顾,我局系企业管理机构,负有政府财政任务,一切费用之支付,均编有预算,呈经中央核定,纺织工学院之经费,早经核定预算,在此严格执行预算,完成财政任务之际,不可能再有预算以外之支出,因此对光华之要求照顾,亦只能在青苗建筑物补偿范围内经工作组估定后予以履行。至关于人民银行农场亦按照上述青苗建筑物范围内经工作组估定后作为补偿。又关于拨换房屋一所作为照顾一节,查无此事,恐系传闻失实,并此声明。

相应函复,至希查照为荷。

中央人民政府纺织工业部华东纺织管理局局长刘少文

副局长陈易、张方佐

一九五一年八月十五日

关于大西路农作物等偿价问题请华东教育部核转纺织局迅予办理的报告

　　按查本校大西路校基之土地,因利用生产,曾办设光华农场,旋于本年夏间华东纺织管理局为建筑纺织工学院将该处基地全部征用,本校已将经过情况胪陈钧部在案。现该处已经筹建校舍,对于前经洽谈土地上之农作物等偿价问题,迄无具体办法通知到校,兹为使该项问题早日解决起见,呈送估价单乙纸,拟恳钧部赐予核转华东纺织管理局,俾偿价事务得迅速处理。

　　是否有当,理合备文呈请,敬祈察核!

　　谨呈华东军政委员会教育部

　　附呈之件如文

全衔校长廖世○
一九五一年九月廿五日

光华大学农事试验场农产品收入及建筑物估价单(1951 年 7 月)

(1) 农作物

作物名称	亩数	每亩高产量	每亩估计产量	单位价格	收入
改良棉	6	皮棉 96 斤 棉梗 6 担	50 斤 5 担	10 000 20 000	3 000 000 600 000
台湾黄麻	16	麻皮 600 斤 麻梗 15 担	300 斤 10 担	3 000 20 000	14 400 000 3 200 000
印度洋麻	4	麻皮 700 斤 麻梗 16 担	400 斤 10 担	4 000 20 000	6 400 000 800 000
留兰香	5	油 6 斤 根 12 担	4 斤 10 担	100 000 100 000	4 000 000 5 000 000
薄荷	4	油 20 斤 根 12 担	12 斤 10 担	80 000 40 000	3 840 000 1 600 000
黄豆	2	该地由本校工友耕种			

(2) 农舍四间连围篱　　　　　　　　　　　　　　　　　　　　　5 000 000
　　以上总计　　　　　　　　　　　　　　　　　　　　　　　47 840 000

(3) 楼牌(4)桥(系本校所建筹)另行估价。

附一：　华东军政委员会教育部关于要求上报华东纺织工学院
偿付作物价款处理情况的通知

一、前据你校九月廿五日光(51)字第四九八号呈为关于华东纺织工学院征用你校本市大西路校基土地建筑校舍农作物偿价问题,附你校属送估价单转函华东纺织管理局查办在案。

二、兹管理局东纺(51)办字第一○七五七号函,复以据华东纺织工学院报称"已经地政局、区人民政府等机关所组征地工作委员会规定,无论机关学校及一般农民均按同一标准办理,其偿价次序,亦先尽一般农民办理。光华农场部分,包括农舍围篱等,现已全部洽商解决,应付偿款共人民币三千二百余万元,业于十月廿七日由该校总务长张祖培领去"等情。

三、你校是否同意此项偿价？价款三千二百余万元,你校是否已照领？并作何处理？希即其报为要。

华东军政委员会教育部部长孟宪承
一九五一年十一月十五日

附二：　华东军政委员会教育部关于光华大学大西路校基土地上之
农作物等偿价问题转请华东纺织管理局迅予办理的公函

一、接私立光华大学九月廿五日光(51)字第四九八号呈略称"我校利用生产,曾在大西路校基之土地,设办光华农场,旋于本年夏间华东纺织管理局筹办华东纺织工学院,征用该地建筑校舍,现该地校舍已经筹建,该局对于前经洽谈土地上之农作物等偿价问题,迄无具体办法通知,兹为使该项问题早日解决起见,呈送估价单一纸,拟请核转"等情。

二、查该校大西路校基土地,华东纺织工学院既已征用建筑校舍,原有该地之农作物等偿价问题,自应早予解决,兹检附该校估价单送请查照办理为荷。

华东军政委员会教育部部长孟宪承
一九五一年十月十日

抄致光华大学

关于请同济大学等来校商讨分配土木系仪器的函

迳启者：

　　九月十八日函敬悉，关于本校土木系仪器移交一节，定于本月廿八日(星期五)上午十时函约交通专科与贵校各推派代表二人惠临欧阳路本校三楼校长室，商讨分配办法，届时务希准时莅临，特函奉达，即请察照为荷。

　　此致同济大学

光华大学校长室启

一九五一年九月廿六日

迳启者：

　　兹为商讨分配本校土木系仪器，拟请贵校推派代表二人，于本月廿八日(星期五)上午十时，莅临欧阳路本校三楼校长室一谈，相应函达，即希查照为荷。

　　此致华东交通专科学校

光华大学校长室启

一九五一年九月廿六日

附一：　同济大学关于土木系仪器移交需按照华东教育部决定原则办理的复函

　　一、接九月廿六日光(51)字第四九九号函已悉。

　　二、查你校原土木系之仪器，请依照华东教育部决定之原则，全部随系转交我校接收，至交通专科学校请分一部分，可由该校迳与我校洽商解决。

　　三、特此复请查照办理。

　　此致光华大学

同济大学启

一九五一年九月廿七日

附二： 华东军政委员会教育部关于立即办理土木系仪器移交手续的通知

光华大学、大夏大学：

顷接同济大学呈字第七八四号呈文内开"关于大夏大学、光华大学应行移交我校接管之两校土木系仪器，经多次面洽以及电话商催，虽允即交而迄今并未实行交与我校接收。我校九月二十日正式上课，土木系学生人数众多，该项仪器如再延宕不交，势将影响学生实习"等情。查该校上课在即，你校所应移交之仪器希迅即办理移交手续，免致贻误学习。

部长吴有训

一九五一年九月廿二日

抄致同济大学

附三： 同济大学关于请迅将土木系仪器移交的公函

查三校土木系合并案内关于你校应行移交我校之土木系仪器，迭经奉洽，但迄今尚未实行交接。

我校九月二十日正式上课，该项仪器，需要至为殷切，为特函达查照，务希即行移交我校接收，以免延误学生实习，是所至荷！

此致光华大学

同济大学校务委员会主任委员夏坚白

一九五一年九月十七日

附四： 华东军政委员会关于同意土木系合并处理意见致同济大学的通知

同济大学：

你校八月十三日济管呈字第七一三号来文已悉，所有关于三校土木系合并中之学制、课程、师资及设备等问题之处理，我部均同意来文意见，三系正式合并日期由你校等决定，决定后希即报部。

部长吴有训

一九五一年八月廿二日

抄致光华大学、大夏大学

附五： 关于请华东军政委员会教育部核示土木系仪器移交问题的报告

案奉钧部九月廿二日教高(一)字第一〇〇七二号通知,嘱将土木系仪器迅即办理移交手续等因,本校遵即分函同济、交通专科两校,请于九月廿八日派员来校会商分配接收办法,旋于九月廿七日接准同济大学复函称"查你校原土木系之仪器,请依照华东教育部决定之原则,全部随系移交我校接收,至交通专科学校请分一部分,可由该校迳与我校洽商解决,特此复请查照办理"等情,翌日交通专科学校派员来校洽谈,对于同济大学所提意见表示未能赞同。关于分配问题,因此一时无法解决。现本校职工留校保管人数极少,长此延搁,深感责任重大,究应如何处理之处,理合将洽谈经过,备文呈报,敬祈察核指示祗遵!

谨呈华东军政委员会教育部

私立光华大学校长廖世〇

一九五一年九月廿九日

附六： 华东军政委员会教育部关于土木系仪器移交办法及分配原则的批复

光华大学：

九月廿九日光(51)字第五〇七号呈已悉。关于你校土木系仪器移交问题,我部以为所有土木系仪器可先移交至同济大学,其具体分配则可由同济大学、光华大学及华东交通专科学校协商处理。

协同之原则为：土木专修科设立前所有的设备属于同济大学,设立后购置的设备由同济大学、华东交通专科学校适当分配。在分配中同济大学应酌情照顾华东交通专科学校。

特此函复,希即知照。

部长孟宪承

一九五一年十月五日

抄致同济大学、华东交通专科学校

附七： 关于请同济大学派员来校洽谈接收土木系仪器手续的函

关于我校土木系仪器移交问题,经呈奉华东教育部指示,所有土木系仪器可先移交你校,其具体分配则可由你校与我校及华东交专协商处理等因,兹请你校派员于本月十一日(星期四)上午九时来我校洽谈移交手续及日期,函请察照为荷。

　　此致同济大学

光华大学校长室

一九五一年十月八日

附八:　华东交通专科学校关于测量及路工试验仪器移交问题的函

　　关于贵校测量及路工试验仪器移交问题,经于十月六日由华东教育部沈副部长与华东交通部盂副部长面洽决定,暂不移交任何方面,以待继续洽商分配办法,相应函达,即希查照为荷。

　　此致光华大学

华东交通专科学校

公历一九五一年十月九日

关于转入学生水电费支付问题致华东教育部的函

　　查本校商学院各系同学转入上海财经学院后,因该院新宿舍尚未完工,均暂寄宿本校,计男生七十七人,女生卅三人,共壹百拾人,分居两宿舍。惟在寄宿期间之水电、燃料等费用,是否由该院负担,应如何支付之处,理合备文呈请钧部察核,仰候示遵。

　　谨呈华东军政委员会教育部

私立光华大学校长廖世〇

一九五一年九月廿七日

附： 华东军政委员会教育部关于转入财经学院学生水电费支付问题的批复

私立光华大学:

　　九月二十七日光(51)字第五〇二号呈悉。你校商学院各系学生一百一十人转入上海财经学院后,其本学期宿费如你校未收,则在你校寄宿期间之水电燃料等费应由上海财经学院负担,即希知照!

华东军政委员会教育部部长孟宪承

一九五一年十月五日

关于俟图书目录造就再交接致复旦大学的函

一、十月卅日(51)教字第〇一七六一号公函敬悉。

二、我校政治及法律两系除略有图书外,并无其他设备,兹嘱我校管理图书负责人,将政治及法律两系图书另造目录,连同图书移交你校,一俟造就,当再约交接日期。

三、特函奉复,敬希查照为荷!

此致复旦大学

校长廖世〇

一九五一年十一月一日

附：复旦大学关于请惠示并入院系图书及设备移送交接日期的函

光华大学:

一、前奉华东军政委员会教育部一九五一年八月八日未列字第七五六六号及同年八月卅日教高行字第八二五九号通知略开:"决定光华大学之政治、法律等系并入我校办理。"

二、查上开各系原有图书及各项设备,迄今未蒙移送我校,特函奉达,至希查照惠示交接日期,以便派员前来奉洽。

校务委员会主任委员张志让

副主任委员陈望道

一九五一年十月卅日

关于请上海电信局等将水电煤转入华东师范大学户名的函

　　一、本校本学期与大夏大学等合并,建立为华东师范大学,所有本校大学部已迁并在中山北路三六六三号前大夏大学原址开学。

　　二、本校原有欧阳路二二一、二二二号校舍暂作华东师范大学附属中学之用。

　　三、所有光华户名装置之〇二一六〇七九一及六〇〇八〇、六一五七一、六〇四一三(公用电话)、电灯、自来水、煤气拟请即日更改为华东师范大学户名。(〇二一六〇〇八〇、六〇七九一华东师范大学,〇二一六一五七一、六〇四一三华东师范大学附属中学)。

　　四、兹特遵章奉函,敬希察照办理为荷。

此致上海电信局、闸北水电公司、上海煤气公司

私立光华大学启
一九五一年十一月二十日

附: 英商上海煤气股份有限公司关于同意理煤气过户手续的函

　　本月廿日光(五一)字第五四五号大函嘱将欧阳路二二一号内煤气设备过入"华东师范大学"名下使用等由,自应照办。兹附上过户申请书(蓝色)、使用煤气契约(白色)各三纸,请分别转交"华东师范大学"签章退还本公司办理过户手续。

　　再该址煤气帐号一五六八五A号现尚欠本月份煤气帐款计￥二五〇五三元,又账号一五六八五B号尚欠本月份帐款计￥二四一五三元,务请一并惠付,以清帐目为荷。

此致私立光华大学

附件如文

英商煤气股份有限公司启
一九五一年十一月廿二日

关于向华东教育部呈送华东纺织工学院偿付校基农作物偿价款处理办法的报告

一、案奉钧部十一月十五日教秘财字第一一九六五号通知开,略以"关于华东纺织工学院偿付你校农作物价款作如何处理,希即具报"等因。

二、华东纺织工学院偿付本校农场青苗及农舍等费,曾经呈请钧部转函并经本校前总务长张祖培与该院征地工作委员会往返协商,结果以一次给价计人民币叁千贰百零陆万元柒千贰百元,该项偿价业已照领,送存人民银行本校公库户内。

三、查本校农事试验场最初系由附中校友集股设立,当时支出资金约时值白米壹百五拾担之代价,复因经费不足,陆续由校董会垫付人民币约贰千四百万元。

四、本校对于该项偿款处理意见:

该农事试验最初虽系由校友集股,但各校友散居四处,对于该项股金恐无意再作追还之想,而校董会之垫款亦无需归还。本校准备将纺织工学院偿价情形及移转办法通告各校友并拟将该款全部移转师范大学作为机动用费。

五、是否可行,理合备文具报,敬祈鉴核示遵!

谨呈华东军政委员会教育部

私立光华大学校长廖世○

一九五一年十一月二十二日

附一: 华东军政委员会教育部关于同意将华东纺织工学院偿价款移作华东师范大学机动费的批复

光华大学:

一、十一月廿二日光(51)字第五四七号呈悉。

二、关于华东纺织工学院偿付你校农场作物价款之处理问题,同意你校意见,将该款全部移作华东师范大学作为机动用费,但华东师大使用该款时,应报部备核。

三、复希知照。

抄致华东师范大学

> 华东军政委员会教育部部长孟宪承
> 一九五一年十一月卅日

附二： 关于华东纺织工学院偿还农作物等价款奉教育部指示移作师大机动用费致华东师范大学的函

我校中山西路老校基土地于今夏由华东纺织工学院征用建筑该院校舍，我校原在该处设有农场，经数度洽谈，该院偿还我农场作物等价叁千贰百零陆万柒千贰百元，又零星用具作价伍拾万元。我校业已结束，此项偿款拟移作你校作为机动用费。经呈奉华东教育部一九五一年十一月卅日教秘财字第〇一二四四九号批复"关于华东纺织工学院偿付你校农场作物偿款之处理问题，同意你校意见，将该款全部移作华东师范大学作为机动用费，但华东师大使用该款时，应报部备核"等因，我校即将该两款计叁千贰百五拾陆万柒千贰百元签奉人民银行支票贰纸送请察收，用特函达，至希查照见复为荷。

此致华东师范大学

> 私立光华大学
> 一九五一年十二月五日

附三： 华东师范大学筹备委员会关于收到支票并将按照教育部指示处理的复函

一、你校本年十二月五日光(51)字率五五五号暨人民银行支票贰纸计人民币叁千贰百伍拾陆万柒千贰百元收悉。

二、关于你校移交农场作物价款除遵照教育部教秘财字第一二四四九号批复抄件处理外，用特复请查照。

此致光华大学

> 华东师范大学筹备委员会启
> 十二月七日

六、附中管理

中學各級

廖世承題

在本学期开学那一天向全体学生说的几句话[1]

　　诸位都知道今天是什么日子。日本已正式承认伪国了,今天是我国历史上最惨痛最不应该忘的一天。当我们在此地行开学礼,东北的同胞正在吞声饮泣,穷兵黩武的日本军民正在疯狂似的庆祝他们的成功。他们不单是想占据东北,并且还想进攻热河,窥伺平津,成立所谓"河北国"。国难的严重,真是无以复加。

　　诸位也知道淞沪事变发生以后,我们不能在原校开学,搬在愚园路上课。今天是第一天,大中学同学迁回原校集合。幸而校舍无恙,我们仍得相聚一堂。然而闸北的弹痕宛在,焦土依然,不知当时有若干忠勇抗敌的将士,安居乐业的人民,与我们长辞了!

　　诸位也知道我国受了这许多的打击,全国经济已到山穷水尽的地步。任何事业,任何人民,都免不了经济上的损失。我知道有好几位同学,因为没有钱不能读书了。有几位虽然能继续求学,但是家庭方面已费了不少的踌躇,增加了很重的负担。

　　在国难这样严重,疮痍尚未复原,经济如此衰落的时期,诸位到光华原校来,开始战后第一学期的工作,不知诸位心头的滋味怎样?诸位这一次来,抱什么决心对于前途有什么计划?在学校内预备得到些什么?现在的青年,第一要有适当的中心信仰。所谓

---

[1]　原载《光华附中半月刊》1932年创刊号。

中心信仰，就是自己预备做一个什么人。各人的志趣不同，能力不同，主张当然不能一致。不论你的主张如何，只要你最后的目的，是为大多数人民增加幸福，那就可说是适当的中心信仰。我敢说进场的同学，有一部分是有中心信仰的；有一部分是想过这个问题而没有得到解决的；有一部分简直想都没想过。没有解决和没有想过的同学，出了会场以后，赶快把这个问题解决："我预备做一个什么样子的人。"否则一天到晚糊里糊涂过日子，学业品性上是得不到多少益处的。

有了中心信仰，我们必须能运用智慧、思想，达到中心信仰的目的。思想是学问之母，没有思想，便没有学问；不过空想也无济于事。孔老夫子说得好："学而不思则罔，思而不学则殆。"我们应当随时随地运用思想，追求我们所怀抱的目的。

能运用思想还不够，我们的青年最缺乏的是勇敢的精神。在街上打洋车夫，同人家拍桌叫骂，并不表示什么勇敢。真正的勇敢，须从克制自己的私欲做起。我在上一个月偶然同父亲谈起纸烟的问题，说一个人在纸烟上的消耗并不多，但全国统计起来，数目就很可怕。据前数年的统计，因纸烟一项每年流到外国的金钱有三千万，最近已增加至九千八百万，再过几时，怕不要有几万万。每年以几万万的金钱来筑路，办实业，布置国防，不知要发生多少效力。我们天天讲救国，讲服用国货，两件事都没有能做到。这戒烟一件小小事情，无论如何，总能尽力。从那时起，我就把纸烟戒掉了。我认为这一点也表示一些勇敢精神。诸位不要以为一个人的影响很小，有一天我和某校一位主任先生谈话，他口里衔了一支纸烟，援给我一支，我同他说，"我不吸纸烟"。他追问我理由，我告诉了他，他立刻把吸剩的半支烟丢在痰盂里说，"我从此以后也不吸了"。

大凡社会上各种坏习惯的养成，都由渐而来。坏习惯的革除，也靠托少数人的提倡。所以我们应当努力战胜胸中的仇敌。以前孔老夫子有个得意学生，叫做颜渊，问孔子说仁是怎么讲，孔子回答他："克己复礼为仁。"孔子回答别的门弟子的话，便不如此；因为孔子知道克己的功夫，非常重要，没有"三月不违仁"的本领，不易领略其中的真义。曾参也是孔子的得意弟子，他惟一的功夫，就是反省。到临死时候，还说："而今而后，吾知免夫。"真能克己的人，便是不惑、不忧、不惧的人，便是孟子说的富贵不淫、贫贱不移、威武不屈的大丈夫。这才是真正的勇敢的人。

人生到处都是荆棘，换一句说，随时随地你得碰着困难。不过外界的困难，是没有什么顾虑的。最可怕的，便是内部的捣乱分子。内部的捣乱分子是什么？就是欲望、过失，以及不良好的性情、习惯等等。我们一次战胜胸中的仇敌，内部的力量便增加一分，对外的力量即强大一分。个人如是，国家也如是。我国的忧患，不在外来的侵略，而在内部的溃烂。我们现时再不认清这一点，救国真无从下手了。

有人说国难到如此严重地步，我们还可这样从容地培养勇敢精神吗？我说这句话是根本错误。新近陈衡哲[1]女士答复一位少年女朋友的信里说:"大凡在国家多难的时候,最难的是仍旧专心一志地做一个人原来所做的工作。"这句话很有意义。某小说叙述意大利维苏维亚火山爆裂的情形,中间有一段说:"当火焰正猛烈的时候,全市人民,彷徨惊惧,不知所为。但见海边的人向山上跑,山上的人往海边逃。结果是仍旧逃不了,徒然加增了不少的纷乱与烦恼。"前数月淞沪抗日军退守第二道防线的时候,江南各县,风声鹤唳,草木皆兵。常州的人往宜兴逃,宜兴的人往常州跑,结果是损失了钱财,白受了辛苦。

诸位现时切不可再盲目地跑了,应该"沉着应战",时时刻刻把下列三个问题放在心头:

(一) 我的中心信仰是什么?

(二) 我能运用我的智慧、思想,达我心中信仰吗?

(三) 怎样培养我的勇敢精神?

---

[1]　陈衡哲(1890—1976),笔名莎菲(Sophia),祖籍湖南衡山,生于江苏武进。1914年考取清华留美学额后赴美,先后在美国沙瓦女子大学、芝加哥大学学习西洋史、西洋文学,分获学士、硕士学位。1920年被聘为北京大学教授,先后任职商务印书馆、国立东南大学、四川大学,解放后担任上海市政协委员。她是我国新文化运动中最早的女学者、作家、诗人,也是我国第一位女教授,有"一代才女"之称。

在"九一八"二周年纪念对学生说的几句话[1]

两年前的今日,日人突然在东北暴动,袭我沈阳,侵我三省,开历来国际间未有的变局。我们所痛心疾首的"九一八"国难,就在那天开始。到了去年的"九一八",局势更严重了。锦州陷落,沪变爆发,南北人民,都惨遭轰炸焚杀的痛苦。而日人趾高气扬,复于是年纪念日举行盛大的庆祝会,正式承认满州国。今年的局势,更不如前。热河沦亡,察绥告警,榆关天险,拱手让人。滦东华北,差不多已在日人掌握之中了。日人近更横行无忌,在闸北建筑庞大的军营,复拟在黄浦江头,吴淞口外,举行海军大会操。而我国上下抗日的热诚,恰巧成一反比例。在东三省领土未尽丧失的时候,全国人民无不慷慨激昂,一方督促政府,收回失地,一方警告同胞,不买日货。万众一心,颇呈朝气。迫日兵蹂淞沪,十九路军以援绝后退,人民的反应便形沉寂。沪上繁华,依然如故。所以有人说,商店门口贴的"忍痛开市",不如改做"忍痛开心"倒来得切实些。到了现在,国难更深一层,而人民的态度,格外淡漠得不可思议。收复失地的呼声,抵制日货的努力,俱如烟云一般渐渐幻灭了。不论日兵如何进逼,日货如何倾销,各人似乎只需保持个人享乐的地位,一切可以不问。

不要说人民,就是政府的态度,也很奇妙。始而主张出兵抗日,继而谈长期抵抗,现在讲怎样恢复邦交了。失地愈多,暮气愈深,无怪日本军阀要贯彻他们的武力政策了。

所以有上边说的矛盾现象,就因为国人的眼光太近视,苟安的心理太强盛。我们总以为日本得了锦州,不会进攻山海关,得了热河,不会进攻华北。不知道日本的心理是不会满足的。日本强占东北三省,是他们阴谋的开始,并不是计划的完成。日本是始终以攻为守,得了东北,势必侵略华北。得了华北,势必侵略长江流域。得了长江流域,势必侵略华南。等到我国全部亡了以后,他们才会心满意足。

不过日人也并没有料到在这两年的时间,会收到这样大的结果。他们的欣欣鼓舞,自在意中。但是我们呢? 我们试一计算过去两年的损失,真不可以数计。我们失去了

---

[1]　原载《光华附中半月刊》1933年第2卷第1期。

上海籃球會乙組錦標光華附中中國隊

江清　　　廖天錫　　　廖茂如（主任）　　姜靜南（教練）
孫用賓（隊長）　鄧秩明　　董寅初
李永翔　　　楊叔溫
雲人虎（幹事）
陸翔千（教練）　　舒昌格　　移抴　宵打

四省的领土,失去了三千万的人口,失去了华北的统治权,失去了数千数万的战士。我们所得的是什么? 有人说,中国是没有办法了,只有坐以待毙。这种没出息的话,我们不愿意听。任何民族,有向上的决心,永远不会被人家征服的。但看大战后的德国,四面楚歌,层层压迫,但民气依然蓬勃,国势依然强盛。我国人口约占全世界四分之一,不去荆棘丛中找寻生路,倒说这种没志气的话。二年来我国物质上精神上的损失,一时虽无可挽回,但至少我们须得到几点教训:

第一,倚赖你自己,不要再倚赖别人。沈变爆发以后,我国朝野,时时盼望国联出来说一句公道话,使日本有所顾忌,退出东北,但是这个迷梦永远没有实现的日子。有的人还在幻想远东大战,希望日本与美国交锋,与苏俄冲突,我可以坐收渔人之利,但不知道各国的人民比我们还要乖。有的人想入非非,盼望日本来一个大地震,把东京震去了,或者来一个大革命,把军阀全部铲除,整个国家陷入崩溃的状态中。诸位,在今日民族竞争这样尖锐化的时代,请你把打彩票的思想抛弃了罢! 一个民族的胜利,决不靠托不相干人的帮助。只有倚赖你自己。你的民族前途才有一线的希望。

第二,振作你个人的道德。中国所以被日本如此欺侮,始终不敢抵抗,并不是中国的军队太坏，也不是民众没出息，实在因为一般的领袖太缺乏道德的行为了。我国的兵打起仗来，并不怕死，可是因为将官太舒服，太有钱，他们便舍不得死。倘使主将及下级军官都不要钱，不怕死，他们的部下便成为无敌的劲旅了。我国的民众，也很容易驾驭。无论公家抽他们多少赋税，他们总是耐心忍受，不来抵抗，也不来查问钱的去路怎样。东西各国有这种驯良的民众吗？有如此安分守己的人民，而公家办不起多少建设事业，都因为各机关的办事员，太贪污，太不顾全大局。中国的坏，就坏在一般小领袖。我不希望诸位出去独当一面，去做社会上的大人物。但是我深知道诸位踏进社会后，都是各界的中坚分子。换一句说，诸位都是未来的小领袖。我国将来的命运，都在你们一般小领袖身上。振起你个人的道德，我们的民族才有希望。

第三，各人须有确定的方针。抗日不是空言可以集事的。逢到国耻日，开一个纪念会，说几句空洞话，散会下来若无其事，那是不会有什么效果的。日人侵略东四省，并不是从前年才发动。他们已经处心积虑了几十年，不谈他们武力侵略的历史，只就他们侵略东北的阴谋说一说。他们一方在大连设立资源馆及中央试验所，专研究东北特产及制造法，详定计划，预备日本工商业家参考试办，一方藉口不平等条约，在满州地方，设满铁总裁，掌有沿路行政权，并设立领事馆警察与警察所，在铁路上设护路单。所以东三省的侵占，表面是前年完成，东三省的实权，前数年早已丧失了。日本人做事，没有一件不是谋定而后动。国人不谈收复失地则已，如欲收复失地，保全国土，必须立定志愿，不贪污，不营私，做一个抗日的健全分子。任何企图，总向这个目的进行。全国优秀分子，都能如此卧薪尝胆，精神团结，也非难事。

第四，节省物力、体力和精神。是近张公权先生从日本回来，报告观察所得，中间有几句话，值得我们注意。他说，日本全国人民储蓄的金钱，约有一百三十万万，我国人民的储蓄，只有二十万万。换句话说，日本每人的富力为一百五六十元，我国每人的富力，只有五元。日本现正准备一九三六年的大战，一方散发各种小册子，警告国人大难临头，一方竭力扩充军备。因此全国预算，每年须亏空七八万万。预计至一九三六年，须亏空二三十万万。但就全国的富力而论，减少二三十万万，尚不致发生经济恐慌，危险到什么程度。我国怎样呢？不必有什么大战事发生，只需如现在的外货倾销，不到五六年，全国经济，已濒绝境。不谈别的，以纸烟一项而论，全年输出的金钱，已超过一万万。每年每人的富力，预减去三四角。纸烟一端，已足以制我经济的死命。何况我们每年购进的外货，尚名目繁多呢！无论就武力侵略或经济侵略方面说，中国的危险已经到了极步。我劝诸位节省物力，并不是替诸位家里省钱。诸位少买一块钱的外国货，就替中华民族多留存一块钱。

再就体力和精神方面说，更不应该浪费。现在各民族的战争，一天剧烈一天。体格和脑力，遂变成民族战争的要素。看德国，看意大利，看苏俄，哪一国的领袖不在提倡全民族的体健运动？我国人对于体格，太不注意了。我每次看见外国人雄伟的体格，总觉得惭愧异常，但是我不愿露出萎靡不振的神气。诸位正在青年，要锻炼体格，并不困难。不过有一点要牢记，血气未定的青年，最怕的是戕贼一己的身体，毁损一己的精神。抵制不良好的心意，改造不良好的习惯，宝贵你的身体精神，如同父母宝贵子女一样，将来才可享受人生的乐趣，才可培养民族的元气。

1933年光华大学附属中学全体教职员照片（前排左五为廖世承）

第五，牺牲小我，为民族争光荣。游学外国或在外国经商的人，没有一个不饱受着悲痛的刺激。平均说起来，外人都不把中国人放在眼里。他们以为中国人都是卑鄙龌龊，贪污营私，懦弱无耻，鬼样的人。可怜的中国人，只晓得在家里争权夺利，出小风头。果真要出风头，须出大风头，做榜样给外人看，使他们知道大多数中国人有光明磊落的态度，急公好义的精神，并不是卑鄙龌龊，贪污营私，懦弱无耻的。要为民族争光荣，须牺牲小我，全体团结起来。

言行不符，是国人的大病。我不愿意在此地多讲空话，但在这纪念会中，我又不得不讲几句。请诸位平心想一想，我说的话对不对。要是对的，请不要把它当作耳旁风，听过了事。诸位要知道今天开纪念会，尚容我们痛哭陈词，再过几个"九一八"，恐怕连这发表的机会都没有了。

谈谈话剧[1]

　　表演话剧是一种艺术。艺术的表演有三方面。第一在传达作者的思想、情感或态度；第二在反射演员自身的思想、情感或态度；第三在激起听众的思想、情感或态度。要达到第一种目的，演员对于剧本的主旨，必须了解得很透彻；剧中的情节，揣摩得很纯熟。要实现第二种目的，演员须置身剧中，如亲历其境，一言一动，均有真情流露。能达到如此地步，自能引足听众的同情；因为情感是富于传染性的(Emotion is contagious)。所以话剧表演得好，不单是演员的神态逼真，就是听众也忘其所以，仿佛身在剧中，剧中的悲欢离合，就是自己的悲欢离合。从这一方面看，表演话剧真是一种创造的艺术，欣赏的艺术。

　　话剧在学校方面，日占重要的地位。其原因甚多：

　　（一）话剧可以补助语文的练习。无论学习本国文或外国文，演剧是很好的练习方法。平日守口如瓶，不大肯当众说话的学生，临到表演时他也会兴高采烈地参加练习了。并且语句要分明，音调要适中，表情要准确，在读音方面，造句方面，抒写情感方面，学生无形间受到很多益处。

　　（二）话剧可以增加个人的经验。世界是一个大舞台，人世间的形形色色，决非十余岁的青年所能想象。话剧能把各种经验里边最精彩的一段在舞台上表演出来，使学生看了以后，如见其人，如闻其声，如亲身经历过这个事情一样。不单是如此，在演剧以前，必须有数次的讨论，怎样分配工作，怎样练习，怎样布景，怎样化装，怎样管理前台后台的事务，怎样维持会场的秩序，这里边都须有细密的计划，实际的工作，一些假借不得。从这种工作方面得来的经验，其价值要胜过读书数倍。

　　（三）话剧可以联络各科的教材。在问题教学成设计教学方面，话剧可以成为一个中心的设计，联络各方面的工作。美国本薛文尼亚州地方(Easton)有一所中学校，印有一篇报告，叙述一个小舞台的设施(The Idea of The "Little Theatre")。这个舞台只有四

---

[1]　原载《光华附中半月刊》1933年第2卷第3期。

尺半阔,三尺半高,台前的幕可用线吊上吊落,台上装有许多小电灯。演员都是洋娃娃(Dolls),仿佛我国的木人头戏。学校的手工部负责制造小舞台和台上的设备;家事部担任洋娃娃穿的服装;理科的学生担任装置小电灯;另外再请图画好的学生担任布景。所以这个小舞台的各部分合作,襄助英文部的,表演的是莎士比亚的剧本。事前学生组织一委员会,分配工作;有后台经理,有前台布置,有电灯管理员,有指导员。除演员在空时间演习外,学生再从事讨论布景等问题。有几个学生没有做演员的,叫他们在每次演习时批评。各学生须把每天预备的工作和批评的意见,写成一个报告。这种的表演,学生得益很多,并且各部工作有联络的机会,很有意义。

不过表演话剧,有几点要注意。第一演员的态度要自然,不要太做作,也不要太呆板。因为呆板了,便没有情感,失却话剧的主旨。自然的动作,无论剧情如何简单,总有意味。小孩子在头上插了一根鸡毛,就装着薛仁贵;自己表演,自己欣赏。他的动作,虽然幼稚得可笑,但是他也有真情感流露出来。第二参与话剧的职员演员,应通力合作,不要把表演当作个人出风头的机会。人家的长处要佩服,自己的缺点要认识。彼此谦让,互相扶助。有东西的借给别人,有力量的多尽些力。话剧要是指导得宜,工作要是分配得当,很可矫正各个人品性上的缺憾。

本校师生对于话剧的兴趣,素来不坏。本学期又正式组织了一个话剧研究社,前途更有希望。并且我听指导员潘先生说,话剧社的主旨,不在增加社员演习的机会,在扶助全校同学的表演工作。例如某组同学要演习一种剧本,话剧社可担任指导,并可联络各方合作,如请小工场的教师同学布置舞台,美术研究会的会员担任布景,音乐会的会员赞助音乐。本这个精神做去,话剧社在光华附中必有一页很光荣的历史。现时话剧在我国中学刚有一些曙光,最近的将来,必为一般学校所重视。在此萌芽时期,让本校来做一个先锋队罢!

今年的中学教育[1]

　　民族的病态一天深似一天,教育的力量一天薄弱一天。在此山穷水尽的时候,非有一种刷新的精神,决没有柳暗花明的境界。此刷新的精神,映射在一九三四年的中学教育,有下列几件事实:

　　一、注重实践　中学教育的空虚不切实,为一般人所诟病。国联教育调查团对此点攻击尤烈。预计在一九三四年,各校对于科学设备,实习工作,必较前注意。并且有一部分学校,添设各种小工场,备学生操作,养成勤劳的习惯和生产的技能,一洗书呆子只会用脑不会用手的习气。

光华附中科学馆

二、注重品性　现时肯实地工作造福社会的人太少,而盗窃虚名粉饰表面的人则嫌太多。青年无形间也受到这个影响,悠悠忽忽,糊糊涂涂,不肯向刻苦自励的路上走,预计在一九三四年,必有一部分学校提出精神训练,注意选择有陶冶品性价值的教材,注意整齐严肃的纪律,注意对人的礼貌,注意各种课外活动,养成团体生活的良好习惯。

三、注重师资　对青年的期望愈殷,教师的责任愈重。现时对于中学师资的养成,太不注意了。预计在一九三四年,或有恢复高等师范的提议。高师的训练不单要注意专门学科及教学方法,并须特别注意中学教师应有的修养。有热诚服务的教师,才有刻苦用功的学生。教者抱敷衍塞责的态度,读者便精神散漫,行动自由了。数十万青年的运命,都在教师身上。但全国中学教师,能否深切的认识他们所负的使命? 这是一个问题。

倘使全国教育界,能认定了目标,切切实实的向前干去,一九三四年便替中学教育放一异彩。否则峰回路转,又要回到老路子!

我对于改革学制的意见^[1]

近来教育改制的声浪,甚嚣尘上,讨论学制的文字,亦雨后春笋,层出不穷。这不能不说是教育界的好现象,因为大家能关心教育问题,公开地提出讨论,不是凭了少数人的见解贸然更张。我个人对于中学的改造,也有些小小的意见,分作几个问题来研究。

一、现行的学制系统是否有改造的必要?

对于这个问题,各人意见不一。主张维持现行学制的比较的占多数。他们的理由是:

1. 教育重在本质,不重在结构,本质好了结构不好,改造并不困难。本质不好,结构无论如何,没有多大效率。譬如教材问题,有多少学校在细心研究,把呆板的、沿袭的、抽象的教材改成生动的、具体的、切于人生的教材? 又如培养人格问题,有多少学校能真实注意意志的训练及情感的陶冶,供给学生充分的实习机会,养成良好的习惯,而不专注空口的道德教学? 再如适应个性问题,有多少学校能深切认识同级学生的各项能力差别非常之大,而在教学、计分、升级、留级方面,努力去研求补救的方法? 像这一类基本的问题,从事教育的人,纵孜孜矻矻,毕生研究,尚得不到满意的结果。现不从这些问题上用工夫,而专在结构上变更,徒有躯壳而无灵魂,有什么用处? (注一)

2. 人的问题,较制度更为重要。我国自推行新教育以来,学制曾变更过好几次。忽而抄袭日本,忽而效法美国,忽而摹仿法国,忽而追踪苏俄意大利。但变来变去,效果总是很少。所以有多数人认为我国教育力量的薄弱,并不是制度的问题,实在是人的问题。有了人才有办法,只换招牌是没有用的。(注二)

---

[1]　原载《中华教育界》1935 年 22 卷第 9 期。

反对改制的人,又提到政治和经费的问题。政治不安定,经费不充分,也为阻碍教育发展的重要因子,要改进教育,须先求政治的安定,经费的扩充,否则徒劳无功。

赞成改造的人,也提有数种意见:

1. 制度的本身,确甚重要。一种制度代表一种理想。有了理想,总有目标,才有各段教育的宗旨。如制度不健全,方法上无论怎样变更,影响不会十分大。

2. 所谓教育改造,并不限定变更学制系统,如取消学分制,改订课程标准,都属于改造范围以内。教育是日新月异的事业,应该继续不断地去试验改进。

双方的理由,我都表同情。反对改制的人,并不反对改进教育。他们所反对的,是非主要的改革,不合理的改造,未经详尽考虑的变更。如一种制度,试行确实有效,改造时纵有损失,大家尚能忍受。若徒凭主观的见解,一时的好恶,忽欧忽美,精神浪费,未免太可惜了。

二、三三制是否不适合国情?

我国的学制系统,变更最快。光绪二十八年所规定的学制,没有经过实地试验,就全部推翻,于二十九年另定一种。嗣后又变更了好几次。民十一所颁布的“新学制”,虽经过两次全国教育会议的修正,大体没有更动。在我国新教育史上,要算是最长久的学制系统了。最近又时常听到改制的呼声;北平的提案,主张小学改为四年,中学改为八年,替代现行的六三三制,因为现行的学制,不适合国情。不过“国情”这个名词,很抽象,很空洞。究竟六三三制怎样不适合国情。四八制怎样适合国情,没有具体的例证。实际从事教育的人,也没有感到三三制对于我国有多大的弊病。

主张改制的人,往往把六三三制看作美国特殊的产物,与欧洲各国的情状不符,因此肯定我国施行六三三制,完全抄袭美国,不适国情。实则此见解是错误的。美国现行有三年的中学,有四年的中学,有六年的中学。有的地方有了初级中学,还有初级大学;有的地方两种都没有。有的地方有综合中学(comprehensive high schools),一校中有各种不同类的课程;有的地方有专科中学(special high schools)。所以美国的学校,也不很单纯。

讲到欧洲,我倒感觉到各国虽没有初级中学和高级中学的名称,但就实施的情形和原则上看,完全趋向这条路上。我且举几个例子:

1. 英国　英国虽规定十四岁以下为受义务教育的时期,但儿童到了十一二岁,可以参加竞争试验,转入三种中等程度的学校:(1) 文法学校,偏重文理科;(2)“选择的近代学校”(注三)或中央学校,虽非职业学校,但有工商的实用课程,三年或四年毕业;

(3)"近代学校"或高级小学,偏重实用的课程,三年毕业。在这个试验里边,英国的教育家认定儿童自十一岁至十五六岁为一个特殊教育的时期。在此时期,学生应各依个性,得到充分的发展,不应在年龄很轻的时候,就受到一种专业的训练。所以中央学校与高级小学,实具有初中的性质,并且还有人主张在小学里添设四年制的"初级中学部"。推广初级中学的趋势,在英国是很明显了。

2. 法国　法国的儿童,在小学读了五六年也可转入中等程度的学校:一种是高级小学,三年至五年毕业;一种是国立和公立中学,七年毕业。高级小学虽偏重职业的课程,但学生仍可转入文理学校,与初级中学的性质很相似(注四)。国立和公立中学,分为两个圆周,第一个圆周四年,第二个圆周三年,每个圆周自成一阶段,这不与初高中很相似吗?

3. 德国　德国的儿童进中学很早,在基础学校读了四年就可转入中等学校。不过在大战以后,中学教育的趋势,在延迟分科,使各中学前数年的课程,趋于一致。"改革的文实中学"(Reform-Realgymnasium)就是一个例子。所以六年制的中学,如Renlschule 和居间中学(Mittelschule),除前数年课程同小学接近外,实具有初中性质。九年制中学的后三年,则与高中相似。

4. 意大利　意大利的中学,通常分为两段。第一段称为"京奈梭"(Ginuasio)或初级中学。文科中学的第一段为五年,师范学校和专门学校均为四年。第二段称为"尼梭"(Liceo)或高级中学。文科中学及师范学校均为三年,专门学校及理科中学为四年。

5. 俄国　俄国规定八岁至十七岁为普通教育时期,这九年的普通教育,称为统一的劳动学校。统一劳动学校分为二科,第一科四年为小学教育,第二科五年为中学教育。第二科更分为前期与后期。前期三年,适当初中;后期二年,适当高中。

6. 日本　现行的学制,中学虽规定五年,实已缩短为四年,成为变相的初中;高小学和中学并行,与法国的高小相同,也具有初中的性质。

就各国的情形看,趋势上有几个共同的点可以提出来:

(1)各国都承认在儿童十一二岁至十五六岁,为一个特殊教育的时期。

(2)各国的中学教育,均在儿童十二岁左右开始。

(3)各国的中学教育均分为二段,类似初级中学与高级中学的组织。

(4)在初中时期,升学与职业大都双方兼顾,分别不甚显明。

这不与三三制的精神完全吻合么?所以三三制不是美国特殊的产物,而是各国教育普遍的趋向。我们没有充分发展初高中的职能,是我们的过失。但不能因此说三三制不适合国情,这是我们要替三三制呼冤的。

三、小学教育应否改为四年?

北平提案主张小学教育改为四年,大致有两种用意:(1)我国"财穷民困,师资不足",不能如他国定为六年或八年,必须酌量国情,缩短年限,亦犹"登高自卑,简而易行"之意。(2)小学毕业生大都不能升学,为适应此不能升学之多数学生起见,职业训练应在四年小学后,即行开始。

我们对这个问题看法不同:

1. 照我国的现状,要实行普及教育,不要说六年万难做到,就是四年还嫌陈义太高,不是最近数十年间所能达到目的。所以为普及教育着想,年限不妨再缩短,甚至只学习数个月,只学习了陶行知先生所编的《老少通》,也为扫除文盲的一种救急办法。但就基础教育方面说,四年是万万不够。各国现实的趋势,都在延长义务教育的时期,延迟分科的办法,使全国人民多受些共同的教育,普遍的训练,并且各国的幼稚教育,比我们好得多。儿童没有进小学以前,已经受到很好的陶冶。我国的幼稚教育,既不发达,小学教育,再行短缩,全国必受很大的损失。

2. 提案谓"学生能由初小以至大学者,二百零七人中仅有一人",似不必专为此一人设法。然据教长王世杰氏所讲《中国教育的现状》,民二十年较民元的小学生数约增四倍;中学生数约增八倍。可见各地设立初中以后,小学升入中学的人数,已经增加不少了。但与各国比较,仍瞠乎其后。我国初等教育学生数每万人中仅有二三六人,与名列第一之加拿大比,约差九倍;中等教育学生数每万人中仅有十一人,与德国较,约差四十八倍;高等教育每万人中仅有一人,与美国较,约差七十三倍(注五)。是教育愈至上层,人数愈形落伍。落伍的原因固然很多,各地儿童没有良好的学校可进,没有钱至外埠求学,是两个重要的因子。现在改小学为四年,不是使有志求学、有能力读书的人,更加一层困难吗?他们要升学,非至外埠的八年中学不可,因为各地没有人才经济来设立大规模的中学。如在当地求学,非进初级职业学校不可。但短时间能添设多少初级职业学校?所设的初级职业学校,能一一令人满意,毕业生都有相当出路吗?所以改小学为四年,以后升入中学大学的人数,非特不能继长增高,且须一落千丈。若照提案的说法,我国大学生数,每万人中仅有一人,似不必为此一人设法,大学教育简直可以不办,这在理论上说得过去吗?

3. 各国的趋势,在延迟分科,而吾国则在提早职业训练,恰巧背道而驰。试问一个十岁左右的儿童,有什么职业的兴趣,知道选择什么职业?他学了三年四年的职业,叫他到什么地方去?现时各国都在闹失业的问题,受过相当训练,有过相当经验的成人,尚且找不到职业,再叫一大批小孩来争夺位置,失业的形势恐怕要格外严重了。要知解决职业问题,不在粗制滥造无量数的职校毕业生,而在开辟生产的场所,供给实习的生产的机会。勃力克斯(Briggs)说得好,"要是职业训练不能使个人得到满意的出路,愉快的结果,其浪费金钱与时间,较之普通教育更为严重"(注六)。我愿提倡改制的人,三复斯言。

四、现行的学制应否改成升学与职业?

1. 北平的提案主张更改。更改的办法,似与提案的原则相冲突。提案谓中学应有独立精神,"不应为升入大学之预备学校",而所提的八年中学,完全变成大学的预备学校。八年之中,学生可不受任何职业训练,专致力于国文、外国文、数学三门,继续不断的受严格训练。所定毕业标准,非常之高。无论此标准,事实上有达到的可能性与否,即此主张,已大背现代的教育趋势了。我们知道人文主义影响欧美中学校的课程几三百年,直至十九世纪方失掉中心势力。中学为大学预备的宗旨,即成立在人文主义最盛的时期。那时古典文学为中学惟一的重要课程。嗣后科学运动产生,又引起了反人文主义的势力。自十六世纪以来,此二大势力,遂成为教育上的争点,相激相荡,产生了二种不同的中学校。德国的文科中学,法国的国立中学和公立中学,英国的"公立学校",美国的拉丁文法学校,即代表第一种势力。美国的阿卡狄美(Academy)公立中学,德国的新实科中学(Realschule)即代表第二种势力。在这世纪,人文主义的势力,已日渐衰弱。不过因为欧洲各国受人文主义的影响很深,一时尚不易摆脱。所以法国的中学教育在一九二五年的改制,人文主义尚得与实用主义平分春色。但中学教育的重要,已为各国教育界人士所公认。中学渐倾向实用的学程,自身有价值的教材,而不专注重预备将来生活的课程。我国的中学教育,既不能前进,似不宜再往后退。

2. 在小学毕业后有志升学的学生,大致可以分为三类。一类是比较有把握的可在中学毕业后进修专门学问,一类是预备读了一两个学期就要离开学校的,一类是毫无把握的不知道自己能继续求学多少时期。适应第一类和第二类学生,似乎还不困难。但在学校内严格的分设两种课程,一种预备升学,一种预备不升学,在机会均等的原则上讲,似已有问题,现在又加了第三类的学生,更无法应付了。最好的办法,在中学的前期,多引进试探的学程,多选择本身有价值的教材,适应各种志趣不同的学生。换一句说,我们能充分发展初级中学的职能,对上述问题,尚有解决办法。在四年小学毕业后,显然的划分升学与就业二途,儿童选择学校时,必致茫无适从,而办学的人,亦必感到固定的菜单,不能适合顾客的口胃。

3. 职业二字,不要看得太呆。关于这一点,姜伯韩先生说得很好。他说:"近来有许多人往往误解生产方法与生产技术之养成,只是限于所谓职业学校,如工农等科的中学校有这种任务,殊不知文理科中学也具有这种任务的。譬如:文科养成著作家、新闻记者、演剧员、艺术家、速写家、文牍员、书记员等等人才;又如理科养成发明家、化验家、照相术、电影术、播音术、电报员、电话交换员等等人才,无一不是完成实务。"(注七)这番话很对。要是普通中学只问升学,不问职业,那么一个学生读了六七年,无力上进,怎么办呢?

4. 并且我们要问为什么普通中学不能设立职业科? 要是普通中学办得好,办理职业科目,也能有相当成绩。倘使普通中学办得不好,关了门,另挂上一块职业招牌,恐怕也无济于事。就普通中学原有的人才、经济、校舍、设备,添设职业课程,不是事半而功倍吗? 而况事实上我国前进的中学校,都在注意生产教育,都在分设职业科。所以升学与职业,定要划分,未免刻舟求剑,不大适合"国情"。

5. 职业与升学划分太清,还有一种很大的弊病。就是把升学的人,看作一个特殊阶级。这又违反现代的教育潮流。现时各国,都在努力消除阶级的教育。德国的基础学校,法国的统一学校,俄国的统一劳动学校,均着眼在这一点。他们固然没有做到纯粹的单轨制,但是取消双轨制的倾向很显明。我们又何必效法人家所唾弃的东西? 并且在一个现代的国家,人人应有职业,人人应受良好的公民训练,预备升学的人,只在书本上用工夫,不去运用他的双手;准备职业的人,只知道获得谋生的技能,不注意公民的训练,都不合现代教育的原理。所以在职业学校内,应有普通的学程,而在普通中学内,应尽力矫正以往的错误,注重实用的知识。

五、文理分科,是否"有失普通训练之本旨"?

北平提案又涉及中学分科问题,且举德法为例,说德法的中学除古代语和现代语的分别外,关于文理两科,均同样注重,这点殊与事实不符。德国的文科中学,每周数学时数在九年中共占三十一小时,自然科学共占十八小时;文实中学(Realgymasium)的数学共占三十六小时,自然科学共占二十三小时,已较文科中学为重;实科中学(Oberrealschule)的数学共占四十小时,自然科学共占三十三小时,与文科中学差异更大。法国自一九二五年改制后,在前六年的中学课程内,文理固然没有分别,但第七年的数学班与哲学班相差便很远了。并且在前六年的课程,数学只学到代数、平面几何和立体几何。三角、大代数及解析几何,均在第七年数学班上肄业。所以数学班的数学每周共有九小时,而哲学班只有一小时半(注八)。进数学班的学生,已受过六年的训练,对于数理有特殊的兴趣,末一年时数多些不生问题。我国则反是。不问是男是女,不问对于数学的兴趣如何,能力如何,不问将来的需要如何,只要在中学读书,便须学习代数、几何、三角、大代数及解析几何。所以郑晓沧先生要慨叹:"以言算学,我不知一时风尚,何竟偏重至此?"(注九)我亦不知普通中学何以偏重算学至此?(注十)中学生果然都能达到标准,那也罢了。但事实如何? 试一调查全国各中学学生的数学能力及会考成绩,便知道了。我馨香祷祝主持教育行政的人做一个控制的实验,试验我们的话有几分真理。

提案中有一点,很值得我们的称许,就是具有试验的态度。提案主张在城市与乡村各选择一个适当地点,先行试验,俟有成效,再推行各地。的确,后此吾国学制上再有更张,应先有详尽的讨论,精密的试验,然后通令全国变更,以免精神与钱财的浪费——这是我们从几次变更学制里得来的教训。

(注一)郑晓沧先生在《教育改造声中教育本质之探讨》一文内对教育重在本质的点,说得很详尽。见《教育杂志》第二十四卷第四号。

(注二)作者在《教育改造中的一个重要问题》内曾特别提出人的问题,见本志第二十一卷第七期。

(注三)在普通竞争考试成绩第二等的,可得免费奖金,升送"选择的近代学校";未经选择的儿童,则入"近代学校"。

(注四)见 J.L.Kandel：*Comparative Education* 第八章。

(注五)见《申报》载教部最近统计每万人口与各国比较。

(注六)见 T.H.Briggs：*Secondary Education* 第十章。

(注七)见姜琦著《中等教育制度问题的商榷》,载《教育杂志》第二十四卷第四号。

(注八)同注四。

(注九)同注一。

(注十)在前二年的申报上,作者曾发表《为全国中学生请命》一文,提有数种理由,反对取消文理分科。

二十三年十二月二十日

赠毕业同学[1]

毕业是辛劳的结果,快乐的象征。一个学生在中学毕业,须经过六七年的挣扎和奋斗,无量数的失败和成功,才能获得最后的胜利。奋斗的历程愈艰苦,得来的胜利愈快乐。世界上值得纪念的事,没有一件不需要相当的代价。

不过中学毕业,只表示在中等学校内告一段落。就整个的生活历程上看,学习方在开始,事业方在进展;所以外人称举行毕业的那天为始业日(Commencement)就是这个意思。在此时期,诸君应将过去的生活状态,加以精密的检讨。自学的方法是否较前进步? 有何心得,有何缺憾? 办事的能力是否较前增强? 有何经验,有何困难? 对于身体的锻炼,是否较前注意? 实行卫生的方法,是否较前有效? 用钱是否浪费? 交友是否诚恳? 凡此种种,能否一一分析甘苦,忏悔前非,努力将来?

要有前进的精神,须注意反省的行动(Reflective action)。所以有人批评美国人只往前跑,不向后看;跑得愈快,走错的机会亦愈多。英国人则反是:前进了数步,即驻足徘徊,瞻望前途,待决定了方向,则又努力前进。我国人既不能如美人的急进,又不能如英人的步步为营。载浮载沉,毫无目的;敷衍蹉跎,了此一生。凡百事业的缺乏进步,这是一个大原因。

诸君前进的路,有两条康庄大道:一条是升学,一条是就业。各人看似分道扬镳,实则异途同归,无甚大别。升学不是只在书本上用苦工,是要获得实用的智识,研究社会的情状。就业也不专在解决本身生活的问题,要在实地经验中学习待人接物的方法,改进职业的技能。升学是在知的环境内求行,而就业是在行的环境内求知。这其间没有什么荣幸,也没有什么失望。古往今来有名的文学家、科学家、政治家、军事家、美术家、发明家,不尽在学校出身,也不尽在大学毕业。各人只须认定当前的目标,不必顾及后来的得失。

不过有一点,我们盼望各人要时刻在念的,就是母校的发扬光大,全赖毕业同学的

---

[1]　原载《光华附中半月刊》1935 年第 3 卷第 4、5 期合刊。

热诚爱护。我们一方祝颂诸君努力猛晋,为国家争光;一方希望联络各级同学,组织一健全的校友会,为学校前驱,俾在十周纪念时,得聚集各地同学,畅叙别情,商讨前进的方向,研求发展的计划。

　　　　　　　　　　　　　　　　　　　廿三、十二、廿五[1]。

---

[1] 即 1934 年 12 月 25 日。

赠毕业班的几句恳切的话[1]

"中学校长最大的报酬,在眼见许多青年男女,一个个长大起来,发展起来,成为良好的公民,而自己感觉到在这个历程里边,也尽了一点小小的责任。"这是一位中学校长的话。

我自己很惭愧没有替历届毕业同学尽过多少力,所以每逢他们修毕学程离开学校的时候,我总感觉到又是悔恨,又是欣喜。悔恨什么? 在校大半时间,费在应付不相干的事务上,而对于教育的主体——学生——反忽略了。我虽然同他们朝夕见面,可是个别接触的机会太少,我不能明了各个学生的性情旨趣,学生也未必能真切地认识我。在这种状态之下,提手言别,我觉得是一种缺憾。欣喜什么? 他们初进学校的时候,大都是天真烂漫的小孩子,现在一个一个成为很有希望的青年了。他们的行动,虽不能符合我们的理想,但是很肯听教师的话,对于母校,都抱着爱护的热诚。他们未必真能消除私见,养成大公无我的精神,但尚能顾全大体,开诚合作。不讲别的,只就毕业特刊来说罢。去冬第十一届毕业班与编辑主任邢先生商酌,出了一本毕业特刊。那班同学只

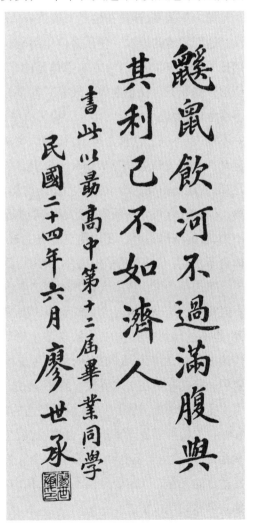

鼹鼠饮河不过满腹与其利己不如济人

书此以勖高中第十二届毕业同学

民国二十四年六月 廖世承

[1]　原载《光华附中半月刊》1935 年第 3 卷第 9、10 期合刊。

有三十三人,在百忙之中筹款撰文,确非易易。这很可以表示他们的创造精神,合作精神。本届毕业同学人数虽然较多,可是普通科第一组第二组与商科一向分立。今春一提到编辑特刊的问题,三班同学便齐声一致的赞成。旬日内就筹集了数百元的款项,埋首工作。我们可以看见这期特刊的文字,比上次更加丰富了,照相更加优美了。同学如火如荼的精神,在字里行间流露出来,看了这本册子,不容我心里不发生一种愉快。我不是喜欢他们的文字好,我也不是喜欢他们的照相技术高。我最喜欢的,是他们苦干的精神。能保持着这种精神,将来在社会上一定能做些事业,一定能替我们中华民族吐出一口不平的气。

在同学离别的时候,我没有别的话讲,只有六个字送给同学,作为一些礼物。这六个字是什么?

第一是强身,诸位在校对于锻炼身体的话,已经听得很厌烦了,但是诸位的身体,仍没有达到强健的地步。现在诸位年龄轻,不感觉到身体不强健的痛苦,再过一二十年,担任了社会繁重的工作,才知道体健的幸福。我看见许多朋友,因为体气衰弱,不能担任艰巨的职务。我想世界上最痛苦的事情,莫过于怀抱大志的人,学问方有门径,身子不帮他忙,使他不能有所作为。我又看见许多体力孱弱的青年,好像病夫样子,坐不正,站不稳,走不快。这种青年,对社会国家能有什么贡献?德国在大战以后,有一种青年运动,叫做"飞鸟运动"(Wandervogel)。每逢假日,青年男女时常组织徒步旅行团。远足郊野,露宿山林。看了他们赤腿露臂挺胸阔步的情形,联袂歌唱乐自由的精神,又整齐,又活泼,真可令人敬爱,意大利,苏俄近年来对于国民的体育,也异常注意,奖励惟恐不力,督促惟恐不严。要知现在民族的战争,是体力的战争,智慧的战争,人格的战争。体育不发达,不必待两军相见,民族的胜负已可判定了。

第二是力学。许多人把"毕业"二字看得太呆,以为毕业就是学成。毕业以后,书也不必读了。这个见解是大大的错误。要知在校所读的书籍,分量很少,就是每科考列甲等,也不过得到些求学的门径,说不上学问两个字。试看历来的大发明家,哪一个在学校读书时候,就有惊人的成绩,爱迪生说得好,"天才是九十九分劳力,一分聪明"。诸位要凭一分的聪明在学术界放一异彩,不是自夸,就是梦想。大家知道我国的学术太落后了。重要的理由,就因为国人没有创造的能力。说得透彻些,因为国人没有研究的勇气和牺牲的精神。我国青年,一出校门,就想怎样得到一个优越的位置,怎样享受人生的幸福,终日萦绕于名利两途,没有一个人肯殚精竭力,敝履荣华,毕生从事于他的天性所最适合的工作。大家要是再不觉悟,我们中华民族真要受白种人的宰割,不能继续保持独立自尊的地位了。

第三是敦品。现代的国民,有了体力,有了智慧,还嫌不够,必得要有健全的人格。常听人说,中国事业所以办不好,不是制度的问题,也不尽是经济的问题,实在是人的问题。有了人就有办法,所谓"事在人为"。这儿所谓"人",并不是指点聪明才智的人,是指点朴实耐劳忠诚可靠的人。我国最吃亏的,结党营私不顾大局的人太多,而忍辱负重积极建设的人太少。大家能把眼光放得远一些,中国就有办法了。要知人格健全,不单是国家社会蒙其益,个人也有无穷的乐趣。人生最宝贵的是纯洁无瑕的人格(spotless character)。多数人能保持纯洁无瑕的人格,才能挽救颓风,解除国难,求中华民族的生存。

我很盼望诸位能接受这些诚恳的意思。我自己也当竭尽绵力,多与在校学生接触,谋全校学生的利益,以期不负诸位爱护母校的热诚。

二四年五月十五日

光华大学附中十年来概况[1]

　　光华成立于五卅惨案发生之时,迄今已十易寒暑矣。缅怀创校之始,筚路蓝缕,艰苦备尝。今则校务进展,一日千里,会考则蔼然居首,运动则荣膺冠军。有巍峨壮丽之黉宇,有幽静清越之环境,虽不敢谓设备已尽充实,训教已尽完善,然四方来学者,莫不欣然相告,以为求学得所也。同人于欢忭之余,爰就十年来之概况,述其崖略,以告国人。

一、沿革

　　当沪案初起,群情愤慨。约翰学生自动集议罢课,上书校长,声述理由。校长卜舫济初则虚与委蛇,继则横施压迫,于六月三日童子军升旗之际,径夺我国旗以去;于是我国教授学生悲愤交作,宣誓脱离圣约翰关系,并自后不再进外国教会学校。整队鱼贯以出者,大中学学生五百五十三人。海上闻人硕儒,闻而哀之,群起援手,王丰镐首捐大西路墓田,备充校址,许秋帆、张寿镛复提倡输捐,并力为劝导募巨金,又得同学之协助,以资建筑。乃函聘筹备大学委员,定名曰光华,奉张寿镛为校长,以陆士寅为附属中学主任,赁屋于霞飞路杜美路以为大学,丰林桥为中学,然后规模粗具。十四年九月七日举行开学典礼于霞飞路,以日月卿云为校旗,红白为校色,而以徵象日月光华之意,越一年而大学新校以成,始移居焉。更越一年,中学亦迁回大西路新校舍,时中学宿舍犹未建筑,藉讲堂为居宿,又建茅屋十余间,以为讲堂。"寒天暑地,弦诵其中,师若弟宴如也。"是年四月陆士寅辞主任职,钱基博代理主任。七月廖世承为主任。越一年中学宿舍落成,始撤茅屋,益拓地十余亩,留为图书体育藏游之地。

---

[1]　原载 1935 年《光华大学十周年纪念册》。

十八年七月上海市教育局颁发本校立案证书,二十一年七月开始招收女生,并建筑女生宿舍,二十三年冬募款建筑健身房科学馆及合作社,于是艰苦缔造之光华,始奠相当之基础焉。

二、校舍及校具

本校地处西偏,介于沪杭铁路中山路之间,前临大西路,后近农村,田畴交错,阡陌相连,登楼四望,几疑置身乡野,不复知海上繁华。校舍占地百余亩,房屋约二百余间。计有:

东院教室(三层)　内有办公室四间,会议室及会客室一间,普通教室二十余间,史地研究室一间,贮藏室一间,厕所一间。

科学馆(二层)　内有阶级教室二间,每间容五六十人,生物、物理、化学实验室各一间,每间约容四十人至六十人,生物、物理、化学仪器室各一间,生物标本室一间,数学室一间,暗室一间,煤气机室一间。内装置自来水管,煤气管及通气管。

健身房　内设篮球场一,可供正式比赛之用,练习时可分作两个小篮球场,或作为男女排球场、网球场、垒球场及体育场之用。两旁设活动看台八级,可设座位八九百人,平时装置各种运动器械。两端有大小房间廿四间,分男女更衣室、浴室、办公室、招待室、陈列室、储藏室、卧室、售票房、男女厕所、炉子间等。

童子军团部　内分教室及会议室一大间,办公室两小间,储藏室一小间。另设游艺室一间,营地一所。

理科小工场　内有场屋三间,分机工、钳工、锻工三部。

合作社　计房屋六间,楼下为银行实习部及消费合作社,楼上为办公室及储藏室。

男生宿舍(四层)　有寝室一百零四间,可容学生六百人。另设盥洗所、浴室、水灶、厕所及理发室。

女生宿舍(二层)　计有指导员办公室一间,寝室八间,可容六十人。附设盥洗室及女生膳堂。

膳堂、运动场、大礼堂,与大学合用。

本校校具,自创办以来,逐年添置,共约三三五二件,约值一万四千元。图书费暂定每年二千元。现中西书籍约一万七千册,价值二万元;又最近李木公捐赠史地政法军事及声光化电书籍二千五百余册。仪器费亦暂定每年二千元,现有二千七百余件,价值一万六千元;工场设备约值二千余元。此外有打字机十四架,约值二千五百元。

三、经费

本校经费出纳,向归大学部主持,自民十七以还,每学期之教薪、工食、图书、仪器、体育各费,由大学部拨归中学保管,余则仍向大学支取,民十九后,行政各费亦归本校自行保管,惟各项收入,仍悉数送缴大学。校中设经济审核委员会,每学期调制预算时,先须经审核委员会通过,然后提交大学,再经校务会议核定,方得照预算拨款。本校领到款项后,依照用途,分别由各部人员保管,存放指定银行,领款时,须由主任及各该部人员会同签字。兹将经济审核委员会规程列后:

光华附中经济审核委员会规程

(一) 本校设经济审核委员会,委员名额七人,除学校主任为委员兼主席外,其余六人,由全体教职员会推举之。

(二) 委员会之职权如左:

1. 审核每学期预算;

2. 审查每学期各项实收数目,报告大学;

3. 每月月初开会,审查上一个月之实收支数,并调制每月收支报告单;

4. 每二个月核算各项预算数之存数,分别通知各保管人员,如某项溢出预算,未经委员会通过者,由该保管人员负责;

5. 审查每学期决算。

(三) 本委员会每月开常会一次,由主席召集,如有临时事项,得召集临时会议。

(四) 本规程经全体职教员会议通过施行。

附保管及领款手续

各项保管人员,照预算表,凡开六户:教职员薪金及校工工食,由主任保管,列一户。实验费由自然科学系主席保管,列一户。图书费由图书委员会主席保管,列一户。体育费由体育委员会主席保管,列一户。童子军费由童子军团长保管,列一户。自文具至修缮费,由主任保管,列一户。

领款手续:教职员薪金及校工工食,由主任及经济审核委员会代表会同签字。实验费,由主任会同自然科学系主席签字。图书费,由主任会同图书委员会主席签字。体育费,由主任会同体育委员会主席签字。童子军费,由主任会同童子军团长签字。自文具以至修缮,由主任会同事务主任签字。

上列办法,虽嫌烦琐,然其用意,在使全校教职员洞悉经济状况,协同保管,各就所能范围,谋各部事业之发展。是以款项虽绌,人无怨言,校具之购置,仪器之增加,尚能按照计划进行,而教薪亦尚不致拖欠也。本学期学生共六百九十四人,通过之经费预算数如左:

项　　　目	每月预算数	本学期预算数
薪金	4 828	28 968
工食	261	1 566
仪器费		1 000
图书费		1 000
体育费		900
童子军补助费		200
行政费		5 150
特别费		1 220
总计		40 004

注:行政费内包含洗衣费1 900元。

四、行政组织

尝考欧美各校,行政组织,大都简单,我国因学生寄宿关系,往往职员繁多,系统复杂。本校为私立学校,各事取简便易行,故组织系统,亦主简单。兹将组织系统表列后:

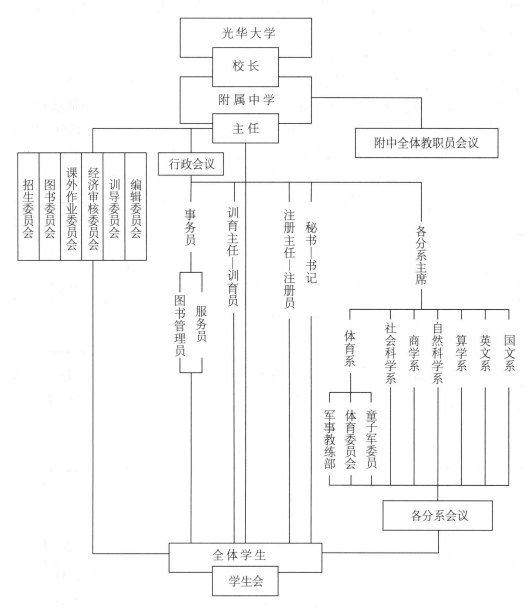

系统表说明：

——全体教职员会由本校全体教职员组织之，为本校最高之议事机关，学年内每月开会一次，规则另详。

——行政会议除主任秘书，训育主任，注册主任，事务员五人为当然委员外，再由教员中票选六人。学年内每星期开会一次，规则另详。

——各分系由各分系教员组织之，规程另详。

——委员会分常设委员会及临时委员会两种，上表所列皆为常设委员会，规程另详。

——体育系分体育委员会，童子军委员会，军事教练组三部。

上表虽简单，然各委员均负有切实使命，所以使各教员均得参与行政机会，收分工合作之效也。

五、教育概况

（一）学级编制　本校自十六年起，别招初一春季始业一班，改学年升级制为学期升级制，俾因病或因事留级者，不致损失时间太多。递升至廿年度终了时，初高中各级均有春季始业班。高中各级更分普通科甲组乙组及商科三部，由学生自行认定第一第二两种志愿后，由学校参酌各生成绩决定之。兹将本校状况列表如左：

	高级中学																	初级中学					
年级	三						二						一						三		二		一	
学期	下			上			下			上			下			上			上	下	上	下	上	下
科别	普甲	普乙	商	普甲	普乙	商	普甲	普乙	商	普甲	普乙	商	普甲	普乙	商	普甲	普乙	商						

本校学级编制，虽如上述，但高中同程度之各组公共必修科教材，大都相同。故依人数之多寡及能力之高下，分组上课。本学期高中共有十二组，初中有七组。各组人数，籍贯年龄统计如下表：

各级人数统计表

级别		初中部			高中普通科						商科			总计
					甲组			乙组						
		男	女	合计	男	女	合计	男	女	合计	男	女	合计	
一年级	上	36	5	41	17	2	19	12	1	13	12	2	14	87
	下	66	10	76	27	4	31	48	3	51	19	4	23	181
二年级	上	40	2	42	10	2	12	22		22	11	2	13	89
	下	47	3	50	25	5	30	39	1	40	20	2	22	142
三年级	上	29		29	8		8	17		17	14	3	17	71
	下	41	5	46	20	4	24	30	33	33	20	1	21	124
合计		259	25	284	107	17	124	168	8	176	96	14	110	694
		284			300						110			

各级年龄籍贯统计表

项目 \ 年级			初一上	初一下	初二上	初二下	初三上	初三下	高一上	高一下	高二上	高二下	高三上	高三下	总计
各级人数			41	76	42	50	29	46	46	105	47	92	42	78	694
年龄	最高		17	18	20	19	23	20	21	22	22	22	22	25	25
	最低		10	11	11	12	14	13	14	14	16	15	16	17	10
	平均		14.4	14.9	15.6	16.1	17	16.6	18	18	18.7	18.9	19.5	19.7	17.5
籍贯	上海	人数	6	14	5	6	4	5	8	10	1	4	2	1	61
		%	15	18	12	12	14	11	1	10	2	4	5	1	8.8
	江苏	人数	8	13	13	15	9	6	17	34	16	30	10	28	19
		%	20	17	31	30	31	13	37	32	34	33	24	36	27
	浙江	人数	15	20	13	12	8	18	12	22	8	21	7	13	169
		%	37	26	31	24	28	39	26	21	17	23	17	17	23
	安徽	人数	1	5	3	2		2	4	8	2	4	6	8	45
		%	2	7	7	4		4	9	8	4	4	14	10	6.4
	江西	人数	2	3		1		1		5	1	4	1		18
		%	5	4		2		2		5	2	4	2		2.6
	湖南	人数		4	1			1	1	2	1	4			14
		%		5	2			2	2	2	2	4			2.1
	湖北	人数	1	1	1	1		1		1		2	1	1	9
		%	2	1	2	2		2		1		2	2	1	1.2
	河北	人数		1		1				1		1			5
		%		1		2				1		1			0.72
	四川	人数		3	2		1	5	2	4	3			2	22
		%		4	5		3	11	4	4	6			3	3.1
	山东	人数	1												1
		%	2												0.14
	山西	人数											1		1
		%											1		0.14
	陕西	人数			1		1		1		1			2	6
		%			2		2		1		1			3	0.86
	甘肃	人数											1		1
		%											1		0.14
	福建	人数			1	1	2	2		2	2	2	4	2	18
		%			2	2	7	4		2	4	2	10	3	2.6

（续表）

项目 \ 年级			初一上	初一下	初二上	初二下	初三上	初三下	高一上	高一下	高二上	高二下	高三上	高三下	总计
籍贯	广东	人数	5	11	3	8	3	3	6	11	12	14	10	19	105
		%	12	14	7	16	10	7	13	10	26	15	24	24	15
	广西	人数	1	1		2				1				2	7
		%	2	1		4				1				3	1
	云南	人数	1						1	1	1	1	1		6
		%	2						2	1	2	1	2		0.86
	贵州	人数					1			1		2			4
		%					3					2			0.57
	吉林	人数								1					1
		%								1					0.14
	辽宁	人数					1	1							2
		%					3	2							0.28

（二）课程标准　本校课程,曾经数度变更。民国十六年编订章程时,规定初中课程,一律固定,高中各级采用选科制。高中三年以修满一百五十六学分为毕业限度,平均每学期修习廿六学分。自廿二年教部颁布课程新标准后,全国各校,均遵部令修改。惟含有实验性质之学校,得酌量变通。本校虽不敢自厕实验学校之列,然对于中学课程之研究,不敢后人。此次修订课程,一方顾及本校之特殊情形,一方力求适合部定之标准,预备试行数年后,再行修正。新订之课程表如下:

初级中学各学期每周各科教学时数表

学期		公民	国文	英语	算术	代数	几何	历史	地理	生理卫生	植物	动物	化学	物理	音乐	图画	劳作	体育	童子军	共计
一	上	1	6	6	5			2	2	2					1	1	1	2	3	32
	下	1	6	6	5			2	2	2					1	1	1	2	3	32
二	上	1	6	6		5		2	2		3				1	1	1	2	2	32
	下	1	6	6		5		2	2			3			1	1	1	2	2	32
三	上	1	6	6			5	3	2				4		1	1	2	2	1	34
	下	1	6	6			5	3	2					4	1	1	2	2	1	34
每周总教学时数		6	36	36	10	10	10	14	12	4	3	3	4	4	6	6	8	12	13	196

高级中学各学期每周教学时数表

学科目	普通科 第一组 一上	一下	二上	二下	三上	三下	普通科 第二组 一上	一下	二上	二下	三上	三下	商科 一上	一下	二上	二下	三上	三下
时事研究	1	1	1	1	1	1	1	1	1	1	1	1	1	1	1	1	1	1
国文	6	6	6	6	6	6	6	6	6	6	6	6	6	6	6	6	6	6
外国语	6	6	6	6	6	6	6	6	6	6	6	6	6	6	6	6	6	6
本国史	4	4					4	4					4	4				
生物	4	4					4	4					4	4				
化学			5	5					5	5					5	5		
物理					5	5					5	5					5	5
体育	2	2	2	2	2	2	2	2	2	2	2	2	2	2	2	2	2	2
军事	3	3																
代数	3	3					6						3	3				
社会问题	3	3																
平面几何			4	4				6							4	4		
本国地理									2	2								
世界史			2	2	2	2			2	2	2	2						
三角					4						4						4	
大代数						4					6							4 选
外国地理			2	2					2	2								
工场实习							2	2	2	2								
立体几何																		4
解析几何																		2 选
商业概论																		
珠算																		
打字																	5	
经济														2	2	2		
簿记														2	2	2		
合作论										3	3	3						
商店实习									1		3	3						
会计																	3	3

（续表）

学科目＼科别	普通科 第一组						普通科 第二组						商科					
学年	一		二		三		一		二		三		一		二		三	
学期	上	下	上	下	上	下	上	下	上	下	上	下	上	下	上	下	上	下
统计																	3	3
货币																	3	
银行																		3
银行簿记																	2	2
银行实习																	1	1
选习科目	2	2	2	2														
升学指导						2						2						
人生哲学					2选	2选												

（三）教学方法　本校各科教学,均注重熟练。每学期规定小考二次,大考一次,每星期复举行临时试验,时间或十分钟或二十分钟不等,其效用有三:（一）考查教师指定之书籍,学生曾否阅读;（二）习题及报告,究竟自出心裁,抑或向人抄袭;（三）全班对于所习教材,究竟了解与否。为鼓励作业兴趣起见,每学期举行测验竞赛一二次。测验结果,均有详尽报告,登载本校半月刊,此外又组织研究会,指定课外研究工作,以补课内不足。

（四）考绩办法　学生成绩分甲乙丙丁戊己六等,丁等以上为及格,戊等（五十一—五十九）得于开学补考一次,如补考仍不及格,则须重习。列己等（〇分—四十九分）者不得补考。凡戊己两等合计占全部学分数二分之一以上,或己等成绩占学分数三分之一以上者,不得升级。如不及格学程,未超过此项规定者,仍得升级,其不及格学程,得继续补读。但上年级学程尚未重习及格者,下学期不得再行升级,此办法一方在救济学生留级之缺憾,一方在免除教学上重大之困难。

（五）教学上之新设施

（A）建筑科学馆　本校普通科乙组学生,日渐增多,对于数理生物之兴趣,亦渐见浓厚,因于上学期发起建筑科学馆,由全体师生合作,向各方募捐,于本年三月初兴工,不日即可落成矣。

（B）扩充小工场　校中于前年建筑小工场一所,去年又添置六尺车床一部及各种器械,规定高中一二年级理科学生,必须在工场实习,制造用具简单仪器,一方藉以证明科学原理,破除空虚抽象之弊病,一方得以养成创造及生产之能力。

(C) 建筑合作社　本校于上年组织消费合作社,供商科学生实习,惟房屋太狭窄,不敷应用,本学期由合作社筹款在宿舍后边建筑新屋一所,下层为银行营业部及合作商店,上层为办公及储藏室。

(D) 变更分系会议方式　分系会议之主旨,在研究教材,改进教法。惟历届开会,各教师每不能畅所欲言,发抒己见。自本学年起,集会改用餐叙方式,俾出席者得从容讨论,积极建议。

(E) 举行升学指导　学生在高初中毕业时,既须预备会考,又须准备入学试验,殊有顾此失彼,应付为难之意。为解脱此困难,校中特有升学指导办法,请各科教师轮流指示,使优秀者能温故而知新,成绩稍次者,亦能收亡羊补牢之益。

(F) 重订补读方法　以前学生有一二科目不及格者,校中或令其随班补读,或在学期中开设补习班。上学年起特变通办法,另订规程如下:

必修科补读细则

1. 必修学程成绩列入己等及补考不及格者均须补读

2. 补读方法暂分两种

(甲) 暑假设补习班

(乙) 不设补习班之学程由学生在下列二种方法中择定一种补读

(1) 在学期中自行补读,并经各系推定之教师举行二次以上之考试,及格者给予成绩。

(2) 在假期中由教师指定工作补习,其作业成绩经教师审查满意准其补考,及格者给予成绩。

3. 高三毕业时如有一学程未及补读者,得于后一年中请求学校酌定时间给予该学程考试

4. 一学程补读两学期仍不及格者得令其退学

(G) 增设成绩橱　为提高学生作业兴趣起见,在教室外走廊内添成绩橱六架,随时揭示各科成绩,以期收相观而善之美。

(六) 教职员工待遇办法　本校教员月薪暂定七十元为最低限度,一百六十元为最高限度。每年加月薪十元,满一百四十元后,每年加月薪五元。列表如下:

在校年数	1	2	3	4	5	6	7	8	9	10	11	12
月薪数	70	80	90	100	110	120	130	140	145	150	155	160

教职员在外服务年期,由学校酌量核算,但第一年月薪不得超过一百元。专任教员任课时间,至多不逾二十一小时,至少以十八小时为限。专任教职员不得在外兼课或兼

职,如有此项情事,学校得依照规定办法减薪,或将专任待遇改为兼任。

六、训育概况

本校训育,向主严格,但整齐之中,仍寓活泼气象,不愿学生当师长之面,驯服如群羊,实则顽劣之品性,依然如故。管理方面最注意者,厥有数端:

(一)破除欺骗习惯　诚实为各种德性之母,人而无信,何事不可为。本校对学生欺骗行为,绝对不假借,考试舞弊,一经查出,立即除名,十年来曾未稍事宽容。

(二)严查私自出校　都市罪恶,论者详矣。青年涉足于此,最易堕落,本校对于学生外宿,检查特严。每晚点名,如发现未经请假核准而私自出外者,重则除名,轻则记过,或剥夺相当权利。

(三)取缔任意缺课　好逸恶劳,人之常情,况中学生年龄幼稚,怠忽之事,在所不免。惟履霜坚冰,当慎其始。学生未经准假,每缺席一堂,则记小过一次,并报告家长,冀交相督促。

除管理外,积极方面,亦有可得而言者:

(一)推定各组导师　我人习闻英国中学校导师制之收效宏大,叹羡不已。然英国"公立学校"成立已数百年,施行导师制,由来已久,故能师生间感情融洽,蔚成校风。我国仿效,总嫌名不副实。其故无他,长于教学者,未必乐于训育,况课务鞅掌,时间有限,更不愿分其心力,从事课外之工作。且彼指导之人数多,则指导不易,人数少,导师又不敷分配。凡此种种,均为障碍。本校为私立学校,责望于教师之教学工作者,既重且殷,此点似更难能。然年来各组导师,尚能黾勉从事,于组会之事业,不无裨益焉。

(二)成立各组组会　本校各级向有级会,但各自为政,不易联络。前年由校中拟定组会简章,在各导师指导之下,成立各组组会。各组会均选举组长一人,副组长一人,编辑系、体育系、卫生系、娱乐系理事各二人。遇有全校师生合作之事,则由主任召集各组组长谈话,商酌进行。卫生委员会,可召集各组卫生系理事,课外作业委员会可召集各组娱乐系理事,编辑委员会可召集各组编辑系理事,体育委员会可召集各组体育系理事,分别计议进行工作。故分则自成一团体,合则全校师生合作,如身之使臂,臂之使指,呼吸相连。夫组会不发达,不特课外作业不易进行,即自治会亦无巩固之基础,终成虚设。

(三)师生一律穿制服　校中虽有全体学生须在教室内穿制服之规定,然形式仍不整齐。因是在上学年,有一部分教职员自动提议凡专任教职员一律穿着制服,庶几以身作则,感化较易。此提议经全体职教员会议通过,于上年起实行。一方布告学生,凡不

照下列规定穿着上课者,概作无故缺席论:

穿着制服注意之点:

——制服纽扣应一律纽上。

——上下身须一律制服,不得上身制服下身穿西装裤,或下身制服上身衬衫。

——童子军装,只能露膝不能露全胫。

(四)注意礼貌训练　现时中学生行动随意,毫无礼貌。对同学无论矣,对师长亦绝少敬意。本校为训练学生礼貌起见,特订定纲目十条,随时促其注意。纲目列举如左:

1. 在路上遇见师长,一定要行礼。(五步之内立正鞠躬。)

(a) 在教室及宿舍走廊内,或在教室至宿舍间之路上,除每日初次相见外,可免予行礼。

(b) 本校师长如陪同来宾参观时,无论何处遇见,均须行礼;若在教室内上课时,应全体起立致敬。

2. 上课下课,由组长司仪,向教师行礼。(学生上课迟到时,向教师行礼致敬,说明理由,俟教师点首允可后,方可就坐。)

3. 在光华公共汽车内,遇见师长,要表示起立让位的态度。

4. 与师长同行时,要让师长在前;与别人并行时,要让年幼或老的人靠左边走。

5. 衣服要穿得整齐;纽扣要扣好。

6. 不要在路上吃东西;不要随地吐痰,或将果壳纸屑随地抛弃。

7. 到别人房间内,要先轻轻叩门。

8. 别人对我说话时,须要静听。

9. 不要私自开看他人的信札包裹或抽屉。

10. 不要口作啸声;不要口出恶言。

(五)规定宿舍整洁标准　宿舍整洁,本由训育先生会同童子军教练于每日上午八时检查一次。上学年大扫除后,又重定标准,鼓励学生维持整洁之习惯,兹摘录办法数条如下:

一、大扫除后三天内,由教职员六人评判,适合整洁标准者,给予整洁符号,粘在房门玻璃上。

二、嗣后每逢星期六,由训育处统计该星期内各室清洁检查之结果。如六天均能保持整洁标准者,已得符号之各室,得保留其符号;未得者给以整洁新符号。

三、已得符号之各室,如一星期内有一天不能保持整洁标准者,于下星期内取消其符号。

四、一学期中得整洁符号之周数最多之室,由学校给予奖励。

五、一学期中从未得到一次整洁符号者,由训育处调查妨碍各该室整洁之学生,酌扣操行分数。

六、整洁标准：

1. 床铺按时整理,上罩被单,单下不得污秽凌乱,床下亦要排列整齐。

2. 书桌整理清楚。

3. 室内门窗墙壁,能保持清洁不污损者。

(六) 课外活动新试验　课外活动,首贵普及。本校以功课繁重,对于课外作业,每不易支配相当时间,使各组学生均得自由参加。前学年排课时,特将星期三午后时间空出,专为课外作业之用。试行以来,成效卓著。学生均感觉无穷之兴趣,惟行政及指导员方面,则增加不少工作。

兹将廿一年度上学期每星期三午后活动,列表如下:

每星期三午后课外作业表

日　　期	工　　作
九月廿一日	职教员与全体学生谈话会
廿八日	在导师指导之下成立各组组会
十月五日	举行全校时事测验;团体初高中各奖三组,个人各奖五名
十二日	举行全校清洁运动,初高中各奖最清洁之宿舍三间
十九日	组会活动;分远足、郊叙、参观、在校集合数种
廿六日	小考,暂停工作
十一月二日	教职员与学生比赛足球
九日	举行全校算学测验,分团体奖个人奖
十六日	音乐会
廿三日	举行全校国语比赛　分团体奖个人奖
三十日	自修,预备小考
十二月七日	师生联欢会,上午举行运动会,下午游艺会
十四	组会活动
廿一日	公开运动会及锦标比赛
廿八日	各种交谊会
一月四日	辅导自修

观上表工作,可以想象师生课外工作之忙迫,每种工作,有事前之准备,有事后之处置,其间不知费若干人之心思才力,始得照原定计划,顺利进行。以时事测验为喻,自命题而整理而测验而评阅而统计,所费时间,有足称述。再以清洁比赛为喻,事前之布置且不必论,即评判员在八十余房间内之详细观察,四小时内足不停趾,目不停视,思想不旁及,其苦况亦可概见。虽然,人世事业,固未有不劳而获者也。

（七）厉行早操　早操之目的，一在锻炼身体，二在养成早起之习惯。每晨于早餐前，举行一次，为时约二十分钟。当学生出场时，除由体育教员及童子军教练指导外，并由主任及训育人员随同监察。自本学期起，初高中早操均在一处举行。

（八）举行个别及团体谈话　我国师生，除教课外，向少联络，以是弟之于师，有如秦越人之相见，漠然不加喜戚于其心。救济斯弊，非正式之谈话尚矣。个别谈话，收效尤宏，但费时尤多。本校对此，自问尚未尽力，后此当兢兢也，团体谈话，主任、导师及训育人员时常行之。对于各组学生身受之苦痛，怀抱之希望，尚不致茫无所闻。学生行为思想不合者，亦随时恳切劝告。全体训话，则于之举行纪念周时行之。总之，本校师生虽未能融洽如一，尚不致绝对隔膜也。

（九）编辑刊物　学校之月刊，实负有重大之使命，学术于焉探讨，舆论于焉寄托，盖一校之喉舌也。本校初成立时，曾出一《晨曦》季刊，表现师生合作之精神。《晨曦》停刊，又曾一度发行《旭刊》，终以学生会之停顿而不能继续进行。廿一年起由编辑委员会主持，发行《光华附中半月刊》，出版以来，学生投稿者，非常踊跃，各方评论，亦均不恶。曾发行《运动特刊》、《话剧特刊》、《文艺特刊》、《理科特刊》、《励志特刊》、《毕业特刊》多种。以师生间之融洽精神卜之，本校之半月刊，殆方兴未艾也。此外各组均编有壁报，类皆为课余之练习，供同班之欣赏，不登于大雅之堂者也。

（十）举行师生联欢会　本校每学期举行联欢会一次，联欢会之形式不等，或由全体教职员率领学生，分为数队，外出郊叙；或开全校游艺会，各组学生，分认一节目，教师亦逢场作戏，登台表演；或在天气晴和之晚，开一提灯会，集合草地，表演各种野外游戏。上届则举行师生联合运动会，或与男生比球，或与女生赛跑，师生之间，浑忘尔我，每有所举，无不尽欢。是日晚上更殿以游艺会。翌晨仍照常上课，不露倦容，盖兴会所至，精神倍增也。

（十一）奖励学行　本学期各种比赛，均注重团体奖，所以唤起合作精神，泯除自私观念。以演说为喻，向例演说，只奖个人优胜者，本校特变通办法，每组推代表三人，高初中分别举行。视每组代表分数之多寡，定各组之名次。测验比赛，亦以组为主体。此外对于敦品励学，服务勤恳之学生，则仍奖励个人。此项奖励办法如下：

上学期各级学生学行优良，名列第一者，得奖金四十元。名列第二者，得奖金十元。此外如各项功课及格，品德优良，无长时期告假者，发给褒奖状，标准如下：

第一名奖金标准

1. 各科平均成绩在乙等以上者；

2. 无一科在丁等者；

3. 操行列在优良，该学期内未因事记过者；

4. 该学期内请假不满一星期者。

第二名奖金标准

1. 各科平均成绩在乙等以上者;

2. 无一科不及格者;

3. 操行列在优良,该学期内未因事记过者;

4. 该学期内请假不满一星期者。

奖状标准

1、同第一名

2、3、同第二名

4、该学期内请假不满二星期者。

(十二) 参加对外比赛　除体育外,最近一年来学生曾参加四种对外比赛:

(A) 华美烟公司举行之国文奖学金比赛,沪上公私立中学校参加者四十余校,人数一百七十人,本校代表赵遂之列第一,得奖学金四百五十元,谢云晖列第四,得奖学金一百五十元。

(B) 中等学校协进社举行之国文比赛,本校高初中均有代表参加,本校高中列团体第一,初中列团体第三。高中谢云晖列个人第二,姚克广列第五;初中包善传列第二。

(C) 上海中等学校协进社举行之自然科学竞赛测验,每校高初中代表各三人。本校初中列团体第二,高中列第四。初中代表郑兆龙、王志鑫列第三名,廖季清列第九名;高中代表王澄清列第七名,姚克广列第八名,沈其勇列第九名;六人均得有奖品。

(D) 中等学校协进社举行之英文背诵比赛,高中参加者有十六校,代表三十一人;初中有十九校,代表十九人。本校初中代表沈昌瑞列第三,高中由姚克广、张芝联代表,团体列第四,个人姚君列第三。

(十三) 举行郊叙远足　本校每学期各组学生由导师率领,在郊外欢叙,藉以荡涤心胸,联络情谊。每年春假时又有远足之举,上年旅行杭州,学生参加者一百七十八人,本年旅行南京,参加者六十一人。每次均有导师率领,全体制服,排队出发,归后复展览摄影,辅以游记,五光十色,美不胜收。学生又自行组织自由车长途旅行队,自本校出发,沿京沪线直达南京。每到一站,请站长签字,证明到达时间,复与各地新闻记者谈话,报告本校情状。青年之精神与毅力,亦殊可欣羡也。

七、体育概况

本校对于体育方面之设施,虽限于财力,困于设备,不能尽如人意,然平素所施训练方针,尚能循序渐进,勿使畸形发达。以是历年以来,各项运动,均有劲强之代表队选出,与全沪中等学校争雄,间有少数特殊人才,其成绩不仅为中等学校所少有,抑且为当今大学所仅见,如王季淮之田径,张关林之跳栏,均曾代表出席远东第八届运动会;又如奚巧生之足球,徐克培之篮球,均曾充任国家代表,出席万国比赛。又如董寅初之短距离赛跑,董叔照之中距离,陶英杰之中栏,马庆元之铁饼,均被选为中华代表参加国际比赛。凡此数人,固有其特殊之天才,然全校运动空气之浓厚,实有以诱掖造成之。本校对于运动员之资格,限制綦严,凡操行不佳,或学科有不及格者,禁止参与对外比赛,以符三育平均发展之宗旨,而破除历来崇拜选手之习惯。对于普遍运动,则奖借惟恐不力。兹将体育方面之设施择要叙述如下:

(一)建筑健身房 本校久有募款建筑健身房之计划,以款项不敷,未能进行。上学期特重行募捐,再接再厉,于是全校热烈盼望之健身房,遂于春假期内开工,在六三纪念时,或可供我校友及同学比赛球艺也。

(二)体育标准 本校初高中体育,均规定五项运动标准。在每期终了时,举行测验,根据五项运动之成绩,再参考平素体育课之勤惰及运动精神,然后评定各学生成绩之优劣。标准如下:

光华附中体育标准成绩表
高中五项运动

项　　目	及格成绩
六十米赛跑	八秒又十分之八
跑跳远	三米八十
八磅铁球	六米七十
篮球掷准	每分钟十只
引体向上	四次

初中五项运动

项　　目	及格成绩
六十米赛跑	九秒十分之五
跑跳远	三米三五
垒球掷远	二十米
篮球掷准	每分钟七只
仰卧起坐	十次

女子三项运动

项　　目	高中成绩	初中成绩
五十米赛跑	九秒	九秒十分之八
原地跳远	二米	一米八〇
垒球掷远	十米	八米五〇

（三）组际比赛　体育部最繁重之工作，莫如组际比赛，以足球一端而论，上学期各组比赛，前后共十八次。其他如小足球、网球、篮球，均次数繁多，盖不如是，不足以达到普及运动之目的也。不独学生之运动兴趣浓厚，教职员有时亦见猎心喜，与学生或他校教职员比赛，藉以联络情谊，提高成年人之游戏精神。

（四）对外比赛　本校自前年在对外比赛中得十项锦标后，去年又得上海中等学校体育联合会网球锦标，及上海篮球会乙组篮球锦标，中等学校田径大会乙组锦标。然此固不足为学校荣，不过藉以增加学生练习之兴趣而已。

八、童子军概况

本校童子军事业，肇端于民国十六年之春季，先由大学部发起组织，得队员六十四人。翌年始规定为初中部一二年级之必修课程，十八年又规定为初中各年必修课程，十九年成立童子军委员会，并向中国童子军司令部登记，批定为中国童子军第三百八十三团，其设施状况略述如下：

（一）训练状况　童子军训练力主严格。每周授课三小时，其间一小时为队长队员之个别教练，由教练员任之，两小时为各小队之分队教练，由小队长担任，而由教练员监察指导之。各种童子军技艺，则于课后实习，野外训练，则于假日行之。全部训练，除注重技术外，尤注意队员品性之养成，以实现童子军教育之目的。

（二）建筑团部　本校童子军因缺乏适当办事处，由队员自动募集经费，建筑团部一所，于民国二十年落成，内部有礼堂及办公室，对于全校童子军集会训练等事，便利多矣。

（三）建筑营地　二十一年队员又从事建筑营地，有茅亭，营火场，游艺场等设备。凡短时间之野外练习，均在营地举行。

（四）编辑教本　上年曾出版童子军初级课程教本，去年又编辑中级课程教本。

（五）练习长途徒步旅行　去年春假有团员四人步行杭州，本年又有团员十二人步行苏州，结果均甚满意。

其他概况,限于篇幅,不及备载。嗣后进行,苟有所得,当再为文报告,以求当世教育家之教正也。

廿四年四月二十八日

施行非常时期教育应有之认识^[1]

一、中国已到生死关头，只有全国五万八千九百余中学教职员，和五十一万四千余中学生，彻底自觉，才有生路。

二、我们要认识校长是为国家办教育，并且所办的是救国教育；教员是为国家教青年，并且所教的是救国青年。

三、我们要认定国难教育的推行，在教师有一致的热诚。教师怠惰因循，难望学生有踔厉奋发的精神。

四、我们要认定施行非常时期之教育，必须学生能忠实的接受方案。学生要注意到："（一）生活规律化；（二）重群育，修人格，习劳苦；（三）崇科学，讲事实，排空论；（四）明国史，习地理，精研国情，了解世界。"

五、我们要认识目前国家救亡图存的唯一要着，在各方协力，一致对外。政府、学校、学生、社会知识分子，各方一定要打成一片，不容有一点隔阂。

---

[1] 原载《教育季刊（上海）》1936年第12卷第2期。

关于中学校的课外作业问题[1]

　　课外作业的名称,在三十年前的中学校内,听到得很少。现时多数的中学校,都有指导课外作业委员会的组织,对于课外作业,一天重视一天。什么叫做课外作业? 通常的解释是:(一) 不列在正课表的活动,(二) 不计算毕业成绩的活动,(三) 没有预修学程的活动。这个解释,我们尚不能认为满意。

　　课外作业的地位,虽日渐巩固,但一般人对于课外作业的效用,尚不十分明了。因此一个学生多费一些时间玩足球、编辑刊物、招揽广告、研究无线电、参加各种集会,就要受到教师的批评,说他不务正课。实则一个学生全心全意地参加一种团体活动,于个人的体健、修养和增进社会效率方面,不见得没有价值。价值的大小,不在与正课发生多少关系,而在各种活动的本身对于各人所产生的影响如何。例如一个学生因为编辑刊物而得到良好经验,纵使这个经验不能对正课有所裨益,它本身的价值依然存在。

　　谈教育的人,都喜欢引用杜威的话:教育就是生活。实则这句话只说了一半,还有一半是:生活就是教育。学校的生活,不限于在课室内静听教师讲书——这是生活的一部分。课室以外的各种活动,都有重大的教育势力。倘使学校太注重了狭义的教育,而忽略了广义的生活,必致留存不良的影响。我们说这番话,并不是替课外作业张目,不过使大家知道课外作业确有真实的价值。学校的使命,在使学生成为社会上一个有用的人,帮助他得到良好的职业。所以积极的鼓励学生参加有益身心的团体活动,养成善良的品性,增进服务的效率,为学校最大的责任。

　　儿童在长育的历程中,无时无刻不在适应各种情景;有时欲望不能满足,有时环境不能控制。他整个人格的良善与否,就靠着这些经验的总和。所以到中学来的学生,行为上有各种不同的表现,有诚实的,热心的,思想灵敏的,自信力强盛的,能开诚合作的;有驯良的,畏缩不前的,遇事消极的;也有说谎的,欺骗的,凌侮弱小的,易于发怒的,白天胡思梦想的,功课不及格而愤懑的。学校的责任,就在改善儿童和青年的适应。改善

---

[1]　原载《光华附中半月刊》,1937 年第 5 卷第 1、2 期合刊。

适应,须增加他们直接的经验。但一般教职员,都未能明了这个原理,往往强迫学生做他们性情不合的工作,这无异剥夺个人生活上的乐趣。要知各人的秉赋不齐,在课室内不能出色当行的,在他方面也许有强毅的办事能力,热烈的合作精神,天赋的运动技能,宝贵的机械巧思。倘使各个人都能发现他自己的长处,他就得到人生真乐趣。有人说得好:"解放富于创造性的青年,就能创造一个新的世界。"惭愧,我们办学的人,不能努力解放青年的天才,一天到晚的工作,在制造一个呆板的模型,束缚一般能力不同、志趣不同的青年。这里边不知埋没了多少天才,浪费了多少精力。我们只晓得修改课程,编辑教本,督促学生抱了课本念书,不知道帮助他们获得良善的生活。良善的生活,须有应付现实的才能,服务社会的志愿,受人尊敬的品性,积极参加各种生活的兴趣。看了现时的生活,就可以预测将来的生活。要希望将来的生活好,必须使青年现时的生活成为一种愉快的、丰富的、体验的生活。

哈忒(Joseph K. Hart)说:"今日青年的生活,逐渐侧重于校外的、课外的。教育当首先承认这个趋势……学校也应当学,不应当仅教。"(注一)这句话一点不错。批评教育的人,都说,现时的大中学,不啻为学分稽核所。文凭,升级,奖金,都以学业成绩为标准。成绩的高下,大半靠着机械的记忆。所谓社会的目标,完全无人理会。在举行毕业礼的那天,校长也许提到学生健康,品性,职业,暇逸的善用一类问题,但发给文凭时,这些话置之度外了。我相信不久的将来,学校的组织,一定会彻底改革;学校的功课,完全以学生的活动为教材,学生的生活为对象。如学校能虚心的学习,研究问题的核心,而不专注意机械的记忆,便能顾到真正的教育——生活。生活是教育的目的,也是教育的历程。一天二十四小时,一年三百六十五天,各个人无时无刻不在受教育。任何活动,能对于生活和人与人的交接,发生善良的影响,就值得我们注意。

照上边的话,课外作业的价值是多方面的。依据麦孔(Harry C. McKrown),它的职能有六种:(一)准备学生参加民治生活,(二)充实学生支配自己的能力,(三)训练合作,(四)增加学生在校的兴趣,(五)养成守秩序和有规律的习惯,(六)发展特殊的才能,如创造和领袖的能力(注二)。上述的分析,尚未能认为满意。例如音乐会和话剧社所养成的技术,科学研究会所供给的知识,并不能包含在六项职能以内。

柯斯的 L. P, Koos 的分析,较为详尽。他曾列举二十五种课外作业的价值:(一)训练数种与公民的、社会的生活有关的事项,(二)适合青年的天性,(三)社会化,(四)领袖的训练,(五)改善训育和促进学校精神,(六)训练团体合作,(七)增加团体生活的实际经验,(八)训练民治的公民,(九)训练精神修养和艺术欣赏,(十)训练道德的生活,(十一)健康,(十二)适应青年的兴趣和愿望,(十三)增进学业成绩,(十四)理智的发展,(十五)增进学校与地方的关系,(十六)积极的影响教学,(十七)试探才能,(十八)训练家庭的职分,(十九)职业训练,(二十)训练贸易的方法,(二十一)增加学生留校的倾向,(廿二)发抒剩余的精力,(廿三)促进友谊,(廿四)熟悉会议规则,(廿五)基本工具的训练。(注三)

关于课外作业的组织,有几种原则可以提出作为参考:

1. 各种课外作业,学生均须自动的参与。学校不要代庖,替他们定纲要或支配一切进行事务。因为学生不自动的参与,就缺乏兴趣,失掉组织的精神。

2. 各种课外活动,当有教育的意义。凡不能进益青年男女身心的事情,就没有提倡的必要。

3. 任何课外活动,都须与有组织的事业发生关系。如此,学校生活方有一定的目标,不致散漫无规则。

4. 课外活动的种类须丰富,使每人能参与一二种,以便普及。

5. 各种课外作业,全校学生均须有同等的资格参与。

6. 各种活动,须有导师指挥;预算决算,须经学校审核。

7. 课程表内应留出课外作业时间,以便进行。

我们的目的,在鼓励学生参加课外作业,但也须有相当的限制。关于这点,有三种现行的制度,可供参考:

1. 绩点制(The Point System)。此制应用颇广。办法在视各种活动的性质,分别规定绩点。学业成绩较好的学生,可以多参加几种活动。例如平均成绩在八十分以上的,可以参加活动至三十绩点;平均在七十分以上的,至二十五绩点;六十分以上的,至十八绩点。

2. 正辅制(The Major-Minor System)。所有课外活动,分为正辅两组。各学生在每组内所参加的活动,不得超过若干种。例如一个学生可以参加两种正组的活动,或一种正组的活动和二种或三种辅组的活动。

3. 分组制(The Group System)。视课外活动的性质,分为若干组,例如体育组、艺术组、社会组、学术研究组等。一个学生在每组内,只能选定一种活动。此制的目的,在发展学生多方的兴趣,勿令偏于单调的生活。

(注一) Joseph K. Hart: *A Social Interprtation of Education*,P.266

(注二) Harry C. Mc Krown: *Extracurricular Activities*,P.4 - 7

(注三) L. V. Koos: "Analysis of The General Literature on Extra-Curricular Activities". *Twenty-Fifth Yearbook of The National Society For The Study of Education*,Part Ⅱ.

关于离校期间请倪若水代理附中主任的函

窃世承因奉教育部令主持国立师范学院筹备事宜,遵即取道前往湘西接洽一切,已将详情面陈钧座,允准世承请假离校三月。在此时期,中学主任一职,已与倪若水先生面洽,请其代,俾专责有人,进行无滞。

又邢云飞先生于上学期内世承离校时,出席中等学校会议,情形熟悉,此次仍以本校教导主任名义,代表参加各校开会。

以上两事,敬请钧长报告常务校董备案外,并祈加发倪先生代理主任聘书,以昭郑重。

谨呈校长张[1]

中学主任廖世承
二十七年八月十五日

---

[1] 张寿镛校长批示:廖主任请假照准,并盼早日回校,在请假期内并聘倪若水君为代理主任,出席各校仍以邢云飞君代表,均照办,即发倪君聘书并报告常董会。

关于暂时不能回沪任职的函

经公校长暨校务委员会诸公道鉴：

　　顷自渝转来聘书并来电，至感厚意。此间复员问题尚未解决，辞职又未蒙照准，自未便担任其他职务。聘书谨璧。

　　承与光华关系綦深，苟可尽力，自当从旁赞助。

　　千祈鉴谅，专复，顺颂教绥。

弟廖世承谨启
十一月十四日〔1〕

附： 光华大学校董会请廖世承返沪主持附中的函

茂如吾兄伟鉴：

　　久违清辉，顿觉俗尘满斛。就维起居百益，桃李鼎盛，定符私祝。

　　光华大学经敌伪之摧毁，播迁流转，维持至今，弦诵不辍，实乃张故校长之惨淡经营及在校师生之热忱爱护所致。

　　际兹胜利完成，河山重整，此艰苦辛勤所维持之光华，自当立谋恢复校舍一节，已由政府拨给在沪前日本学校校舍，惟校务急待人主持，除朱经农兄已允年内赴沪外，当希吾兄早日莅校主持附中，是则光华前途实深利赖。

　　耑此奉达，祗颂教绥。

弟翁文〇、钱永〇敬启

---

〔1〕　1946 年。

复刊感言[1]

　　本校在战前曾印有旬刊,历时颇久。战事发生后,学校迁徙无定,旬刊遂无形停顿。其间虽曾发行数次通讯,然如曙后孤星,暂时一现。兹胜利来临,万象昭苏,本刊亦得重与读者相见。惟昔日辉煌之校舍,已夷为平地,仅余一牌楼式之校门,巍然独存,在荒烟蔓草中,供人凭吊而已。

　　于此吾人可得一宝贵之教训:教育为精神事业,物质可摧毁,精神不可摧毁。当战事紧张时,敌人豕奔狼突,庐舍为墟,文物荡然。不特本校校舍,悉被焚毁,图书仪器及一切设备,亦损失泰半,校名且改为壬午补习社,形势危殆,朝不保夕。幸赖前校长张公詠霓之艰贞不屈,旧同仁之辛苦支持,以及诸同学之亲师睦友,上下一心,学校生命,赖以不坠,光荣之历史,亦遂不致中断。

　　缅怀过去,益感未来之责任重大。此后宜如何扩充校舍,充实内容,研求方法,砥砺学行,使本校事业,蒸蒸日上,庶不负抗战时期同仁之茹苦含辛,以及复员时诸校董之奔走经营,此则全校师生于本刊发行时所深切期望者也。

---

[1]　原载《光华附中简讯》1947年5月。

关于公布表扬帮助附中救火大学生名单的函

敬启者：

附中部于上月二十七日晨发生火警，是时有大学同学施际平、裘佩熹、朱廷玉、潘国钧、金允正、邵炯然、张世玖、赵惠臣、钟树义、王定世、殷绥公等十一人协助住院师生工友合力施救，尤以施际平、裘佩熹二人出力更多，见义勇为，殊可嘉尚。除已另函道谢外，拟请尊处予以公布，以昭激劝，无任公感。

此致大学校长室

中华民国三十六年五月二日

廖世承

关于请上海市教育局核准附中拟加收修建费的函

　　本校现正建筑学生宿舍及盥洗室、浴室、厕所等,建筑费需十亿余元,除向校友及校外人募捐外,不敷尚巨,拟于本学期学生入学时加收修建费十万元,以资弥补,理合具文呈报,仰祈鉴核祗遵。

　　谨呈

全衔廖

中华民国卅六年八月廿六日星期二

关于请上海市教育局核示附中收费的报告

案查本校为决定本学期高初中收费标准,曾于八月廿三日召开校务会议,当时决定学费高中八十万元,初中五十万元,杂费高初中均为三十万元。又因本年度兴建宿舍,所费不赀,另行专案呈请加收建筑费十万元,纪录各在卷。本校此次所定收费数,尚在各报所载高初中收费标准之下(即高中一百二十万元,初中一百万元)。

嗣钧局在青年会召开私立中小学校长会议,决定高中收费不得超过一百万元,初中不得超过八十万元,惟历史悠久、设备完全、成绩优良、经济公开之学校,如有超过得向钧局声请,至各校建筑费最高以十五万元为度,亦须经钧局核准后,方可征收。当时本校本拟照钧局规定将高初中溢出之数减去,改征建筑费十五万元,二者相抵相差无几。惟因声请建筑费呈文及缴费通知书均已发出,更动为难。念本校创立已二十二年,各项设备尚敷应用,经济一向公开,成绩如何,虽未敢自诩,然对于四项条件似尚适合,且高初中溢出之数极为有限,伏恳赐予核准。万一不能邀准,为免除本校变更困难计,拟仍由代收本校学费各银行照预定收费数收取,一俟开课后,再行定期交还,如何之处,恳请核示祇遵。

谨呈上海市教育局

全衔廖○○
中华民国卅六年九月八日

附一: 上海市教育局关于各私立中小学浮收学杂费限期发还的训令

令私立中小学:

查本学期各私立中小学学杂费征收额早经规定,小学不得超过五十万元,初中不得超过八十万元,高中不得超过一百万元。乃查,仍有少数学校逾额增收,殊属不合。兹规定除已经呈奉本局核准者外,统限于开学时一律将超收之数额全部发还,并须先行公告周知。如敢故违,定予严惩不贷。

至已呈请增收之学校,在未奉核准前亦应同样办理,不得假藉任何名义故违功令。仰即遵照,切切!

　　此令。

局长顾毓琇

中华民国卅六年九月八日

附二： 上海市教育局关于私立中小学本期收费不得超过规定及逾额征收的训令

令本市各私立中学:

　　案奉市政府九月一日沪秘四(36)字第二二三二〇号训令内开"查本年度上学期开始在即,所有本市各私立中小学收费标准,业经规定,应即通令各校:(一)绝对不得超过规定收费;(二)其已收费而超过规定者,应即公告于开学时退还;(三)其声请逾额征收者,在未经该局核准以前,不得征收超额,应俟核准后,将该局核准文件于校内公布补收;(四)凡不遵守规定之学校,即由该局令饬其校董会撤换其负责人,并规定期限具报,否则由该局派员代理。合亟令仰该局切实遵照办理,并随时具报为要"等因,奉此,查本市私立中小学本学期收费标准,业经规定令饬遵行在案,兹奉前因,合行令仰切实遵照办理,毋稍违玩,是为至要!

　　此令。

局长顾毓琇

代行局务副局长李熙谋

中华民国卅六年九月十三日星期六

关于请上海市教育局核准奖励附中已逾二十年教员的报告

　　案查钧局颁布中学教员继续服务满二十年者得予以奖励,本校教员陆尔强于十六年八月入本校担任教职,迄今已逾二十年,未尝间断,理合检附该员履历表一纸,具文呈报,仰祈鉴核,并乞赐予奖励,实为德便。

　　谨呈上海市教育局

　　附陆尔强教员履历表一纸

全衔廖

中华民国卅六年九月十日星期三

附： 陆尔强教员履历表

　　姓名：陆尔强

　　性别：男

　　年龄：四四

　　籍贯：江苏松江

　　学历：美术专门学校毕业

　　经历：光华附中教员、申报馆编辑、西区民众补习学校校长

关于向教育部呈送高初级中学课程标准修订意见的报告

迳启者：

前奉贵司六月十九日、八月一日、十月六日函电并修订高初级中学课程及家事科课程标准草案各一份,嘱签意见奉还等因,遵。经将高初级国文、英文、数学、生物学、史地等各课程标准草案,谨签意见,随函附奉即希察收为荷。

此致教育部中等教育司

附件如文

校谨启

中华民国卅六年十一月一日星期六

附一： 各课程标准草案修订意见

一、国文

甲、初中国文课程标准

（一）选材范围项下：

（甲）文艺欣赏方面,在（一）故事之下,拟增添"杂记"一种。

理由：杂记为现实之写作,初中学生,易于领会,且其描绘山水人物等,颇多文艺意味,在欣赏方面,兴趣较浓,更便于启导学生之模仿,似应列入。

同项：

（丙）生活应用方面,在（一）书信之下,拟增添"签贴"一种。

理由：签贴包括"签条"及"贴式"而言,凡婚嫁丧葬之签条,宴会应酬之帖式,皆文字简单而在生活应用上非常需要,初中学生,国文根底尚浅,习此便易之文字,施教不难而应用则大,似可列入。

（四）教法提要项下,第四条"作文练习"各条中,拟增添"翻译"一种。

理由：初中学生，大多数只能用白话写作，而不了解文言文之作法，如用浅易之短篇文言文，使之译成白话，或将简单之白话语句译成文言文句式，如此互相对译，使知由语文改成文言文之方法，加以岁月，自易写作文言文矣。

乙、高中国文课程

（乙）事理解释方面项下，所列各条中拟增添"学术研究的"一种。

理由：高中学生知识水准渐高，思想方面，亦日见扩展，对于思想之研究，渐感兴趣，尽可选择周秦诸子之学说，作讨论研究之资料，以详论其是非得失而增加其学识，发展其思想。况从前教育部颁布之课程标准，高三教材以学术思想文为主，似宜列入此一种。

（四）教法提要项下，第四条"以能背诵"之下，拟再加"或默写"三字。

理由：背诵仅能于口腔上知其熟读而已，惟目今高中学生往往背诵甚熟而命默写一遍，则同音之误字，触处皆是。盖读时只注重其音调，而忽略认识其字体，如"丧"心病狂之写作"伤"心病狂，风声鹤"唳"之写作鹤"泪"等，故"默写"应与背诵并重，而列入其内。

以上各点就平时教学上经验所得，提贡一己之意见，是否有当，伏乞裁夺。

二、对于修正高初中英语课程标准草案之意见

（一）草案所定目标纯正周详，无大訾议。

（二）初中上课时间每周四小时，微嫌不足，一齐人傅之，众楚人咻之，收效几何？愚意至少每周六小时，每日一小时，使学生每日有听写阅读之机会，较易进境。

高中上课时间不得分某几小时专属读本，某几小时属文法，似有窒碍。因高中读本、文法，并不似初中之合编，若不规定时间，教者每随其好恶，顾此失彼，使学者无所适从。愚意每周规定读本三小时，文法二小时，最为合理。惟一级读本文法须由一人担任，讲授读本时随时指示文法，于讲授文法时，尽量举读本上之句语作实例，俾收融会贯通之效，而无侧重一门之弊。

（三）初中教材，于初二、初三规定简单而有定式之通常信柬单据之类一项，而高中教材于一二三年亦皆有普通应用文件一项，似嫌重复。单据请柬之类，学习虽易，然最少兴趣，不宜列入初中教材。开明书局林语堂编了初中读本，取材精当，惟第三册编入请柬及商业信件颇不合理。愚意应用文件仅须列入高中三年级教材内，于讲 Letter Writing 时连类及之。

（四）草案规定之实施方法及教法要点尽善尽美，惟目前全国公私立中学英文教员能做到此理想者，恐不易多得。就上海而论，中学教员每任课在三十小时以下者已不多得，多者有至每周四五十小时，能不缺课已属上乘，对于学生之学业大半敷衍塞责而已。欲做到此理想，每一教员任课绝对不能每周过二十小时。

三、对于高初中数学课程标准草案之我见

（一）综观高初中所列课程纲要，与旧时不相上下，而每周授课时数反见减少，衡以

现时中学生数学程度之低落,虽有优良教师之诱导,安能收指臂之效？鄙意高初中各级普加一小时,列如下表稍资补救。

（A）高中

学期 时数 学程		第一学年		第二学年		第三学年	
		上	下	上	下	上	下
三角		2	3				
几何	平面	3	2				
	立体			2	1		
代数				3	4	3	
解析几何						2	5

（B）初中

学期 时数 学程	第一学年		第二学年		第三学年	
	上	下	上	下	上	下
算术	4	2				
代数		2	4	2	2	
几何				2	2	4

（二）高中代数分三学期,初中分四学期授毕,极表赞同。惟总时数方面,似应各增二小时,以便详细研讨,免患食而不化之弊病。

（三）三角纲要似应增列"三角形之性质"一章,俾与同授之高中几何发生连系之兴趣。

（四）初中实验几何之教材不宜集中,似应分布于理论几何相当地位或定理之前,庶免重复之弊。

（五）查实施方法概要第二次第（二）目（1）"锐角三角函数……既已于初中习过……",初中既未列入数值三角,似应删去为宜。

四、对于暂拟高中生物学课程标准草案之意见

生物学每周授课二小时,全年实际授课时间不过七十二小时左右,除非减缩教材,否则不易全部授毕。故每周仍应授课三小时,则时间较为宽裕。唯亦只能限于讲解,至于实验应于课外另加二小时,因从实验观察所得,必须用文字及图画予以记载,故一小时似亦不易完成也。

五、兹将阅读修订初中地理课程标准草案后之意见提供于下:

（一）关于时间支配

修订后之初中地理课程之时间,较现有之时间减少达一时半之多,而修订后之教

材,并没有较现有之教材为少。这种相当不合理之修订实施后必有时间不敷或教材太多之虞。

（二）关于教材大纲

（A）修订后之初中地理,过分着重于分省地方地理之孤立记述,而忽略全国整个地理观念之阐述,此点似乎有再修订之必要。

（B）修订后之初中地理教材,大部以省区地理为讲授对象,关于省区划分之不科学化,以及讲授上种种不便,早为一般学者与教员所论及,未知能否将此种教材再加拟定其他之排式,以便教授。

六、兹将阅读修订初中历史课程标准草案后之意见提供于下：

（一）关于时间支配

修订后之初中历史讲授时间适为现有授课时间之一半,依本人以往讲授之经验,现行之每周二小时,修习二学年之标准,仍时有不敷,而不能将中国整个发展之概要全部授毕。如再将现有之时间标准减少,则更难授毕中国史之概要,何况又须兼授西洋史?时间上不敷将更甚矣。

（二）关于教材

初中学生不但对外国历史、发展一无概念,即对本国历史说也只具琐碎之常识,没有整个之观念,如将此班初学历史之学生,骤施中西历史之混合教授,则其成效之些微不言可喻。

七、修正高级中学地理课程标准草案意见

（一）时间支配方面

按原定高中地理课程标准,系每周二小时,共三学年。今修正草案中外地理仅习一学年,较旧有时间减少三分之二,但教材大纲所罗列之项目,却减少无多,将来施教之时,必感时间不敷之苦。例如,本国地理概论方面有十四目,区域有十一单位,若必欲一学期授毕,则每一节目及每一区域之讲授时间均不足两小时,以中国地区之广,地理现象之错综复杂,欲使此众多问题能在此匆促之时间内,使学生彻底领悟,实属不可能之事实也。至于实习参观野外旅行等作业要项,更无时间可供支配。上述本国地理固属如此,世界地理情形亦然。故鄙意高中地理课程至少应照草案所定时间增加一倍,即每周四小时,一学年修完,或每周二小时,两学年修完,其中中国地理与世界地理时间各半。

（二）教材内容方面

鄙意高中学生学习地理,应先授以通论地理之基本智识,然后再授以本国地理与世界区域地理。如先授本国地理,论疆域时,必须涉及经度与纬度;论地形气候,必须涉及断层、褶曲、等温线、年雨量诸名词。若学生未先具有此项智识,势必详加解释,既无系统又费时间,且与草案所列世界地理全球概论一部分之内容重复。故鄙意全球概论部分可易名通论地理。提前讲授内容方面尚可增加"海洋"一节,因洋流对世界气候之影响甚巨也。

本国地理概论方面,除所列十四项节目外,似尚可增加"土壤"一节。因土壤为农业之基础,立国之骨干。我国土壤侵蚀问题之严重,应唤起学生予以注意。

本国地方志内,中部地方尚可增加一"中部山地",包括秦岭、汉水、大巴山、伏牛、桐柏、大别诸山地,因此区置于四川盆地或长江中游,均有不妥,且秦岭一线为我国南北重要界限,特列一节加以说明,似有必要。

地方志内每一区域之界限,将来草案经修正决定后,应分别予以注明。各自然区域之名称,更应求其一致。过去高中教科书之编著者,各凭所好,区划之界限,彼此互异,即同一区域名称又不相同。因此学者、教者均有无所适从之苦。

世界地理之地方志,除分洲概述外,主要国家如美、苏、英、日、南洋、印度等,亦应专章讲述,结论中之"世界形势与中国"一节,范围太广,不如在讲述每一主要国家时,阐明其与我国之关系。如"美国与中国之关系""苏联与中国之关系"等,如此似较具体。

关于教授时所用之挂图、照片、画片、标本、模型、幻灯等教具,应由教育部就教材大纲之内容统筹办理,然后通令各学校采办施用。

附二：　教育部中等教育司关于请提供课程标准草案修订意见的函

迳启者:

本部修订中学课程,已由分科会议拟订各科课程标准草案初稿。素仰贵校对中学课程极富研究,用特检奉该项《修订高初级中学课程标准草案初稿》各一份,函请惠签卓见,于一周内赐还,俾资整理,无任感荷。

此致私立光华大学附属中学

附件如文

教育部中等教育司启

中字第三四一六四号

中华民国三十六年六月十九日

附三：　教育部中等教育司关于催请提供课程标准修订意见的函

迳启者:

案查本部曾于本年六月十九日以中字第六四一六四号笺函及八月一日以中字第四

二九九七号代电,分期寄奉修订中学各科课程及家事科课程标准草案初稿全份各一份,函请惠签卓见在案。

　　今时逾数月,尚未蒙复示。用特布达,至祈察照,于日内惠示意见,俾早整理订定,毋任感祷。

　　此致私立光华大学附属中学

教育部中等教育司启
十月六日

附四： 教育部关于催请提供数学课程标准修订意见的函

迳启者：

　　案查本部曾于本年六月十九日以中字第三四六一四号笺函,寄奉修订中学数学科课程标准初稿全份各一份,函请惠签卓见在案。

　　今时逾数月,尚未蒙复示。用特布达,至祈察照,于日内惠示意见,俾早整理订定,毋任感祷。

　　此致廖世承先生

教育部启
十月六日

关于向上海市教育局呈送附中毕业生状况调查表的报告

案奉钧局沪教统(36)字第〇二六三七号训令,略以奉部令制发本市三十五学年度第二学期中等学校毕业生状况调查表一种,仰即查明填报等因,并奉部颁表式一纸,奉此,经已遵照填就,理合检附原发表式备文送呈。仰祈核转汇报。

谨呈上海市教育局

附三十五学年度第二学期中等学校毕业生状况调查表一纸

全衔校长廖〇〇

中华民国卅六年十一月廿一日星期五

附：上海市三十五学年度第二学期中等学校毕业生状况调查表

(一) 中学及职业学校

校名：光华大学附属中学　　　　　三十六年十一月十九日填

类别	共计 男	共计 女	升学 小计 男	升学 小计 女	专科以上学校 男	专科以上学校 女	高中及高职 男	高中及高职 女	师范 男	师范 女	军警学校 男	军警学校 女	其他 男	其他 女	服务 小计 男	服务 小计 女	小学 男	小学 女	农业机关及农场 男	农业机关及农场 女	工业机关及工场 男	工业机关及工场 女	商业机关及商场 男	商业机关及商场 女	医院卫生机关 男	医院卫生机关 女	其他机关及学校 男	其他机关及学校 女	闲居 男	闲居 女	其他 男	其他 女
高级中学	68	4	43	2	42	2					1				1								1								24	2
初级中学	22	7	22	7			22	7																								
高级职业																																
初级职业																																

关于向上海市教育局报送三十六年度第二学期附中简明概况表的报告

迳复者：

　　接准贵处三月廿日大函祇悉，本学期简明概况表兹遵依式填就，随函奉上照片一项，早经于去岁十二月十二日以沪华(36)字第 69 号函送贵处奉拜，希大察为荷！

　　此致上海市教育局中等教育处

　　附上海市卅六年度第二学期光华附中简明概况报告表一纸

(全衔)廖○○

中华民国卅七年三月廿六日星期五

附一：　上海市三十六年度第二学期光华大学附属中学简明概况报告表

级　别		高　中	初　中	共　计
学生数	男	419	281	700
	女	92	112	204
	合	511	393	904
学级数		13	8	21
教职员数	专任	37	寄宿生数　男生	308
	兼任	14	女生	53
	合计	51 人	合计	361
上学期校舍扩充情形		建筑二层学生宿舍一座，可容五百人，另建盥洗室、浴室、理发室、厕所等七间，以供寄宿生之用，修建劳作、音乐教室，增辟图书阅览室、史地研究室及教室数间，原有运动场外围加筑跑道。		

一、本表务请收到后即填送本处

二、各校荣誉照片如有未缴者请即日送处(至少一张)

附二：　上海市教育局中等教育处关于填报中学简明概况报告表的通知

迳启者：

　　本处为编印中等教育概况，特制定本学期简明概况报告表一种，务请即日填送本处，以利工作进行。又各校应送备选附印之照片三张，有未缴者亦请即日送到，以便选印（至少须缴一张）为荷。

　　此致

上海市教育局中等教育处启

三月廿日

关于向上海市教育局呈送卅七年度第一学期附中简明概况表的报告

　　接准九月六日第○○二五七号大函,嘱填寄简明概况表等由,兹遵将该项概况表填就,随函奉达,即希查照为荷!

　　此致上海市教育局中等学校教育处

　　附中等学校简明调查表乙纸

全衔　廖
中华民国卅七年九月十五日

附一:　上海市中等学校简明概况表(卅七年度第一学期)

级　别	高　级		初　级		合　计	
学生数	584人		400人		984人	
学级数	13级		8级			
教职员数	专任39人				工役20人	
	兼任13人					
寄宿生420人	收费	高级(学费)50金圆		收费	金额预计4 500金圆	
寄膳生420人		初级(学费)40金圆			人数预计150人	
上届毕业生	升学		就业		其他	
高中	共96人	高中	77人	高中	6人	高中	13人
初中	共71人	初中	66人	初中		初中	5人
备注	本校注册尚未截止,上列高初级学生课系计算至本日为止					
说明	1. 本表上须加盖钤记 2. 本表限于九月十五以前填报送处 3. 市立专科学校附有中学班次者,请合填(中学与专科各一张) 4. 设有二科以上之职校,请于备注内说明高初班级科别及学生人数					

附二：　上海市教育局中等教育处关于填报中学简明概况报告表的通知

　　兹寄上简明概况调查表一种，务请于本月十五日以前填报送处，以资查考。又本学期各校人事，如有异动情形，务请随时函报本处核备，相应函达，即希查照为荷。

　　此致

　　附发本学期简明概况表乙份（略）

上海市教育局中等教育处启

九月六日

关于转发附属中小学毕业证书印制规定的通知

迳启者：

案奉华东军政委员会教育部十月廿五日教高学字第〇〇七二三七号通令节开"高等学校附属初中、小学校毕业证书，应遵照各该区中、小学教育主管部门规定的格式印制，由隶属的高等学校转请主管部门验发"等因，相应转达，即希查照为荷！

此致本校附中、附小

私立光华大学启

一九五〇年十月廿七日

附：　华东军政委员会教育部关于转发中央人民政府关于高等学校学生毕业证书及新生转学生等各有关问题的指示的通令

光华大学：

关于高等学校学生毕业证书及新生转学生等各有关问题，经呈奉中央人民政府教育部高字第八三二与第八三五两号文批复，指示以下几点意见，特转知，希即遵照办理。

一、解放前毕业生证书，概不由教育（文教）部验印颁发，可由其毕业的学校负责给予证明文件。为防止滥发起见，一方面学校应负责慎重办理；另一方面可通知各学校定期具报，俾便随时检查。至停办的学校，其毕业生之证件，如有可靠证明者得由主管教育行政机关查明发给。又遗失解放前毕业生证书，而其毕业学校仍旧存在者，应向原校陈述理由，按照向例申请发给证明文件，其已经停办者，照上述规定办理。

二、关于毕业证书格式，除军事学校外，全国高等学校均应遵照规定格式办理。在报请验印时，除呈送毕业证书外，并附毕业生名册一份。验印办法如下：

甲、各大行政区教育（文教）部直接领导的高等学校，由各大行政区教育（文教）部分别验印。省市立高等学校由省市（文教）厅（局）分别验印。

乙、由有关业务部门直接领导的高等学校毕业证书，应遵照规定格式印制，由同级教育行政主管部门负责验印，并应同时造具毕业生名册一份，分送其直接领导的业务部门存查。

丙、高等学校附属的中、小学校毕业证书，应遵照各该区中、小学教育主管部门规定的格式印制，由隶属的高等学校转请主管部门验发。

三、高等学校新生入学证件，由高等学校负责慎重审查，报请教育行政主管部门备案，为防止徇私舞弊不负责任的流弊，主管部门于必要时，得施行检查。

四、按照我部高等学校一九五〇年暑期招生的规定，师范学校及职业学校毕业生，须于毕业后服务满二年，始得投考高等学校，但经隶属的教育行政主管部门核准者，不在此限。又对于已在高等学校肄业，不合上述规定的学生，不予深究。

五、师范学校及职业学校肄业二年停学一年的学生不得以同等学力投考高等学校。

六、转学生暂按向例办理。

华东军政委员会教育部部长吴有训

一九五〇年十月廿五日

关于代理附中校长已获批示致包玉珂的函

关于本校附中校长张芝联请病假半载,职务由包玉珂代理一案,业经呈奉上海市人民政府教育局三月廿九日教中(51)字第○一八九九号批复开"呈附均悉云云,仰即知照"等因,特函转达,即希查照为荷!

此致本校附中包代校长

主席校董廖○○

一九五一年三月卅日

附: 上海市人民政府教育局关于私立光华大学附属中学校长准由包玉珂代理的批复

呈乙件,"为私立光华大学附属中学校长张芝联因病请假半年,并请包玉珂代理职务,祈核示"由,呈件均悉。

除该校董会另案候核外,校长张芝联准给病假半年,职务准由包玉珂代理,仰即知照!

此批。件存。

上海市人民政府教育局局长戴白韬

一九五一年三月廿九日

附

录

我的少年时代[1]

　　日昨陆君上之来嘉,转达《良友》图书杂志同人意旨,约我写一篇生活回忆,于二三日内交卷。我说:"我是一个很庸碌的人,没有什么奇节特行可以写,并且我从不曾想到写自传一类的文章,材料一无准备,请你约别人罢。"他说:"别人实在来不及约,中学生看本杂志的很多,先生对于中学教育经验,随便写一点生活的回忆,中学生定然欢迎。"我说:"好,那末我来凑数罢!"

　　我在十七八年前研究测验的时候,常想我幼年时的智慧不知怎样。我记得母亲曾告诉我,在中国年龄三岁时,我会自己吃饭;《荡寇志》上的图像,我能一一叫出名字;座椅靠背上的小字,都能认识。六岁那年,我进了伯父家的私塾。那一年我父亲下部生了外症,我天天替他换药线。有一天我的堂兄世祁走来同我谈——他比我大八岁。他很诚恳地说:"我们宅内的弟兄辈,将来要算你最有出息了。"我同他谦说:"换药线有什么稀奇呢!"他说:"我不是指这一回事。"其实我何尝不明白他不是专就一件事而论。我读书的天分并不高,但我是记忆尚好。所以在八九岁时,四书五经已经读了一半,在读《礼记》了。因为读书不费力,就顽皮不用功。有一天晚上我躺在竹榻上纳凉,我听到母亲与大伯谈话,说我怎样不肯读书,比我大三岁的胞姊骊珠轻轻把我推了一推说:"弟弟,你不听见吗? 家里人说你不用功,还不要紧,现在闹得亲戚外边人都知道,还不努力争气!"我当时没有答言,可是她的神情语气,深深地印在脑际,在我求学史上,发生了很大的影响。她不久就生病死了。我每次想到她的劝告,就凄然下泪。

　　我的胞兄世臧大我四岁。他的天分很高,人又非常忠实。那时我的堂伯父谷似公巡抚浙江,在家乡创办了一所清华学堂(不是北京的清华学校)。聘请的英、国、算教师,都是各省知名之士。我的胞兄进去时,只有十一二岁,但是他进步很快,不断的跳级。各教师都爱他,有一位国文教师还说五体投地的佩服他。我因为年龄小,只在师范生指导班上读国文。一年后仍回到大伯父家私塾读书。

---

[1]　原载《良友》1935 年第 109 期。

幼年在家读书有一件事永远不易使我忘记的。我父亲博览群书,记性很好,掌故又很熟。每逢晚膳时,父亲总喜欢把历史上的事实及有趣味的故事讲给我们听。我有时听得眉飞色舞,有时慷慨激昂。这对于我性情上的陶冶,确有不少影响。

我在十三岁时进了舅父家设立的中城两等学堂。第一次开笔作文,只做了六十七个字,但是就得到很好的评语。在中城读了一年半,就转到县立高小的毕业班,于十五岁毕业。

那时清华学堂已停闭,我的胞兄转入南洋公学。他初进去就跳升一班。他与我姊姊的感情很好,姊姊病死时,他受了很大的刺激。自此他遂喜欢看佛经。在南洋肄业时,常到南京看杨仁山先生,研讨佛理。他在南洋中学毕业的名次很高,本有派送出洋的希望。因为他佛经看得太多,神经有些变态,遂留在家中养病。父亲期望儿子成名的心很切。吾兄少年时,头角峥嵘,聪颖逾常,满拟可以光大家声。不料刚入中学,就茹素看经,志不在问世。父亲屡次劝他无效,心中异常失望。待后来有了病,父亲更是郁郁不欢。吾家本寒素,全恃父亲笔耕舌养。吾兄病后,更形拮据。有一次母亲不知为什么事在房中哭泣。我心里非常难过,一个人躲在书房里流泪,自己告诫自己将来定要做个好人,使得我双亲快乐。不料后来留学回国,母亲即缠绵病榻,未几去世,始终未曾孝养。树欲静而风不宁,子欲养而亲不在。午夜梦回,每一念及,辄心伤不能自已。

我在高小毕业后,即投考邮传部高等实业学堂(即南洋公学),与我并坐应考的为孟君宪承,时监督为唐蔚芝先生,雅重国文。进校不满一月,就碰到国文大会。题目记得有两个,一题是汉高祖项羽拿破仑华盛顿合论。我前幅套了戴名世范增论的意思,后幅结论还精警。不过当时大中院学生有五六百人,我是一个中学一年级的新生,有什么希望。岂知出榜时,自己名次在四十以上,还得了几块钱的奖金。那时除了正课外,星期日另开国文补习班,专备对于国文有兴趣的学生研习,补习班分好几级,有特班,甲班,乙班等。特班由监督自己教,甲班由中文总教习担任,其余由各教习分任。我起初不知分在哪一班,不久就升到甲班,调到特班。当时我对于国文的兴趣,确甚浓厚。

我幼年时喜欢看小说,特别是武侠小说;时常使枪弄棒,仿效拳师力士的行为。待进了南洋,性情就大变,喜看明儒学案。课余常独自坐在床上,静静地看书。晚上时与同班知友谈论国事,往往至灭灯后犹不肯睡。当时对于民立、民吁报骚心、渔父、血儿、天仇等文章,非常爱读。闲时与父亲谈,常不满意于君主体政,深佩黄黎州先生的议论。那时醉心革命的青年,因痛恶满人,就只斥曾左胡为汉奸。余颇不谓然,以为曾左胡的立身行事,有可令人敬佩地方。洪杨之所以覆亡,自有取败之道,不能尽怪曾左胡。父亲对此点,深表同情,说我是真正的新人物。

就在清廷逊位、革命成功那一年,中学五年有改为四年之说,因此吾班的功课,提前教毕。民国肇造,我校四五年级同时毕业。上级提出抗议,谓吾班毕业,不能与彼班相提并论,文凭不许在大会堂领取。时清华适假南洋招生,录取者均有出洋之望。各地来报名应试者络绎不绝。余与同班知友数人,在校外假一住所,闭户苦读,预备背城借一。及清华揭晓,吾班取了八人,上级竟无一人录取。

南洋初毕业时,有戚友荐我至湖南教书,月薪四十元。父亲询我意旨,我说:"现时家况虽然艰苦,尚未至山穷水尽地步,我总抱定得寸则寸,得尺则尺的决心,不愿我的求学历程半途而废。"父亲遂听我至北京清华受学。在清华三年,碌碌无可称述。当时同班学友曾发行一种刊物,名曰《课余谈》,流行颇广。我曾一度为该刊物中文总编辑。

民国四年我与同学起程赴美入勃朗大学(Brown University)为二年级生。我知道双亲盼我早日就事,所以不愿抛了家庭,长期留学。我每学期总想多读几个学分,可是勃朗对于学分的限制甚严,非上一学期成绩优异,不许多读。我很侥幸,在四年内做了六年工作,读毕了六年学程。回想当时,有几件琐事,饶有兴味。勃朗的中国学生并不多,因此不免少见多怪。我初进大学,选了一门教育原理。那门课要每星期做阅读报告。某次的报告合了教授意思,叫我在班上当众诵读。过了一天在法文班上,恰巧轮到我的诵读。我在本国已读了多年法文。在南洋时由佘神父教读。在清华又读了三年,所以我的法文确有相当根底。那天读过后,教授在上边欣然微笑。同堂的学生不期而然的在地上顿脚,表示赞美。那天晚上恰巧法文教授邀集班上同学在他寓所开茶话会。同学要我唱本国歌,我就唱了一支,散会后我听到有两个同学谈话,一个说:"你认识那个'Jap'吗?"另一个说:"禁声,他在前面。"我就回过头说:"我不是日本人,是中国人。"

除了哈佛大学外,美国硕士的功课比较容易读。最严紧的是大学一二年级的学程。我虽然进二年级,可是一年级内有几种科目是一定要学习的。最使我担心的为一年级的英文。每星期要做四篇短文,每月要做两篇长文,并且限定了交卷的日期时刻。倘使迟一分钟投入 Pigeonhole,就不收受。留学该校的前辈告诉我,某人重读了一次,某人重读了二次,美国学生每学期也总有十之三四不及格。有一天我和几个同学吃饭,有人说起有一个中国学生写的信被教授在班上读出来了,说写得很好。当时我的英文说得很坏,同学某君自幼留学美国,英语很流利,大家都以为是他写的。他含糊承认。后来才知道不是信。是我的一篇短文,题目是初次接到家信。文中写未接信前的坐不是立不是,及接信后的心理变迁,到学期终了,我那门功课不单是及格,还得了 B 的等级,这真使我喜出望外。

美国有两种荣誉学会,一种是属于文学的,一种是属于科学的。凡在大学肄业,成绩优异,得到多少 A 以上,经教授特别保举,会中选举通过,方能入会。入会后,佩匙一个,以为标识。习文科的得 Phi Beta Kappa 金匙,实科的得 Sigma Xi 金匙。我进的是二年级,已经错过一年的机会,要在三年内得到那么多 A,事实上有些为难。不料在第四年时,教授因为我研究的是心理学和测验,把我的名字提出 Sigma Xi 会,选举通过。勃朗男女两校,有学生数千人,那年获得金匙的,男生有七八人,女生三人。入会的那天,礼节隆重,有耶鲁及威斯康新大学总教到会演说科学上的新发明,由主席发给文凭金匙,教授及外宾均握手殷勤道贺,并有丰盛的宴会。我那天的快乐,真胜过金榜挂名时。

　　勃朗的教授给我深刻印象的很多。关于教育及心理方面,有两位教授与我最相契。一位是 Professor Jacobs,他是一位诚恳切实的老教授,对于学生的功课,丝毫不肯放松。他很看得起我,常说:"君每做必佳。"("You always do Fine things.")还有一位是总教 S. S. Colvin,他的著作很丰富,也很器重我,常在人前称道勿衰,我每次到哥伦比亚大学暑校肄业,他总介绍我见一两位有名教授。信中盛称我的品性、能耐,并说:"人家做得到的事,伊也能做到。"可惜我回家太匆忙,没有在美国多读几年书,好好写完我的论文。使他很失望。我回国后,他就为哥伦比亚大学聘去当教授。六年后患心脏病死了。死的时候,他的女书记还特地写信通知我。

留美时代的廖世承

在美国加入欧战的那年,生活程度甚高。我因为准备博士论文材料,各地奔走测验,费用也较繁。有一个时期,我很受经济压迫,想找些事做。恰巧某中国饭店在星期六星期日两天生意特别忙,侍者有些招呼不过来,我想同经理说,愿意费两个晚上在他店中服务。可是到了饭店门口,勇气消失,觉得说不出口来,忸怩了好久,才向店中人说明来意。他们倒很客气,说你银钱不凑手,尽管来吃饭好了,不必付钱。我说没有无功受禄的理。于是两面言定。但是这个味道,并不好尝。客人多的时候,真有些张罗不过来。并且有的客人一口气报了七八样的花色,你得一件件记在心里。有一次不知弄错了一样什么菜,客人发脾气了,一个侍者跑到我身边严声的责问。我当时气往上撞,真有些受不了。可是转念一想,这点气受不了,还成什么人。我来店内,原是逢场作戏,何必与他认真。而且我快要回国了,在国内服务,没有咬紧牙关和血吞的本领,是不能成就什么事业的。这样一想,当时就很和悦地领受了他的责备。我觉得这种沉住气的练习,于我后来的事业是有帮助的。记得在东大附中当主任时,有一位教员对我的设施常抱讥笑的态度。有一天在鸡鸣寺开会,他的话说得很尖刻,旁边一位教员低头微笑。我当时很想发作,抬起头来看见寺内悬挂一联"忍片时风恬浪静,退一步海阔天空",顿时就觉得心气和平。在店内服务有不少趣事,我现在只谈几件小的,有一次有一个军官对我凝视了半刻,自言自语地说,"可惜这样一个青年从事于这种职业"。又有一次有夫妇二人吃饭,男子问有无 pie,我说有。又问有何种 pie,我说有 peach, apple, pumpkin, and so on。彼戏语曰,无 squash 耶? 我知道 squash 与 pumpkin 的分别,惟此分别至微细,寻常人知道的很少。我故意问他,squash 与 pumpkin 有分别耶? 男不能答,女浅答曰,"实无甚分别,同名一物耳"。男还要追问时,女就止住他说,"你快不要开口了,人家说的英文比你高明得多"。后来我家内汇了款来,同时留美学生每月的津贴已由六十元增加至七十元,款已敷用,我就绝迹不再往了。

时欧洲大战告终,我国南北已一致决议,不签和约,不承山东胶州割让日本。我偶与某西人谈及此事,他说:"那末预备怎么办呢?"我说:"只有不签和约。"他又问:"Does that make any difference?"我听了很气。在国外留学,不知受了多少刺激。我常想回国以后,对于国人,任何意气可以消释,惟对于侮辱我的东西各国,定须争一口气。

我在勃朗三年,同时得到两个学位及 James Manning Scholarship。第四年我感觉最忙,一方面读研究院的规定学分,一方面东奔西走,在各地接洽测验,搜集论文资料,一方面准备博士考试(分笔试口试二种,还须试验德法文)。我本来可以从容再留一年,转至欧洲读书,因为父亲来信说:"……警诸浮舟江海,幸得望见口岸,忽又横生阻力,推而远之,个中之人,能无惆怅! 自吾言之,汝既苦心孤诣,双管齐下,终此学年设竟未偿所愿,遽尔舍去,必致大违汝意,亦非我心所安。然吾向闻人言,硕士一阶,非仅恃课程及格,必须由教员荐举。博士一阶,更须得完善之著作,往往有一读再读卒未达此目的者。西人且然,何况汝辈? 明岁大考,果能如天之福,一举两得,便是大功告成,不必更为无厌之求。倘不如意,只可再留一年。……"我决计博士考试及格后,朴被回国,论文在国内写就后寄去。所以我的博士文凭,回国二年后才得到。

我于民国八年回国,任南京高等师范教授。初起教书很有成绩,学生均感兴趣横生。可是时运不好,教书不到两个月,附属中学内部发生了问题,郭鸿声先生硬要我担任附中主任。从此行政的枷锁,整整套住了十六年,到现在还不能解脱。这十六年里边的经验,确有可以称述的点,暇拟写一专书,就正于中学教育界。友人说我在南高东大八年的设施,为余生平一页光荣史。迩时东大附中几执全国中等学校的牛耳,投考人数,为全国称首。现时盛倡的军事教育,童子军教育,扩充理科设备,提高学生理科程度,偏重实验教育,强迫全体学生穿着制服,注意课外活动等,在十余年前附中已一一提倡,切实奉行。学校停办后,离校学生莫不皇皇然思念母校不已。彼时余虽事务鞅掌,仍不废写作。余闻南通张季直先生志愿每年举办一种新事业,我虽精力名望不逮前辈,私心窃慕其言,思在行政事务外,每年写书一册。综计在京八年,写书至六七册,其中有再版在十六七次以上者,智力测验及教育测验亦编有多种。

我离开东大后就进光华。初进光华时,南北各大学均有函来接洽,程柏庐处长坚邀我就江苏省校校长,周寄梅、任叔永二先生电邀余[任]中华教育文化基金会秘书长,中大校长张君谋又以教育处长事征求我同意,工部局亦拟以华人教育处处长一席与我,我以光华挽留,均辞谢未往。在光华八年余,成绩殊不及昔日。惟沪嘉伊迩,便于定省,每逢假日返舍,与老父一樽相对,闲话家常,为平生乐事。暑期内得有长期休养,每当夕阳西下,清风徐来,卧庭中藤椅上,执卷吟哦,悠然自得。惟念国难日深,生平报国志愿,百不偿一,而岁月不居,回国来倏忽已十七年,修名未立,良可叹息耳。

1949 年秋季学期各系各学年课程表

一、文学院中国文学系暂行课程

（一）本系学生须修满八学期一四四学分，呈缴毕业论文一篇，经审查及格方准毕业，本系毕业生称文学士。

（二）自然科学就普通生物学、普通心理学任选一种。

（三）社会科学就政治学、社会学任选一种。

中国文学系第一学年课程

学程名称	上学期学分	下学期学分	备　　注
新民主主义	2	0	
新哲学	0	3	
基本国文	3	3	
基本英文	3	3	
中国通史	3	3	
自然科学	3/4	3/4	于普通生物学及普通心理学二种中任选一种
政治经济学	3	3	
读书指导	2	2	
体育	1	1	
总计学分	20/21	21/22	

中国文学系第二学年课程

学程名称	上学期学分	下学期学分	备　　注
世界通史	3	3	
社会科学	3	3	于政治学、社会学二种中任选一种

（续表）

学程名称	上学期学分	下学期学分	备　　注
文选及习作	3	3	
中国文学史	4	4	
文字学	2	2	
选修	3	3	
总计学分	18	18	

中国文学系第三学年课程

学程名称	上学期学分	下学期学分	备　　注
诗选及习作	2	3	
词选及习作	3	0	
曲选及习作	0	3	
专书选读(一)	3	3	
世界文学史	3	3	
声韵学	2	2	
选修学程	4	4	
总计学分	18	18	

中国文学系第四学年课程

学程名称	上学期学分	下学期学分	备　　注
专书选读(二)	3	3	
小说戏剧选	2	2	
训诂学	2	0	
毕业论文	0	2	
选修学程	9	8	
总计学分	16	15	

二、文学院外国语文系暂行课程

（一）本系学生须修满八学期一四四学分,呈缴毕业论文一篇,经审查及格方准毕业,本系毕业生称文学士。

（二）自然科学就普通生物学、普通心理学任选一种。

（三）社会科学就政治学、社会学任选一种。

外国语文系第一学年课程

学程名称	上学期学分	下学期学分	备　注
新民主主义	2	0	
新哲学	0	3	
基本国文	3	3	
基本英文	3	3	
中国通史	3	3	
自然科学	3/4	3/4	于普通生物学及普通心理学二种中任选一种
文法复习及修辞	3	0	
社会科学	3	3	就政治学、社会学任选一种
英语语音学	0	3	
体育	1	1	
总计学分	21/22	22/23	

外国语文系第二学年课程

学程名称	上学期学分	下学期学分	备　注
世界通史	3	3	
政治经济学	3	3	
实用英语	2	2	
英文散文选读及习作(甲)	3	3	
俄国文学选读	2	2	
第二外国语	3	3	
选修	2	2	
总计学分	18	18	

外国语文系第三学年课程

学程名称	上学期学分	下学期学分	备　注
英文散文选读及习作(乙)	2	2	
戏剧选读	3	3	
小说选读	3	3	
欧美文学名著选读	3	3	
翻译	2	2	
第二外语	3	3	

（续表）

学程名称	上学期学分	下学期学分	备　　注
选修	2	2	
总计学分	18	18	

外国语文系第四学年课程

学程名称	上学期学分	下学期学分	备　　注
英文散文选读及习作(丙)	2	2	
文学批评	2	2	
分期英国文学研究	3	3	
选修学程	7	7	
毕业论文	1	1	
总计学分	15	15	

三、文学院历史系暂行课程

（一）本系学生须修满八学期一四四学分,呈缴毕业论文一篇,经审查及格方准毕业,本系毕业生称文学士。

（二）自然科学就普通数学、普通生物学、普通化学、普通物理学任选一种。

（三）社会科学就政治学、社会学任选一种。

历史系第一学年课程

学程名称	上学期学分	下学期学分	备　　注
新民主主义	2	0	
新哲学	0	3	
基本国文	3	3	
基本英文	3	3	
中国通史	3	3	
自然科学	3/4	3/4	
政治经济学	3	3	
中国地理总论	2	2	
体育	1	1	
总计学分	20/21	21/22	

历史系第二学年课程

学程名称	上学期学分	下学期学分	备　　注
世界通史	3	3	
西洋近代史	3	3	
社会科学	3	3	
中国近代史	3	3	
世界地理总论	2	2	
选修	4	4	
总计学分	18	18	

历史系第三学年课程

学程名称	上学期学分	下学期学分	备　　注
中国断代史(一)(二)	3	3	
西洋断代史(一)(二)	3	3	
亚洲诸国史	3	3	
中国沿革地理	3	0	
西洋国别史	0	3	
选修	6	6	
总计学分	18	18	

历史系第四学年课程

学程名称	上学期学分	下学期学分	备　　注
中国断代史(三)	3	0	
西洋断代史(三)	0	3	
专门史	3	3	
中国史学史	3	0	
史学方法	0	3	
毕业论文	1	1	
选修	6	5	
总计学分	16	15	

四、文学院教育系暂行课程

（一）本系学生须修满八学期一四四学分，呈缴毕业论文一篇，经审查及格方准毕业，本系毕业生称教育学士。

（二）本系学生应就文学院中国文学系、外国语文学系、历史系，理学院数理系、化学系、生物系选定一系为辅系，并在该系学程中至少选读二十四学分。

教育系第一学年课程

学程名称	上学期学分	下学期学分	备　　注
新民主主义	2	0	
新哲学	0	3	
基本国文	3	3	
基本英文	3	3	
中国通史	3	3	
普通生物学	4	4	
普通心理学	3	3	
教育概论	3	3	
体育	1	1	
总计学分	22	23	

教育系第二学年课程

学程名称	上学期学分	下学期学分	备　　注
政治经济学	3	3	
世界通史	3	3	
教育心理学	3	3	
中国教育史	3	3	
教育方法	0	2	
教育行政	3	0	
辅系学程	3	3	
总计学分	18	18	

教育系第三学年课程

学程名称	上学期学分	下学期学分	备　注
中等教育	3	3	
初等教育	3	0	
社会教育	0	3	
西洋教育史	3	3	
教育统计学	3	0	
心理及教育测验	0	3	
发展心理学	3	0	
辅系学程	3	6	
总计学分	18	18	

教育系第四学年课程

学程名称	上学期学分	下学期学分	备　注
比较教育	3	0	
教育哲学	0	3	
小学各种教材及教法	2	2	
教学实习	3	3	
毕业论文	1	1	
辅系学程	5	4	
总计学分	14	13	

五、文学院社会学系暂行课程

（一）本系学生须修满八学期一四四学分,呈缴毕业论文一篇,经审查及格方准毕业,本系毕业生称法学士。

（二）自然科学就普通数学、普通生物学、普通化学、普通物理学任选一种。

社会学系第一学年课程

学程名称	上学期学分	下学期学分	备　注
新民主主义	2	0	
新哲学	0	3	
基本国文	3	3	

（续表）

学程名称	上学期学分	下学期学分	备　　注
基本英文	3	3	
中国通史	3	3	
自然科学	3/4	3/4	
社会学	3	3	
普通心理学	3	3	
体育	1	1	
总计学分	21/22	22/23	

社会学系第二学年课程

学程名称	上学期学分	下学期学分	备　　注
政治经济学	3	3	
世界通史	3	3	
社会科学	3	3	就政治学、新法学概论任选一种
统计学	3	0	
社会心理学	0	2	
人类学	3	3	
选修	4	4	
总计学分	18	18	

社会学系第三学年课程

学程名称	上学期学分	下学期学分	备　　注
社会事业及行政	3	3	
社会制度	3	3	
社会调查	3	3	
中国社会问题	3	3	
选修	6	6	
总计学分	18	18	

社会学系第四学年课程

学程名称	上学期学分	下学期学分	备　　注
社会思想史	3	3	
近代社会学理论	3	3	

(续表)

学程名称	上学期学分	下学期学分	备　　注
毕业论文	1	1	
选修	8	7	
总计学分	15	14	

六、文学院政治系暂行课程

（一）本系学生须修满八学期一四四学分,呈缴毕业论文一篇,经审查及格方准毕业,本系毕业生称法学士。

（二）自然科学就普通数学、普通生物学、普通化学、普通物理学任选一种。

（三）社会科学除政治学、政治经济学为本系必修外,尚须就新法学概论、社会学二科目内选习一种。

（四）宪法一学程包括中国政府组织史之发展、中央及地方政府之关系、中央政府之组织、县以下各级基层组织。

政治系第一学年课程

学程名称	上学期学分	下学期学分	备　　注
新民主主义	2	0	
新哲学	0	3	
基本国文	3	3	
基本英文	3	3	
中国通史	3	3	
自然科学	3/4	3/4	
政治学	3	3	
比较宪法	3	3	
体育	1	1	
总计学分	21/22	22/23	

政治系第二学年课程

学程名称	上学期学分	下学期学分	备　　注
政治经济学	3	3	
世界通史	3	3	
社会科学	3	3	

（续表）

学程名称	上学期学分	下学期学分	备　　注
各国政府及政治	3	3	
中国政治思想史	3	3	
选修	3	3	
总计学分	18	18	

政治系第三学年课程

学程名称	上学期学分	下学期学分	备　　注
中国政府	3	3	
中国外交史	3	3	
西洋政治思想史	3	3	
国际公法	3	3	
选修	6	6	
总计学分	18	18	

政治系第四学年课程

学程名称	上学期学分	下学期学分	备　　注
西洋外交史	3	3	
行政学	3	3	
行政法	3	3	
毕业论文	1	1	
选外课程	5	4	
总计学分	15	14	

七、文学院法律系暂行课程

本系学生须修满八学期一四四学分，呈缴毕业论文一篇，经审查及格方准毕业，本系毕业生称法学士。

法律系第一学年课程

学程名称	上学期学分	下学期学分	备　　注
新民主主义	2	0	
基本国文	3	3	

（续表）

学程名称	上学期学分	下学期学分	备　　　注
基本英文	3	3	
新哲学	0	3	
政治经济学	3	3	
新法学概论	2	2	
政治学	3	3	
社会发展史	3	0	
中国革命史	0	2	
世界革命史	2	2	
体育	1	1	
总计学分	22	23	

法律系第二学年课程

学程名称	上学期学分	下学期学分	备　　　注
比较宪法	3	3	
民法总论	2	2	
民法债编总论	2	2	
民法债编各论	2	2	
民法物权论	2	2	
亲属继承论	2	2	
刑法学总论	2	2	
刑法学分论	2	2	
司法制度	1	0	
选修	0	3	
总计学分	18	20	

法律系第三学年课程

学程名称	上学期学分	下学期学分	备　　　注
商事法学(公司法、票据法)	2	2	
商事法学(海商法)	2	2	
民事诉讼法学	3	3	
刑事诉讼法学	2	2	
土地法	3	0	

（续表）

学程名称	上学期学分	下学期学分	备　注
行政法学	3	3	
劳动法学	2	2	
选修	0	2	
总计学分	17	17	

法律系第四学年课程

学程名称	上学期学分	下学期学分	备　注
国际公法	3	3	
国际私法	3	3	
新法理学	2	2	
诉讼实务	2		
选修	3	4	
专题研究(毕业论文)	2		
总计学分	15	12	

八、理学院数理系暂行课程

数理系第一学年课程

学程名称	上学期学分	下学期学分	备　注
新民主主义	2	0	
基本国文	3	3	
基本英文	3	3	
普通化学	5	5	
普通物理学	5	5	
立体解析几何	3	0	
数论	0	3	
微积分	4	4	
体育	1	1	
总计学分	26	24	

数理系第二学年课程

学程名称	上学期学分	下学期学分	备　　注
中国通史	3	3	
高等物理学	3	3	
微分方程式	3	3	
复变数函数论	3	3	
近世代数	3	0	
射影几何	0	3	
总计学分	17	17	

数理系第三学年课程

学程名称	上学期学分	下学期学分	备　　注
理论力学	3	3	
电磁学	4	4	每周实验一次
偏微分方程	3	3	
热学	3	4	第二学期实验一次
选修	4	3	
总计学分	17	17	

数理系第四学年课程

学程名称	上学期学分	下学期学分	备　　注
实变数函数论	3	3	
光学	4	4	每周实验一次
近世物理学	4	4	同上
选修	3	3	
毕业论文	1	1	
总计学分	15	15	
本系学生须修满 148 学分方得毕业。			

九、理学院生物系暂行课程

生物系第一学年课程

学程名称	上学期学分	下学期学分	备　注
新民主主义	2	0	
基本国文	3	3	
基本英文	3	3	
普通化学	5	5	每周实验一次
普通物理学	5	0	每周实验一次
普通植物学	0	5	每周实验一次
数学或新经济学	4/3	4/3	数学、积分、经济学、政治经济学
体育	1	1	
总计学分	23/22	20/21	

生物系第二学年课程

学程名称	上学期学分	下学期学分	备　注
中国通史	3	3	
物理学	5	5	必要时得先修有机化学,每周实验一至二次
无脊椎动物学	5	0	每周实验二次
脊椎动物解剖学	3	3	每周实验一次
生物学技术	0	3	每周实验二次
植物解剖学	0	5	每周实验二次
选修	3/4	2	
总计学分	19/20	20	

生物系第三学年课程

学程名称	上学期学分	下学期学分	备　注
动物组织学	4	0	每周实验二次
植物形态学	3	3	每周实验一到二次
脊椎动物分类学	4	0	每周实验二次,必要时先修动物生理学
细胞遗传学	4	0	每周实验一次
有机化学	5	5	每周实验二次

（续表）

学程名称	上学期学分	下学期学分	备　注
胚胎学	0	4	每周实验一次
种子植物分类学	0	4	每周实验二次
选修	0	3/4	
总计学分	20	19/20	

生物系第四学年课程

本系学生须修满 142 至 147 学分方得毕业。

学程名称	上学期学分	下学期学分	备　注
动物生理学	4	0	每周实验二次
植物生理学	0	4	每周实验二次
专题研究	1	1	
选修	5/7	5/7	
总计学分	10/12	10/12	

生物系选修课程

学程名称	学分	每周时间	备　注
普通昆虫学	3	2	每周实验一次
经济昆虫学	3	2	每周实验一次
寄生虫学	3/4	2/3	每周实验一次
菌类植物学	4	2	每周实验一次
植物病理学	6	2/3	每周实验一次
经济植物学	3/4	3	每周实验一次
微菌学	4	2	每周实验一次
树木学	3	2/3	每周实验一次
药用植物学	3	3	每周实验一次
淡水生物学	3	2	每周实验一次
海洋生物学	3	2	每周实验一次
细胞学	3	2	每周实验一次
天演论	3	3	
生物学史	2	2	

十、理学院化学系暂行课程

化学系第一学年课程

学程名称	上学期学分	下学期学分	备　　注
新民主主义	2	0	
基本国文	3	3	
基本英文	3	3	
中国通史	3	3	可改选修新哲学
微积分	4	4	
普通物理	5	5	
普通化学	5	5	
体育	1	1	
总计学分	26	24	

化学系第二学年课程

学程名称	上学期学分	下学期学分	备　　注
微积分	3	3	
政治经济学	3	3	
普通生物	4	4	
有机化学	5	5	上课四小时
无机定性分析	4	0	上课一小时
无机定量分析	0	4	
总计学分	19	19	

化学系第三学年课程

学程名称	上学期学分	下学期学分	备　　注
理论化学	5	5	
有机定性分析	4	0	
工业分析	0	4	
高等有机化学	3	3	
化学工程	3	3	
总计学分	15	15	

化学系第四学年课程

本系学生必须修满 148 学分方得毕业。

学程名称	上学期学分	下学期学分	备　注
工业化学	3	3	
高等有机化学	3	0	
药物化学	0	3	
高等有机化学甲乙	3	3	
毕业论文	1	1	
选修	5	5	
总计学分	15	15	

十一、土木工程系暂行课程

土木工程系第一学年课程

学程名称	上学期学分	下学期学分	备　注
基本国文	3	3	
基本英文	3	3	
微积分	4	4	
普通物理	5	5	
普通化学	5	5	
投影几何	2	0	
工程画	0	2	
体育	1	1	
总计学分	23	23	

土木工程系第二学年课程

学程名称	上学期学分	下学期学分	备　注
应用力学	4	0	
材料力学	0	4	
工程材料	0	2	
平面测量	5	5	
微分方程	3	3	

（续表）

学程名称	上学期学分	下学期学分	备　注
地质学	2	0	
机械工程	3	0	
电机工程	0	3	
道路工程	3	0	
水力学	0	3	
总计学分	20	20	

土木工程系第三学年课程

学程名称	上学期学分	下学期学分	备　注
铁道测量及土方	3	0	平面测量
大地测量	0	3	平面测量
结构力学	3	3	应用力学、材料力学
钢筋混凝土学	3	0	应用力学、材料力学
钢筋混凝土房屋计划	0	2	钢筋混凝土学
土石结构及基础	2	2	应用力学、材料力学
水文学	2	0	水力学
水力试验	0	1	水力学
材料试验	1	0	材料力学、工程材料
电工试验	0	1	电机工程
铁路工程	0	3	铁道测量及土方
应用天文及最小二乘方	0	2	微分方程
都市给水	3	0	水力学
河工学	0	3	水力学水文学
新民主主义	2	0	
总计学分	19	21	

土木工程系第四学年课程

本系学生须修满154学分方得毕业。

学程名称	上学期学分	下学期学分	备注(应先修学程)
契约及规范	0	1	
高等结构	2	2	结构力学
钢桥计划	0	2	结构力学、结构计划

（续表）

学程名称	上学期学分	下学期学分	备注(应先修学程)
污水工程	3	0	水力学、水文学
房屋建筑学	0	2	钢筋混凝土学、结构力学
结构计划	2	0	
政治经济学	3	3	
选修	4	4	
总计学分	14	14	

十二、商学院经济系暂行课程

本系学生须修满八学期一四四学分,呈缴毕业论文一篇,经审查及格方准毕业,本系毕业生称法学士。

经济系第一学年课程

学程名称	上学期学分	下学期学分	备　　注
新民主主义	2	0	
新哲学	0	3	
基本国文	3	3	
基本英文	3	3	
商业史	3	0	
商业地理	0	3	
商算	3	3	
政治经济学	3	3	
会计学	4	4	
体育	1	1	
总计学分	22	23	

经济系第二学年课程

学程名称	上学期学分	下学期学分	备　　注
新法学概论	2	2	
社会科学	3	3	
财政学	3	3	

（续表）

学程名称	上学期学分	下学期学分	备　　注
货币银行学	3	3	
高等经济学	3	3	
工商组织与管理	3	3	
总计学分	17	17	

经济系第三学年课程

学程名称	上学期学分	下学期学分	备　　注
农业经济	3	0	
国际贸易	3	0	
商法（一）	2	2	公司法、票据法
统计学	3	3	
西洋经济学	0	3	
中国经济史	3	0	
合格经济	0	3	
选修	3	6	
总计学分	17	17	

经济系第四学年课程

学程名称	上学期学分	下学期学分	备　　注
土地问题	3	0	
经济思想史	3	3	
经济政策	3	0	
计划经济	0	3	
商法（二）	2	2	保险法、海商法
毕业论文	1	1	
选修	5	5	
珠算	0	0	
总计学分	17	14	

十三、商学院会计系暂行课程

本系学生须修满八学期一四四学分,呈缴毕业论文一篇,经审查及格方准毕业,本系毕业生称商学士。

会计系第一学年课程

学程名称	上学期学分	下学期学分	备　注
新民主主义	2	0	
基本国文	3	3	
基本英文	3	3	
商业史	3	0	
新哲学	0	3	
经济地理	0	3	
商算	3	3	
政治经济学	3	3	
会计学	4	4	
体育	1	1	
总计学分	22	23	

会计系第二学年课程

学程名称	上学期学分	下学期学分	备　注
新法学概论	2	2	
社会科学	3	3	
财政学	3	3	
货币银行学	3	3	
高等会计	3	3	
工商组织与管理	3	3	
商法(一)	2	2	公司法、票据法
总计学分	19	19	

会计系第三学年课程

学程名称	上学期学分	下学期学分	备　　注
商法(二)	2	2	保险法、海商法
统计学	3	3	
成本会计	3	3	
分行会计	3	0	
政府会计	0	3	
选修	6	6	
总计学分	17	17	

会计系第四学年课程

学科名称	上学期学分	下学期学分	备　　注
审计学	3	3	
铁道会计	3	0	
会计报告分析	0	3	
会计制度	3	0	
企业预算	0	3	
毕业论文	1	1	
选修学程	4	3	
珠算	0	0	
总计学分	14	13	

十四、商学院银行系暂行课程

　　本系学生须修满八学期一四四学分,呈缴毕业论文一篇,经审查及格方准毕业,本系毕业生称商学士。

银行系第一学年课程

学程名称	上学期学分	下学期学分	备　　注
新民主主义	2	0	
基本国文	3	3	
基本英文	3	3	

（续表）

学程名称	上学期学分	下学期学分	备　注
商业史	3	0	
经济地理	0	3	
新哲学	0	3	
商算	3	3	
政治经济学	3	3	
会计学	4	4	
体育	1	1	
总计学分	22	23	

银行系第二学年课程

学程名称	上学期学分	下学期学分	备　注
新法学概论	2	2	
社会科学	3	3	
财政学	3	3	
货币银行学	3	3	
商法（一）	2	2	公司法、票据法
成本会计	3	3	
工商组织与管理	3	3	
总计学分	19	19	

银行系第三学年课程

学程名称	上学期学分	下学期学分	备　注
投资学	3	0	
商法（二）	2	2	保险法、海商法
统计学	3	3	
银行会计	3	0	
银行制度	0	3	
公司理财	3	0	
财务保险学	0	3	
选修	3	6	
总计学分	17	17	

银行系第四学年课程

学程名称	上学期学分	下学期学分	备　　注
农业金融	3	0	
国际汇兑	3	0	
中外金融市场	0	3	
经济政策	3	0	
计划经济	0	3	
毕业论文	1	1	
珠算	0	0	
选修	4	6	
总计学分	14	13	

十五、工商管理系暂行课程

本系学生须修满八学期一四四学分呈缴毕业论文一篇,经审查及格方准毕业,本系毕业生称商学士。

工商管理系第一学年课程

学程名称	上学期学分	下学期学分	备　　注
新民主主义	2	0	
基本国文	3	3	
基本英文	3	3	
商业史	3	0	
新哲学	0	3	
经济地理	0	3	
商算	3	3	
政治经济学	3	3	
会计学	4	4	
体育	1	1	
总计学分	22	22	

工商管理系第二学年课程

学程名称	上学期学分	下学期学分	备　　注
新法学概论	2	2	
成本会计	3	3	
社会科学	3	3	
财政学	3	3	
货币银行学	3	3	
商法(一)	2	2	公司法、票据法
工商组织与管理	3	3	
总计学分	19	19	

工商管理系第三学年课程

学程名称	上学期学分	下学期学分	备　　注
商品学	0	2	
劳动问题	3	0	
商法(二)	2	2	保险法、海商法
统计学	3	3	
市场学	0	3	
公司理财	3	0	
工厂管理	3	0	
人事管理	0	3	
选修	4	4	
总计学分	18	17	

工商管理系第四学年课程

学程名称	上学期学分	下学期学分	备　　注
采购学	2	0	
工厂法	0	2	
国际贸易	3	0	
产物保险学	0	3	
销售学	0	2	
运输学	3	0	
毕业论文	1	1	
选修	4	5	
珠算	0	0	
总计学分	13	13	

十六、商学院国际贸易系暂行课程

本系学生须修满八学期一四四学分,呈缴毕业论文一篇,经审查及格方准毕业,本系毕业生称商学士。

国际贸易系第一学年课程

学程名称	上学期学分	下学期学分	备　注
新民主主义	2	0	
基本国文	3	3	
基本英文	3	3	
商业史	3	0	
经济地理	0	3	
商算	3	3	
政治经济学	3	3	
新哲学	0	3	
会计学	4	4	
体育	1	1	
总计学分	22	23	

国际贸易系第二学年课程

学程名称	上学期学分	下学期学分	备　注
货币银行学	3	3	
财政学	3	3	
高等会计	3	3	
商法(一)	2	2	(一)上为公司法,(一)下为票据法
工商组织与管理	3	3	
新法学概论	2	2	
社会科学	3	3	
总计学分	19	19	

国际贸易系第三学年课程

学程名称	上学期学分	下学期学分	备　注
商品学	0	2	
商法(二)	2	2	(二)上为保险法,(二)下为海商法

（续表）

学程名称	上学期学分	下学期学分	备　　注
统计学	3	3	
国际贸易原理	3	0	
国际汇兑	3	0	
中外金融市场	0	3	
国际公法	3	0	
选修	3	3	
总计学分	17	16	

国际贸易系第四学年课程

学程名称	上学期学分	下学期学分	备　　注
保险学	3	0	
运输学	0	3	
市场学	3	0	
仓库学	0	3	
国际贸易实践	3	0	
商约	3	0	
关税论	0	3	
珠算	0	0	
国际商业政策	0	3	
论文	1	1	
选修	2	0	
总计学分	15	13	

十七、会计专修科暂行课程

会计专修科第一学年课程

学程名称	上学期学分	下学期学分	备　　注
国文	3	3	
英文	3	3	
会计学	4	4	
统计学	3	3	

（续表）

学程名称	上学期学分	下学期学分	备　注
政治经济学	3	3	
货币银行	3	3	
新民主主义	2	0	
商法（一）	2	2	公司法、票据法
珠算	0	0	
体育	1	1	
总计学分	24	22	

会计专修科第二学年课程

学科名称	上学期学分	下学期学分	备　注
高等会计	3	3	
银行会计	3	0	
成本会计	3	3	
政府会计	0	3	
审计学	3	3	
会计制度	0	3	
铁道会计	3	0	
商法（二）	2	2	保险法、海商法
选修	3	2	
总计学分	20	19	

会计专修科二年级选修课程

本系学生须修满八十五学分方得毕业。

学程名称	上学期学分	下学期学分	备　注
新法学概论	2	2	
财政学	3	3	
公司理财	3	0	
工商组织与管理	3	3	
国际汇兑	0	3	
中外金融市场	0	3	
保险学	0	3	
市场学	0	3	

光华大学欧阳路校基土地清单

地　籍						面　积				产证字号	取得产权时期		
区	保	图	圩	号	丘	亩	分	厘	毫	引字	年	月	日
北四川路				24	3	5	2	9	1	22673	38	4	9
北四川路				24	9	2	5	3	9	22674	38	4	9
北四川路				24	11	0	5	6	6	22676	38	4	9
北四川路				24	16	0	7	3	8	22675	38	4	9
北四川路				24	22	1	5	2	9	22677	38	4	9
北四川路				24	23	0	9	0	7	22680	38	4	9
北四川路				24	24	1	5	5	6	22678	38	4	9
北四川路				24	26	0	3	9	2	22682	38	4	9
北四川路				24	27	0	5	2	8	22683	38	4	9
北四川路				24	28	0	5	2	7	22684	38	4	9
北四川路				24	29	0	8	8	1	22686	38	4	9
北四川路				24	35	0	0	3	0	22685	38	4	9
北四川路				25	4	1	4	2	7	22688	38	4	9
北四川路				25	6	1	3	3	8	22689	38	4	9
北四川路				25	7	1	4	5	6	22690	38	4	9
北四川路				25	12	3	3	4	4	22687	38	4	9
北四川路				25	22	2	5	1	1	22691	38	4	9
北四川路				25	24	1	7	5	2	22681	38	4	9
北四川路				27	16	23	3	7	2	22882	38	4	9
北四川路				27	16甲	0	1	4	6	22679	38	4	9
共计						50	8	3	0				

光华大学大西路校基土地清单

地籍						面积				产证字号	取得产权时期			备注
区	保	图	圩	号	丘	亩	分	厘	毫	法字	年	月	日	
法华		五	辰	13	15	0	4	7	3	12834	36	10	8	
法华		五	辰	2	37	1	0	2	9	12512	36	9	25	
法华		五	辰	2	43	15	9	5	4	7834	36	4	30	
法华		五	辰	2	43甲	8	6	8	5	10986	36	7	17	
法华		五	辰	2	44	2	6	5	5	临49	36	11	10	法临字为本校与唐理卿等所共有，本校应有一亩三分二厘七毫五。
法华		五	辰	2	45	0	4	8	5	12513	36	9	25	
法华		五	辰	2	48	0	9	4	1	9656	36	7	4	
法华		五	辰	2	49	0	6	2	5	12514	36	9	25	
法华		五	辰	2	50	0	7	5	6	9657	36	7	4	
法华		五	辰	2	51	0	4	3	3	12515	36	9	25	
法华		五	辰	2	53	1	5	6	3	12516	36	9	25	
法华		五	辰	2	96	1	0	0	8	12521	36	10	17	
法华		五	辰	2	43乙	28	1	9	2					
共计						62	7	9	9					二号四三丘伍拾柒亩壹分壹厘壹毫,售与伪中央银行,本校现存贰拾捌亩壹分玖厘贰毫,待分丈,尚未取得新产证(旧产证移交伪中央银行)。

1951 年 9 月光华大学房产清册

房屋编号	房屋名称	建筑情形	平面面积	估价（每平方米）（单位万元）	金额（单位万元）	备　注
1	五层楼大厦	钢筋混凝土构架	7 000 平方米	800	5 600 000	
2	图书馆	一层砖墙木架	480 平方米	60	28 800	
3	游泳池更衣室	一层砖墙木架	394 平方米	30	11 820	
4	合作社	一层砖墙木架	21.6 平方米	30	648	
5	传达室	一层砖墙木架	46 平方米	30	1 380	
说明	另有木屋三间,木匠作屋一间因破旧未列入			总计	5 642 648	

后　记

　　光华大学是华东师范大学的重要前身之一。华东师范大学档案馆已经先后编撰出版了华东师大"丽娃档案"丛书中的《光华大学编年事辑》《光华大学：90年90人》《光华文萃》《张寿镛校长与光华大学》等书籍，以光华大学校史为重心，从历史、人物、文化三个层面进行研究探索，深入解读大学档案中蕴藏的科学、文化、教育等精神遗产，逐步形成了一个立体的档案编研和校史研究谱系。

　　光华大学诞生于一九二五年上海"五卅"惨案，在反帝爱国浪潮中，光华大学竖起了收回教育权的扛鼎大旗，最终发展为一所"民族脊梁型的爱国学府"，为国家和社会培养了1.6万余名栋梁之材。光华的成就，离不开历任校长、教授和校友的努力，其中，光华大学第三任校长廖世承先生的功劳非常值得我们追述。

　　廖世承先生1927年3月加盟光华大学，1928年至1931年担任副校长，抗战期间，受命前往湖南参与筹设国立师范学院并担任院长。1946年抗战胜利后，继续回光华担任副校长，直至1949年初代理校长，1949年8月正式担任校长，1951年率光华与大夏大学合并成立华东师范大学，并出任华东师范大学副校长。在光华时期，廖世承多年兼任光华附中主任，在他的努力下，光华附中成为上海顶级中学，相继培养了姚依林、尉健行、董寅初、黄辛白、赵家璧等各界杰出校友。廖世承先生的教育思想、治校理念和办学实践，推动了光华大学的发展，也成为华东师范大学宝贵的精神财富。

　　作为档案研究人员，我们决定以馆藏档案为基础，编撰这本《廖世承校长与光华大学》，希望对光华大学校史研究作一补充和完善，同时，对廖世承校长治理光华大学的历史过程作一次总结性的回顾，并表达我们的纪念和敬意。

　　《廖世承校长与光华大学》全书以"廖世承校长与光华大学史料选"为主体，从教育思想、校务治理、教职员管理、学生管理、总务管理及附中管理等六个方面，发掘整理馆藏原始档案，以确凿的史料，全面披露廖世承校长执掌光华大学艰辛而光荣的历史。本书还选编了廖世承先生的自传性文章《我的少年时代》，并附录了1949年秋光华大学各系课程表、欧阳路及大西路校基土地清单及1951年房产清册，以便读者更多角度地理解廖世承校长及其治理下的光华大学。

　　本书由华东师范大学档案馆馆长汤涛负责送稿、编排、统稿和审定。档案馆副研究馆员吴李国、林雨平负责具体篇目的选校，档案馆杨婷、符玲玲、王壹凡等参与了本书的部分编辑工作。

　　本书编撰历时三载，在编撰过程中，得到了学校领导的高度重视和支持，党委书记童世骏亲自为丛书作总序。

　　为编撰本书，我们曾多次组织召开专题座谈会，得到相关专家教授的指导和建议，同时，部分研究生也参与本书的编辑工作，在此深表谢意。

　　档案编研和校史研究是一个不断探索的过程，由于编者水平所限，书中缺点及错误在所难免，敬请读者不吝指教。

汤　涛

2018 年 7 月

图书在版编目（CIP）数据

廖世承校长与光华大学 / 汤涛主编. -- 上海：上
海书店出版社，2018.12
ISBN 978 - 7 - 5458 - 1751 - 5

Ⅰ. ①廖… Ⅱ. ①汤… Ⅲ. ①廖世承（1892 - 1970）
－生平事迹②光华大学－校史－史料 Ⅳ. ①K825.46
②G649.285.1

中国版本图书馆 CIP 数据核字(2018)第 257513 号

责任编辑　顾　佳
封面装帧　陈绿竞　余励奋

廖世承校长与光华大学

汤　涛 主编

出　　版　　上海人民出版社
　　　　　　上海书店出版社
　　　　　　（200001　上海福建中路 193 号）
发　　行　　上海人民出版社发行中心
印　　刷　　江阴金马印刷有限公司
开　　本　　787×1092　1/16
印　　张　　37.5
字　　数　　700,000
版　　次　　2018 年 12 月第 1 版
印　　次　　2018 年 12 月第 1 次印刷
ISBN 978 - 7 - 5458 - 1751 - 5/K · 334
定　　价　　118.00 元